天津海关年鉴

2023

《天津海关年鉴（2023）》编纂委员会　编

中国海关出版社有限公司
·北京·

图书在版编目（CIP）数据

天津海关年鉴. 2023 /《天津海关年鉴（2023）》编纂委员会编. —北京：中国海关出版社有限公司，2024.6

（中国海关史料丛书）

ISBN 978-7-5175-0812-0

Ⅰ. ①天… Ⅱ. ①天… Ⅲ. ①海关—天津—2023—年鉴 Ⅳ. ① F752.55-54

中国国家版本馆 CIP 数据核字（2024）第 111466 号

天津海关年鉴（2023）

TIANJIN HAIGUAN NIANJIAN （2023）

作　　者：《天津海关年鉴（2023）》编纂委员会

责任编辑：熊　芬

责任印制：孙　倩

出版发行：中国海关出版社有限公司

社　　址：北京市朝阳区东四环南路甲 1 号　　邮政编码：100023

编 辑 部：01065194242-7528（电话）

发 行 部：01065194221/4238/4246/5127（电话）

社办书店：01065195616（电话）

https://weidian.com/?userid=319526934（网址）

印　　刷：北京新华印刷有限公司　　经　　销：新华书店

开　　本：889mm × 1194mm　1/16

印　　张：32　　字　　数：775 千字

版　　次：2024 年 6 月第 1 版

印　　次：2024 年 6 月第 1 次印刷

书　　号：ISBN 978-7-5175-0812-0

地图审图号：GS 京（2022）1441 号

定　　价：280.00 元

《天津海关年鉴（2023）》编纂委员会

《天津海关年鉴（2023）》
编辑部

总　　编　谭绪良

副 总 编　张　辉　谢　玮

执行主编　郭　悦　袁　林　崔效国　王晓茁　魏　巍

执行副主编　李海彬　胡东明　仝建刚　张　芃

编辑部成员　天津海关各部门（单位）编辑撰稿人

编写说明

一、《天津海关年鉴》是由天津海关编纂的涉外经济部门专业性年鉴，是全面、客观、系统记载天津海关发展历程的编年史料，是集权威性、综合性、史料性、实用性为一体的资料性工具书，每年出版一卷，本卷为第2卷。

二、《天津海关年鉴（2023）》以习近平新时代中国特色社会主义思想为指导，载录2022年度天津海关工作的基本情况，包括天津关区改革发展的重要举措、重大事件以及成绩和经验，以资政育人，凝心聚力，为建设高质量“一流海关”提供精神动力和史实支撑。

三、《天津海关年鉴（2023）》记述时限为2022年1月1日至12月31日。凡在文中直书月、日的，均指2022年内的日期；“年内”一律指“2022年”；所用“同比”，均指“比上年”。

四、《天津海关年鉴（2023）》记述范围为天津海关及所属部门（单位）管辖事务。

五、《天津海关年鉴（2023）》采用分类编辑法，设类目、分目、条目3个层级，有特载、专记、大事记、党的建设、业务建设、综合保障、隶属海关、事业单位、荣誉·名录、海关统计资料10个类目，卷首设数说海关、专题图片，配有中英文目录，卷末附索引，并附二维码供扫描查询和检索使用。

六、《天津海关年鉴（2023）》所用稿件及相关数据资料由天津海关各部门（单位）撰稿，并经撰稿单位审核。撰稿人姓名在稿件后均有注明。

天津海关

例尺 1：600 000

0 6 12 18 24千米

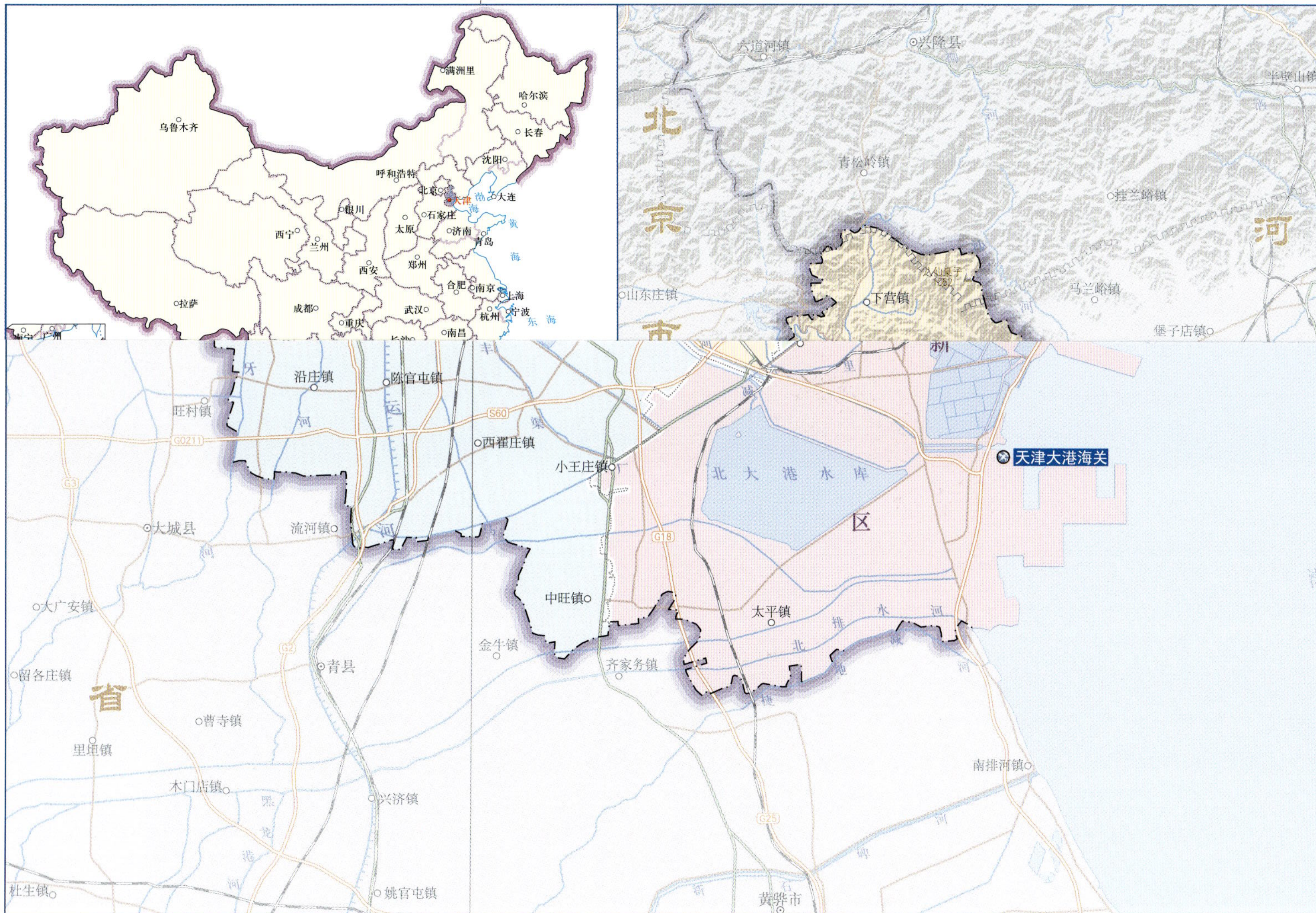

序号	隶属海关及派出机构
1	天津新港海关
2	天津滨海机场海关
3	天津大港海关
4	天津临港海关
5	天津邮局海关
6	天津南疆海关
7	塘沽海关
8	蓟州海关
9	武清海关

序号	海关特殊监管区域
1	天津东疆综合保税区
2	天津滨海新区综合保税区
3	天津港综合保税区（海港）
4	天津港综合保税区（空港）
5	天津泰达综合保税区

图　例

直属海关单位	◉廷布　外国首都	地级市界
隶属海关	自治州行政中心 地区、盟行政公署驻地	县（区、市）界
派出机构	⊙东城区　县（区、市）政府	铁路
海关特殊监管区域	○庞各庄镇　乡（镇）政府、街道办事处	530　高速公路及编号
口岸	北京首都国际机场　机场	国道
铁路口岸	山峰　高程	省道
水运口岸	国界	其他道路
航空口岸	未定国界	河流　湖泊
公路口岸	地区界	沟渠
境外口岸	军事分界线	桥梁　渡口
⊙北京市　首都	省界	港口　码头
◉石家庄市　省政府	未定省界	长城
◎廊坊市　地级市政府	特别行政区界	珊瑚礁

注：本书中的关境图，不包括香港，澳门，台湾、澎湖、金门、马祖单独关税区。

2022 年
数说海关

天津口岸进出口总值
201063503.21 万元

海关特殊监管区域一线进出口值
2687.10 亿元

进出口商品检验货值
4292.40 亿元

监管进出境运输工具 1.21 万辆（架 / 艘）

监管进出境快件 803.73 万件

高级认证企业
328 家

截获有害生物
6.76 万种次

口岸卫生监督
786 次

检出不合格进口食品
305 批次

侦办走私犯罪案件刑事立案
156 起

加强党的领导

JIA
QIANG
DANG DE
LING
DAO

2022 年 5 月 25 日，天津海关关长赵革（右二）在中海油田服务股份有限公司调研（仝建刚　供稿）

< 2022 年 6 月 17 日，天津海关关长赵革（前排中）到天津伊利乳业有限责任公司调研 （仝建刚　供稿）

∨ 2022 年 10 月 16 日，天津海关关长赵革（左七）到人民大会堂参加党的二十大开幕会 （仝建刚　供稿）

^ 2022 年 6 月 16 日，天津海关副关长王利兵（前排左三）到菜鸟供应链管理有限公司调研 （仝建刚　供稿）

^ 2022 年 6 月 7 日，天津海关政治部主任潘楚雄（右二）到天津长荣科技集团股份有限公司调研 （仝建刚　供稿）

^ 2022 年 11 月 8 日，天津海关党委委员、缉私局局长孙旭东（左三）到天津海关所属塘沽海关监管现场和天津海关所属天津新港海关缉私分局涉案货物清点现场调研 （仝建刚　供稿）

^ 2022 年 10 月 11 日，天津海关党委纪检组组长沈善庚（左二）到天津忠旺铝业有限公司调研（仝建刚　供稿）

^ 2022 年 6 月 9 日，天津海关副关长刘心同（左一）到天津重工有限公司调研 （仝建刚　供稿）

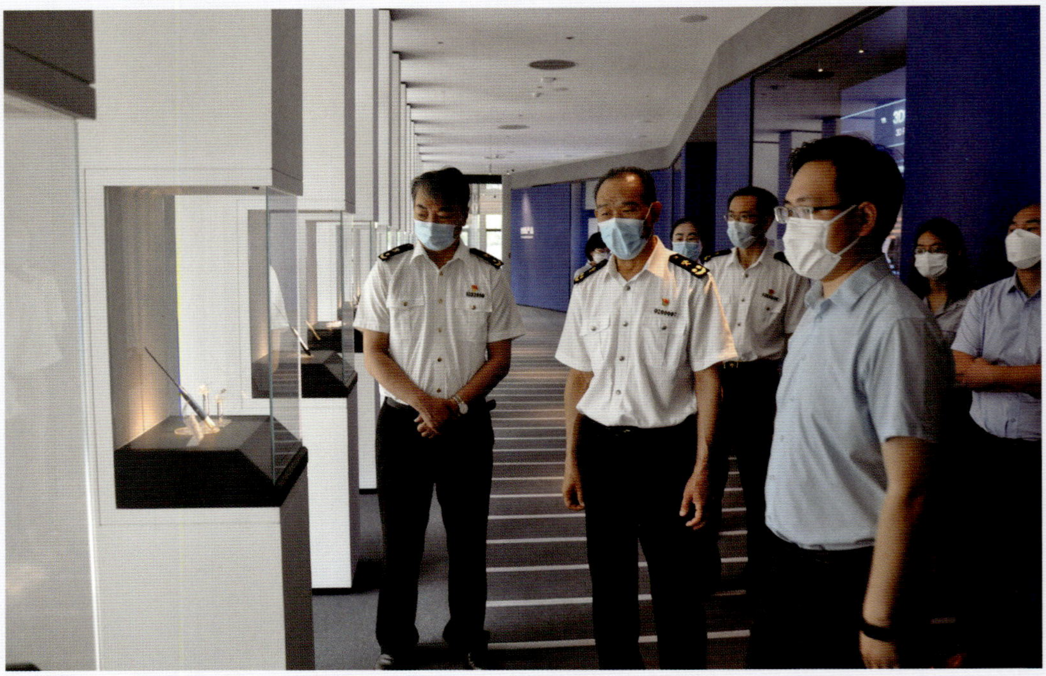

^ 2022 年 6 月 15 日，天津海关副关长谭绪良（左二）到纳通医用防护器材（天津）有限公司调研（仝建刚　供稿）

^ 2022 年 7 月 1 日，天津海关党委委员、天津海关所属天津新港海关关长师国旺（左四）参加冷链专班“守护国门战疫必胜”主题党日活动 （仝建刚　供稿）

^ 2022 年 11 月 18 日，天津海关举办“党的二十大精神大家谈”双优代表座谈会 （韩宁　摄）

2022 年 8 月 3 日，天津海关所属天津南疆海关关员爬软梯登临入境船舶开展检疫查验工作 （孙佳旺　摄）

守护国门安全

SHOU HU GUO MEN AN QUAN

^ 2022 年 1 月 31 日，天津海关所属天津保税区海关关员正在查验进口车（苏菁　摄）

v 2022 年 2 月 14 日，天津海关所属天津大港海关关员在南港码头开展安全检查（王道明　摄）

^ 2022 年 2 月 22 日，天津海关所属天津南疆海关关员用移动式固体废物现场排查仪对铁矿石进行检测（曹衔　摄）

^ 2022 年 5 月 3 日，天津海关所属天津南疆海关关员对船舶进行登临检疫（孙佳旺　摄）

^ 2022 年 5 月 18 日，天津海关所属东丽海关工作人员设置检疫性实蝇诱捕器（刘缘　摄）

^ 2022 年 6 月 6 日，天津海关所属天津滨海机场海关关员查获违禁物品（陈鹏飞　摄）

^ 2022 年 6 月 16 日，天津海关所属天津新港海关开展进口冷链货物新冠病毒核酸采样监测工作（杨明　摄）

^ 2022 年 6 月 20 日，天津海关所属天津临港海关关员开展进境船舶登临检疫（彭潇逸　摄）

< 2022 年 6 月 20 日，天津海关所属天津新港海关关员开展重点商品风险监测（天津海关所属天津新港海关　供稿）

^ 2022 年 6 月 21 日，天津海关所属天津大港海关关员在中石化液化天然气码头开展监管工作（张卉　摄）

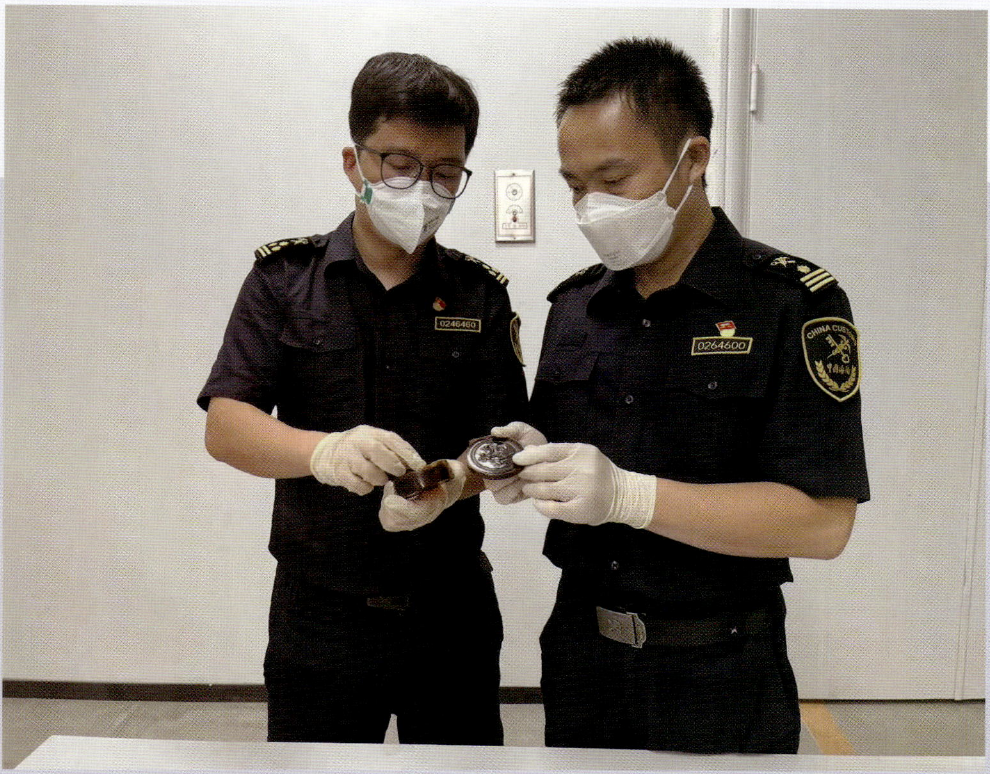

^ 2022 年 9 月 27 日，天津海关所属天津邮局海关关员在邮件监管现场查获濒危物种玳瑁制品（尹舸　摄）

2022 年 4 月 16 日，天津海关所属天津保税区海关关员在环球滚装码头查验进口汽车 （池明磊　供稿）

监管改革创新

JIAN GUAN GAI GE CHUANG XIN

^ 2022 年 1 月 21 日，天津海关所属天津新港海关关员保障北京冬奥会、冬残奥会暂时进出境物资快速通关（仝建刚　摄）

∨ 2022 年 2 月 14 日，天津海关关员查验进境毛皮（都业良　摄）

^ 2022 年 2 月 24 日，天津海关所属天津新港海关关员在天津港码头对装船的北京冬奥会、冬残奥会媒体采访车进行监管（仝建刚　摄）

^ 2022年3月7日，天津海关所属天津东疆海关在东疆综合保税区对入境保税维修的盾构机进行监管（熊飞雪　摄）

∧ 2022年3月16日，天津海关所属天津保税区海关关员对飞机保税维修料件进行监管（苏菁　供稿）

< 2022年4月14日，天津海关所属天津保税区海关关员对保税维修飞机进行日常监管（苏菁　供稿）

^ 2022 年 4 月 18 日，天津海关所属西青海关关员对辖区企业元气森林（天津）饮料有限公司出口东南亚的饮料进行现场查验（闫润泽　摄）

^ 2022 年 6 月 2 日，天津海关所属天津大港海关关员在辖区化工码头核查大宗货物储存情况（王道明　摄）

^ 2022 年 6 月 8 日，天津海关所属宁河海关关员在大众生产企业现场进行监管（仝建刚　摄）

^ 2022年6月9日，天津海关所属天津南疆海关关员在渤海海上平台开展查验作业（秦仕群　摄）

^ 2022 年 8 月 26 日，天津海关所属天津南疆海关关员在矿产品码头开展查验工作（曹衍　摄）

∨ 2022 年 9 月 6 日，天津海关所属武清海关关员开展地毯企业日常监管工作（苏菁　摄）

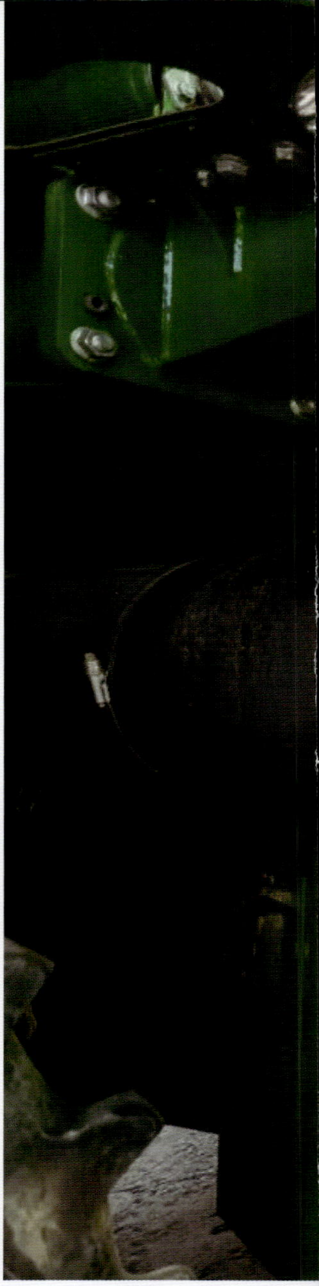

^ 2022 年 9 月 29 日，天津海关所属天津东疆海关关员查验进口原木（熊飞雪　摄）

^ 2022年11月3日，天津海关所属天津保税区海关关员对“旧采棉机”进行情况核查（刘建强 供稿）

< 2022年11月4日，天津海关所属北辰海关关员开展出口薯条产品属地查验工作（夏晓云 摄）

2022 年 6 月 18 日，天津海关所属天津新港海关关员保障天津港共建“一带一路”南美洲新航线首航 （天津海关所属天津新港海关 供稿）

服务外贸发展

FU WU WAI MAO FA ZHAN

< 2022 年 2 月 14 日，天津海关所属天津滨海机场海关关员助企业通关（张弛　摄）

v 2022 年 3 月 9 日，天津海关所属天津新港海关关员保障中欧班列快速发运（曹力心　摄）

^ 2022年4月14日，天津海关所属天津保税区海关关员对庞巴迪（天津）航空服务有限公司维修的公务机进行实地核查（天津海关所属天津保税区海关 供稿）

< 2022年5月5日，天津海关所属西青海关关员对辖区企业天津市红宝番茄制品有限公司首批采用B2B模式出口非洲的番茄酱进行现场指导（闫润泽 摄）

^ 2022 年 5 月 16 日，天津海关所属蓟州海关关员现场指导优质甘栗出口（梁丽琨　摄）

v 2022 年 6 月 18 日，天津海关所属天津新港海关关员为出口南美洲汽车办理验放手续（天津海关所属天津新港海关　供稿）

^ 2022年6月30日，天津海关所属天津新港海关关员保障中欧班列第400列发车（都业良　摄）

< 2022年8月3日，天津海关与新加坡海关召开联席会议（高天步　摄）

> 2022 年 10 月 13 日，天津海关所属天津保税区海关关员在丰益研发中心进行保税研发调研（林丽丽供稿）

v 2022 年 12 月 26 日，天津港综合保税区（海港）南卡口（天津海关自贸区和特殊区域发展处供稿）

2022 年 10 月 16 日，天津海关海港登临专班保障入境船员归国换班（邵忠阁 摄）

口岸奋斗足迹

KOU AN FEN DOU ZU JI

^ 2022 年 1 月 24 日，天津海关所属天津滨海机场海关关员雪中开展航班监管 （张鹏鹏　摄）

^ 2022 年 3 月 22 日，天津海关所属天津保税区海关关员冒雪到天津港综合保税区开展进出区货物监管业务 （苏菁　摄）

^ 2022 年 3 月 22 日，天津海关所属天津大港海关关员克服恶劣天气，开展大宗散货"边运抵边装船"出口监管业务 （王道明　摄）

2022 年 4 月 5 日，天津国际旅行卫生保健中心（天津海关口岸门诊部）首次测序获得 Omicron 变异毒株 BA.2.12.1 及 BA.5.2.1 亚型全基因组序列　（王万骞　摄）

2022 年 4 月 8 日，天津海关海港登临专班保障共建“一带一路”航线船舶受伤船员就医　（邵忠阁　摄）

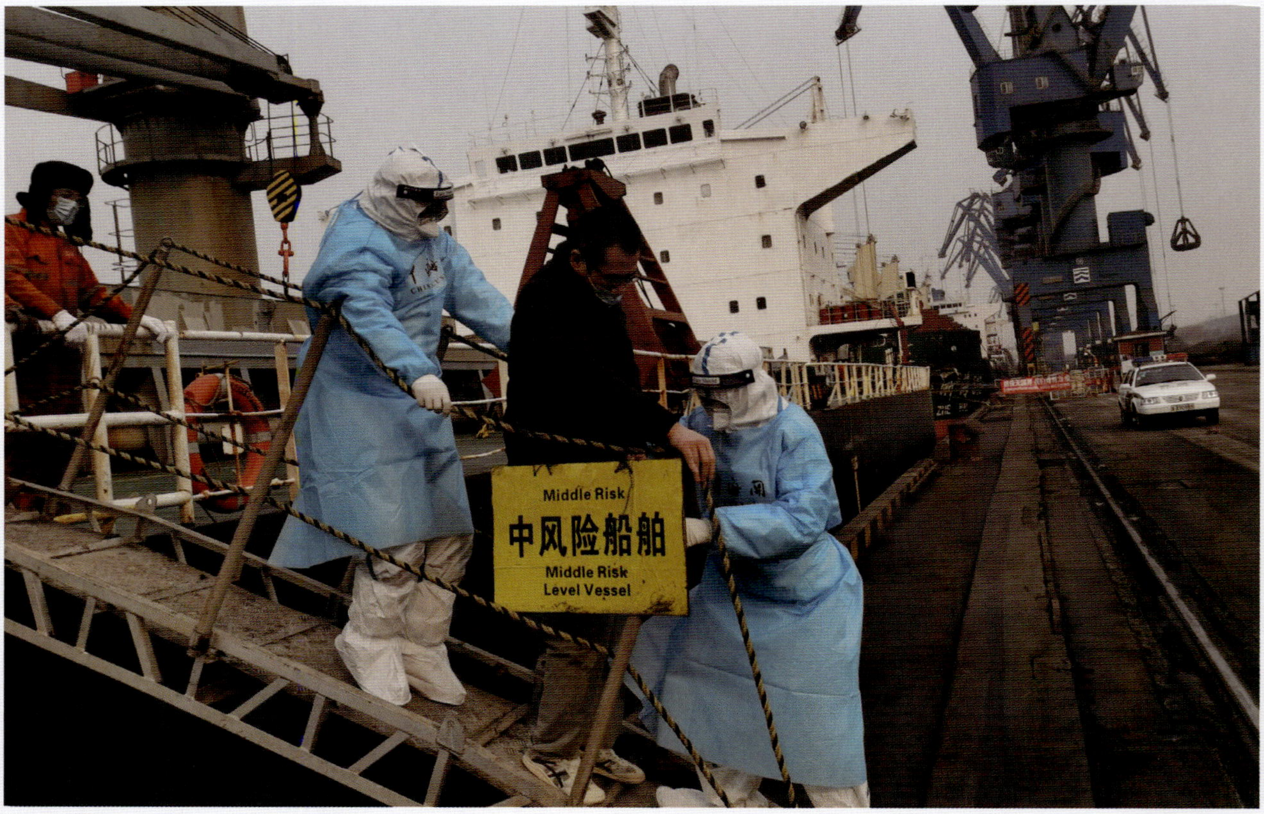

^ 2022 年 6 月 1 日，天津海关所属天津保税区海关关员在菜鸟跨境电商仓库对“6·18”大促商品进行监管（宋海峰　供稿）

v 2022 年 8 月 8 日，天津海关举办常态化疫情防控岗前培训，全年累计开展岗前及在岗培训 215 期（王欣　摄）

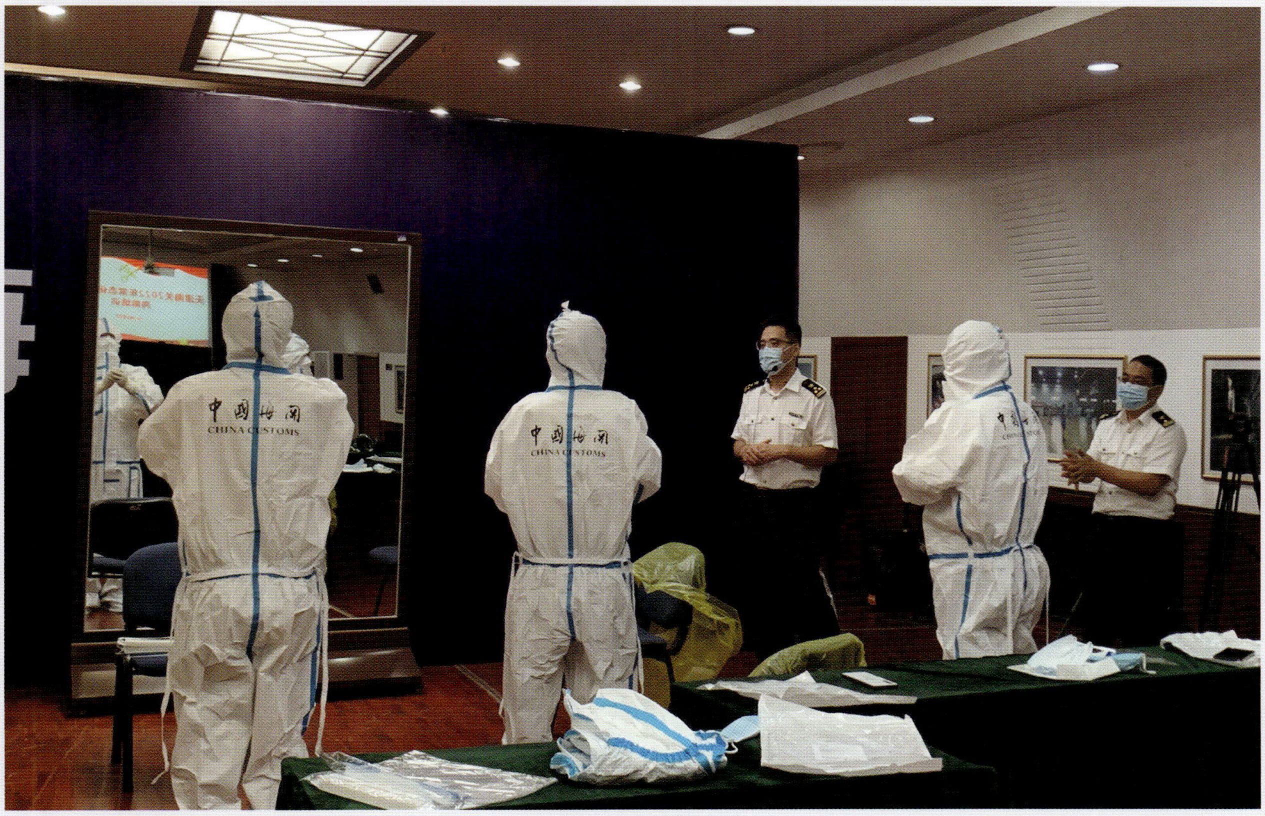

< 2022 年 8 月 9 日，天津海关所属天津临港海关关员冒雨对出口海工模块进行现场监管（彭潇逸　摄）

∨ 2022 年 8 月 11 日，天津海关后勤管理中心开展准军事化列队训练（魏宁　摄）

^ 2022 年 10 月 12 日，天津海关动植物与食品检测中心实验人员制作濒危野生动植物蝴蝶标本（康芬芬　摄）

∨ 2022 年 10 月 28 日，天津海关所属天津临港海关关员对平行进口汽车进行实货验估（玄伟斌　摄）

目　录

第一篇　特　载

第二篇　专　记

第三篇　大事记

第四篇　党的建设

第五篇　业务建设

第六篇　综合保障

第七篇　隶属海关

第八篇　事业单位

第九篇 荣誉·名录

第十篇 海关统计资料

附　录

“中国海关史料丛书”编委会

Contents

Chapter 7 Affiliated Customs

Chapter 8 Affiliated Public Institutions

Chapter 9 Honors & Lists

Chapter 10 Customs Statistics

Appendix

第一篇

特载

天津海关概况、主要职能、组织架构

天津海关是受海关总署直接领导，负责指定口岸及相关区域范围内海关工作运行管理、监督监控的正厅级直属海关，领导所属隶属海关。天津海关的前身为1861年清政府设立的“津海关”。1949年1月15日天津解放翌日，华北军事管制委员会完整接管津海关，津海关成为第一个大城市海运口岸人民海关。1950年2月，经中央人民政府批准，“津海关”更名为“中华人民共和国天津海关”（简称“天津海关”），接受海关总署垂直统一领导。2018年4月，根据国务院机构改革方案，国家质量监督检验检疫总局的出入境检验检疫管理职责和队伍划入海关总署，天津出入境检验检疫局管理职责和队伍划入天津海关。

天津海关管辖范围为天津市的各项海关管理工作。监管门类涵盖海、陆、空、邮，监管面积1.19万平方千米，海岸线153千米。依法履行税收征管、通关监管、保税监管、进出口统计、海关稽查、知识产权海关保护、打击走私，以及辖区检验检疫和监督管理等职责。经国务院批准，天津海关现有开放口岸3个。其中，水运口岸2个，分别为天津港、渤中口岸；空运口岸1个，为天津滨海国际机场。天津机场大通关基地是国际邮件交换站。辖区有5个综合保税区，分别为天津泰达综合保税区、天津港综合保税区、天津东疆综合保税区、天津滨海新区综合保税区和天津临港综合保税区（正在建设中），设有78家海关监管作业场所（场地）、17个保税仓库、4个出口监管仓库。

天津海关的主要职责是：负责关区贯彻落实党中央、国务院关于海关工作的方针政策和决策部署，在履行职责过程中坚持和加强党对海关工作的集中统一领导，履行全面从严治党责任；负责贯彻执行与海关管理相关的法律、法规、规章、规范性文件和相关技术规范，负责关区征税、监管、缉私、出入境检验检疫、统计等工作；监控研判关区各类执法风险、管理风险和廉政风险并组织防范和化解，负责关区基层党组织建设、队伍建设和日常管理工作；完成海关总署交办的其他工作。

天津海关有内设机构21个：18个正处级内设机构，办公室（党委办公室）、法规处、综合业务处、自贸区和特殊区域发展处、关税处、卫生检疫处、动植物检疫处、进出口食品安全处、商品检验处、口岸监管处、行邮监管处、统计分析处、企业管理和稽查处、财务处、科技处、督察内审处、人事处（党委组织部）、教育处；另设立机关党委（思想政治工作办公室、党委宣传部、党委巡察工作办公室）、监察室（党委纪检组）、离退休干部办公室3个正处级机构。

天津海关设立天津海关政治部，承担干部管理、领导基层党组织建设、开展思想政治工作和文化建设、队伍建设等职责。政治部日常工作由人事处（党委组织部）、机关党委（思想政治工作办公室、党委宣传部、党委巡察工作办公室）等承担。

天津海关党委向隶属海关共派驻13个纪检组。

天津海关下辖20个隶属海关单位［副厅（局）级隶属海关1个，正处级隶属海关单位19个］：天津新港海关（副厅级）、天津滨海机场海关、天津大港海关、天津临港海关、天津邮局海关、天津南疆海关、塘沽海关、蓟州海关、武清海关、静海海关、北辰海关、宁河海关、西青海关、东丽海关、南开海关、天津河西海关、天津保税区海关、天津东疆海关、北塘海关、天津海关风险防控分局。

天津海关管理8个直属事业单位：后勤管理中心、动植物与食品检测中心、化矿金属材料检测中心、工业产品安全技术中心、天津国际旅行卫生保健中心（天津海关口岸门诊部）、中国电子口岸数据中心天津分中心、海关总署天津教育培训基地（暂缓脱钩的培训机构）、中国质量认证中心天津海关评审中心（转企改制中）。

2022年，天津海关以习近平新时代中国特色社会主义思想为指导，学习宣传贯彻党的二十大精神，落实“疫情要防住、经济要稳住、发展要安全”要求，高质量“一流海关”建设开创新局面。抓好常态化新冠病毒感染疫情防控工作，加强口岸卫生检疫，妥善处置“天鲲号”船舶检出数十例阳性船员重大事件。加强国门生物安全体系建设，抓好口岸安全监管。禁止“洋垃圾”进境，查获涉案固体废物3033吨；首次在邮递渠道查发走私固体废物。打击象牙等濒危物种及其制品走私。落实意识形态安全责任，开展“扫黄打非”专项行动，查获违禁出版物超5万件，同比提升2.4倍，多种为全国首次查获。开展“龙腾行动2022”知识产权海关保护专项行动，扣留侵权嫌疑商品59.56万件，查办侵权案件连续第8年入选“全国海关知识产权保护典型案例”。贯彻“三智”（智慧海关、智能边境、智享联通）理念，推进口岸监管智能化、信息化。支持天津港全球首个“智慧零碳”码头建设，加快世界一流智慧港口建设。创新“保税专列＋中欧班列”模式，监管中欧班列746列、8万标箱，同比分别增长49.7%和50.1%。抓好海关总署10条、天津海关30条促进外贸保稳提质措施推动落实，天津口岸进出口增速高于全国主要口岸平均水平。

2022年，天津海关审核进出口货物报关单192.7万份，同比下降8%；监管进出口货物2.5亿吨、货值2.0万亿元，同比分别下降0.5%、增加21%；监管进出境邮件73.2万件，同比下降11.2%；监管进出境快件803.73万件，同比下降13.4%；监管进出境运输工具12114艘（架）次，同比下降2.4%。

在天津海关2022年工作会议上的主报告

天津海关关长、党委书记　赵　革

（2022年1月26日）

同志们：

今天，我们召开天津海关2022年工作会议，主要任务是：以习近平新时代中国特色社会主义思想为指导，认真学习贯彻党的十九大、十九届历次全会和中央经济工作会议精神，落实全国海关工作会议要求，全面总结过去一年工作，认真分析当前形势，系统部署今年工作任务，树牢政治机关意识，锐意进取、深化改革，防范风险、务求实效，坚定不移朝着高质量“一流海关”目标奋勇前行。下面，我代表关党委，作关区工作报告。

一、2021年工作回顾

刚刚过去的一年，是挥洒汗水、接续拼搏的一年，也是收获成绩、令人欣慰的一年。一年来，我们坚持以习近平新时代中国特色社会主义思想为指导，在总署党委的坚强领导下，在关区上下的团结奋进下，干成了一些急难险重、彰显担当的大事，办好了一些夯基固本、为企为民的实事，各项工作取得了新的成绩、实现了新的跨越。

——这一年，我们始终坚持政治统领，坚决走好“两个维护”第一方阵。

贯彻落实习近平总书记重要讲话精神和重要指示批示精神坚决有力。做到“两个维护”关键在知行合一。我们不断坚持和完善“第一议题”制度，实现关区全覆盖。“关港集疏港智慧平台”升级版在京津冀地区推广应用，平台共注册企业1985家，认证车辆1.6万辆、司机1.7万人，累计撮合81万余箱，辐射29个省市；“船边直提”“抵港直装”比率分别达到33.9%和23%，两项改革再次向全国推广；“监管产装、抵港直装”举措应用到京冀地区；作为智慧港口的重要内容，以上举措有力提升了港口能级，天津港去年吞吐量突破2000万标箱，创历史新高，增速居世界十大港口之首，这背后，镌刻着我们很多海关人日夜奋斗的身影。严厉打击“洋垃圾”走私，共立案90起，查扣涉案固体废物3859吨，退运36万余吨；研制矿产品现场固体废物排查仪，填补了该专业领域国内外空白；这期间，退运49.8万吨固体废物情事，打出了声势，打出了权威，得到各级媒体广泛报道，取得明显社会效果。严打象牙等濒危物种及其制品走私，共立案30起，查获象牙制品492克、石珊瑚2392件、黄檀木16.3吨。圆满完成结对帮扶困难村各项工作任务，继续选派3名干部对口扶持经济薄弱村。

党史学习教育扎实开展。在全党开展党史学习教育，是以习近平同志为核心的党中央统筹全局、着眼长远作出的重大决策。按照学史明理、学史增信、学史崇德、学史力行要求，我们精心组织实施、有力有序推进，先后组织关党委集体学习38次、专题读书班4次，各隶属海关组织学习4500余次，推进习近平新时代中国特色社会主义思想和党的十九届六中全会精神学习不断走深走实，进一步坚定了历史自信、增进了团结统一、增强了斗争精神。扎实开展“我为群众办实事”实践活动，关党委委员带头调研300多次，222个执法一线支部联系2129家企业，解决各类问题1760个，收到感谢信169封。“机关引领基层、支部联系企业、党员服务群众”活动入选全国第三届党建创新成果“百优案例”，4项案例入选总署“百佳项目”。

坚决走好新时代党的组织路线。干部培养关乎事业长远发展大局。按照好干部标准，我们先后选任处级领导干部34名（含事业单位管理五级和六级人员）、科级领导干部114名。推进队伍年轻化取得实效。通过选拔科级干部担任隶属海关党委委员、参加互派锻炼等方式，执法一线科长队伍建设持续加强。用好“三个三分之一”考核，“用成绩单说话”导向更加鲜明。稳妥完成185名干部分类管理、427名干部职级晋升，首次开展事业单位岗位设置及全员聘任。一年来，共有2人获得国家级荣誉称号；6个集体、2名个人获得省部级荣誉称号；先后对226名个人和38个集体开展及时奖励，队伍士气得到有效提振。

党的基层组织建设不断夯实。“基层组织建设年”活动扎实开展、成效明显。执法一线支部书记党建、业务“双能力”评估入选全国海关“书记项目”试点。持续深化党建品牌建设，共打造4个总署示范品牌、2个总署培育品牌、1个天津市机关党建与业务深度融合机制试点。

——这一年，我们时刻保持高度警醒，切实扛起疫情防控责任。

我们根据总署党委要求和疫情形势变化，因时因势调整关区防疫策略。先后召开指挥部会议17次，研究议定事项331个，全面推进“规范化、标准化、信息化”管理，明确“静、快、严、细、实、足”的工作思路，修订4版空港、5版海港口岸防控作业指引，实行“非必要不登临”，疫情防控机制不断完善，共检疫出入境人员31.9万人次、交通工具1.2万架（艘）次。冷链和高非冷商品检疫工作经受住了总署检查和实践检验。检疫处理监督扎实有力，企业脱钩后口岸检疫处理工作整体平稳有序。

面对严峻的形势，我们为了干部职工个人安全，实施了“14+7+7”集中管理模式，先后被总署、国务院联防联控机制向全国推广。我们科学精准、高效应对本土疫情反弹情况，确保口岸通关秩序稳定。先后印发更新4版分级分类安全防护方案，建立三级安全防护监督员队伍，常态化开展“四不两直”检查，压紧压实防控责任。开发应用“疫情统计分析智能系统”。共开展核酸和抗体检测8.74万人次。

除了“红区”一线，后方也是战场。为加强防疫保障，我们建立了“一线在岗”“二线预备”“三线应急”3支梯队，开展实操培训62期，做实一线人员关心关爱工作，人员保障有效加强。完成保健中心改造扩能，核酸日检测能力从2000例提升至6200例；引进移动P2+实验室，升级“旅客健康申明卡辅助应用”系统，科技支撑能力有效提升。千方百计筹措资金，实现物资常态化充足保障。正是这些后方的默默坚守，才凝聚起了抗击疫情的强大力量。

在抓好新冠病毒感染疫情防控的同时，我们同步加强口岸检疫防控。截获植物检疫性有害生物50种、3097种次，隔离进境大中动物7.8万余头；“国门绿盾2021”行动成效明显，坚决防止疫情叠加。

——这一年，我们不断强化海关监管，全力守住国门安全防线。

口岸监管有效加强。我们始终牢记，监管是海关的首要职责，坚持底线思维，坚决捍卫国门安全。邮递渠道首次查发刑事案件，并入选全国“扫黄打非”重大案件，警示教育展得到中宣部及市委领导肯定。进出口人工分析布控查获率，在全国可查验报关单量前12位的海关中排名第3名；获批成为全国首批风险情报站，累计报送情报产品67个；开展“以企业为单元统筹稽核查指令”改革，减少下企业次数。查验危化品不合格案例被总署采纳并向全国通报预警。查办知识产权侵权案件101起，同比提升80%，首次在空运渠道查获侵权商品。机检审像流程改革成效显著，平均用时压缩三分之一。“断链刨根”“风雷1号”行动扎实开展，成效明显。

进出口食品、商品检验严密高效。加强进出口食品安全监管，检出不合格进口食品283批次、3800多吨；进出口食品安全风险信息上报6653条、采用450条，同比分别增长65倍和89倍，跃居全国海关前列。牵头制定全国首个进口再生金属原料检验标准；“进出口危险品及其包装检验监管岗位练兵和技能比武”取得佳绩；采集商品质量安全风险预警信息6581条，总署采纳不合格案例15起；严厉打击出口短装行为，共查获严重短装情事50起、案值4192万元。

打击走私成效显著。坚决落实党中央关于海关缉私部门管理体制调整重大决策部署，扎实开展“国门利剑2021”“使命”系列行动，共刑事立案151起、行政立案3078起，总署挂牌督办案件11起，案值千万元以上案件19起。查获天津口岸迄今最大一宗毒品走私案，得到海关总署、天津市和公安部领导批示肯定。打私综合治理、“智慧缉私”“四个中心”建设进一步加强。深化“双绑定”考核，海关移交立案数占比达到60.9%，实现大幅提升。体制改革后，海关与缉私的互动更加积极、协作更加紧密。

——这一年，我们主动服务大局，全心践行为民服务宗旨。

积极服务国家发展大局。牵头京冀两地海关成立领导小组及24个专项业务小组，推动京津冀区域全业务领域一体化。高质量完成《区域全面经济伙伴关系协定》（RCEP）关税实施准备任务，得到海关总署、天津市领导肯定。共监管中欧班列497列、5.31万标箱，同比分别增长25.5%和24.4%。

改革创新持续深化。稳步推进全国首个海、空运现场系统3.0版切换工作，上报17类问题，为全国推广提供预警和经验。进、出口“提前申报”比率分别达到62%和92.2%，分别位列全国十大海运口岸第2位和第1位。

自贸试验区政策创新总署备案1项；“保税租赁海关监管新模式”作为天津市唯一入选项目，纳入国务院第4批“最佳实践案例”；“AOG航材应急维修新模式”等8项经验向京津冀复制推广。推进外贸新业态新模式发展，出台保税展示交易监管细则，开展保税展示交易业务96票、货值2.08亿元；实施航空产业全链条集群监管，创新飞机“维修改装+租赁”模式，完成国内首单“客改货”保税租赁业务；全年保税维修、融资租赁业务货值分别达159亿元和648亿元，同比分别增长73.8%和80.6%。创新支持东疆港区内外贸货物同船运输、同步作业，试点内贸货物作业11万标箱。

一年来，各隶属海关积极创新，天津新港海关通过“两全机制”和“十大机制”建设，从制度设计上提升管理效能；保税区海关创新“单一品名、单一税号”模式，服务全国首架空客A350重点项目顺利交付；邮局海关建设“邮递物品物流信息化平台”，首次实现货物全流程闭环监管；东丽海关首次查发企业违反检验检疫法规情事、跨境电商企业违法情事；西青海关推动辖区公用保税仓库拓展寄售维修功能；大港海关将船舶入境卫生检疫与货物查验顺势结合，实现人工查验时间大幅压缩，等等。这些都为提升关区治理效能，提供了基层的智慧和经验。

服务稳外贸稳外资扎实有效。加强信用管理，高级认证企业数量达270家，同比提升68.8%，再创历史新高。举办“海关—企业家沙龙”活动3期，亲清政商关系更加紧密。发挥数据统计职能，报送分析研究文章633篇，获省部级以上领导批示76篇次；牵头开展全国海关货运和运力运价分析，作为组长单位完成总署“智慧统计云服务系统”测试工作。在全国率先打造跨境电商B2B出口服务平台，出口额突破180亿元。仓储货物按状态分类监管备案企业增至24家。努力答好海关工作“主成绩单”，天津海关特殊监管区域一线进出口总值2538.7亿元，同比增长27.2%，高于天津市外贸增速10.9个百分点，对外开放平台和龙头带动作用发挥明显。

综合治税质效大幅提高。实征税收1362.5亿元，同比增加6.1%。非贸渠道税收征管进一步加强。落实关税调整、减税降费等税收政策，共办理特定减免税1.56亿元。税收担保企业覆盖率、汇总征税比率分别达到19.7%和36%。规范申报率稳步提升，在下半年总署抽样考核中达到100%，这也是近年来首次，在全关上下的共同努力下，我们完成了看似不可能完成的任务。

跨境贸易便利化水平持续提升。扎实开展跨境贸易便利化专项行动，关区细化举措72条，协同京津两地政府出台举措25条。建立完善全口径货物通关时长分析、监控、通报机制，实施重点通关环节专项考核，口岸贸易便利化水平进一步提升。去年，天津口岸进、出口整体通关时间分别为34.93小时、0.74小时，同比分别压缩17.3%和48.6%，均位居全国主要海运口岸前列。在进口冻品体量大、占比高、各种政策影响叠加的情况下，我们通关时效实现了逆势提升，这十分不容易！

——这一年，我们着力夯实工作基础，确保海关事业发展行稳致远。

智慧海关建设有效加强。1个科研项目获天津市科技进步二等奖，9项发明专利获国家知识产权局授权。实验室新增认可检测项目300项，总量达8816项。“AOG航材管控”“特殊区域货物管理”“通关担保业务”等区块链应用场景建设扎实推进，共上链报关单量59.8万单、货值3.65亿元。开发部署基因测序分析平台，上线运行实验室管理系统2.0版。科技大楼完成搬迁入住，实验室工作合力进一步提升，工作环境明显改善。

清廉海关建设有效加强。压实管党治党责任，关区两级党委主体责任、纪检组监督责任、党委书记第一责任人、班子成员“一岗双责”责任的“四责协同”机制进一步完善；建立巡察与巡视整改联动机制。加强监督执纪问责，“现场监管与外勤执法权力寻租”专项整治扎实开展。不断加大执纪审查力度，形成有力震慑。严格落实中央八项规定精神，持续整治形式主义、官僚主义，严肃查改“三类突出问题”（即推诿扯皮，有令不行、有禁不止，工作方法简单粗暴）。积极配合完成国家审计工作，扎实整改反馈问题；推进“巡审合一”，将经济责任纳入领导干部任前告知范围。严肃开展领导干部违规投资企业及在企业兼职自查整改。

法治海关建设有效加强。坚决贯彻落实习近平法治思想，不断健全权力监督体系，加强制度文件立改废释，自觉接受民主监督，邀请人大、政协各界代表委员走进海关，办复全国及天津市两会建议提案，深化政务信息公开，认真办理公众留言，推进依法决策。作为总署试点单位，高质量完成权责清单编制任务。法治人才队伍建设进一步加强，干部规则意识和法律意识得到提升。过去一年，获全国和天津市“七五”普法工作先进单位各1个、市普法工作先进个人1人，建成海关法治宣传教育基地（品牌）2个，关区零行政复议、零行政诉讼，复议诉讼案件发案率连续4年下降。

综合管理效能有效提升。重点工作落实督查有力，12360热线接通率连续4年全国第一，政策研究工作质效持续提升，中央主要媒体报道关区工作203次。落实总署规划要求，制定“十项重点工程”，引领“十四五”关区高质量发展。坚持“过紧日子”，统筹资金保民生、保运转、保发展，全年预算执行率达98.9%。事业单位所属企业脱钩稳妥推进。学会工作取得佳绩。工会、群团、离退和基建工作进一步加强。

二、当前面临的形势任务

（一）从外部环境看，要深刻认识国际形势给海关工作带来的新使命

我们必须站在服务中华民族伟大复兴的战略高度，发挥好海关职责，更好服务贸易强国建设和外贸高质量发展，在维护国家总体安全、服务国家外交外贸大局中，体现更多海关价值，作出更多海关贡献。

（二）从宏观方向看，要深刻认识当前政策取向给海关工作带来的新任务

我们必须紧跟国家宏观政策变化，准确识变、科学应变、主动求变，以海关之为、海关之变，服务经济之进、企业之需。

（三）从天津发展看，要深刻认识实现高质量发展对海关工作带来的新要求

作为口岸监管和外贸管理部门，我们必须增强责任意识和主动意识，始终秉持“因天津而立、依天津而兴”的理念，充分发挥海关职能，在提供高质量创新政策供给、稳外贸稳预期、补链延链壮链方面持续用力，助力天津市打造成为国内国际双循环的战略支点，为社会主义现代化大都市建设贡献津关力量。

（四）从我们自身看，要深刻认识建设高质量“一流海关”所面临的新挑战

工作越往前推进，就越要求我们必须把“防风险”摆在更加突出位置，做到稳中求进、务求实效。

三、2022年工作部署

今年是进入全面建设社会主义现代化国家新征程、向第二个百年奋斗目标进军的再出发之年，也是党的二十大胜利召开之年。做好全年工作责任重大、使命光荣。经研究，天津海关2022年工作思路是：以习近平新时代中国特色社会主义思想为指导，全面贯彻党的十九大和十九届历次全会精神，认真落实中央经济工作会议部署，弘扬伟大建党精神，深入学习领会“两个确立”的决定性意义，树牢政治机关意识，坚持党对海关工作的绝对领导，增强“四个意识”、坚定“四个自信”、做到“两个维护”，坚持稳中求进工作总基调，立足新发展阶段，完整、准确、全面贯彻新发展理念，加快构建新发展格局，着力推动高质量发展，坚持以供给侧结构性改革为主线，继续落实“六稳”“六保”部署，统筹口岸疫情防控和促进外贸稳增长，马上就办、真抓实干，锲而不舍、一以贯之，持续推进政治建关、改革强关、依法把关、科技兴关、从严治关，锐意进取、深化改革、防范风险、务求实效，坚定不移朝着高质量“一流海关”目标前行，以优异成绩迎接党的二十大胜利召开。

今年要重点做好以下工作。

（一）在加强政治建设上持续用力，始终对标看齐走在前

一要持续不懈用习近平新时代中国特色社会主义思想凝心铸魂。充分发挥党委带头作用，及时跟进学习习近平总书记最新重要讲话精神。开展学习党的十九届六中全会精神处级以上领导干部全员培训和党员干部系统培训，做好迎接党的二十大宣传引导和党的二十大精神学习贯彻。要推进党史学习教育常态化、长效化，深入学习践行伟大建党精神，加强忠诚教育。扎实开展好捍卫“两个确立”、做到“两个维护”、强化政治机关建设专项教育活动。建立常态化政治理论学习成果评估机制，分类分级抓好党的理论教育和专业能力培训。健全完善“我为群众办实事”长效机制。

二要坚决贯彻落实习近平总书记重要指示批示精神和党中央重大决策部署。把政治建设摆在首位，加强政治机关建设和政治意识教育。坚持并不断完善“第一议题”制度，用制度保障第一时间研究、第一时间落实、第一时间见到成效。要全力服务“智慧港口、绿色港口”建设，继续推进“船边直提”“抵港直装”改革上规模、上水平，升级应用“关港集疏港智慧平台”3.0版；打造与天津港智能化码头相匹配的海关智慧物流监管模式。要严打“洋垃圾”走私，及时退运处置涉案固体废物。严厉打击象牙等濒危物种及其制品走私。落实意识形态工作责任制，更大力度、更广范围开展“扫黄打非”工作。高质量开展对口扶持经济薄弱村工作。

三要深入贯彻落实新时代党的组织路线。持续强化领导班子和干部队伍建设，突出政治标准，稳步开展干部选任工作。精细化用好“三个三分之一”模式，完善“三位一体”考核体系。加大跨部门、跨条线、跨岗位人员交流力度。深入做好“一报告两评议”工作。不断强化和改进奖励评优工作，发挥激励导向作用。加强职级公务员管理，建立健全培养使用机制。开展优秀年轻干部调研，分级分类建立年轻干部库，持续加强执法一线科长队伍建设。加强重点领域管理人才、专业技术人才队伍建设。严格干部管理监督，特别是对各级“一把手”和领导班子的监督。持续加强选人用人监督检查。从严开展干部配偶、子女及其配偶从业申报工作。强化教育培训政治要求，进一步丰富教育培训方式方法，加强现场实训教学阵地建设，聚焦实际需求精准施训。

（二）在强化检疫监管上持续用力，坚决筑牢国门安全防线

一要抓好常态化疫情防控。坚定不移落实好“外防输入、内防反弹”总策略，抓好“人、物、环境”同防，强化科学精准防控，把牢“外防输入”关口。严格对入境客运航空器及各类高风险交通工具消毒工作实施监督，压实企业主体责任。加强对机组人员、船舶船员的精准检疫。严格实施进口冷链食品、农产品和高风险非冷链集装箱货物监测检测和预防性消毒监督工作，稳妥做好后续处置。从严就高做好人员安全防护，加强免疫接种，严格集中封闭人员管理，切实守住“零感染”底线。充分发挥信息化系统的支撑作用，提升实验室检测能力。完善应急状态下人力调配机制，强化疫情防控物资保障。常态化运用“四不两直”方式开展监督检查，确保各项规定要求执行到位。

二要加强国门生物安全治理。持续提升口岸核心能力，强化国境卫生检疫、传染病监测、卫生监督、病媒生物监测、特殊物品监管，提升多病共防能力。加强动植物检疫准入、查验、检测、检疫处理全链条管理，加强风险监测和预警，坚持人病畜防，推进智慧动植检建设。开展“国门绿盾 2022”行动，严格外来物种防控，严厉打击非法引进行为。全面提升重大动植物疫病疫情应急处突能力。

三要严格落实食品安全“四个最严”要求。落实好进出口食品安全管理办法，强化进出口食品、化妆品安全监管，规范执行总署监督抽检和风险监测计划，加快进口食品安全监管智能化建设，持续做好进口食品“国门守护”行动。严格落实进出口食品企业主体责任，严厉处罚违规行为。加强进出口食品安全信息分析上报工作。充分发挥职能作用，促进天津特色和优势食品出口。

四要加强进出口商品检验监管。持续完善进出口商品质量安全风险预警和快速反应监管体系。根据总署部署，深化商检模式改革，推进检验结果采信，扩大矿产品“先放后检”“依企业申请”实施范围。进一步规范大宗资源类产品、危化品、“两高”产品、汽车、再生原料、防疫物资、儿童用品以及旧机电设备等重点敏感商品检验监管。

五要持续提升口岸监管水平。清理完善监管制度规定，规范口岸检查作业，提升现场查发能力。巩固提升安全生产专项整治三年行动成效，狠抓风险隐患排查整治。加强危化品监管，跟进天津港放开危险货物进出口部署，持续推进“打非”专项整治。发挥监管、缉私、风控合力，严格进出口贸易禁限管控，加强应急演练，扩大智慧监管设备应用，做好北京冬奥会、冬残奥会等重点敏感时期口岸安保及反恐工作。推动在北疆港区建设集约封闭式人工查验场地。持续加强知识产权海关保护。深化智能审图创新应用，扩大识别范围，优化流程管理，提升审图效率。完善监控指挥体系，深化监管装备智能化应用，加强监管作业场所运行管理。

六要强化企业管理和后续监管。构建以信用管理为基础的监管机制，落实好新的企业信用管理办法，加大培育力度，建立 AEO（经认证的经营者）实训基地，促进质量齐升。深化稽查改革，提升稽查精准打击能力；加大涉检、涉税领域稽查力度，加强贸易调查，提高查发率和办案水平。推进核查业务改革，开展重点领域核查行动；加强审核监督，开展专项执法检查，提升关区稽核查审核作业质量。加强稽核查领域新技术应用。

七要始终保持打击走私高压态势。扎实开展“国门利剑 2022”行动，聚焦重点区域、重点领域、重点商品，严打“水客”走私，保持打击象牙等濒危物种及其制品、“洋垃圾”、冻品、成品油、武器弹药、毒品、反宣品等走私高压态势，持续打击涉检违法犯罪行为。加强“智慧缉私”建设。扎实推进全员打私，巩固深化“双绑定”考核机制，构建防控、监管、打击“三位一体”工作体系。提高缉私警察专业保障能力。深化反走私综合治理，切实守护国家政治、经济安全。

八要提升风险防控效能。统筹和规范天津关区风险监测、评估、预警、处置。建立关区重大风险预警、管控、处置机制，提升管控能力，加快处置速度；运用“云擎”开展智能监测；强化海关风险情报站（天津）建设，拓展收集渠道和实战转化运用。统筹事中事后布控需求，优化布控规则，减少低效指令，稳步提高查获率，试点推进现场即决式布控。统筹推动关区口岸联防联控机制在打击固体废物、保护知识产权等方面安全准入风险的实战运用。

（三）在优化海关服务上持续用力，积极促进外贸经济发展

一要主动服务经济社会发展大局。全力服务“六稳”“六保”，落实好外贸促稳提质行动举措。发挥牵头作用，推动京津冀区域全业务领域一体化。做好中欧班列监管服务，更好支持“一带一路”建设发展。加强技术性贸易措施调查、研究、评议，用好关税和非关税措施，更好服务国家发展大局。积极服务乡村振兴战略，更大力度支持优质农产品扩大出口、贫困地区优质种质种源进口。服务大通关基地建设，支持进境植物种苗指定监管场地申建，促进邮快件监管业务发展。落实“三智”要求，推动国际合作开创新局面。

二要持续推进跨境贸易便利化。在全工作领域推进“规范化、标准化、信息化”管理，提升工作效能。扎实开展好促进跨境贸易便利化专项行动。加强报关单运行监控分析，巩固压缩通关时长成效。持续深化“单一窗口”应用。持续深化“放管服”改革，推进“双随机、一公开”监管，抓好“多报合一”“多证合一”“全程网办”，优化行政审批制度，动态调整行政许可事项清单，进一步简政放权、优化服务。

三要深化综合治税。坚持依法征管，全力完成全年税收预算目标。健全税收风险协同防控体系，推进海运集中验估模式改革，提升关区验估工作效能，规范涉税化验工作。提升减免税管理和非贸税收征管水平，加强重点税源商品和税源企业分析。稳步实施汇总征税、预裁定等便利措施。抓好 RCEP 关税实施各项工作。落实以企业为单元的税款担保改革。加强属地纳税人管理，全年企业税收覆盖度不低于 40%。规范申报率要保持在 99% 以上。提升税则调研水平，服务天津市优势产业和新兴产业发展，指导企业和相关单位用好用足国家税收优惠政策。

四要提高统计分析水平。创新统计调查方法，完善统计制度，优化统计作业流程，构建数据质量控制体系。加强统计监督，强化业务指标体系建设和运行质量监控。加强业务数据管理，统筹推进数据治理和数据安全体系建设。健全分析研究机制，加强数据融合分析，提高数据分析实战能力，提升统计分析水平。

（四）在推进深化改革上持续用力，不断激发高质量发展潜能

一要加强“两区”海关监管制度创新。加强自贸试验区海关监管制度集成创新和复制推广；牵头京冀海关开展三地协同创新；成立自贸创新专家队伍；跟进支持天津自贸试验区联动创新区建设。着力答好海关工作“主成绩单”，紧跟“两区整合”和临港综保区批复进度，做好验收工作；加强事中事后监督，助力综保区高水平开放高质量发展。试点推进东疆港区智慧管控模式，探索实现海关监管货物和非海关监管货物同步作业、有效监管，助力内外贸货物“同船运输”业务发展。

二要不断丰富外贸新业态新模式。坚持大处着眼、细处着手，以新业态新模式“小切口”，促进外贸实现新发展。要用足用好综保区政策，发展融资租赁后市场业务。推进保税展示交易扩围增量。结合实际推动保税研发落地。积极支持加工贸易保税新业态发展，大力推进保税维修业务开展，推动企业集团加工贸易监管模式常态化。发挥好跨境电商“市场穿透”作用，大力推动跨境电商B2B业务高效发展。

三要不断加强海关改革创新。全面推进全业务领域一体化改革，围绕“拓围、提质、增效”目标，强化业务结合部协调配合，优化检查异常处置机制。深入落实“五项创新”，积极争取总署改革试点任务，推进各项改革理清走顺、释放红利。持续推进“提前申报”“两步申报”，关注企业需求，提升工作实效。强化“口岸—属地海关”协作配合，推进属地查检业务改革，提升关区整体工作合力。常态化开展一线问题滚动收集和清零工作。

（五）在严肃纪律规矩上持续用力，切实守住事业发展底线

一要坚定不移推进全面从严治党。认真贯彻十九届中央纪委六次全会精神，始终将严明党的政治纪律和政治规矩摆在首位，确保关区干部职工始终在思想上政治上行动上同党中央保持高度一致。健全完善基层党委落实全面从严治党主体责任检查考核机制。坚持一体推进“三不腐”（不敢腐、不能腐、不想腐）机制建设，将惩治震慑、制度约束、警示教育、“以案促廉”结合起来，坚持无禁区、全覆盖、零容忍，坚持重遏制、强高压、长震慑，保持“惩”的力度，巩固“严”的氛围。要坚决落实中央八项规定精神，锲而不舍纠“四风”、树新风，深入整治形式主义、官僚主义，持续推动为基层减负。要精准规范运用“四种形态”，特别是用足用好“第一种形态”。加强队伍规范化管理，常态化做好日常纪律作风检查，展现准军事化海关纪律部队良好风貌。

二要严肃监督执纪问责。要聚焦党中央重大决策部署强化政治监督，常态化开展疫情防控监督，着力加强对“一把手”和领导班子监督。持续推动“四项监督”统筹衔接贯通融合，构建监督闭合回路，不断增强监督治理效能。巩固“现场监管与外勤执法权力寻租”专项整治成果，向工程建设、信息化建设、实验室建设、装备购建、疫情防控保障项目等领域延伸拓展，深入开展“海关重点项目和财物管理以权谋私”专项整治。坚持打私反腐“一案双查”和惩治腐败同步推进，加大查办案件力度，保持反腐高压态势。要精准规范问责，坚持“三个区分开来”，完善容错纠错机制，浓厚干事创业氛围。要进一步深化完善“组地关”协作机制，推动形成监督合力，持续“减存量、遏增量”。积极探索运用“制度+科技”防治腐败，健全工作机制、强化源头防腐。持续深化垂管单位纪检监察体制改革，不断加强纪检干部队伍建设，切实发挥好监督保障执行、促进完善发展作用。

三要深入开展巡察审计。持续提高巡察效能，加大成果运用和督促整改力度，实现巡察监督全覆盖。要聚焦重大决策措施落实情况开展督察，提高内部审计质效。推进内控体系化建设，发挥内控实训点作用，加强内部控制与监督平台应用。要举一反三，持续深入抓好国家审计发现问题整改，建立“不贰过”监督考核机制。开展好执法领域和非执法领域专项审计。探索建立“督评合一”工作模式，推动关区“三级督察”体系。

（六）在夯实基础建设上持续用力，着力提升关区治理效能

一要不断加强党的基层组织建设。巩固拓展“强基提质工程”，建立推进党建工作高质量发展长效机制，用好“智慧党建”系统，提升党建品牌建设质效，深化“基层组织建设年”成果，不断拓展“双能力”“双素质”评估，把党建成果转化成实际工作成效。加强精神文明建设，评选表彰先进，挖掘培树典型。常态化抓好干部职工思想工作，做好集中管理人员心理疏导，持续激励关爱防疫一线人员。抓好暖心工程，完善困难职工帮扶机制，动态开展大病救助帮扶。扎实做好群团工作，丰富文体活动，关注干部身心健康，不断激发队伍活力。

二要扎实推进法治海关建设。要高质量完成海关权责清单编制工作。积极参与法律文件的立改废释任务，抓好立法后评估工作。常态化梳理规范性文件，强化合法性审查，确保关区执法统一。稳妥应对复议诉讼案件，提升应诉水平。加强法治人才培养，完善公职律师和法律顾问工作机制。加强法治宣传和法治文化建设，丰富普法宣传形式，提升普法效果。

三要持续提升科技信息化支撑引领作用。深入开展科研攻关，加强科研合作，积极申报国家研发计划重点项目。加强实验室能力建设，积极申报重点实验室，提高执法保障和市场开拓能力。推广应用质量管理体系运行监控系统和科技公共服务平台。依托综合科技大楼，增强合力，做大做强关区实验室品牌。积极探索区块链等新技术在更多监管场景中的创新应用。强化网络和信息系统运维管理，健全网络和数据安全防护体系。加强科研人才队伍建设，发挥科技领军人才作用，常态化开展青年科技人才座谈和高科技知识讲座。

四要大力提升综合保障能力。坚决落实“过紧日子”要求，制定定额“包干”标准，积极争取地方财政支持，提升财务保障和管理质效。持续规范政府采购、涉案财物管理，提升预算绩效。推动研究解决事业单位财务保障问题，稳步推进事业单位所属企业脱钩。整合优化闲置资产，提高使用效率。狠抓机关效能建设，提升综合运转效率。做好后勤保障工作，创建绿色机关。持续落实好离退休老干部政治生活待遇。

同志们！奋斗成就伟业，实干创造辉煌。新的一年里，我们要更加紧密地团结在以习近平同志为核心的党中央周围，在总署党委的坚强领导下，大力弘扬伟大建党精神，凝聚前进的信心和力量，牢记肩上的使命和担当，为了明天的梦想和荣光，以永不懈怠的姿态和一往无前的精神，坚定不移朝着高质量“一流海关”目标奋勇前行，用监管和服务的实绩，向党的二十大献礼！

在 2022 年天津海关全面从严治党会议上的讲话

天津海关党委书记、关长　赵　革

（2022 年 1 月 26 日）

同志们：

1 月 18 日至 20 日，十九届中央纪委六次全会在北京召开，习近平总书记出席会议并发表了重要讲话，赵乐际同志代表中央纪委常委会作工作报告。1 月 24 日，总署党委以视频会议形式召开了 2022 年全国海关全面从严治党工作会议，倪岳峰署长和王林组长对加强海关全面从严治党工作进行了全面部署。

今天，我们召开天津海关 2022 年全面从严治党工作会议，主要任务是：深入学习贯彻习近平总书记关于推进全面从严治党重要讲话精神和十九届中央纪委六次全会精神，落实全国海关工作会议、全国海关全面从严治党工作会议部署，总结去年工作，分析工作形势，部署今年任务。下面，我代表关党委讲几点意见。

一、2021 年工作回顾

过去一年，全关上下认真贯彻新时代党的建设总要求，全面落实管党治党政治责任，持续推进正风肃纪，坚定不移推进全面从严治党向纵深发展。

一是政治建设统领作用有效发挥。牢牢把握政治机关定位，始终把政治建设摆在首位，不断增强“四个意识”、坚定“四个自信”、做到“两个维护”。把党史学习教育作为重大政治任务，精心组织、扎实推进，关区党员干部受到一次全面深刻的政治历练、思想淬炼和精神洗礼，党性观念明显增强，历史自信更加坚定，斗争精神有效提振。扎实学习党的十九届六中全会精神，从党百年奋斗的重大成就和历史经验中汲取前进力量。不断健全两级党委述学评学考学机制，建立党委理论学习中心组学习巡听旁听机制。坚决贯彻落实习近平总书记重要指示批示精神和党中央重大决策部署，推动关区上下建立并完善“第一议题”制度，在推进“智慧港口、绿色港口”建设，打击“洋垃圾”、象牙等濒危物种及其制品走私，守牢疫情防线以及服务稳外贸稳外资方面取得新的成效。坚持挺纪在前，进一步严明政治纪律和政治规矩，为加强党的政治建设提供了坚强保证。

二是全面从严治党责任压紧压实。加强政

治监督，推进与巡察监督、审计监督、派驻监督、纪律监督联动贯通，推动全面从严治党责任落实落细落到位。关党委牵头对关区全面从严治党工作进行分析、研究、部署，指导和督促各部门（单位）履行全面从严治党责任。各基层党委和各级党组织狠抓落实，“基层组织建设年”扎实开展，“强基提质工程”持续深化，基层组织建设不断加强。各级党委书记严格履行第一责任人职责，班子成员严格落实“一岗双责”，把业务工作和全面从严治党工作深度融合，形成党委统筹、齐抓共管的工作格局。纪检部门切实承担党内监督专责，建立和完善与督审、财务、人事、政工等部门的联系配合机制。持续完善派驻监督制度体系，提升监督效能。

三是纪律作风建设更加有力。作风建设本质上体现了价值观、政绩观，是考验是否真正树立“以人民为中心”的试金石。我们认真落实中央八项规定精神，对公务接待、公务用车等敏感环节开展专项检查和整治。严肃开展“三类突出问题”自查自纠，集中化解了一批风险隐患。健全为基层减负常态化机制，发文、会议数量分别压减。深入推进“我为群众办实事”实践活动，建立关区重点项目清单，入选总署“百佳项目”4个，“机关引领基层、支部联系企业、党员服务群众”特色党建活动入选全国第三届党建创新成果“百优案例”。

四是清廉海关建设稳步推进。始终坚持“严”的主基调，加大“惩”的力度，完善“治”的举措，提升“防”的效果，一体推进“不敢腐、不能腐、不想腐”。“现场监管与外勤执法权力寻租”专项整治扎实开展，相关工作多次得到总署肯定。加大执纪力度，稳步向“惩治极少数”“管住大多数”拓展。扎实开展警示教育月活动。严格干部配偶、子女及其配偶从业行为规范自查工作。紧盯“关键少数”、重点领域和关键岗位，研究确定关区廉政风险和重点关注岗位；紧盯“围猎”隐患，深入开展关区退休离职人员违规从业情况排查；紧盯利益输送、贴着海关发财等廉政风险，深入排查领导干部经商办企业情况，对发现的问题从严处置。

五是干部队伍管理不断加强。坚持党管干部原则和“20字”好干部标准，突出政治标准和实干实绩导向，注重在重大关头、关键时刻考察识别干部，选人用人质量进一步提升。从严做好领导干部个人有关事项报告工作。扎实开展内务规范强化月活动，政务服务“好差评”系统全年无差评，全员准军意识进一步强化。运用“四种形态”形成有力震慑。加强干部“八小时以外”监督管理，积极探索有效方式方法，不断完善制度建设、创新监管手段、注重教惩结合、做好督促提醒。精神文明建设成果丰硕。加强人文关怀，关注干部心理健康，队伍整体精气神得到提振。

六是权力管控机制得到完善。加强巡视巡察联动，以“两个维护”为根本任务，以“三个聚焦”为监督重点，全面落实政治巡察要求，推动巡察工作不断走向深入。综合运用常规巡察、专项巡察以及巡察“回头看”等方式进行巡察。坚持以评促改，推动整改闭环管理，压紧压实整改责任，切实提高整改质量。积极配合完成国家审计工作，对反馈问题明确责任、举一反三、抓好落实；推进“巡审合一”，将经济责任纳入领导干部任前告知范围。持续做好规范性文件立改废释，不断提高法治化、规范化水平。持续加强事业单位党风廉政建设，优化岗位设置，完善制度体系，事业单位管理进一步规范。

二、2022 年主要任务

根据总署党委部署要求，经关党委研究，2022 年关区全面从严治党工作的总体要求是：以习近平新时代中国特色社会主义思想为指导，全面贯彻党的十九大和十九届历次全会精神，认真落实十九届中央纪委历次全会部署，自觉把握和运用党的百年奋斗历史经验，永葆自我革命精神，坚持全面从严治党战略方针，坚定不移将党风廉政建设和反腐败斗争进行到底，持续深化不敢腐、不能腐、不想腐一体推进，惩治震慑、制度约束、提高觉悟一体发力，不断加强清廉海关建设，为高质量“一流海关”建设提供坚强保障，以优异成绩迎接党的二十大胜利召开。

重点做好以下几个方面工作。

一是要充分发挥政治引领重要作用。持续巩固拓展党史学习教育成果，学习践行伟大建党精神，建立常态化、长效化制度机制。要牢牢把握政治机关定位，扎实开展捍卫“两个确立”、做到“两个维护”、强化政治机关建设专项教育活动，不断提高政治判断力、政治领悟力、政治执行力。继续发挥党委理论学习中心组、党委会示范带头作用，抓好党的十九届六中全会和党的二十大精神学习宣传贯彻，不断用习近平新时代中国特色社会主义思想武装头脑、指导实践、推动工作。加强忠诚教育、党性教育和海关职业操守教育，大力表彰先进，浓厚学榜样、争先锋氛围。严明党的政治纪律和政治规矩，做到“五个必须”，防止“七个有之”，严格落实重大事项请示报告制度。进一步严肃党内政治生活，持续提高民主生活会和组织生活会质量。严格执行效果评估、督查问责机制，抓实“第一议题”制度落实，做到以行动体现忠诚，用效果落实责任。

二是要压紧压实全面从严治党责任。要牢牢牵住责任制这个“牛鼻子”，主要负责同志要做到重要工作亲自部署、重大问题亲自过问、重点环节亲自协调、重要案件亲自督办；各级党委要履行全面从严治党主体责任，管好班子、带好队伍，守土有责、守土尽责；各级班子成员切实履行“一岗双责”，把负责、守责、尽责体现在全面从严治党的各领域、各方面、各环节。强化纪检机构协助职责和监督责任，持续加强廉政风险排查和消除工作。深化模范机关创建和强基提质工程，巩固拓展“基层组织建设年”成果，推动将党的政治优势、组织优势转化为基层治理效能。加强基层党支部标准化、规范化建设，深挖基层党建热源，充分发挥党建品牌带动效应。

三是要持续加强纪律作风建设。严格落实中央八项规定精神，做实总署“17 条措施”，党员领导干部要做到“五个一律不准”，执法一线科长和关员要做到“四个一律不准”；对违反中央八项规定精神问题，坚持露头就打、反复敲打；紧盯“四风”新表现新变种，重拳惩治风腐交织、隐形变异问题，从严从重处理不收敛不收手、顶风违纪行为；持续整治形式主义、官僚主义，完善为基层减负长效机制，进一步清理滥用积分排名及微信工作群、重复检查考核等，巩固“无会日”“正面清单”“负面清单”等好做法、好经验，深化“一线问题动态收集清零”和“机关引领基层”机制。加强准军纪律作风建设，开展窗口作风提升行动，持续推进海关政务服务“好差评”工作，坚决纠治“三类突出问题”；抓好“内务规范强化月”，强化作风养成，严整关容关纪；从严规范领导干部配偶、子女及其配偶从业行为，自觉反对特权思想和特权行为，抓好家风家教；持续强化“八小时以外”监督，严防酒驾醉驾打架等违规违法情事发生。坚持“过紧日子”，提高预算执行效率和资金使用效益，厉行勤俭节约，严防餐饮浪费。

四是要抓实抓好权力运行制约监督。要加强监督，突出政治监督，做实做细日常监督，建立完善整改责任机制、督促机制、评估机制；突出加强对“关键少数”特别是“一把手”的监督，对民主集中制执行情况、“三重一大”落实情况开展常态化监督，督促推动履职尽责。要加强年轻干部教育监督，扣好廉洁从政“第一粒扣子”，教育引导年轻干部成为党和人民忠诚可靠的干部。要加强党委巡察，统筹推进党委巡察、纪检监察、督审、督查等工作协调贯通；深化巡察问题整改和成果运用，健全完善机制，确保整改落实到位。要加强执法领域和非执法领域专项审计，对重点领域和关键环节开展专项审计监督；抓实国家审计发现问题整改，做到举一反三、“不贰过”；深化海关内控机制建设，提升风险防范能力。要织紧织密制度笼子，加强制度规范性文件管理，从源头规范权力运行；持续推进现场执法“选、查、处”分离，强化制度执行刚性约束。要推进科技控权，用好执法、非执法领域信息系统，对重点岗位、敏感环节用科技手段管权限权，实现权力行使标准统一、权力处置智能判定、权力运行流程可溯。

五是要高标准严要求管理干部队伍。要突出政治标准，加强政治审查，选出忠诚干净担当的好干部。深化运用“三个三分之一”模式，进一步树立“用成绩单说话”的鲜明导向，用数据考核工作成效，用客观量化标准衡量干部工作的质量。加强干部管理，在个人事项申报中强化执纪刚性。持续拓展“双能力”“双素质”评估工作，进一步提升干部队伍能力素质。加强法治建设，提升队伍责任意识和规则意识。要精准规范运用好问责利器，对不担当、不作为、庸懒散拖的组织和干部要严肃问责；坚持“三个区分开来”，完善容错纠错机制，旗帜鲜明为担当作为的干部撑腰鼓劲。要进一步加强事业单位管理，针对关键环节，进一步健全制度机制，优化业务流程，提升管理效能。严肃查处诬告陷害行为，对失实检举控告及时澄清正名。统筹严管和厚爱，用心办好民生实事，帮助干部职工排忧解难；发挥好工、团作用，丰富文体活动，提升队伍向心力、凝聚力。要加强对纪检监察干部队伍的培养，打造一支刚正不阿、秉公执纪、谨慎用权的纪检铁军。

六是要锲而不舍推进清廉海关建设。要坚持“惩、治、防”一体推进，做到系统施治、标本兼治。继续保持高压态势，既要紧盯“关键少数”特别是“一把手”，也要聚焦“小微权力”，对受贿索贿、以权谋私、放纵走私等腐败问题严惩不贷。持续强化监督执纪“四种形态”运用，尤其是“第一种形态”。继续深化打私反腐“一案双查”，深化问题线索移交、案件办理反馈工作机制。要持续巩固拓展“现场监管与外勤执法权力寻租”专项整治成果，在工程建设、信息化建设、实验室建设、装备购建、疫情防控保障项目等领域深入开展专项整治。要抓实以案促改，从完善制度入手堵住源头；将以案促改纳入党委巡察、派驻监督等重要内容，加强对受处分干部的回访教育，推动惩处、监督、教育贯通融合。深化“组地关”协作配合，力争与地方纪委监委实现更深层次合作。开展好警示教育月活动，坚持用身边案件教育身边人，引导党员干部知敬畏、存戒惧、守底线。认真贯彻落实关于加强新时代廉洁文化建设的意见，打造关区廉洁文化品牌，一体推进“三不腐”机制建设。

同志们，全面从严治党是新时代党的自我革命的伟大实践，开辟了百年大党自我革命的新境界。我们要继续坚持以习近平新时代中国特色社会主义思想为指导，以高度的政治责任感和时代使命感，以刀刃向内的信心魄力和不辱使命的担当作为，坚定不移开创关区全面从严治党、党风廉政建设和反腐败工作质量持续提升、不断深化，为建设更高质量“一流海关”提供坚强保证，在推动社会主义现代化海关建设中作出更大贡献。

第二篇

专记

强化政治机关建设专项活动

2022年，天津海关以习近平新时代中国特色社会主义思想为指导，全面贯彻落实党的二十大精神，聚焦新时代新征程党的中心任务，牢记“三个务必”的重要要求，大力弘扬伟大建党精神，按照天津市“迎盛会、铸忠诚、强担当、创业绩”主题学习宣传教育实践活动安排，把“学查改”专项工作和政治机关专项教育活动作为年度重要政治任务，以“政治引领业务、党建融合发展、担当历练队伍”活动为抓手，引导广大党员干部不断提高政治判断力、政治领悟力、政治执行力，深刻认识“两个确立”的决定性意义，自觉增强“四个意识”、坚定“四个自信”、做到“两个维护”，扎实推动政治机关建设专项活动落地落实、取得实效。

一、明确目标导向，在学深悟透习近平新时代中国特色社会主义思想上持续用力

把学习贯彻习近平新时代中国特色社会主义思想作为首要政治任务，综合利用资源，强化学习研讨，推动学深悟透。一是双线丰富学习资源。制作5期“政治要求我来讲”微党课，编发4本电子书，购置10余套学习用书，制作主题展板及海报，各基层单位印制口袋书、“应知应会”卡片10余种，方便干部职工随时随地进行学习。二是三个层面组织研讨。举办党委理论学习中心组学习，邀请专家授课，开展研讨交流，带动基层党委组织学习研讨118次。将“更好按经济规律办事，怎么办”讨论作为政治机关专项教育活动大讨论重点内容，天津海关关党委委员结合分管领域带头深入开展研讨交流11次，引导关区部门单位之间、基层党组织之间开展“书香津渡”“时代新人说”等主题联学活动；活用“思想理论学用讲坛”，将习近平经济思想作为破解海关发展难题的理论武器，统筹“书记项目”（2021年海关总署政治部着眼直属机关党委书记、党支部书记两个层面开展的党建课题研究、难点攻坚）开展49项课题攻关，组织“双优”（党建能力优、业务能力优）书记、业务专家骨干、优秀青年等开展交流研讨，组织各级团组织开展“青年跟党走 建功新时代——强化政治机关建设”学习交流活动，组织青年理论学习小组围绕“更好按经济规律办事，青年怎么办”开展专题讨论，引导人人上讲台，说体会、谈感悟、讲收获。三是四个平台促学检学。建立政治理论月测试机制，依托“钉钉”平台每月编发题库组织

考试，线上参考3.4万人次，通过率99.97%。在政务网首页开辟专题网站，定期更新政治理论学习内容；在天津海关公众号“悦动津关”开设专栏，展示天津海关开展活动经验做法，营造“比学赶帮超”氛围。引导基层用好支部微信群，强化线上学习，形成“掌上移动党课”“微信学习时间”等一批学习品牌。

二、明确问题导向，在深层排查重大风险隐患、梳理岗位政治要求上继续用力

对照“没有离开政治的业务，也没有离开业务的政治”要求，深刻检视问题、深层剖析根源。一是四个维度梳理政治要求。聚焦习近平总书记重要指示批示精神和党中央重大决策部署，从总体政治要求和体现在工作、组织、纪律中的政治要求四个维度，突出习近平总书记对海关工作重要指示批示、党中央和国务院决策部署，结合海关总署工作要求、部门工作特点，从四个角度梳理，经过4轮政治要求梳理工作，形成了包含73条关级政治要求、567条部门（单位）政治要求、9148条岗位要求的政治要求清单，推动全员岗位践行、动态完善。二是六面对照查摆隐患问题。聚焦海关总署明确的问题和“四个是否”（是否存在贯彻落实习近平总书记重要指示批示精神态度不坚决、措施不到位、效果不明显的问题；是否存在对“国之大者”不关心，对政治要求、政治规矩、政治纪律不上心，对各种问题的政治危害不走心，对贯彻落实党中央的大政方针不用心的问题；是否存在讲政治虚化、抽象化，没有做到讲政治见行动，没有将政治要求体现和落实到制定业务规范、办理具体业务中的问题；是否存在以“业务部门”“业务干部”自居，重业务指标、轻政治效果的问题）工作要求，自下而上、上下结合，梳理业务领域重大风险隐患问题196个、非业务领域重大风险隐患问题26类；按照“六对照六看六查”（对照坚持党中央集中统一领导要求，看是否做到“两个维护”，心怀“国之大者”，查是否存在自由主义、本位主义、保护主义，缺乏大局意识、全局观念；对照政治过硬、本领高强要求，看是否学懂弄通做实习近平新时代中国特色社会主义思想特别是习近平经济思想，查是否存在理论联系实际不够、专业能力不强、学用脱节；对照党的初心使命和性质宗旨，看是否树牢以人民为中心的发展思想，查是否漠视侵害群众利益，加重基层负担，干自以为领导满意却让群众失望的事；对照立足新发展阶段、贯彻新发展理念、构建新发展格局、推动高质量发展要求，看是否做到稳字当头、稳中求进，尊重规律、尊重客观实际和群众需求，统筹发展和安全，查是否存在不按经济规律办事，一刀切、理想化、乱作为；对照加强调查研究和“三严三实”要求，看是否走党的群众路线，先调研后决策，以钉钉子精神坚韧不拔抓落实，查是否存在形式主义、官僚主义，关起门决策、拍脑袋决策，不担当、不作为；对照党的各项纪律规定，看是否自觉遵规守纪，做到令行禁止，查是否妄议党中央大政方针，擅自对应当由党中央决定的重大经济政策问题作出决定、对外发表主张，泄露、扩散尚未公开事项或应当保密的内容，违反有关规定干预和插手市场经济活动）工作要求，明确关联度，横向到边、纵向到底，深层排查政治风险隐患问题38个，整理合并形成问题清单。三是一张清单推动整改。在学习研讨、查摆问题

的基础上，按照“一张清单抓整改”思路，统筹推动“学查改”专项工作、国家审计、党史学习教育专题民主生活会和组织生活会、权力寻租常态化整治、以权谋私专项整治、政治机关专项教育活动、巡视巡察、“三类突出问题”自查自纠等党中央、海关总署、天津关区 8 个方面重点工作中发现问题的整改，形成包含 275 个问题在内的天津海关“问题 + 整改”清单，通过流程、制度、科技手段，把整改工作任务要求内化在工作管理流程当中，内化到内控节点上。

三、树立效果导向，在推动政治机关建设走深走实产生实效上持续用力

针对政治机关专项教育活动政治性强、要求高的特点，务实构建部署推动、督促指导、检查评估、整改再落实闭环链条。一是三重示范推动责任压实。建立组织机构，制订实施方案、工作方案，制作任务分解表，细化 36 项任务，把责任压实到部门、任务明确到个人。天津海关关党委带头示范，每周党委碰头会分析问题，每月形势分析及工作督查例会研究工作，召开 2 次推进会，推动活动有序展开。天津海关各隶属海关党委为党支部作示范，明确工作事项，委员分工负责，确保工作落实。领导干部、先进典型为普通群众作示范，带头参加学习查摆整改，一级带动一级，形成人人有责、全员参与的良好局面。二是六方督导推动质量提升。天津海关关党委委员结合下基层调研，32 次检查指导政治机关建设活动；成立 4 个督导组，编制工作手册，全内容进行督导；组建检查组，对重点工作实施专项检查；发挥巡视巡察利剑作用，对 7 个单位的专项教育活动进行政治巡察；利用 13 个派驻纪检组，“点对点”督促工作落实；用好各级纪检委员，经常性督促提醒。三是四轮评估推动工作落实。把“学查改”专项工作和政治机关专项教育活动作为党建工作考核的重要内容，设置评分要点，制定评估规则，每季度开展一次评估，“百分制”评估打分，每季度进行实地或线上评估，存在明显问题的被列为重点关注部门，以“联系单 + 督导单”的方式，跟进督促整改、深化落实。

撰稿人

孙　麒

天津海关抗疫

2022年，天津海关持续深入学习贯彻习近平总书记关于疫情防控的重要讲话和重要指示批示精神，认真落实党中央、国务院决策部署，严格按照海关总署各项防控要求，始终把疫情防控作为重要政治任务，坚持“人民至上、生命至上”的理念，以“时时放心不下”的责任感和时不我待的紧迫感，慎终如始、履职尽责、严守国门，科学精准高效做好口岸疫情防控和促进外贸增长各项工作，为保障人民生命安全和身体健康，促进经济社会发展作出海关贡献。

一、指挥机制

天津海关构建“程序规范、流程顺畅、节点清晰、责任明确”的防控体系，明确工作职责，确立业务分工，强化统一领导，实施靠前指挥，形成天津关区疫情防控“一盘棋”格局。天津海关及时调整完善指挥部体系，各个工作组各司其职、分工合作，形成关区疫情防控工作合力，定期、不定期组织召开关区指挥体系工作会议，快速解决口岸疫情防控一线面临的问题，时刻保持指挥体系高效运转。深入优化组织架构，持续完善，统筹兼顾，按照“规范化、标准化、信息化”工作方针，不断优化组织结构，制定“静、快、严、细、实、足”疫情防控要求，统筹口岸疫情防控与促进外贸稳增长齐抓共管。制订综合组、口岸防控组等工作组日常运行工作方案，规范部门职责，明确任务分工，确保工作高效运转。创新设立监督检查组，对业务现场及监督部门实施“再监督”，提升政治执行力，确保海关总署各项要求全面落实到位。

二、防控体系

（一）方案预案

2022年，天津海关将《空港口岸疫情防控作业指引》《海港口岸防控作业指引》先后修订至第9版，不断优化业务流程、规范业务衔接节点；针对冬奥备降、外交人员包机等重点人群、印度等疫情严重国家重点航班，制订专项工作方案，强化精准防控；提供天津空港口岸卫生检疫经验，按照海关总署要求制订《新冠肺炎疫情期间入出境包机等特殊类型航班卫生检疫工作方案》，供全国口岸参照。修订6版《进口冷链食品核酸检测、预防性消毒监督及现场检查作业指引》、2版《进口高风险非冷链集装箱货物口岸环节新冠病毒检测和预防性消毒实施办法》、2版《进口非冷链物品新冠病毒核酸监测阳性应急处置预案》、2版《海关监管现场及人员封闭管理场所新冠病毒检测工作方案》等系列方案，严格落实海关总署各项要求，从机制导向入手，夯实口岸“物防”体系“四梁八柱”，建立并完善“物防”风险监测、预防性消毒监督、抽样检测等全业务流程的工作规范。

（二）疫情监测体系

2022年，天津海关作为海关总署全球传染病疫情监测组成员单位，组织30余人组成疫情监测小组，以兼职形式开展全球传染病疫情监测工作。全年累计完成全球传染病疫情信息编译、初审500余条，为有效开展疫情输入风险评估提供支持，做到境外疫情风险早识别、早预警，不断提高口岸疫情防控的科学性和有效性。同时强化口岸阳性检出分析，结合境外疫情发展态势、既往口岸阳性检出情况、基因测序情况、远端防控措施、旅客构成等因素，撰写阳性分析报告，开展风险分析研判。建立疫情监测小组人员动态更新机制，持续吸纳关区关心卫生检疫事业、具备一定英语基础的青年业务骨干加入疫情编译工作，关区各隶属海关推荐责任心强、业务能力突出的青年关员加入疫情信息编译工作，对于积极参加关区疫情监测工作、表现突出的，根据业务实绩情况，在年底绩效考核中对所在单位予以相应加分。

（三）应急管理体系

2022年，天津海关共组织开展线上培训14期，涉及空海港口岸新冠病毒感染疫情防控、安全防护、猴痘疫情防控、流调溯源、口岸防控技术方案第9版（修订版）政策解读、2022年初任公务员培训等系列培训，线下开展2期“关长进红区岗前培训”、9期“常态化疫情防控岗前培训”，全力提升一线工作人员能力。修订《天津口岸突发公共卫生事件应急预案》，制订《北京2022年冬奥会和冬残奥会入境备降航班突发公共卫生事件应急处置预案》等，并组织开展针对性应急演练。2022年，共开展样本溢洒、职业暴露、旅客不配合采样等各类应急演练7次，参与人员500余人次。制订《天津海关口岸疫情防控人力资源保障应急工作预案（试行）》，并配套完善适用于空港旅检、海港登临、冷链监测、实验室检测等不同场景的疫情防控人员调配应急预案，推动天津关区人力资源保障和调配规范化。构建起“点面联动、分级响应”的应急机制，制订《天津海关应对疫情防控、保障业务运行应急预案》，梳理关区不间断业务清单435项，建立8个业务联动协作片区，在发生疫情管控时，确保能够高效保质调动人力资源。共计7个隶属海关先后5次触发、启动应急预案，承接单位通过应急方式代办各类业务2000余笔，有效保障关区业务平稳运行。

（四）海空防控体系

2022年，天津海关对入境航班实施“一线一策”，持续强化“物理隔离、单向运行、闭环管理”入境人员管理模式，加强健康申明卡核验、两道测温、医学巡查、流行病学调查、医学排查、采样检测、信息通报和移交处置等工作，全面做好美国、法国、意大利、西班牙、波兰、匈牙利、俄罗斯、韩国、日本、新加坡、菲律宾、泰国、中国香港、中国澳门等国家和地区人员往来天津的卫生检疫工作。在海港口岸实施“两集中、两统一”管理，海港登临专班实行“集中工作、集中管理、统一指令、统一指挥”的管理体系，实行“非必要不登临”，实施集约高效的“卫检+植检”“卫检＋重量鉴定”等“1+N”融合作业模式，大幅提升海港口岸监管工作效率，节约30%海关工作人员。采取顺势检查、视频监控、日常巡查等措施，加强登临人员防护安全监管。

（五）重大事件防控体系

2022年，天津海关联合天津市卫生健康委发布《天津市猴痘疫情应急预案》，制定2版《天津海关口岸猴痘疫情防控作业指引》，全流程指导一线猴痘疫情防控。共发布《疫情防控意见书》9期、风险预警22期，涉及不明原因儿童急性重症肝炎、黄热病、埃博拉病毒病等多种传染病疫情防控。针对入境包机不同特点，结合境外疫情风险，重点突出开展检疫。对可能发生的应激反应、拒绝检疫、突发急重症疾病等，开展桌面推演。根据需要配置翻译、志愿者、心理辅导员、儿科采样护士等专业人员。

（六）冷链疫情防控体系

2022年，天津海关坚持“外防输入、内防反弹”总策略，不断优化防控政策措施，统筹做好疫情防控和经济发展。年内共监测检测进口冷链商品样本64.9万个。针对进口冻品因疫情滞港问题，创新实施进口冻品“智能分流”模式，获海关总署署长俞建华及天津市委书记李鸿忠，市长张工充分肯定。天津海关制定“静、快、严、细、实、足”总策略，并不断丰富“三化”（规范化、标准化、信息化）内涵。更新《天津海关进口冷链食品核酸检测、预防性消毒监督及现场查验作业指引》至第7版，制定《阳性进口冷链食品后续处置作业指引（试行）》《冷链食品核酸检测样品转运作业规范》《关于加强冷链作业场地、集中居住场所管理的通知》等细化措施，对样品过程交接、记录传递、消毒作业等过程要求以及冷链作业场地、冷链工作人员集中封闭管理场所的管理要求进行逐一明确，强化衔接部门监督管理，实现对进口冷链食品全链条无缝监管。固化每季度开展进口冷链食品疫情防控现场应急演练机制，结合阶段性发现问题、薄弱环节、关键点位、工作人员实际以及办公场所等情况，以演促练、以练代训，年内组织开展进口冷链食品疫情防控现场应急演练12次。

撰稿人

刘光旭　张晴晴

“跨境电商寄递‘异宠’综合治理”专项行动

为深入贯彻落实习近平总书记重要指示批示精神，做到守土有责、守土负责、守土尽责，守护国家生态环境安全、农林牧渔业生产安全和人民群众生命健康安全，按照海关总署关于开展“跨境电商寄递‘异宠’综合治理”的通知要求，制订并下发了《天津海关“跨境电商寄递‘异宠’综合治理”行动方案》。

一、制定“跨境电商寄递‘异宠’综合治理”专项行动总体目标和工作要求

以习近平生态文明思想为指导，进一步强化政治意识，提高政治站位，增强做好跨境电商寄递“异宠”入境防控工作的责任感、紧迫感，主动肩负起党中央、国务院赋予海关防控外来物种入侵的重要使命，按照“源头管控、情报共享、执法互助、刨根断链、打宣并重”的原则，采取一切必要措施，以实招硬招防范“异宠”经跨境电商寄递入境，切实维护国家生物安全和生态安全。

提高政治站位。把思想和行动统一到习近平总书记重要指示批示精神和党中央、国务院、海关总署决策部署上来，将该项专项行动作为当前一项重要工作，马上就办、真抓实干，以实招硬招防范“异宠”经跨境电商寄递入境，切实维护国家生物安全和生态安全。

强化责任落实。不断加强跨境电商寄递“异宠”入境防控工作的责任感和紧迫感，不折不扣执行天津关区专项行动要求，围绕实施方案制定细化措施，明确责任，推动各项工作有序开展，确保专项行动取得扎实成效。

严格监督考评。建立监督考评机制，把专项行动的推动落实情况纳入业务监督，在统筹开展“国门绿盾”行动的基础上，对有跨境电商平台、进境寄递运营企业的相关部门（单位）开展全面督查，及时通报督查结果，并进行考评。

二、组织领导工作

成立专项行动领导小组，统一领导部署开展专项行动。动植检处、行邮处联合组成专项行动领导小组办公室，领导小组办公室承担专项行动期间领导小组的日常事务，做好专项行动的牵头、组织、协调、推动工作。成立专项行动领导小组，统一领导部署开展专项行动。天津海关关长赵革任组长，副关长王利兵、谭绪良任副组长，办公室、法规处、自贸处、动植检处、行邮处、稽查处、财务处、科技处、

人事处、教育处、风控分局等相关部门主要负责同志及缉私局分管负责同志任成员。

三、工作开展情况

督促辖区内跨境电商平台和寄递运营企业落实生态安全和生物安全主体责任，对违法违规售卖“异宠”的，下架处理，严格落实收寄验视制度，不得揽收、承运、派送禁止寄递或限制寄递的物品，切断非法交易链条。

建立“异宠”信息收集小组，进一步加大网络售卖平台潜在风险信息的收集分析和预警，广泛收集口岸截获以及相关网络交易“异宠”的信息，整理、发掘有价值的信息和线索，及时按规定移交相关部门。对查获的“异宠”信息及时报送海关总署。

加强风险信息排查和研判。通过周报、例会等形式，适时对天津关区进境“异宠”风险态势进行分析评估，对潜在风险、主要走私违规手法进行分析总结，提出风险防控建议；利用“云擎”建模开展大数据分析。综合运用“云擎”建模技术手段，提速寄递渠道“异宠”风险信息数据收集效率，增强对天津关区主要风险特征、异动变化和风险漂移的感知能力；组织专题联合研判。结合线索、查发案例、态势变化等情况，针对特定对象目标或现象，组织小组成员联合相关职能部门、现场海关适时开展专题联合研判，筛选重点防控目标。

加强对跨境电商网购保税货物涉及高风险影子商品的实货监管，强化账册管理，依据指令开展核查，防范通过跨境电商网购保税渠道伪瞒报进口“异宠”情况的发生。

建立“异宠”风险名单库；在综合收集和掌握到的各项风险信息的基础上开展分析排查，梳理高风险影子商品。根据分析评估结果实施分类处置，实施通关拦截；严格落实寄递渠道“异宠”等外来物种监管要求，利用智能审图、同屏比对等技术手段，对来自高风险地区的邮递、快件、跨境电商（直购进口）物品实施重点审像；加强现场对“异宠”的重点监管，提高对重点国家和地区、重点人群、重点品名的即决式布控比例，不断提升查发效能。

严格执法。根据《中华人民共和国生物安全法》《中华人民共和国进出境动植物检疫法》《中华人民共和国进出境动植物检疫法实施条例》《最高人民检察院、公安部关于公安机关管辖的刑事案件立案追诉标准的规定（一）的补充规定》等规定，做好涉检违法违规和走私犯罪线索的查发工作。严格依据相关法律法规，实施行政处罚。对违规违法企业，依法依规调整企业信用等级。对涉嫌犯罪的，及时移交缉私部门；对属于县级以上人民政府有关部门管辖的，及时办理移交手续。

结合典型案件开展教育。对跨境电商平台和寄递运营企业深入开展防范外来物种入侵警示教育和科普教育。结合全民国家安全教育日、生物多样性日等主题宣传活动，利用报纸、广播、电视等传统媒体和互联网、移动终端等新媒体，强化相关法规和政策解读，提高社会公众认知水平，营造社会共治良好氛围。加强案例搜集分析工作。

印制“跨境电商寄递‘异宠’综合治理”专项行动宣传海报和宣传手册，并及时向各相关隶属海关进行发放，在口岸主要区域张贴“跨境电商寄递‘异宠’综合治理”专项行动宣传海报，向企业、群众等相关人员发放“跨境电商寄递‘异宠’综合治理”专项行动宣传手册，进一步提高全民防范外来物种入侵的意识，切实保障国门生物安全。

四、工作保障开展情况

加大投入和培训力度，提供充足的人力、财力和物力等基础保障，切实提升风险监测、分析处置和口岸查发能力；加强实验室鉴定能力建设，不断提升实验室检疫、检测和鉴定技术水平，为严防外来物种入侵提供强有力的技术支撑。

撰稿人

刘亚峰 张建刚

“口岸危险品综合治理”百日专项行动

2022年7月，海关总署部署在全国海关开展“口岸危险品综合治理”百日专项行动。天津海关以严治乱、以快防患，认真落实海关总署党委关于建设“加强版”海关危险品安全监管体系的工作要求，清醒认识打击危险品伪瞒报工作的长期性、复杂性，以“反复抓、抓反复”的韧劲，发扬钉钉子精神，逐条逐项落地“规定动作”，依法依规探索危险品监管创新工作，对“滞”的风险隐患和“瞒”的违法行为采取“长牙齿”的措施，全力保障党的二十大期间口岸的安全稳定。

一、深入学习贯彻习近平总书记重要指示批示精神

始终把学习贯彻习近平总书记重要指示批示精神作为重要的政治任务，始终把口岸危险品综合治理工作摆在突出位置抓紧抓实抓到位，时刻绷紧口岸安全这根弦，树牢“隐患就是风险、风险就是事故”的理念，始终保持“时时放心不下”的责任感和“一失万无”的高度清醒，主动作为，采取有效措施防范危险品口岸积压和伪瞒报带来的安全风险，围绕“防风险、保安全、迎二十大”这条主线，全力以赴做好口岸危险品综合治理工作，用实际行动捍卫“两个确立”、做到“两个维护”。

二、强化组织领导，细化工作措施

一是落实俞建华署长的批示要求，成立由主要负责同志任组长，分管负责同志任副组长的专项行动工作组，统筹、指挥、督促、推进“口岸危险品综合治理”百日专项行动各项工作。关领导挂帅出征、靠前指挥，多次赴现场督导检查“口岸危险品综合治理”百日专项行动落实情况。对照海关总署方案，结合天津海关危险品监管实际，印发专项行动方案，细化重点落实措施20项、分解任务31条，确保专项行动取得实效。二是组织召开天津海关应对滨海新区新冠病毒感染疫情影响加快口岸危险品集疏港工作会议，跟踪关区危险品的滞留情况，督促现场海关持续落实好提离工作，防止危险品在口岸积压。三是在天津关区建立口岸危险品处置应急工作机制，对于个别区域因新冠病毒感染疫情管控、不可抗力等原因导致危险品无法正常开展检查或港口聚集的极端情况，及时启动应急机制，以保障危险品安全快速通关，最大限度保障关区口岸作业安全和通关环境顺畅。四是全力配合地方主管部门做好天津口岸恢复第2至第6类危险货物集装箱作

业后的危险品监管工作。10月1日，天津口岸顺利完成首票第2至第6类危险货物通关，标志着天津口岸畅通危险品运输通道取得新进展。

三、优化监管模式，全力防范危险品口岸滞留

采取危险品“集中监管”“场所场地清零”“停留核查”等监管措施，防止危险品在口岸积压。按照海关总署危险品存储期限的要求，及时催报催提，保持监管作业场所（场地）内危险品持续“动态清零”。围绕散装危险品抵港放行的需求，实现进口乙烯和液化天然气（LNG）等冷冻液态危化品监管环节的无缝衔接，确保危化品船舶到港后零等待查验、快速通关，实现大宗散装冷冻液态危化品在口岸“零滞留”。督促相关隶属海关采取日排查、周汇报、月汇总相结合的方式，在保证新冠病毒感染疫情防控到位的前提下，加班加点协调码头、场所（场地）及相关企业，对排查出的危险品货物督促及时提离场所（场地），确保危险品货物处置及时、有效。

四、推进智慧管控，提升危险品监管科技赋能水平

建设以“一中心、两平台、三库”为核心的危险品智慧管控工作体系。一是建立“智慧监管中心”，将“企业信息库”“检测报告库”“法律法规标准库”信息与企业申报数据中的关键项目进行多维度、数字化逻辑比对，实现风险自动分析和异常情况的预警监控；二是建立“智慧管控平台”，采集试点企业厂区至码头的实货流信息，结合企业上传的途中运输信息，形成危险品运输轨迹，通过预设码头

▲2022年9月20日，天津海关所属保税区海关开展“口岸危险品综合治理”百日专项行动工作（高跃 摄）

停留时限，防范危险品超期滞留风险；三是建立“智能检测平台”，丰富“集装箱气体自动化探测机器人”图谱，探索研发移动式检测平台，在货物不开箱情况下，通过对集装箱内易挥发性危险源的识别，快速筛查危险品包装泄漏、伪瞒报等风险。

五、发挥利剑作用，开展打击危险品伪瞒报行动

不断强化进出口危险品风险监测、分析力度，发挥跨部门监管协作机制作用，加大对伪瞒报、高危低报等违法行为的打击力度，依法依规依职责做好处置工作。“口岸危险品综合治理”百日专项行动期间，共查发各类危险品不合格情况 47 起，其中伪瞒报 19 起，完成行政处罚案件 7 起，累计实施罚款金额 4.67 万元；共向天津海事局以及天津市应急管理局、公安局等地方部门发函通报 5 起危险货物（危化品）伪瞒报情事。

六、强化海关特殊监管区域、保税监管场所一体化防控

结合企业信息采集、日常巡仓巡访，组织开展危险品安全隐患风险排查，重点检查危险品保税仓储企业资质证明、企业上一周期安全隐患排查台账，对发现安全风险隐患问题立即督促整改；逐项梳理海关特殊监管区域及保税监管场所安全隐患，明确相关部门安全监管职责，形成涵盖审单、布控、检查、后续处置等各个环节的安全生产全链条监管闭环；督促各管委会制订区内企业安全管理方案，规范区内危险品的进出、存储、使用；联合地方应急管理部门成立联合检查小组开展安全生产检查，配合地方主管部门加强监督、检查，及时消除风险隐患，形成安全监管合力。

七、深化涉案财物仓库安全管理，加快处置

不断强化涉危涉案财物处置内控管理。围绕视频监控、消防安防、防盗系统、仓储管理、防灾应急 5 个方面，对涉案仓库开展巡查指导，每月至少开展 1 次涉危涉案财物仓库实地检查。强化内控“1+2+3+N”建设，明确“1”个流程，修订“2”项制度，完善“3”个机制，梳理“N”个台账，将存放涉危涉案财物的仓储企业作为监管重点，对危险品保管资质进行仔细核实，规范危险品存放、取样、处置等工作环节，集中销毁涉危涉案财物 1 票（重量 0.64 吨），确保涉危涉案财物仓储保管安全。

八、提升实验室技术和安全管理能力，加快检测速度

一是建立快速联络机制，实验室指定专人和隶属海关进行对接，及时了解检测情况，协调解决接样、检测、审核、报告签发等问题。二是组建专家工作组，协调解决天津海关危化品检验监管和处置过程中遇到的复杂疑难问题，防范化解危化品口岸集聚风险。三是优化实验室检测流程，保证专人专岗对取样送检样品进行优先检测，配备专家进行指导，涉及毒理检测项目对现场执法部门进行流程提醒。四是建立清零制度，设立待检危化品台账，由专人进行管理督办，实现待检化学品单据动态清

零。五是提升检测能力，开展实验室质量内控检查，对实验室安全、环境、人员防护等方面进行质量提升，开展检测资质扩项。“口岸危险品综合治理”百日专项行动期间，共检测危化品800余批，检出不合格60余批，平均检测周期2.88个工作日，较2022年6月份压缩60%。

九、强化风险分析融合，全面助力打击危化品伪瞒报

一是提炼全国水运布控指令28条，撰写全国水运方式危化品进出口伪瞒报风险评估报告4期。二是以检验检疫业务为基础，依托“云擎”大数据，融合海关贸易异动、企业评估和物流链梳理等分析思路，多维度开展布控，不断提升指令精准度，叠加产生“化学反应”。三是梳理企业不规范数据2066条，通过比对出口报关单和电子底账申报数据，构建危化品模糊申报风险监控模型，从3000多个品名、2万家企业中筛选出重点商品167个、高风险企业138家，及时将相关情况提交至海关总署风控局贸易渠道危险品伪瞒报风险防控工作专班，提出相关建议。“口岸危险品综合治理”百日专项行动期间，天津海关通过自主分析布控共查获3类、8类和9类危险货物共计10.8吨。

十、加强协同联动，强化稽核查手段应用

建立针对危险品逃漏检、危险品企业无证经营等风险的快速反应机制。一是开展内外部危险品查发信息和相关热点信息的收集工作。编发危险品风险信息专刊，收集相关风险信息32条，转化为风险情报2个，为危险品各监管环节工作提供信息支持。二是对2021年经天津口岸申报出口的“氢氧化钠”开展贸易调查，围绕虚假材料骗领许可证出口危险品开展稽查。三是运用“云擎”建模进行大数据分析，筛选出存在逃漏检高风险企业名单，及时联合研判并下达稽查指令，对4家企业开展稽查，其中移交相关部门立案3起，涉及危险品货物重量为544.8吨，货值758余万元。

撰稿人

董宇平

支持中国（天津）自由贸易试验区建设

2022年，天津海关不断推进跨区域、跨部门、跨领域协同创新，重点围绕支持航空全产业链及新业态新模式发展，持续推进自由贸易试验区海关监管制度创新，自主推出创新措施28项，通过天津市向国务院申报自由贸易试验区改革试点经验4项，“进口冻品‘智能分流’监管新模式”等2项创新举措获得海关总署自贸创新备案，位居全国自由贸易试验区前列。

一、党建引领，增强协同创新能力

（一）党建引领，激发创新动力

天津海关联合中国（天津）自由贸易试验区管委会，组织开展“党建引领　共同创新”活动，协同国家税务总局天津市税务局、国家外汇管理局天津分局及天津市商务局、药监局等部门，提出18项联合创新课题，其中天津海关组织实施“文化艺术品保税展示业务创新”等6项课题。

（二）落实国家战略，牵头京津冀三地自由贸易试验区海关制度创新

天津海关发挥北方首个自由贸易试验区的先发优势，牵头北京海关、石家庄海关，组织成立推动“京津冀自由贸易试验区海关监管协同创新”领导小组，制订了《北京海关 天津海关 石家庄海关开展自贸试验区海关监管协同创新工作方案》，提出了“保税物料跨关区直供”等联合创新意向。2022年，三关联合创新的项目“未经联网核查的进口医疗器械风险防控京津冀协同新模式”获得海关总署备案。

（三）成立海关自贸工作专班，主动融入中国（天津）自由贸易试验区建设

天津海关先后选派两位优秀年轻处级干部以工作专班形式到中国（天津）自由贸易试验区管委会办公室全职工作，主动融入自由贸易试验区建设，发挥桥梁纽带作用，发挥海关业务专长和协调便利优势，密切关地联系配合，有力推进制度创新。

二、优化创新工作机制，持续开展海关自贸创新

（一）自贸创新全员参与，海关部门达31个

制定《天津海关自贸试验区海关监管制度复制推广工作指引（试行）》，强化自贸创新事中事后评估。将天津海关12个业务职能处室和19个隶属海关全部纳入创新范围，建立

自贸创新人才库，拓宽自贸创新覆盖面。成立 85 人组成的联合宣讲团，通过现场宣讲会、视频会议、12360 海关公众号等形式，累计开展 395 次政策宣讲，营造全员参与自贸创新的氛围。

（二）自贸创新全周期管理，自主创新 28 项

按照《天津海关关于加强自贸试验区海关监管制度创新的指导意见》和《天津自贸试验区海关监管创新举措备案与评审工作指引》相关规定，从创新举措提出、培育、备案到复制推广进行全流程规范管理，提升创新质量。在完成中国（天津）自由贸易试验区总体方案、深改方案任务基础上，2022 年天津海关围绕统筹推进新冠病毒感染疫情防控和经济社会发展大局，推出自主创新措施 28 项，其中 13 项在天津关区范围内复制推广。

（三）自贸创新全球视野，开展前瞻性研究

对标高标准国际经贸规则，从管理模式、法律体系、产业发展、税收政策、贸易便利化等方面，专题研究世界主要自由贸易区的建设经验，形成《借鉴境外自贸区建设经验推进粤港澳大湾区协同发展》专题报告，提出对中国自由贸易试验区建设的启发和思考。组织专题研究海南自由贸易港、上海洋山特殊综合保税区、前海深港现代服务业合作区等制度创新情况，紧贴天津市实际提出可借鉴的创新事项 15 项，提出“推进中新‘一单两报’”等 6 项重点创新举措。

（四）推动自由贸易试验区特殊物品合作，打造“关地”合作新机制

借助自由贸易试验区“近企、服企”定位与优势，天津海关联合中国（天津）自由贸易试验区管委会、天津经济技术开发区管理委员会创新“关地协同”新模式，打造研发用医药品通关便利化综合服务平台，优化特殊物品风险评估程序，探索生物医药企业通关便利化措施，天津经济技术开发区企业不出区、少跑路即可办理相关业务，天津康希诺生物技术有限公司、天津药明康德新药开发有限公司等医药企业一次性申报成功率和特殊物品通关效率都得到了大幅提高。

三、纵深推进改革创新，助力天津新业态发展

（一）创新监管推动航空产业链高质量发展

创新航空产业链“件中件”维修监管模式，助力企业利用维修资源拓展业务范围。创新“AOG 航材管控”区块链监管模式，满足维修企业航材、工具紧急出区现场支援的高时效需求，大大提升维修企业竞争力。为空客 A320neo 全动飞行模拟机保税研发项目量身定制监管方案，促进天津航空产业链向高价值研发产业延伸。通过“单一品名单一税号”便捷措施支持空中客车（天津）总装有限公司生产飞机 77 架，同比增长 35.1%，货值 45 亿美元；助力天津制造业立市，创新支持保税维修快速发展，全年保税维修业务货值约 146.1 亿元。

（二）全力支持东疆融资租赁保持全国龙头地位

天津海关在全国率先制定融资租赁监管办法，解决了租赁资产交易、海关异地监管、税款担保方式等租赁业发展中的难点、堵点问题，相关创新实践作为国务院“最佳实践案

▲2022 年 7 月 29 日，天津东疆综合保税区第 2000 架租赁飞机成功交付（天津海关所属天津东疆海关　供稿）

例”在全国复制推广，使中国（天津）自由贸易试验区成为继爱尔兰之后全球第二大飞机租赁聚集地，融资租赁货值约 757.7 亿元，约占全国总量的 70%。针对租赁后市场维修改装等需求，天津海关会同天津市商务局创新保税租赁叠加维修政策，2022 年办理 11 架飞机“租赁＋维修改装”业务，货值 14.36 亿元。

（三）加速保税展示交易扩围增量

天津海关开展深入调研，结合天津口岸进口货物特点，聚焦企业发展中的难点、堵点，在天津市大力推动保税展示交易业务发展。2022 年，天津市综合保税区开展保税展示交易业务 106 票，涉及 19 家企业，货值共计约 23.4 亿元，主要涉及海工平台、药品、矿产品、冻品、经典车、平行进口汽车等多品类，其中展示后实现交易的货值 12.4 亿元，占展示总货值的 53%。

撰稿人

王乐乐

第三篇

大事记

2022 年天津海关大事记

1 月

1 日 塘沽海关签发 RCEP 生效后天津市首份 RCEP 原产地证书。

3 日 驻署纪检监察组组长、海关总署党委委员王林在海关总署监控指挥中心与天津新港海关冷链作业现场进行音视频连线慰问。

5 日 党委书记、关长赵革主持召开关党委党史学习教育专题民主生活会征求意见座谈会。

关长赵革参加天津市再制造产业发展专题会议。

全国首单“双检联动”模式进口中药材在天津东疆综合保税区完成通关。

7 日 副关长潘楚雄会见天津市商务局副局长李建。

副关长潘楚雄参加东疆古董车产业聚集发展业务交流会。

10 日 关领导赵革、钟海澄、潘楚雄、孙旭东、白莉、刘心同、师国旺参加关区党史学习教育总结会议。

12 日 天津海关党委召开党史学习教育专题民主生活会。

14 日 副关长谭绪良参加海关总署卫生检疫司北京冬奥会、冬残奥会卫生检疫工作视频会议。

副关长谭绪良在六纬路办公区出席防疫物资捐赠仪式。

20 日 关领导赵革、王利兵、师国旺参加海关总署 2022 年促进跨境贸易便利化专项行动视频部署会。

24 日 关领导赵革、王利兵、潘楚雄、孙旭东、刘心同、谭绪良、师国旺、刘辉在分会场参加 2022 年全国海关工作会议、全国海关全面从严治党工作会议。

关长赵革以视频形式参加海关总署领导班子和领导干部年度考核暨海关总署党委干部选拔任用工作“一报告两评议”。

关长赵革与新加坡关税局局长何志鹏互相致信。

25 日 关长赵革参加 2022 年全国海关纪检监察工作会议。

副关长谭绪良参加海关总署寄递渠道新冠病毒感染疫情个人防护工作专题视频会议。

所属法规处获得 2016—2020 年全国普法工作先进单位。

26 日 天津海关以视频会议形式召开 2022 年工作会议。

天津海关以视频会议形式召开 2022 年全面从严治党工作会议。

副关长刘心同参加天津市进一步加强进口冷链防控工作专题会议。

副关长谭绪良参加海关总署卫生检疫司北京冬奥会口岸卫生检疫工作视频会。

天津海关首次应用自主研发的核辐射监测机器人开展口岸监管工作，实现监测工作自动化、智能化。

27日 关领导赵革、潘楚雄、孙旭东、刘心同、谭绪良、师国旺、刘辉参加天津海关2021年度党组织书记述责述廉述党建评议考核会。

关领导赵革、王利兵、师国旺参加天津海关、天津港集团2021年度联席会议。

副关长王利兵参加“践行嘱托三周年，蓬勃兴盛天津港”专场新闻发布会。

28日 副关长王利兵主持召开关区安全生产电视电话会议。

副关长刘心同参加天津海关进出口统计情况新闻发布会。

2月

7日 天津海关牵头完成的“食品安全风险因子快速高效检测技术研究”科研项目获得2021年度天津市科学技术进步奖三等奖。

8日 关领导赵革、沈善庚、刘辉会见天津特派办主任杜祥培、副主任高钧贤、党委纪检组组长白莉。

关领导赵革、孙旭东、师国旺，天津市政府副秘书长、天津市打私办主任于鹏洲在天津海关分会场参加2022年全国海关缉私工作会议暨全国打私办主任视频会议。

9日 关长赵革参加天津市优化营商环境工作会议。

10日 副关长王利兵会见中国邮政集团有限公司天津市分公司副总经理刘彦波一行。

副关长刘心同参加天津市加强数据安全工作任务部署会。

副关长谭绪良参加2022年全国海关动植检工作会议。

11日 副关长王利兵走访天津市科学技术发展战略研究院并与院长王华峰座谈。

14日 天津海关首次通关河北、甘肃、青海、宁夏海运进境日韩邮件，有效支持疏解北京非首都功能。

天津海关口岸非传统安全（NTS）风险防控科学与技术重点实验室荣获科技部“全国科技系统抗击新冠肺炎疫情先进集体”称号。

15日 副关长刘辉会见天津市商务局副局长李建。

16日 关领导赵革、王利兵、潘楚雄、沈善庚、师国旺、刘辉参加“海关重点项目和财物管理以权谋私”专项整治工作动员部署视频会议。

党委纪检组组长沈善庚主持召开2022年关区纪检监察工作会议。

副关长刘心同参加天津市农业对外合作联席会议机制第5次全体会议暨2021年全市农业对外合作工作会议。

17日 关领导赵革、谭绪良出席天津海关学会2021年度主题征文表彰会。

政治部主任潘楚雄走访共青团天津市委员会并与书记李龙座谈。

副关长刘心同参加海关总署进出口食品安全监管信息化工作会议。

关党委委员、天津新港海关关长师国旺与天津港（集团）有限公司副总裁许旭波一行座谈。

18日 副关长谭绪良出席天津海关“2021年监管服务情况通报暨2022年工作重点介绍”新闻发布会。

国务院批复同意天津港保税区与天津港综合保税区整合优化为新的天津港综合保税区。

21日 关长赵革参加天津市人才工作会议。

副关长王利兵会见中国海关管理干部学院纪检组组长蔺婧、副院长高建伟一行。

22日 关领导赵革、王利兵、谭绪良、刘辉与来访的天津市商务局局长沈蕾一行座谈。

政治部主任潘楚雄出席天津海关心理成长工作中心揭牌仪式。

副关长刘辉与来访的通用技术检验检测认证集团有限公司总经理王琳一行座谈。

23日 副关长王利兵参加海关总署科技发展司组织的口岸非传统安全风险防控科学与技术重点实验室建设经验推广视频会议。

副关长王利兵与来访的天津滨海国际机场总经理张毅一行座谈。

副关长刘心同、谭绪良参加全国海关政策研究和统计工作会议，副关长刘心同代表天津海关在会上作交流发言。

副关长刘心同在天津海关分会场参加2022年全国海关商品检验工作会议。

24日 副关长王利兵率队到天津市国家安全局走访调研。

25日 天津海关联合北京海关保障首批北京冬奥会海运物资快速出境。

28日 副关长王利兵参加天津市2022年对台工作会议。

副关长王利兵参加天津市支持塔吉克斯坦鲁班工坊建设工作专题会议。

3月

1日 关长赵革会见天津港（集团）有限公司董事长褚斌一行。

天津海关党委委员、天津新港海关关长师国旺会见天津国际贸易与航运服务中心主任曾琰一行。

副关长刘辉参加天津市商务局自由贸易试验区保税维修再制造业务工作推动会。

天津海关办公室获评“全国海关信息工作先进单位”；办公室于光锐、天津滨海机场海关张志安获评“全国海关信息工作先进个人”。

2日 关领导赵革、孙旭东、沈善庚、谭绪良、师国旺、刘辉参加天津海关“海关重点项目和财物管理以权谋私”专项整治工作动员部署视频会议。

副关长刘心同在天津海关分会场参加2022年全国海关进出口食品安全工作会议。

副关长刘辉参加天津市对外开放工作领导小组会议。

4日—25日 天津海关关税处穆雪梅同志代表中国海关参加世界海关组织（WCO）协调制度委员会第69次会议。

4日 副关长王利兵参加天津市对标国务院营商环境创新试点会议。

政治部主任潘楚雄率队到天津市总工会走访调研。

党委纪检组组长沈善庚走访天津市纪委监委并与第一副书记孙志强进行座谈。

天津海关参与申报的“精准检测及甄别设备与产品的示范应用”“入境煤炭快速检测技术研究及应用示范”2个课题获2021年度国家重点研发计划立项。

5日 关长赵革参加全国两会期间全市安

全生产工作视频调度会。

7日 副关长谭绪良参加天津市重要外事活动工作会议。

9日 副关长刘辉参加天津市平行进口汽车改造工作会议。

10日 关领导赵革、刘辉陪同天津市委常委、滨海新区区委书记连茂君调研滨海新区综合保税区发展情况，副关长刘辉就天津海关特殊监管区域发展情况进行汇报发言。

副关长刘心同参加中央依法治国办法治政府建设实地督察反馈意见整改动员部署会议。

11日 关领导赵革、孙旭东、沈善庚、刘心同、谭绪良、师国旺、刘辉参加全国海关疫情防控工作专题视频会议。

副关长王利兵参加北部协作区跨境电商进口监管长效机制启动会暨第一季度形势分析会会议。

政治部主任潘楚雄参加加强和改进新时代人才工作部署会暨《关于深入实施人才引领战略 加快天津高质量发展的意见》和十大产业人才创新创业联盟建设推动会。

天津海关增设全球贸易监测分析中心天津区域中心，为全球贸易监测分析中心增设的6个区域中心之一。

14日 副关长刘心同出席天津海关“强化消费品质量安全监管、完善进出口商品风险预警体系建设”新闻发布会。

副关长刘心同参加天津市研究进口冷链疫情防控和闭环管理有关工作会议。

16日 动植物与食品检测中心主持的“口岸植物检疫风险智能阻控关键技术研究与应用”获得海关科技成果评定二级成果，主持“食品安全风险因子快速高效检测技术研究”获得天津市科技进步奖三等奖；参与的2个项目获得海关科技成果评定三级成果。

17日 副关长谭绪良参加2022年全国海关卫生检疫工作会议。

18日 关领导赵革、王利兵、潘楚雄、孙旭东、沈善庚、刘心同、谭绪良、师国旺、刘辉参加2022年天津海关打私工作电视电话会议。

天津新港海关检出全国首例波斯茎线虫。

22日 副关长刘辉出席“天津综保区发展情况通报暨《综保区管理办法》政策解读”新闻发布会。

23日 党委委员、政治部主任潘楚雄参加2022年市级机关党的工作暨纪检工作会议。

天津海关保障首列“天津—满洲里—莫斯科”中欧班列开行。

24日 关长赵革参加全国海关持续推进审计问题整改工作视频会议。

副关长刘辉参加全国海关企业管理和稽查工作会议。

25日 关领导赵革、潘楚雄、孙旭东、沈善庚、刘心同、谭绪良、师国旺、刘辉参加关区2022年第1次关务会议。

29日 关党委委员、缉私局局长孙旭东参加全国缉私部门警示教育动员部署视频会议。

30日 政治部主任潘楚雄组织召开天津海关参加海关总署“百名科长百日督查”人员行前动员会。

副关长刘辉参加自由贸易试验区（服务业扩大开放）创新发展调度会。

31日 关长赵革在天津分会场参加全国安全生产工作会议。

副关长刘辉参加全国海关企业管理条线工作会议。

副关长刘辉赴财政部天津监管局沟通交流天津海关财务管理工作情况。

4月

1日　政治部主任潘楚雄参加海关总署政治部2022年机关党建工作视频会议。

2日　关长赵革参加天津市安全生产工作会议。

6日　关长赵革主持召开督察审计自查整改工作部署会。

7日　关领导赵革、刘心同会见天津市河西区委书记李学义、区长胡学明一行。

副关长刘辉参加天津市第一季度RCEP关税政策实施情况专题新闻发布会。

8日　副关长刘辉参加综合保税区卡口监管工作研讨部署会。

12日　副关长谭绪良参加天津市政协“加强生物安全监管，提升我市生物安全治理能力”专题协商会议。

13日　关领导赵革、孙旭东在天津海关主会场参加天津市2022年打击走私综合治理工作会议，副市长王旭出席会议并讲话。

副关长谭绪良与天津市农业农村委副主任王志林会谈。

副关长刘辉参加全国海关风险防控专项行动推进会。

14日　副关长王利兵在天津海关分会场参加2022年全国海关口岸监管工作会议。

政治部主任潘楚雄与天津市宁河区委书记白凤祥、区长惠冰座谈。

政治部主任潘楚雄到对口扶持的经济薄弱村调研。

15日　关领导赵革、王利兵、潘楚雄、孙旭东、沈善庚、刘心同、谭绪良、师国旺、刘辉参加天津海关安全生产工作领导小组会议暨天津海关安全生产工作会议。

关领导赵革、师国旺、刘辉与天津市委常委、滨海新区区委书记连茂君，区长单泽峰座谈。

天津海关程艳军被天津市国家安全局授予“12339公民举报贡献奖”。

18日　关长赵革在天津分会场参加国务院全国保障物流畅通促进产业链供应链稳定电视电话会议。

19日　天津海关完成首次驻华使馆货运渠道出口外交邮袋监管工作。

20日　关党委委员、天津新港海关关长师国旺会见到访的天津市滨海新区商务和投资促进局代表一行。

21日　关长赵革在天津分会场参加国务院联防联控机制会商会，围绕天津海关外防输入工作情况进行专题汇报。

关党委委员、缉私局局长孙旭东参加全国公安机关北京冬奥会、冬残奥会安全保卫工作总结表彰视频会。

副关长刘心同参加天津海关进出口统计情况新闻发布会。

22日　关长赵革参加天津市政府组织的“天津自贸试验区改革创新引领高质量发展”主题新闻发布会。

副关长谭绪良参加全国海关2022年第一季度传染病疫情风险评估视频会。

关党委委员、天津新港海关关长师国旺会见天津经济技术开发区管委会副主任周勍一行。

24日　政治部主任潘楚雄参加“书香津渡”读书分享会。

党委纪检组组长沈善庚参加驻署纪检监察组重点项目清单分析指引应用视频会议。

关党委委员、天津新港海关关长师国旺会见到访的天津港（集团）有限公司副总裁刘庆顺一行。

25日 关领导赵革、王利兵、潘楚雄、孙旭东、刘心同、谭绪良、师国旺、刘辉，一级巡视员侯金坡参加全国海关厅局级“一把手”集中学习、署管干部学习党的十九届六中全会精神集中轮训开班式和专题讲座学习。

26日 政治部主任潘楚雄会见天津市委组织部“人民满意的公务员”考察组，双方就公务员管理等方面工作开展了沟通交流。

27日 关长赵革参加关区“五四”青年座谈会。

29日 关领导赵革、潘楚雄、师国旺参加海关总署人事教育司党支部与基层党委党支部“青年跟党走 建功新时代——强化政治机关建设”联学共建活动。

副关长王利兵会见天津港（集团）有限公司副总裁刘庆顺。

政治部主任潘楚雄参加全国海关青年干部理论学习交流视频会议。

5月

5日 离退休干部办公室李娜被授予“天津市先进老干部工作者”称号。

天津滨海机场海关获评“全国五一劳动奖状”；天津东疆海关查验一科获评“天津市工人先锋号”；天津临港海关监管一科副科长、二级主办郑晓民获评“天津市五一劳动奖章”。

6日 副关长刘辉会见天津市商务局副局长李建及霍尼韦尔（天津）有限公司企业代表一行。

7日 关长赵革赴审计署京津冀特派办与特派员张俊、副特派员李正辰座谈。

政治部主任潘楚雄在天津市分会场参加全国自建房安全专项整治电视电话会议。

副关长刘心同参加海关法治工作第二协作区视频会议。

9日 关领导赵革、师国旺参加全国新冠病毒感染疫情防控工作电视电话会议、市疫情防控领导小组和指挥部会议。

10日 副关长王利兵与推进天津北方国际航运枢纽建设调研组一行座谈。

政治部主任潘楚雄现场收看庆祝中国共产主义青年团成立100周年大会电视直播。

政治部主任潘楚雄出席天津海关服务天津市十大产业人才创新创业联盟发展新闻发布会。

12日 关领导赵革、谭绪良会见天津市农业农村委员会主任王宝雨、副主任王志林一行，共同签署《天津海关 天津市农业农村委员会共同促进农业对外开放高质量发展合作备忘录》。

副关长刘辉出席《中国（天津）自由贸易试验区 东疆片区 中心商务片区 天津机场片区支持天津航空航天产业补链强链战略合作框架协议》签约仪式。

13日 关党委委员、缉私局局长孙旭东与天津市第三中级人民法院副院长张立新一行座谈。

副关长刘心同参加天津市委依法治市办对天津海关法治政府建设督察反馈意见整改落实情况的实地督促检查。

16日 关领导赵革、王利兵、潘楚雄、孙旭东、沈善庚、刘心同、谭绪良、师国旺、刘辉参加关区警示教育培训。

副关长王利兵出席天津海关促进外贸保稳提质新闻发布会，发布天津海关促进外贸保稳提质 30 项工作措施。

18 日 化矿金属材料检测中心通过中国合格评定国家认可委员会（CNAS）搬迁变更评审。

19 日 关长赵革到缉私局执法办案管理中心调研。

关领导赵革、刘心同参加落实海关总署对进口冷链食品加严布控措施专题办公会议。

20 日 关领导赵革、谭绪良参加天津海关外事工作领导小组（扩大）会议。

政治部主任潘楚雄参加全国海关 2022 年度考试录用公务员面试体检考察工作部署视频会议。

关党委委员、缉私局局长孙旭东参加天津海关缉私局、天津海警局《打击走私工作联系配合办法》签约仪式。

副关长刘心同参加海关总署关税征管司综合治税电视电话会议。

24 日 天津东疆海关办理全国首票综合保税区内飞机境内维修改装业务。

25 日 关长赵革参加全国稳住经济大盘电视电话会议。

关党委委员、缉私局局长孙旭东参加全国公安系统英雄模范立功集体表彰大会。

副关长刘辉与天津市滨海新区区委常委、副区长尹晓峰，副区长梁益铭座谈。

缉私局隶属开发分局缉私二科获颁公安部“全国优秀公安基层单位”荣誉称号，赴北京参加全国公安系统英雄模范立功集体表彰大会，并受到习近平总书记的亲切接见。

26 日 副关长王利兵参加 2022 年全国海关科技工作视频会议。

副关长刘心同参加 2022 年天津市林业暨野生动物保护工作领导小组会议。

27 日 天津海关报送的“口岸风险因子监测技术装备研发与应用”“口岸植物检疫风险智能阻控关键技术研究与应用”“进口大宗资源矿产品质量与安全控制关键技术”3 项成果分别获得 2021 年度海关系统一级科技成果、二级科技成果、三级科技成果。

31 日 关长赵革参加天津市国资国企工作会议暨深化国有企业改革推动会。

副关长王利兵参加海关总署科技发展司网络安全保障工作电视电话会议。

天津海关、上海海关密切协作顺利完成全国首票境外国际集装箱班轮公司非五星旗国际航行船舶沿海捎带业务，新增沿海捎带转关方式。

6 月

1 日 关长赵革参加中新“一单两报”通关模式专题研讨会。

2 日 副关长谭绪良与天津市农业农村委员会副主任王志林会谈。

6 日 天津海关报送的“口岸非传统安全风险监测与智能化现场快速查验装备开发与应用”科技需求 10 年来首次入围天津市科技局项目指南。

7 日 关长赵革赴天津伊利乳业有限责任公司、天津金发新材料有限公司开展“促进外贸保稳提质”专题调研。

9 日 副关长王利兵赴天津三安光电有限公司、天津凯发电气股份有限公司开展“促进外贸保稳提质”专题调研。

副关长谭绪良到天津天隆在田农业科技有限公司开展“促进外贸保稳提质”专题调研。

10日 开展“人大代表走进百年津关、齐心协力共谋天津发展”活动，天津市人民代表大会常委会副主任张庆恩，天津市人民代表大会常委会代表工作室主任孔令国、副主任聂伦、张世杰参加，关长赵革陪同。

副关长刘心同赴天津市检察院参加“天津市涉案企业合规第三方监督评估机制管理委员会成立大会暨全面推开涉案企业合规改革工作部署会”及第一次联席会。

13日 政治部主任潘楚雄参加贯彻落实天津市委人才工作会议精神推动会暨十大产业人才创新创业联盟建设二季度总结推动会。

副关长刘心同赴天津市市场监管委参加“2021年度省级政府质量工作考核整改工作部署会”。

15日 副关长刘心同到嘉里粮油（天津）有限公司、九三集团天津大豆科技有限公司开展“促进外贸保稳提质”专题调研。

天津海关在全国海关系统首次检出奥密克戎变异株（BA.5）。

天津海关承担的天津市科技支撑重点研发项目“非洲猪瘟检测技术体系及疫情智能监测信息平台的研发”顺利通过天津市科技局组织的验收。

16日—20日 赵革、李智慧同志作为党代表参加中国共产党天津市第十二次代表大会。

16日 副关长王利兵到天津东疆综合保税区调研跨境电商“6·18”开展情况。

17日 关党委委员、政治部主任潘楚雄出席“光荣在党50年”纪念章集中颁发仪式。

副关长谭绪良陪同天津市委国安办副主任刘新强调研。

天津海关“硫铁矿渣”固体废物工作专班荣立集体一等功，天津滨海机场海关口岸疫情防控工作集体荣立集体二等功。

20日 党委书记、关长赵革在中国共产党天津市第十二次代表大会上当选中国共产党天津市第十二届委员会委员。

天津市委委员，党委书记、关长赵革参加十二届天津市委一次全会。

副关长王利兵出席天津海关促进外贸保稳提质新闻发布会。

副关长王利兵主持召开申报天津市科技计划项目推动会。

21日 党委书记、关长赵革主持召开关党委碰头会传达学习天津市第十二次党代会主要精神。

22日 关领导赵革、王利兵、潘楚雄、孙旭东、刘心同、谭绪良参加2022年上半年天津海关党组织书记述责述廉述党建会议。

关长赵革参加天津市安全生产专题会议。

关党委委员、缉私局局长孙旭东出席天津海关“6·26”禁毒日新闻发布会。

24日 在天津市第十二次党代表大会上，党委书记、关长赵革被选举为出席党的二十大代表。

副关长王利兵参加海关总署口岸监管司专题线上研讨会并就完善口岸监管作业“三应”机制有关情况进行交流发言。

副关长谭绪良陪同天津市政协副主席尚斌义带队到天津滨海机场海关、天津邮局海关开展“加强生物安全监管，提升我市生物安全治理能力”调研活动。

天津航空口岸大通关基地进境肉类、水果、冰鲜水产品、食用水生动物、植物种苗5

个指定监管场地全部正式获海关总署批准。

27日 天津海关总检验师魏红兵被评为天津市优秀科技工作者标兵，为天津海关人员首次获得该荣誉称号；天津国际旅行卫生保健中心二级研究员董志珍被评为天津市优秀科技工作者。

28日 关党委委员、缉私局局长孙旭东参加全国公安系统英雄模范立功集体先进事迹“云”报告会。

30日 关领导赵革、王利兵、潘楚雄、孙旭东、沈善庚、刘心同、刘辉出席关区疫情防控工作大会。

关党委委员、缉私局局长孙旭东参加天津海关缉私局“高举旗帜迎盛会 党建引领铸忠诚”“七一”表彰大会。

7月

1日—2日 关领导赵革、王利兵、潘楚雄、孙旭东、沈善庚、刘心同、谭绪良、刘辉在天津海关分会场参加2022年全国海关年中工作会议。

2日 副关长刘心同陪同国务院联防联控机制工作督查组检查海港、冷链防控工作并现场介绍海关冷链疫情防控工作。

4日 副关长谭绪良参加空港两集中人员规范管理会议。

6日 党委书记、关长赵革以“深刻领悟‘两个确立’的决定性意义，坚决做到‘两个维护’，以高质量‘一流海关’建设向二十大献礼”为题讲授专题党课。

副关长刘心同参加海关总署进出口食品安全局进出口食品安全工作座谈会。

7日 关领导赵革、潘楚雄会见审计署西安特派办特派员郭西、副特派员王栋。

副关长刘心同参加全国海关政策研究工作专题会议。

机关党委卢建峰同志获评海关系统“党务之星”。

8日 关区以权谋私专项整治工作领导小组副组长、党委纪检组组长沈善庚主持召开以权谋私专项整治工作推进暨迎检动员视频会。

副关长刘心同参加全国海关政策研究工作专题会议。

副关长刘辉主持召开2022年海关稽查北部协作区工作会议。

12日 副关长刘心同在北塘海关与中农批（天津）国际冻品交易市场有限公司负责人一行座谈。

副关长刘辉参加“推动自贸试验区‘保税+’业态创新发展”专题研讨会。

13日 关领导赵革、沈善庚会见天津特派办主任杜祥培、党委纪检组组长白莉。

关长赵革参加天津市安全生产工作电视电话会议。

关党委委员、缉私局局长孙旭东参加缉私局集中收看全国公安系统英雄模范立功集体先进事迹“云”报告会。

副关长刘辉参加天津海关与天津市商务局联合举办的“稳企暖企 助力企业提质享惠再升级”2022年高级认证企业政策宣讲会。

14日 副关长刘辉参加天津市上半年RCEP关税政策实施情况新闻发布会。

副关长刘辉陪同天津市委组织部副部长、市“两新”组织工委书记王立明、市委市级机关工委专职副书记芮士成一行到天津新港海关调研党建业务深度融合试点工作。

15日 关领导赵革、孙旭东、沈善庚、刘心同、刘辉参加关区第1次外贸形势分析会议。

天津滨海机场海关旅检现场旅客通关管理子系统（升级版）上线投入使用。

19日 副关长谭绪良参加天津外贸数据通报新闻发布会。

20日 关党委委员、缉私局局长孙旭东参加全国缉私部门夏季治安打击整治“百日行动”推进电视电话会议。

副关长刘辉走访天津市财政局。

21日 海关总署专项整治第三视频督导检查组与天津海关党委召开见面沟通会。

关领导赵革、王利兵参加关区“口岸危险品综合治理”百日专项行动工作会议。

22日 关领导赵革、王利兵、谭绪良、师国旺在天津海关分会场参加全国海关疫情防控专题会议。

关领导赵革、王利兵会见华为公司海关和港口军团首席执行官岳坤一行。

副关长刘辉会见天津经济技术开发区管委会副主任周勍。

天津海关保障首列“天津—白俄罗斯”中欧班列开行。

26日—27日 海关总署副署长、党委委员孙玉宁在天津海关调研，听取天津海关“口岸智慧管控”系统、“关港集疏港智慧平台”、非传统安全移动实验室建设等工作情况汇报，召开企业座谈会。关领导赵革、王利兵、沈善庚、谭绪良、刘辉陪同参加。

关党委委员、缉私局局长孙旭东在大连主会场参加全国海关缉私部门年中工作会议暨全国打私办主任会议。

26日 副关长刘辉参加生物医药特殊物品创新发展座谈会。

副关长刘辉参加2022年全国海关离退休干部工作视频会议。

27日 关党委委员、天津新港海关关长师国旺参加天津新港海关与国家濒管办北京办事处共同召开的加强进出口野生动植物监管联系配合第1次联席会议。

29日 关长赵革参加在天津滨海国际机场举办的天津东疆综合保税区第2000架租赁飞机交付活动。

8月

3日 关长赵革到天津新港海关、天津保税区海关开展“口岸危险品综合治理”百日专项行动督导检查。

关党委委员、缉私局局长孙旭东主持召开2022年天津海关打私工作年中推动会暨“国门利剑2022”联合行动推动会。

副关长刘辉会见国投检验检测认证有限公司代表一行。

天津海关申报的“天津市进口科研用物资通关便利化机制研究”项目首次获得天津市科技发展战略研究计划智库项目立项。

天津海关与新加坡关税局召开关际合作视频会议。

11日 副关长刘辉会见来访的中国海洋石油集团有限公司物装部副总经理王永山一行。

12日 关长赵革会见中国邮政集团有限公司天津分公司总经理石纯斌一行。

关长赵革主持召开天津海关网络安全和信息化领导小组会议。

副关长王利兵、刘心同参加海关总署商品检验司《进出口危险货物作业规范》编写研讨工作。

15日　关党委委员、天津新港海关关长师国旺与到访的天津港（集团）有限公司副总裁许旭波一行座谈。

17日　天津市国家机关“谁执法谁普法”履职报告评议团团长、天津市司法局二级巡视员杜丽萍一行对天津海关进行实地调研。

天津海关“关署合作大数据应用”“基于区块链技术的通关担保创新”两个信息化应用项目通过验收。

18日　副关长刘心同参加天津市委全面依法治市委员会执法协调小组第4次全体（扩大）会议暨文明行为促进条例整改工作推动会。

19日　海关总署、国家邮政局进境邮件税款信息联网项目业务第2批试点在天津海关顺利启动。

22日　关领导赵革、王利兵、潘楚雄、孙旭东、沈善庚、刘心同、谭绪良、师国旺、刘辉参加全国海关加强新时代廉洁文化建设暨警示教育大会。

关党委委员、天津新港海关关长师国旺与到访的国家濒管办北京办事处主任刘克勇一行座谈。

23日　副关长王利兵参加研究天津北方国际航运枢纽建设和天津港总体规划有关工作会议。

关党委委员、天津新港海关关长师国旺与来访的天津市商务局副局长李建一行座谈。

副关长刘辉参加天津海关联合高新区管委会组织开展的政策宣讲会。

26日　关长赵革参加天津市委统战工作会议。

关党委委员、缉私局局长孙旭东走访天津市第二中级人民法院。

关党委委员、缉私局局长孙旭东参加公安部党委理论学习中心组学习（扩大）会暨全国公安机关学习习近平法治思想辅导报告会学习视频会议。

党委纪检组组长沈善庚参加驻署纪检监察组纪检监察工作座谈会并作交流发言。

29日　关长赵革在天津分会场参加全国深化“放管服”改革持续优化营商环境电视电话会议。

政治部主任潘楚雄参加海关总署2022年海关新录用公务员初任培训动员部署会。

31日　天津海关召开加强新时代廉洁文化建设暨警示教育大会。党委书记、关长赵革出席会议并讲话。

政治部主任潘楚雄参加海关总署“人民满意的公务员”宣讲报告会。

9月

1日　天津海关马兴获评第21届“全国青年岗位能手”。

5日　天津市政府副秘书长于鹏洲到天津滨海机场海关旅检现场调研。

6日　关党委委员、缉私局局长孙旭东参加全国反走私综合治理调查研究中心视频会议。

副关长刘心同参加海关总署科技发展司实验室规划课题研讨会。

8日　关党委委员、天津新港海关关长师国旺与天津市滨海新区区委常委、副区长赵前苗一行座谈。

9日　天津海关联合天津港（集团）有限公司正式启动C段智能化码头智慧监管系统

建设。

关长赵革参加天津市外贸分析会。

11日 副关长谭绪良参加天津市指挥部空港疫情防控专业组中秋节现场值守。

14日 关长赵革参加天津市委组织召开的“人民满意的公务员”和“人民满意的公务员集体”表彰座谈会。

副关长刘心同参加天津海关“食品安全宣传周新闻发布会”。

15日 关领导赵革、刘辉会见天津市商务局局长孙剑楠一行。

关党委委员、缉私局局长孙旭东与天津市人民检察院第三分院检察长侯智一行座谈。

22日 关领导赵革、王利兵、刘心同参加海关总署商品检验司危化品智慧管控专题会议。

副关长刘心同参加海关总署科研项目“海关实验室规划、命名与验核标准体系研究”专题汇报视频会。

天津南疆海关参加国内首次海上油田倒班船应急演练。

26日 关长赵革参加天津市委、市政府疫情防控工作会暨市疫情防控工作领导小组和指挥部会议。

27日 关长赵革参加全国海关技术性贸易措施交涉应对工作视频会议。

关党委委员、缉私局局长孙旭东参加全国海关缉私系统夏季打击走私“百日行动”总结暨党的二十大安保维稳、贯彻“六个严禁”攻坚动员视频会议。

副关长谭绪良参加全国卫标委召开的卫生检疫强制性国家标准审查会。

28日 天津海关完成首例整列保税货物中欧班列出口通关业务。

30日 党委纪检组组长沈善庚在视频分会场参加海关系统纪检监察干部监督工作会议。

副关长谭绪良参加全国海关信访工作专题培训。

10月

1日 关党委委员、缉私局局长孙旭东在市公安局主会场参加全市公安机关国庆期间和党的二十大安保维稳视频会议。

4日 副关长谭绪良参加海关总署办公厅视频连线慰问。

8日 天津东疆海关成功办理天津口岸首票矿产品保税展示交易出区手续。

天津海关推出全国海关首个“H986集成嗅探机器人”。

10日 关党委委员、缉私局局长孙旭东参加观看学习教育整顿政论片《刀刃向内》。

副关长刘心同参加天津市委全面依法治市委员会守法普法协调小组第4次会议暨落实普法责任制联席会议。

12日 副关长王利兵会见天津港（集团）有限公司副总裁许旭波一行。

13日 关领导王利兵、潘楚雄、孙旭东、沈善庚、刘心同、师国旺、刘辉参加海关系统全力以赴做好党的二十大召开期间安全生产相关工作电视电话会议。

副关长王利兵到天津市商务局调研。

副关长刘辉与天津东疆综合保税区管委会副主任白新宇座谈。

16日 党的二十大代表，天津海关党委书记、关长赵革参加党的二十大开幕会。

关领导王利兵、潘楚雄、孙旭东、沈善

庚、刘心同、谭绪良、师国旺、刘辉观看党的二十大开幕会。

17日 政治部主任潘楚雄向老同志通报关区工作。

18日 副关长王利兵参加海关总署口岸监管司召开的强化过境货物监管线上专题会议。

天津海关“行政执法办案应用系统”试点工作取得突破性进展，全国首笔电子支付罚没收入缴库成功。

19日 综合业务处、天津新港海关查验三处赵广通分别获得“天津市知识产权先进集体”“天津市知识产权工作先进工作者”荣誉称号。

20日 政治部主任潘楚雄参加“党的二十大精神大家谈”青年座谈交流会。

副关长刘辉与天津港保税区管委会副主任寇晓霜、中新天津生态城管委会副主任杨勇座谈。

21日 副关长刘心同赴“危化品智慧管控”试点企业天津利安隆新材料股份有限公司走访调研。

24日 关领导赵革、潘楚雄、孙旭东、沈善庚、刘心同、谭绪良、师国旺、刘辉参加全国海关学习宣传贯彻党的二十大精神视频会议。

副关长王利兵参加天津市领导干部大会。

25日 天津海关召开党的二十大精神学习宣传贯彻视频会议。

27日 副关长刘心同参加天津市食品安全委员会会议。

28日 关长赵革在天津市分会场参加“全国今冬明春保暖保供工作电视电话会议”。

副关长刘心同参加海关总署科研项目“海关实验室规划、命名与验核标准体系研究”视频研讨会。

31日—11月5日 关领导赵革、王利兵、潘楚雄、孙旭东、沈善庚、刘心同、谭绪良、师国旺、刘辉参加海关总署党委理论学习中心组（扩大）学习暨司局级主要负责同志学习贯彻党的二十大精神培训班开班动员。

11月

1日 副关长王利兵在天津市分会场参加2022年全国消防宣传月活动启动视频会议。

关党委委员、缉私局局长孙旭东参加“使命2211”专项行动推进会议。

2日 副关长刘心同参加天津市与美国费城加强合作工作会议。

副关长谭绪良参加天津海关“国家安全 全民共建 全民共享”主题活动。

3日 关领导赵革、王利兵、刘心同参加全国海关“口岸危险品综合治理”百日专项行动总结暨常态化工作部署视频会议。

副关长刘辉参加天津海关“信用管理改革成果新闻发布会”。

7日 副关长王利兵主持科技大楼展厅展陈方案审核论证会。

副关长谭绪良在线参加亚欧会议“智慧海关、智能边境、智享联通”国际研讨会。

8日 副关长刘辉会见中国工商银行天津市分行副行长王建军一行。

10日 副关长王利兵参加天津市打击治理电信网络新型违法犯罪工作联席会议。

11日 党的二十大代表、天津市委宣讲团成员、天津关长赵革应邀为天津东疆综合保税区党员干部进行党的二十大精神宣讲。

副关长王利兵参加天津海关“实验室建设工作”新闻发布会。

党委纪检组组长沈善庚参加全国海关纪检机构党的二十大精神专题辅导视频会议。

李艳强、高子岳、孙婧乔 3 名同志被天津市总工会授予“天津市五一劳动奖章”。

14 日 副关长刘辉会见天津市商务局一级巡视员周路一行。

天津海关在全国口岸首次检出转基因 KK179 品系。

15 日 党的二十大代表、天津市委宣讲团成员、天津关长赵革到天津新港海关为党员干部进行党的二十大精神宣讲。

关党委委员、缉私局局长孙旭东赴中共天津历史纪念馆参观。

16 日 党的二十大代表、天津市委宣讲团成员、天津关长赵革到天津港保税区进行党的二十大精神宣讲。

党委纪检组组长沈善庚在关区 2022 年度纪检监察法规业务培训班上作开班动员。

17 日 天津市委常委、市委秘书长王力军与关长赵革共同到天津工业大学宣讲党的二十大精神并与师生代表座谈。

副关长刘辉参加天津海关涉案财物处置工作新闻发布会暨执法查没濒危物品移交仪式。

18 日 关长赵革到天津滨海机场海关、天津南疆海关、天津国际旅行卫生保健中心督导检查“二十条”优化疫情防控措施落实情况。

20 日—24 日 政治部主任、工会主席潘楚雄参加全市工会领导干部学习贯彻党的二十大精神专题培训班。

22 日—24 日 副关长刘心同参加海关总署优化调整海港口岸疫情防控措施座谈研讨活动。

22 日 关领导赵革、刘辉会见招商银行天津分行行长潘祖荣一行。

副关长王利兵参加天津市知识产权保护工作实地检查考核汇报会议。

23 日 副关长王利兵会见中国邮政集团有限公司天津市分公司副总经理王强一行。

副关长刘辉参加全国海关政治部门学习宣传贯彻党的二十大精神学习宣讲视频会议。

25 日 天津海关助力天津市首票艺术品保税展示拍卖业务顺利完成。

28 日—29 日 关党委委员、天津新港海关关长师国旺参加天津市滨海新区第四届人民代表大会第二次会议。

28 日 副关长刘心同参加天津市港口经济高质量发展视频会议。

一级巡视员侯金坡参加一汽丰田千万台下线纪念活动。

29 日 副关长王利兵、刘心同参加海关总署进口危化品检验模式改革试点工作说明会。

天津海关完成全国首票综合保税区内飞机进境“客改货”业务。

12 月

1 日 副关长王利兵会见天津西青区副区长陈力予一行。

副关长刘心同参加海关总署进出口食品安全局召开的优化进口冷链食品新冠病毒监测检测抽样和预防性消毒监督工作研讨会。

2 日 天津海关获批海关系统首批大数据应用创新示范点。

16 日 天津海关成功完成天津市首票市

场采购贸易方式试点出口。

21日　关长赵革参加研究促进港航产业高质量发展政策措施有关工作视频会议。

关长赵革参加天津市级主要经济部门座谈会。

29日　副关长王利兵参加国务院联防联控机制新冠病毒感染实施“乙类乙管”防控政策文件视频培训会暨市防控指挥部第555次调度会。

30日　关长赵革在天津海关分会场参加全国海关全面加强审计问题整改工作专题视频会议。

副关长王利兵主持召开“智慧危化品监管系统”项目鉴定筹备会。

第四篇

党的建设

党建工作

【概况】2022年，天津海关学习贯彻习近平新时代中国特色社会主义思想和党的二十大精神，落实海关总署党委“铸忠诚、担使命、守国门、促发展、齐奋斗”工作部署要求，聚焦“树牢政治机关意识，锐意进取，深化改革，防范风险，务求实效，坚定不移朝着高质量‘一流海关’目标奋勇前行”的年度工作主题，履职尽责、担当作为，以“政治引领业务、党建融合发展、担当历练队伍”活动为主要抓手，统筹推进党建、思想政治工作、精神文明创建、准军事化纪律部队建设、巡视整改以及群团工作。

天津海关党的建设工作的职能管理工作，由天津海关机关党委（思想政治工作办公室、党委宣传部）负责。天津海关机关党委（思想政治工作办公室、党委宣传部）承担天津海关党的建设领导小组办公室职责，组织落实海关党的建设工作规划，组织推动全面从严治党主体责任落实；承担天津海关党委中心组学习和民主生活会相关工作；承担天津海关机关党员领导干部民主生活会相关工作，指导下级单位领导干部民主生活会和党委中心组学习相关工作；协助天津海关党委落实意识形态工作责任制，组织天津海关宣传文化工作，加强思想政治工作，组织开展精神文明创建工作；组织推动天津海关基层党组织建设，提高基层组织力，发挥基层党组织战斗堡垒作用和党员先锋模范作用；协助推动党风廉政建设主体责任落实，组织开展天津海关行风建设和纠风工作，组织开展廉政教育；组织落实准军事化海关纪律部队建设规划，加强纪律建设和作风建设；推动天津海关党建工作，拟订组织、宣传、统战工作规划并组织落实；组织开展天津海关群团工作，指导下级单位群团工作；推动天津海关党风廉政建设和反腐败工作，加强对基层党组织和党员的日常监督和纪律审查，做好案件审理工作；组织实施天津海关定点扶贫工作，落实天津海关定点扶贫任务；协调办理政治部相关事务，起草天津海关党委及政治部相关文稿；承办上级交办的其他工作事项。

天津海关机关党委（思想政治工作办公室、党委宣传部）内设科室6个，分别为：综合科、组织科、宣传科、党风党纪科、准军事化建设科、群工科。

【全面从严治党】2022年，天津海关召开全面从严治党工作会议，制定《2022年天津海关全面从严治党工作会议重点任务分工》。2月21日、9月26日，天津海关党委会议专题研究全面从严治党工作。开展隶属单位党委2021年度落实全面从严治党主体责任情况检查通报，针对4个方面突出问题抓好整改落实。组织党组织书记述责述廉述党建，实现现场述职3年全覆盖。每季度组织各部门（单位）“一把手”和领导班子其他成员开展重点事项监督自查报告，全覆盖开展天津海关干部配偶、子女及其配偶从业行为规范工作。统筹海关总署、天津市关于作风建设的要求，制发《天津海关政治部关于进一步强化纪律作风建设的通知》，细化17条工作措施，开展纪律作风建设整治工作。随机抽取130余家外出执法行政相对人开展政风评议，完成第二届特约监督员169名聘任工作，并“一对一”听取意见建议，未发现廉政等方面问题。落实《中共海关总署委员会关于加强海关新时代廉洁文化建设的实施意见》，细化47条具体落实措施。参加海关总署“清风国门”廉洁文化创意作品征集活动，征集各类作品62件，推荐到海关总署参评20件，10名同志获奖。开展弘扬海关清廉家风“五个一”（“五个一”指选树宣传一批海关清廉家风典型、举办一场清廉家风故事分享会、组织一场海关清廉家风廉政党课、征集宣传一批清廉家风文化作品、开展一系列清廉家风建设活动）主题宣传教育活动，举办红色家风故事分享会等系列活动。统筹海关总署、天津市关于开展警示教育月工作的安排，推动关区各部门（单位）围绕俞署长在年中工作会议上提出的“如何提高一体推进‘三不腐’能力和水平”重点课题，认真研究、同题共答；利用“三会一课”（党员大会、支部委员会、党小组会、党课）、主题党日等方式开展全员政治教育、纪法教育；召开天津关区加强新时代廉洁文化建设暨警示教育大会，组织观看警示教育片，通报违法违纪典型案例9起；制发关于贯彻落实全国海关、天津海关加强新时代廉洁文化建设暨警示教育大会精神的具体措施43条，抓好贯彻落实；推动新任职隶属单位党委书记、派驻纪检组组长开展“基层书记组长谈责任”访谈，鼓励广大年轻干部以扣好廉洁从政“第一粒扣子”为主题开展“年轻干部谈廉洁”访谈。落实中共海关总署委员会、中央纪委国家监委驻海关总署纪检监察组《关于做实以案促改推进清廉海关建设的工作办法（试行）》，着力做好案件查处“后半篇文章”。

▲2022年10月21日，天津海关举办“学习党的二十大精神——天津海关‘传承红色基因，弘扬清廉家风’故事分享会”（魏光宇　供稿）

【基层组织建设】2022年，天津海关健全完善机关、隶属海关（设支委会和未设支委会）、事业单位、企业、临时党支部等6类工作指引。出台组织、宣传、纪检3个委员履职及评估意见，压紧压实支部委员的履职责任，强化支部班子整体功能。创新统筹分析等5项工作机制，采取"例会"+"三会一课"等组织生活与处（科）室工作例会同步开、政治理论与业务要求同步学、党建与业务工作同步研，用好组织生活手段促进党组织和党员作用发挥，破解党建与业务融得不深不实的问题，推动党建思维和工作方式运用到海关业务各方面。组织制定16条举措，发挥基层党组织管思想、管工作、管作风、管纪律的作用。坚持把政治标准放在首位，在重大任务、新冠病毒感染疫情防控和业务一线中发现和培养党员，发展党员75名。

【宣传思想文化】2022年，天津海关统筹"学查改"专项工作和专项整治工作等，扎实开展学习、查摆、整改，确保工作实效。制订实施方案、工作方案及22项具体措施，召开工作推进会3次，开设专题网站发布该关各部门（单位）工作动态及学习交流2216条。组织"钉钉"平台8次全员测试，2.5万人次参加，平均通过率99.89%。坚持"一张清单抓整改"，统筹国家审计、政治机关专项教育、"三类突出问题自查"等党中央、海关总署、天津海关11项工作问题整改，建立包含292个问题、455条措施在内的"问题+整改"清单，动态管理、推动全部清零。印发《天津海关政治理论学习宣传工作机制》《天津海关关于推动党史学习教育常态化长效化具体措施》《天津海关党委理论学习中心组2022年学习计划》。举办4期党委理论学习中心组学习，指导关区隶属海关、事业单位党委开展中心组学习118余次，邀请专家授课，开展研讨交流，推动各级党组织及时跟进学习习近平总书记系列最新重要讲话精神和重要指示批示精神。组建新媒体协会，升级改造天津海关公众号"悦动津关"，开设视频号，开辟《津关好人》《普通人的平凡事》栏目。结合学雷锋纪念日、五四青年节、八一建军节、教师节等重要节日，拍摄制作16部宣传片，其中《青年为光》《书香津渡》宣传片被新华社客户端采用，浏览量双双破百万。新华社、《中国青年报》、"学习强国"等中央级媒体刊发天津海关党建宣传稿件10篇，海关总署"金钥匙杂志"、《中国国门时报》、

▲2022年4月2日，天津海关党委组织理论学习中心组（扩大）第一季度专题学习暨党史学习教育读书班（魏鹏 供稿）

口岸科技、天津机关党建、支部生活等海关总署和天津市媒体刊发天津海关党建宣传稿件150余篇，“悦动津关”公众号发布稿件382篇、视频16个。

【准军作风建设】2022年，天津海关持续推进准军作风建设，统筹建立政治生态、意识形态、思想动态分析机制，采取调研、检查、问卷调查等摸清底数，针对性制定22条工作措施。制定贯彻海关廉洁文化建设要求42项重点任务，开展纪律作风建设和执法一线政风行风自查互查、督查检查50余次，及时发现和解决问题。开展纪律作风建设整治工作和警示教育月活动，召开加强新时代廉洁文化建设暨警示教育大会。组织“内务规范强化月”活动，评选34个内务标兵科室，开展内务规范检查166次，纠正不规范情况22次。深化“好差评”系统应用，接受评价3852条，全部为好评。微短剧《娜娜的四月准军日记》在海关总署“金钥匙杂志”刊发，课题“坚持以人为本、严管厚爱，增强准军事化纪律部队的凝聚力和荣誉感”被海关总署采用。

【群团工作】2022年，天津海关聚焦广大干部需求，开展“心理服务进基层活动”，招募天津海关心理咨询师20名，全年为关区职能部门、基层一线和抗疫一线分别提供各类心理辅导52次，覆盖2300余人次；开通心理服务热线5条，接受“一对一”线上心理咨询60余人次、“一对一”线下心理咨询40余人次；为空港专班一线人员量身定制“心能量活力云打卡”线上心理服务活动，全年共开展该活动10余次，共2600人次参加；组织红色文化“云”参观活动，全年共开展8期，共1300余人次参加；开通关心关爱专用邮箱，第一时间收集并协调解决职工生活困难；修订完善《天津海关工会会员大病救助和困难帮扶办法》，细化帮扶标准，规范申报流程，组织开展3次困难职工摸查工作，动态掌握困难职工底数，为5名天津市意外致困建档职工发放“五一”“七一”“十一”“冬送温暖”帮扶资金；按照“提高标准、提前启动”原则，开展在职工会会员大病救助和困难职工帮扶工作，为6名在职职工申请天津市总工会大病救助资金23万元，为33名困难职工发放帮扶金51.5万元；年内组织开展“外防输入”岗位练兵比武决赛，天津滨海机场海关李艳强获空港卫生检疫岗第1名，天津新港海关高子岳获海港卫生检疫岗第1名，天津国际旅行卫生保健中心孙

▲2022年4月14日，天津海关科技处关员在关容镜前依准军规范整理着装（刘艳芳 供稿）

▲2022年4月27日，天津海关机关党委联合所属天津东疆海关一同开展“心理服务进基层活动”（薛丹丽　供稿）

婧乔获实验室检测岗第1名，天津市总工会对各岗位比武练兵第1名分别授予“天津市五一劳动奖章”；5月天津滨海机场海关获“全国五一劳动奖状”，天津东疆海关查验一科获评天津市工人先锋号，天津临港海关郑晓民获“天津市五一劳动奖章”。

【党建与业务深度融合】2022年，天津海关持续深化党建与业务深度融合，推动天津新港海关综合业务三处党总支探索“深融”机制，得到天津市委组织部、市委市级机关工委高度认可和推广。依托天津市“津港先锋”党建联盟深入开展关港、关企、关关、关地共建，形成助企纾困的合力。持续发挥全国党建创新成果“百优案例”引领作用，用好常态化开展“机关引领基层、支部联系企业、党员服务群众”活动这块“金字招牌”，解决企业群众“关键小事”，该关机关部门联系基层支部94个，解决问题251个；隶属海关、事业单位支部303个，联系企业1198家，解决问题1327个。围绕天津市级机关工作党建课题，以及党建工作难点问题，确定天津关区49个书记项目，在34个党组织开展党建与业务深度融合试点，评选34个“党建强监管”“党建促改革”“党建优服务”典型案例。

【党建品牌迭代升级】2022年，天津海关发挥海关系统党建品牌“一属性三特”发源地优势，即“强化政治属性、体现工作特点、反映支部特色、展现党员特长”，以“一科室一品牌，一品牌一特色”为点，用“子母党建品牌”串线，以党建联盟系列品牌织网，以全面进步全面过硬铺面，“点线网面”推动党建品牌迭代升级。8月24日，召开天津关区党建品牌迭代升级工作交流会，天津海关党委委员、政治部主任、直属机关党委书记潘楚雄对持续推动党建品牌迭代升级提出要求，10名基层党组织代表作交流发言，与会代表参观基层党组织党建品牌迭代升级成果展示。年内，天津海关形成1个全国党建创新成果“百优案例”，7个海关总署品牌、4个海关总署“‘我为群众办实事’百佳项目”，12个天津市市级机关“双示范”（基层党建工作示范点、党员教育活动示范阵地），60个关级品牌、107个“四强”党支部的党建品牌体系。

【“双提升”工程】2022年，天津海关坚持政治、业务双线培养，实施政治能力和业务能力“双提升”工程。围绕提升政治能力，开设习近平新时代中国特色社会主义思想课程22门，组织党的十九届六中全会精神培训，640名处级干部、2494名科级及以下干部参加培训并通过考核；结合海关总署“双提升”行动，开展学习研讨、专项测试竞赛、分类培训、岗位实践、交流展示等活动；围绕提升业务能力，以“独立上岗、独立作业”为目标，设立27个专业、102个实训科目，创新应用因需设题、以学开题、以干破题、以辩解题、以文结题的“五题”培训模式，开展专业培训108期，450人取得检疫、监管岗位资质，各类业务资质同比增长56.5%，总体储备达到需求的1.5倍。组织评选60名“双优书记”“双优委员”“双优党员”。

▲2022年5月25日，天津海关所属天津东疆海关团总支青年干部为天津市宝坻区670余名学生宣讲国门生物安全知识 （孙镕　供稿）

【青年工作】2022年，天津海关团委组织青年开展学习研讨，每周组织开展“青年大学习”，实现全员全年参学率100%；依托天津海关和所属各隶属海关两级青年理论学习小组，开展学习研讨630余场次，形成政研成果26篇；组织开展优秀青年干部“书香津渡”读书分享会，开展“深入学习二十大，踔厉奋发新征程，津关青年我来讲”青年演讲比赛，推动各部门（单位）开展大讨论680余次，5300余人次参与；开展天津关区政治生态、意识形态、思想动态分析研究，青年干部职工1100余人次参与，形成22条措施；先后组织该关各级团组织、志愿服务队及青年文明号集体开展志愿服务132场次，参与人数1500人次。年内，天津海关共1个集体（天津滨海机场海关团总支“全国五四红旗团支部”）和1名个人获得全国级团属荣誉（天津海关动植物与食品检测中心马兴“全国青年岗位能手”），1个集体（天津大港海关团支部“天津市五四红旗团支部”）和4名个人获得天津市团属荣誉（天津新港海关卢忠恺“天津市优秀共青团员”、天津东疆海关付立东“天津市优秀共青团干部”、天津保税区海关闫乾“天津爱岗敬业好青年”、天津新港海关王业臣“天津担当奉献好青年”），1名个人获天津市团干部岗位技能大比武决赛三等奖（塘沽海关王钰涵）。

撰稿人

刘艳芳　孙　镕　李　迪　韩　宁　薛丹丽　魏　鹏　魏光宇

巡察工作

【概况】2022年，天津海关党委巡察工作坚持以习近平新时代中国特色社会主义思想为指导，认真学习贯彻习近平总书记关于巡视巡察工作的重要论述，聚焦“两个维护”根本任务，始终坚持“严”的主基调，强化政治担当，“七一”前实现了巡察全覆盖目标。以“巡审合一、巡人同步、巡监联动”工作模式有效推进巡察监督与其他各类监督贯通协同，工作格局不断完善。就整改不力问题出台问责规定，对基层单位100%巡察“回头看”传导责任压力，整改实现上下联动、量化评估、严肃问责，整改机制不断深化。对巡察干部“六维”量化考核并育优推优，40%的干部受到表彰奖励或晋升职务，队伍建设更加有力。通过方式方法的灵活运用和不断创新，监督重点更突出、监督效果更扎实，以实际行动捍卫“两个确立”、做到“两个维护”。

天津海关巡察条线的职能管理工作，由天津海关党委巡察工作办公室（以下简称“巡察办”）负责，巡察办主要承担向天津海关党委巡察工作领导小组（以下简称“领导小组”）报告工作情况，传达贯彻领导小组的决定；组织、协调、指导巡察组开展工作；起草巡察工作规划、年度和阶段性计划，建立健全相关制度，接收和管理巡察档案资料；协调巡察组做好巡察反馈、移交等工作，通报巡察发现的普遍性、倾向性问题；对领导小组决定的事项进行督办；统筹督促巡察整改和成果运用；配合有关部门对巡察工作人员进行培训、考核、监督和管理，建立和完善包括巡察组组长

▲2022年5月6日，天津海关党委巡察工作领导小组2022年第一次会议召开（杨学军　摄）

（副组长）在内的巡察干部队伍库；办理领导小组交办的其他事项等职责。

年内，巡察办综合运用常规巡察、专项巡察以及巡察“回头看”等方式，组建了10个巡察组，分3轮对19个单位（部门）进行巡察，完成了巡察全覆盖任务。其中，对2个单位开展了常规巡察；对7个职能部门开展了专项巡察；对巡察反馈满1年的10个单位开展了巡察“回头看”。

【组织实施】2022年，天津海关党委将“两个维护”作为根本任务，坚守政治巡察定位，加强对贯彻习近平总书记关于海关工作重要指示批示精神，落实党中央各项决策部署、海关总署党委工作要求和天津海关党委工作安排的监督检查，紧盯“三个聚焦”重点监督内容，坚持严的基调、严的措施、严的氛围，进一步增强各级党组织和党员干部推动全面从严治党向纵深发展的政治自觉。每轮巡察组进驻前均由天津海关政治部主任、党委巡察工作领导小组副组长潘楚雄主持召开巡察工作动员部署会。实地巡察结束后，天津海关党委书记、关长、党委巡察工作领导小组组长赵革主持召开天津海关党委巡察工作领导小组会议，听取巡察情况汇报，研究提出反馈意见。

天津海关党委组建19个巡察组分别对天津新港海关、海关总署天津教育培训基地开展常规巡察工作；对天津海关督察内审处、天津海关教育处、天津海关离退休干部办公室、天津海关办公室、天津海关机关党委、天津海关人事处、天津海关监察室开展专项巡察工作；对西青海关、南开海关、宁河海关、东丽海关、天津东疆海关、中国电子口岸数据中心天津分中心、静海海关、天津海关后勤管理中心、塘沽海关、天津海关风险防控分局开展巡察“回头看”工作。

【队伍建设】2022年，天津海关党委围绕“政治过硬、本领高强”的要求，着力规范巡察干部队伍建设，配齐配强工作力量，有效提升巡察干部的政治素质、理论水平和业务能力。锤炼过硬工作作风，在实践中形成“缺人手不缺干劲，缺休息不缺热情，缺时间不缺奉献”的“三不缺”精神。着力提升干部素质，年内举办专题培训2期、开展理论研讨1次，向海关总署报送研讨文章5篇，研讨质量得到海关总署巡视工作办公室肯定。加大工作宣传力度，被海关总署相关媒体采用信息1则，打破零纪录历史；1篇《巡察案例》被收入《海关巡视巡察典型案例汇编（2018—2022年）》；巡察成效通过海关总署巡视办网站、天津关区情况通报予以推介。天津海关党委于2月15日印发关于调整巡察干部队伍库人员名单的相关通知，补充调整42名巡察组组长（副组长）、99名巡察组干部，把更多的优秀干部选拔到巡察岗位上来。强化干部考核评价，对全年参加巡察工作的93名干部试行“六维”量化考核，逐一作出书面鉴定并书面反馈考核结果，年内34名巡察干部工作表现评定为优秀、10名巡察干部晋升了领导职务、25名巡察干部受到集体表彰，对10名干部提出了2022年年度考核为优秀等次的建议，首次向人事部门推荐优秀巡察干部，巡察岗位作为发现、锻炼、培养干部的平台作用得到发挥。

【基础建设】2022年，天津海关党委着眼高质量完成巡

▲2022年8月18日，天津海关巡察干部参加第三轮巡察巡前集中培训（杨学军 摄）

察全覆盖任务，根据中央对巡视巡察工作的新要求，加强巡察工作基础建设。巡察办完善文稿模板24个，涵盖巡前准备、实地巡察、问题线索移交、立卷归档等各环节，集中撰写3万余字培训讲稿和包含66项内容的《巡察工作任务书》，确保巡察工作依规依纪依法规范开展。每轮巡察前结合被巡察党组织的职能职责特点详细制定监督检查清单，为巡察组提供监督检查要点1000余个。创新组织开展每轮巡前培训，以形式创新化、内容精品化、覆盖全员化为抓手，邀请专兼职巡察干部、各业务领域专家围绕巡察概念、基本要求、工作制度、方式方法、流程步骤、监督重点等内容进行讲解，将政治与业务相结合、理论与实践相结合、专家讲与自己学相结合，通过培训巡察干部履职能力进一步增强。

【指导督导】2022年，天津海关党委全面推动巡察工作高质量发展，按照“同向发力、整改提升”原则，强化巡察指导督导。依托工作制度，巡察办实地指导督导更有力度，每轮巡察实地指导督导不少于3次，通过下沉工作、跟班作业等方式，看职责履行、看进度成果、看态度作风，听取巡察组和每位巡察干部关于工作思路、工作方法以及初步发现问题等情况的介绍，并就找准监督方向、精准问题定性、提升发现问题能力等进行交流指导，督促各巡察组有效落实组务会制度，强化巡察过程把控，加强巡察干部管理，并通过向巡察组制发“实地督导意见单”通报巡察关注重点及存在问题，提醒反思、督促改进。报告质量稳中有升，巡察办与巡察组对巡察发现问题逐一分析研判、逐一落实依据、逐一核实数据，每份报告历经“三上三下”审核，确保“画像”更精准、定性更准确，经得起历史检验。

【巡察整改】2022年，天津海关党委深入学习贯彻党中央关于巡视巡察整改的新部署、新要求，在强化政治担当、创新工作机制、压实整改责任上下功夫，切实做好巡察“后半篇文章”。依托工作机制，对被巡察部门（单位）开展巡察整改培训2次，对13个部门（单位）巡察整改实地督促，向职能部门发出23份“巡察建议书”，通报巡察发现共性问题，形成“职能＋基层”的整改合力，推动条线问题及时解决，集中3个月时间开展巡察整改集中清查，推动问题见底清零。第一时间贯彻落实海关总署党委巡视工作领导小组关于进一步强化巡察整改责任的相关要求，巡察办认真履行统筹督促责任，对被巡察党组织巡察整改主体责任，组织人事部门、纪检机构巡察整改监督责任的落地落实及时提供业务支持，持续规范业务条线问题，形成常管长严、防止反复的工作运行机制。

【巡察全覆盖】2022年，巡察办以“开局即决战”的姿态投入巡察工作，于“七一”前完成了巡察全覆盖任务，距海关总署规定的完成时限提前了2个月。实地巡察中始终聚焦“两个维护”根本任务，始终坚守“发现问题”这一生命线，始终紧盯“一把手”和领导班子，在突出“三个聚焦”监督重点同时，将巡视反馈问题、审计发现问题和专项教育、专项整治等重点工作纳入监督内容，以“推动上级决策部署要求真正落地落实见效”为落脚点，与时俱进强化政治监督、深化各类监督贯通融合。党的十九大以来，天津海关党委先后组织45个巡察组，完成了对48个部门（单位）的巡察工作，并对巡察反馈满1年的21个单位开展了100%的巡察“回头看”，高质量完成了巡察全覆盖任务。

【贯通融合】2022年，天津海关党委在巡察监督与其他各类监督贯通融合上下功夫，将各类监督与巡察监督统筹计划、一体实施。灵活运用并不断创新方式方法，推进各类监督力量整合、程序契合、工作融合，提升监督质效，减轻基层负担。构建“巡审合一、巡人同步、巡监联动”工作格局，在“巡审合一”方面，“巡察＋审计”融合不断深化，“巡审合一”对象数量增加、工作方式优化、成果质效提升；在“巡人同步”方面，变分批进驻为共同进驻，档案资料、谈话情况共享共用，切实减轻基层负担；在“巡监联动”方面，相互通报巡察、纪检监察重点等情况，共同紧盯权力运行制约监督、正风肃纪、“三不腐”一体推进等方面的短板弱项，并在第一时间做好情况通报、问题线索移交等工作，合力推动巡察监督与其他各类监督统筹衔接、协同贯通。

【集中清查】2022年，天津海关党委强化巡察整改和成果运用，推动党的十九大以来党委巡察整改事项全落实，按照海关总署党委以及天津海关党委关于巡察整改的部署要求，巡察办于4月印发《天津海关巡察整改集中清查工作方案》，明确了“学习研讨、对照检查、审核反馈、专项整改、检查评估”5个阶段，细化了时间节点、任务安排、责任部门。要求各部门（单位）在学习研讨习近平总书记关于巡视巡察工作重要论述基础上，结合巡察反馈问题、巡察发现共性问题清单开展自查；巡察办认真审核自查报告，提请13个职能部门就92个重点问题提出深化整改的意见，并向有关部门（单位）书面反馈。7月25日—28日，由巡察办组织2个检查组，按照“四不两直”方式对承担巡视整改任务的9个职能部门和1个隶属海关，进行了巡视整改的实地检查评估，同时到未接受巡察“回头看”的9个职能部门、2个隶属海关和1个事业单位开展实地检查评估。针对集中清查发现的问题向各部门（单位）“一对一”通报，督促被巡察党组织和领导班子进一步增强政治意识，推动天津海关巡察整改工作整体上水平。

【成果运用】2022年，天津海关党委将巡察整改作为检验“四个意识”的试金石，作为检验“两个责任”落实的重要标尺，通过加强巡察整改和成果运用，推进全面从严治党向纵深发展。天津海关党委制发文件明确了整改不落实、不到位甚至虚假整改、纸面整改的处理规定，为压紧压实整改责任提供了依据和抓手。强化成果运用，在印发巡察发现共性问题清单，督促做好未巡先改的同时，以“巡察建议书”的形式向职能部门通报巡察发现问题，职能部门组织自查自纠9次、专项治理12次、制修订工作制度11项、完善工作机制16项，实现“解决一个问题，完善一批制度，推进一域治理”。发挥激励作用，对重点人重点事进行组织处理的同时，在年度考核中听取巡察工作机构意见，将巡察结果融入党建工作考评，对整改不力的党组织主要负责人进行提醒谈话，成果运用更广泛、更深入、更有效。

撰稿人

杨学军　张　宁

纪检监察

【概况】2022年，天津海关聚力政治监督加压加力、落实落细，推动天津关区各部门（单位）坚定践行“两个维护”，强化日常监督常态长效，把监督抓在日常、严在经常，天津关区纪律建设、作风建设进一步得以夯实。同时天津海关围绕中心抓融合，加强政治统领、党建引领，不断从严从实自身建设，健全完善天津关区纪检机构制度机制，纪检队伍铁军形象进一步擦亮。

天津海关纪检条线的职能管理工作，由天津海关监察室（党委纪检组）负责。天津海关监察室（党委纪检组）主要承担监督促进天津海关党委领导班子落实全面从严治党主体责任，监督促进党政一把手当好第一责任人；监督检查天津海关党委领导班子及其成员遵守党章党规党纪、执行党的路线方针政策和决议，推进党风廉政建设和反腐败斗争及廉洁自律等情况；按权限处置核查有关问题线索、审查违纪案件；协助天津海关党委开展党的问责工作；指导天津海关党委派驻纪检组日常工作，承办上级纪检监察部门交办的其他事项等职责。

年内，天津海关监察室（党委纪检组）始终坚持党对纪检监察工作的绝对领导，自觉用党的创新理论统一思想、统一意志、统一行动，带头深入学习宣传贯彻党的二十大和二十届一中全会精神，认真贯彻落实十九届中央纪委六次全会和二十届中央纪委一次全会精神，按照全国海关全面从严治党工作会议、纪检监察工作会议部署要求，认真履行监督

▲2022年9月15日，天津海关党委派驻纪检组深入关区隶属海关及辖区企业，对疫情防控工作、安全生产工作开展政治监督（张广辉 摄）

专责，深入推进全面从严治党，把“严”的主基调长期坚持下去。

【政治监督】2022年，天津海关监察室（党委纪检组）始终心怀“国之大者”，坚决做到“党中央决策部署到哪里，监督检查就跟进到哪里”。做深做实党的二十大精神学习贯彻，督促天津海关党委周密制订工作方案，及时召开宣讲大会，认真落实“第一议题”制度，持续监督政治机关专项教育活动情况，推动解决突出问题2个。对各级民主生活会、组织生活会开展监督48次，发现并纠正问题10个，有效提升了党内政治生活质量。抓好新冠病毒感染疫情防控监督，常态化开展监督检查1680次，研究制定天津海关纪检机构安全生产监督工作指引、“八防”监督检查清单，组织监督检查260次，督促整改问题隐患122项，集中对机关职能处室开展专项监督检查，推动6个问题立行立改，围绕禁止“洋垃圾”进境、打击濒危动植物走私等重点领域组织专项监督，制发“监督建议书”1份，提出工作建议3条。

▲2022年10月21日，天津海关党委派驻纪检组深入隶属海关及辖区企业，开展日常监督工作（张广辉　摄）

【日常监督】2022年，天津海关监察室（党委纪检组）立足工作实际，把功夫下在平时，采取有力措施抓经常、经常抓，推动日常监督走深走实。建立“一把手”和领导班子“定期监督谈话”“定期沟通情况”“定期分析政治生态”3项常态化工作机制，修订领导干部插手干预重要事项记录制度；党委纪检组组长与其他班子成员逐一进行廉政工作谈话，每半年分别向班子成员通报其分管领域廉洁自律情况。严把政治关、廉洁关，对60名拟提任“一把手”和领导班子成员审慎回复党风廉政意见，与新任“一把手”任前廉政谈话62人次，督促各级领导干部发挥“头雁效应”。针对“四风”问题隐形变异新表现，突出关键节点，组织监督检查260次，督促整改隐患122项。下大力整治形式主义、官僚主义问题，督促并协助党委出台制度规定，画红线、守底线。年内，天津海关持续督促为基层减负，发文、会议数量同比分别下降21.1%和36.4%。

【派驻监督】2022年，天津海关紧盯“关键少数”，加强“一把手”和领导班子监督，明确4类19项监督内容，制定细化“政治监督清单”，切实形成监督常态。围绕风腐一体同防同治深化日常监督，聚焦“四风”问题隐形变异新表现，突出重点、精准施策、靶向治疗、强化监

▲2022年11月17日，天津海关党委派驻纪检组深入隶属海关业务现场开展监督工作（张广辉　摄）

督，公布4种举报途径，广泛接受干部职工和社会群众监督，开展现场监督139次、暗访检查53次、谈心谈话196人、跟班作业95次。调整派驻纪检组监督方式，建立定期轮换、每周“碰头”、分组工作、统一报告等工作机制，切实把“派”的权威和“驻”的优势转化为治理成效。2022年，天津关区各派驻纪检组共开展各类监督检查995次、调研121次、跟班作业582次，制发监督建议书47份，形成监督专报27份，派驻监督更加精准聚焦。

【执纪审查】2022年，天津海关以严惩、严管、严教一体推进不敢腐、不能腐、不想腐，持续释放鲜明“从严”信号。全年，处置问题线索44件，对3个失职失责问题启动问责调查；立案审查23起，给予纪律处分26人；向地方纪委监委移送涉嫌职务违法、职务犯罪问题线索1件，2名干部被地方纪委监委立案调查。针对执纪审查中发现的管理漏洞，制发“纪律检查建议书”6份，督促天津关区4家事业单位针对突出问题举一反三，健全完善制度规定7项。组织全体干部职工及编外人员观看警示教育片，学习鉴戒海关系统违纪违法典型案例，编发案件警示通报4期，曝光“四风”典型案例2起3人，集中通报天津关区违纪典型案例9个，开展“送教育到基层”，围绕典型案例开展警示教育授课3场。

【以案促改】2022年，天津海关按照海关总署以案促改工作部署要求，持续深化执纪审查“后半篇文章”，推动以案促改、以案促建、以案促治。实施“全周期管理”，不断健全天津关区以案促改工作机制，推动天津海关党委、职能部门、纪检机构、案发单位等，形成各司其职、各负其责的工作格局。认真贯彻落实新时代廉洁文化建设意见，注重延展案件教育警示功能，用好《国门卫士岂容违纪破法》系列警示教育片和相关案例警示素材，协助天津海关党委推进天津关区警示教育基地建设。建立“一书两报告”工作机制，推动4个事业单位健全完善有关制度规定7项。年内，天津海关对6起案件深入开展了以案促改工作，针对存在问题建章立制、堵塞漏洞，逐渐扎紧“不能腐”的笼子。

【自身建设】2022年，天津海关党委纪检组每季度召开学习和工作例会，将学习习近平新时代中国特色社会主义思想作为“第一议题”，制定完善“一清单三制度”［即：“政治监督清单”，天津海关党委派驻纪检组跟班作业现场监督工作办法（试行）》《天津海关党委派驻纪检组与驻在单位机关纪委、党支部纪检委员（纪律监督员）工作联系配合办法（试行）》《天津海关党委派驻纪检组重要情况报告制度（试行）》]，推动监察室科级机构整合，调整7个党委派驻纪检组监督范围，加强对事业单位集中的科技大楼的监督力量，将武清培训基地纳入派驻监督范畴，对综合派驻纪检组实行组长、副组长分开派驻，按照“优进优出”原则对部分派驻纪检组组长、副组长进行调整，对其他派驻纪检组领导和工作人员进行交流优化，加强对派驻纪检组的业务指导和监督检查，修订完善量化考核指标，开展跟班调研，帮助提升派驻监督能力和水平，选派4名纪检干部赴上级机关集中工作，先后抽调10余名派驻纪检组干部以干代训，针对个别纪检干部纪律作风散漫问题，先后2次公开进行点名批评，有力维护纪检干部良好形象。

【案例警示教育】2022年，天津海关紧盯“五一”、端午、中秋、国庆节、元旦和春节等重要节点，下发关于严格落实中央八项规定精神、纠“四风”树新风的通知，明确工作重点，提出具体工作要求，认真落实“全国海关加强新时代廉洁文化建设暨警示教育大会”要求，结合专题教育、专项整治，加强教育引导，倡导廉洁文化。组织全体干部职工及辅助执法人员观看《国门卫士岂容违纪破法》系列警示教育片，学习中央纪委国家监委通报的10起、驻署纪检监察组通报的5起以及天津市纪委监委通报的5起违反中央八项规定精神典型问题，通报近年来天津关区查处的典型案件9起，切实以身边案教育身边人。强化教育效果，通过组织研讨交流、签订承诺书、制作提示卡、编制“口袋书”等方式，加强纪法学习宣传贯彻，引导干部职工明法纪、知敬畏、守底线。

【促进外贸保稳提质措施落实情况调研督导】2022年，天津海关监察室（党委纪检组）会同人事处、综合业务处，统筹天津关区13个派驻纪检组46名骨干，组建13个调研督导组，对风控分局及19个隶属海关（以下简称“隶属海关单位”），促进外贸保稳提质30条措施贯彻落实情况进行调研督导。通过实地走访、谈话了解、翻阅材料、调查问卷、联系企业等多种方式方法，分析研判隶属海关单位贯彻落实综合情况，其间，督导组主动了解企业合理诉求和实际困难，运用多种途径广泛宣传海关总署和天津海关出台的“10+30条措施”，针对典型未落实上级部署要求，自以为是、作秀以及“低级红”“高级黑”等问题现象，开展专项督查，实地走访业务现场29个，与133名关员谈话，翻阅材料155份，发放调查问卷263份，联系企业197家，针对发现的8类问题，提出进一步丰富开展对企业宣传方式与内容，扩宽多渠道宣讲，打通“最后一米”；进一步加大推进进口关税配额无纸化改革力度，提升无纸办公、网络通关效能；进一步调整优化进口冻品的核酸检测要求，借鉴他山之石，做到可复制可推广；进一步拓宽拓展在机检现场公布对外联系渠道，提供线上线下咨询平台，制定“明白纸”和“口袋书”；进一步持续开展精准帮扶，分门别类做到量身定做，不断释放改革红利；进一步发挥发动隶属海关根据关区实际情况制订切实可行的各类应急预案，真正做到有序、有力、有效；进一步规范隶属海关细化工作台账，做到规范化、标准化、具体化；进一步创新创造监管作业模式，不断优化现有流程，换档升级；进一步密切加强职能部门横向联动，纵向合力，发挥“1+1大于2”的优势，将优势不断转化为胜势；进一步重视发挥代理企业的桥梁作用，成为关企良性互动、相向而行的纽带桥梁等10条意见建议，推动外贸保稳提质措施落实落细。

【“海关重点项目和财物管理以权谋私”专项整治】2022年，天津海关党委认真贯彻落实海关总署党委部署要求，把深入排查廉政风险作为专项整治重点，以严肃查办以权谋私违纪案件为手段，以广泛开展纪法警示教育为基础，扎实推进“海关重点项目和财物管理以权谋私”专项整治工作取得成效。成立天津海关专项整治工作领导小组，设立综合组，以“协同配合、各有分工”为工作原则，成立专家、纪检、执纪3个专班，下设工作组、项目组、财务组，形成“三班三组”工作机制；编制《综合组工作手册》，组织综合组成员签订责任书和保密承诺书，形成配套“一册、两书、三机制”；建立“3+1”例会机制，每周一组织召开综合组碰头会、每周三视情况召开副组长碰头会、每周五下午组织召开工作例会，遇到重要问题，第一时间向领导小组报告；建立“四必报告”工作机制，即：每两周向海关总署专项整治工作领导小组综合组报告关区工作进展情况、每月向领导小组书面报告工作进展情况、每月在推进天津关区召开的形势分析及工作督查例会上对专项工作情况进行报告、每到转段环节向领导小组递交阶段工作情况报告；根据天津海关工作实际，采取集中和分点的办公方式，构建营口道办公区法规处、财务处、监管处、行邮处、科技处、人事处、后勤管理中心、监察室，以及浦口道办公区督审处、机关党委、巡察办等“8+3”实体运行机制。有力保证专项整治工作高效运转、有序推进。专项整治期间，统筹推动各部门（单位）自查重点项目853个，综合研判问题及廉政风险151条，确定高风险重点项目16个、重点人员13名；处置专项整治领域问题线索20件、立案审查6起，促使3人主动投案、4人主动交代问题，挽回经济损失89.53万元。针对海关总署反馈和自查发现的问题，研提整改措施116条，督促制定、修订有关制度规定78项，完善作业流程32个。

【“提高一体推进‘三不腐’能力和水平”课题研究】2022年，按照全国海关年中工作会议部署要求，天津海关监察室（党委纪检组）围绕如何深入一体推进“三不腐”，同步防范执法领域和非执法领域廉政风险，切实防止发生系统性、重大腐败，全面打赢反腐败斗争攻坚战、持久战等主题，结合天津海关实际，组建成立专项研究课题组，采取调研走访、研讨交流、现场座谈以及书面调研等形式，深入开展调查研究，形成《一体推进不敢腐、不能腐、不想腐 为清廉海关建设提供坚强政治和纪律保证》课题文章，分析梳理出“存在‘一体推进’上用力不足、落实‘全周期管理’要求还不够到位、‘三不腐’的整体工作成效还不够彰显”3个方面现实问题，提出构筑“不敢腐”的惩治震慑防线、构筑“不能腐”的制约监督防线、构筑“不想腐”的教育引导防线、实现“三不腐”贯通协调、同步推进等4个方面实践路径，13项具体措施，例如，天津海关持续深化“三类突出问题”专项整治，制定并严格执行《天津海关“有令不行、有禁不止”问题处理规定》，确保令行禁止。针对“旋转门”现象，重拳纠治违规从事营利活动问题，从严从重处理，严明纪律要求，树起纪律标杆。

【开展第一执纪审查协作区纪检监察法规业务培训】2022年11月，天津海关监察室（党委纪检组）牵头6个直属海关单位党委纪检组，开展海关系统纪检机构第一执纪审查协作区纪检监察法规业务培训，邀请天津市纪委监委案管室、法规室及天津市纪委监委驻市人社局纪检监察组第二纪检监察室有关领导，围绕纪委工作条例、派驻监督工作规则等重点内容进行培训授课，监察室、派驻纪检组和缉私局纪检监察处全体专职纪检干部，机关纪委书记、事业单位纪委书记、基层党支部纪检委员一并参训，第一执纪审查协作区内的拱北海关、天津特派办、石家庄海关、呼和浩特海关、贵阳海关、兰州海关等兄弟单位纪检干部同步参训，总人数达到460余人。

撰稿单位

天津海关监察室

队伍管理

【概况】2022年，天津海关全面贯彻新时代党的组织路线，聚焦“建设堪当民族复兴重任的高素质干部队伍海关必力推”“青年工作海关必远谋”，奋楫笃行、守正创新，在2022年直属海关单位选人用人“一报告两评议”中，天津海关“选人用人工作总体评价”好评率和“从严管理监督干部情况评价”好评率首次实现两个“100%”。其中，新冠病毒感染疫情防控保障方面，在日常实践中不断巩固优化工作体制机制，持续完善人员梯队建设，科学统筹人力调配，全面落实关心爱护措施；在干部队伍建设方面，牢固树立鲜明正确的选人用人导向，有序推进领导干部选任，持续抓好年轻干部工作，加大干部跨部门、跨岗位使用力度，不断优化机构编制设置；在干部监督管理方面，以“零差错”为目标狠抓领导干部个人有关事项制度落实，严格开展选人用人检查，开展多轮次违规投资企业及在企业兼（任）职自查整改，压紧压实“裸官”监督管理，强化干部职工配偶、子女及其配偶经商办企业管理；在公务员管理方面，探索提升职级公务员管理水平，扎实做好公务员考录和军转干部安置；在正向激励方面，持续完善考核奖励抓手，构建具有天津海关特色的年度考核模式，创新开展业务一线岗位绩效考核，建立健全及时奖励制度机制；在事业单位队伍建设方面，优化完善机构编制及领导职数，及时做好重点领域人员保障，全面推进事业单位专业技术人才队伍和领导人员队伍建设，激发创新创业活力，为高质量“一流海关”建设提供了坚强有力的组织保障和人才支撑。

年内，天津海关人事处（党委组织部）在天津海关党委领导下，按分工履行政治部组成部门工作职责，组织指导落实天津海关干部人事管理工作。主要承担贯彻落实党的组织路线和干部工作的方针政策、决策部署和人事管理各项法律法规，组织落实海关总署党委关于海关干部人事工作的各项决议决定，组织实施天津海关党委关于天津海关干部人事工作的各项决议决定；拟订天津海关干部人事管理规划、制度并按干部管理权限组织实施；拟订天津海关领导班子和领导干部队伍、优秀年轻干部队伍建设规划、制度并按干部管理权限组织实施；拟定公务员管理工作制度并组织实施，组织实施关衔管理工作制度；拟订天津海关人才队伍建设规划、制度并按人事管理权限组织实施；组织实施事业单位人事管理制度、职称评定制度，按人事管理权限组织实施；按干部管理权限组织实施领导班子和领导干部监督管理制度；按干部管理权限组织实施选人用人监督检查制度；组织实施海关机构编制管理制度；按人事管理权限组织实施海关劳动工资、福利待遇、社会保险等管理制度；承办上级交办的其他工作事项等职责。内设科室6个，分别为：考核科、干部科、工编科、干部监督科、公务员管理科、事业单位人事管理科。

【干部选任】2022年，天津海关牢固树立重政治、重品行、重基层、重担当、重实绩的用人导向，健全完善班子配备常态化研判机制，做到“一盘棋”“一张单”“一把尺”，从事业发展大局出发，统筹考虑年龄结构、专业结构、来源结构、经历结构，全方位、全链条做好干部分析研判、考察考核、评价使用，共开展7批领导干部选任工作，选拔处级领导干部51名（含管理五级、六级职员）、正处级隶属海关党委委员6名、科级领导干部107名；进一步使用处级领导干部2名；畅通公务员与事业单位双向任职渠道，处级领导干部调任1名，领导干部队伍结构持续优化。注重墩苗育苗，把年轻干部安排到新冠病毒感染疫情防控、重点改革、重大任务等关键吃劲岗位上磨炼成才，突出政治标准，注重日常研判，分批分层掌握一批优秀年轻干部名单，加大各层级优秀年轻干部选任比例，不断优化干部年龄结构，年内选任的处级领导干部（含管理五级、六级职员）中，45岁以下占比68.6%、40岁以下的占比23.5%，最小的33岁；选任的科级领导干部中，35岁左右的占比60.7%，干部年轻化成效显著。注重跨部门、跨岗位使用干部，从丰富干部履历、优化人员结构、调配资质人员、解决干部困难等多维度深化干部交流，跨部门（单位）交流干部218人。

【机构编制】2022年，天津海关持续优化调整天津关区机构编制。深入推进隶属海关智能化、集约化、专业化、规范化管理，在“三定”基础上，进一步整合动植物检疫业务资源，优化管理流程，推进统一执法，强化整体功能，按照“整合业务模块、集中专业力量、优化人力资源、加强协同监管”的原则，优化进境动物检疫监管模式，依托宁河海关建立“进境动物检疫监管中心”，有效提升进境动物检疫监管能力。突出就近监督、集中监督、重点监督，优化调整7个派驻纪检组派驻监督单位，全面加大党委派驻纪检组工作力度。天津海关通过内部调剂与调减相关隶属海关编制相结合的方式，统筹解决东丽海关贸易调查科人员编制问题，切实满足稽查业务改革实际需要。结合新冠病毒感染疫情防控形势和职责任务调整情况，调整天津海关关税处、进出口食品安全处、财务处、科技处、人事处、监察室、离退休干部办公室7个内设部门的科级机构设置，精简部分科级机构，推进职能精细化管理，逐步提升工作效能。

【干部监督管理】2022年，天津海关聚焦从严管理要求，抓牢抓实干部监督各项工作。狠抓领导干部个人有关事项制度落实，发布《领导干部个人有关事项填报百宝箱》课程，先后开展5轮个人有关事项报告培训、3轮全员重点自查、1次闭卷专项考试，成立工作专班，双人交叉作业，细致开展逻辑审核，圆满完成312名领导干部报告个人有关事项工作，经重点查核65人、随机抽查32人，全年天津关区领导干部个人有关事项如实报告率为100%，首次实现“零差错”。严肃推进违规投资企业及在企业兼（任）职问题自查整改，贯彻落实全国海关违规投资企业及在企业兼（任）职问题公开约谈视频会议精神，先后3轮开展自查工作，组织全员签署“违规投资企业及在企业兼（任）职自查承诺书”，发放“海关干部违规投资企业及在企业兼（任）职问题明白纸”，全力推进问题整改。严格开展选人用人检查，将选人用人检查与党委巡察深度融合，紧盯“育选管用”全链条，从严从实查找问题，形成并持续更新《选人用人问题整改台账》《选人用人检查发现问题清单》，要求对照查摆、吸收借鉴、举一反三，认真开展自查，逐项严格整改。研究制定天津关区干部职工配偶、子女及其配偶经商办企业管理办法，结合干部职工的管辖范围、职能职责和廉政风险点，以制度制定其配偶、子女及其配偶经商办企业的禁业范围，作为日常管理依据，进一步促进干部职工廉洁从政、廉洁用权、廉洁修身、廉洁齐家。

【公务员管理】2022年，天津海关主动探索，全方位提升公务员队伍管理水平。研究启动二级主任科员及相当职级层次晋升工作，释放公务员职务与职级并行制度的激励效应。树立“用成绩单说话”的晋升导向，全年对主动参与新冠病毒感染疫情防控、多次获得考核优秀和表彰奖励的共计312名公务员予以晋升职级。切实发挥职级公务员在统筹协调、管理经验、阅历履历等方面的优势，鼓励四级高级主办以上职级公务员深度参与新冠病毒感染疫情防控、工会活动组织、后勤保障等专项工作，持续发光发热。聚焦属地新冠病毒感染疫情形势，首次采用线上面试形式开展公务员考录面试工作，强化部门间分工协作、同频共振，在网络舆情监测、新冠病毒感染疫情防控指导、通信技术保障、医疗卫生保障等工作上各司其职，形成工作合力，顺利完成30名公务员招录工作。高效开展3名军转干部的安置接收工作，将安置接收工作作为严肃的政治任务，对干部简历进行逐一梳理择优开展面试，用业绩说话，用表现考量，切实做到接收好、安置好、使用好。

【事业单位人事管理】2022年，天津海关多措并举全面推进事业单位队伍建设，持续激发创新创业活力。注重考察专业素养、创新意识和创新能力，聚焦年龄、专业、经历等结构，选任七级职员5名、八级职员6名，逐步建设一支德才兼备、忠诚干净担当的高素质专业化事业单位领导人员队伍。优化完善事业单位机构编制及领导职数，调整动植物与食品检测中心、工业产品安全技术中心相关职责及内设机构，核减后勤管理中心等事业单位党委书记职数（管理五级）5名，相应核定党委专职副书记职数（管理六级）5名。做好重点领域人员保障，调配8人推动通用分析仪器实验室建设，调配3人提升武清基地新冠病毒感染疫情防控能力，调配1名专业技术二级专家至天津国际旅行卫生保健中心，带领团队建立新冠病毒全基因组测序工作流程，使天津关区具备开展新冠病毒测序的工作环境和技术能力。推进专业技术人才队伍建设，启动事业单位人员招聘工作，计划补充高端人才和医护人员 13 人。开展两次岗位竞聘，聘任正高二级 1 人、正高 7 人、副高 14 人、中级及以下 24 人。树立工作实绩导向，深入事业单位“一对一”审核、点评职称评审材料，中级职称评审委员会审核推荐通过率实现 100%。

【考核奖励】2022 年，天津海关以考核奖励为抓手，进一步释放正向激励效应。构建完善具有天津海关特色的年度考核模式，科学制定 2022 年度工作落实指标总目录，包括考核指标 128 条，较 2021 年度精简 10.5%，力求考核评估更加精准合理。深化运用“三个三分之一”考核理念，通过“量化考评+民主测评”的方式确定班子考核结果，并在干部优秀等次比例、职级晋升等方面予以差别化应用，助推天津海关领导班子在海关总署年度考核中连续 2 年取得优秀等次。建立健全及时奖励制度机制，对及时奖励工作办法进行修订，并参照海关总署做法，制定贴合天津关区实际的量化标准，其中对安全生产“吹哨人”、信息宣传、防范和化解重大执法风险等方面工作均列明具体量化标准，切实营造“业务全覆盖，人人有机会”的奖励氛围。全年，共开展 6 次及时奖励，共奖励 81 个集体和 419 名个人。其中，2 次新冠病毒感染疫情防控专项奖励共有 1 个集体荣获集体三等功、59 名个人荣获个人三等功、272 名个人荣获个人嘉奖，并向获得奖励关员的家属以当面、邮递、微信等形式送达喜报；4 次及时奖励共有 47 个集体荣获集体嘉奖、33 个集体荣获集体三等功奖励、64 名个人荣获个人嘉奖、24 名个人荣获个人三等功，奖励质效得到有效提升。

【业务应急方案】2022 年，天津海关最大限度保障天津关区政务业务平稳运行，组织专门力量梳理不可间断业务共计 435 项，并按照业务紧急程度、可暂代办理业务单位等逐项提出应对意见。在此基础上，按照位置就近、业务类型相近、体量相当的原则，建立 8 个业务联动片区，成立业务应急工作组负责突发状况时的指挥协调、组织动员、人员调配、业务安排等工作，进一步明确应急预案的启动及终止标准、应急流程、责任部门，形成天津海关应对疫情防控、保障工作运行应急预案。全年先后有天津新港海关、天津大港海关、静海海关、北辰海关、西青海关、天津河西海关、天津东疆海关 7 个单位触发并启动了应急预案，在时间紧、任务重的情况下，及时搭建业务切换通道，科学整合支援力量，通过“整建制”业务移交、派员赴应急单位办理业务等方式，实现“零感切换”业务办理体验，高效保质完成个性化应急任务，有效保障了天津关区政务业务工作平稳有序运行。

【关心爱护新冠病毒感染疫情防控一线人员】2022 年，天津海关聚焦口岸新冠病毒感染疫情防控形势，高标准严要求落实落细各项关心爱护措施。驰而不息加强一线人员梯队建设，巩固组织人事、业务职能、现场单位“三方联动”机制，动态更新“二线预备”“三线应急”梯队人员名单，确保后备梯队始终保持“热备”“激活”状态。对海关总署各项关心爱护措施进行汇总统筹，细化制定79条工作措施，推动关心爱护措施落地见效。建立关领导走进“口岸封管区”、处级领导干部“红区”带班监督制度，对现场操作进行监督检查，对作业流程进行再优化、再完善，共有4名关领导走进“口岸封管区”、75人次处级领导干部进入“红区”带班。为5名新冠病毒感染疫情防控一线人员突破结构比例限制聘任专业技术岗。及时向新冠病毒感染疫情防控一线人员发放临时性工作补助。制定新冠病毒感染疫情防控一线人员带薪休假措施，为天津关区符合条件的一线医务人员申报子女享受教育照顾政策，切实解决“红区”干部“后顾之忧”。

▲2022年5月10日，天津海关召开服务天津市十大产业人才创新创业联盟发展新闻发布会，政治部主任潘楚雄出席并作专题发布（天津海关人事处 供稿）

【服务天津市人才联盟发展】2022年，天津海关立足“海关之能”，聚焦“天津所需”，大力推进对天津市十大产业人才创新创业联盟的精准服务。召开“服务天津市十大产业人才创新创业联盟”新闻发布会，专题通报政策优势和服务成效，现场回答记者提问，得到新华社、央广网等12家主流媒体的宣传报道。对高端装备和智能制造人才创新创业联盟单位天津大学进口大型模拟试验平台的针对性服务措施，在天津电视台《天津新闻》栏目播发了专题报道。制订服务联盟发展工作方案，构建“一份清单+四项机制”（惠企政策清单和政策宣传、协调保障、信用培育、创新赋能四大机制），为联盟单位提供更为系统、高效、个性化的服务。统筹推动天津海关促进外贸保稳提质30条措施，通过“量体裁衣”式服务推动政策叠加发力，先后在5家中央、地方媒体上刊发新闻稿件7篇次，服务成效得到天津市地方政府、外贸企业一致好评。

【业务一线岗位绩效考核】2022年，天津海关拓展干部考核抓手，在运用“三个三分之一”考核理念开展口岸货物通关作业环节工作效率考核的基础上，将该考核模式拓展到其他28个工作成绩可量化的一线岗位，合计共考核33个一线岗位，涉及890人左右，约占业务一线关员的47%。依照天津海关业务一线岗位绩效考核实施方案，各隶属海关单位分别成立业务一线岗位工作绩效考核组，根据工作方案中明确的考核内容和标准，对考核对象的工作实绩开展考核，按月生成考核成绩，并按照“三个三分之一”原则将各岗位全体考核对象分为3个梯次，通过邮件、张贴、传阅、科务会通报等形式公布成绩后，在队伍建设综合管理平台中对个人平时考核成绩进行加减分操作，作为干部平时考核成绩的重要组成。考核基本实现了奖优惩劣的导向作用，有效促进了天津关区业务的质效提升，切实推动了一线科室队伍建设和业务管理的融合发展，取得良好成效。

撰稿单位

天津海关人事处

教育培训

【概况】2022年，天津海关以学习宣传习近平新时代中国特色社会主义思想、强化监管优化服务、统筹发展和安全、统筹口岸新冠病毒感染疫情防控和促进外贸稳增长等工作为重点，开展各级各类培训407期，承办2022年海关新录用公务员初任培训1期，为4.8万余人次开展了培训（包含海关教育培训第一协作区成员单位以及天津海关缉私局）。天津海关教育培训条线的职能管理工作，由天津海关教育处负责，主要职责是：负责组织实施天津海关干部教育培训工作规划、制度制定，承担集中轮训、专题培训、初任培训、在职培训工作，承担人才培养、兼职教师管理工作，承办上级交办的其他工作事项，现为天津海关政治部组成部门，内设综合科、教育科和培训科。天津海关教育处不断强化政治机关意识，争当第一方阵“排头兵”，强化党建引领业务作用，探索形成“津关充电站”的品牌定位，持续为关员坚定理想信念充电，提高政治素质充电，提升业务技能充电。

【政治理论培训】2022年，天津海关以政治建设为统领，紧扣政治机关建设这一主线，将习近平新时代中国特色社会主义思想作为首课、主课、必修课，在主体班次中突出习近平新时代中国特色社会主义思想课程，邀请国防大学、天津大学、南开大学、天津市委党校等院校教授开展专题授课，课程占比超过70%。开展习近平新时代中国特色社会主义思想专题培训，围绕习近平经济思想、习近平法治思想、习近平生态文明思想、习近平外交思想等专题开设课程22门进行系统深入讲解，深刻领悟精神要义，感悟思想引领、忠诚信仰。在优秀年轻干部能力提升培训班围绕提高“七种能力”（提高政治能力、调查研究能力、科学决策能力、改革攻坚能力、应急处突能力、群众工作能力和抓落实能力），创新采用“五题”培训模式，开展训前调研以“需”设题，以“学”开题，通过实践应用以“干”破题，进行线上研讨以“辩”解题，完成课题论文以“文”结题，机关基层上下联动、相关部门左右联合，形成论文6篇，并运用于实践，有效将研究成果落地转化。

【业务培训】2022年，天津海关围绕中心工作，推动开展业务培训。突出政治引领，从制订培训计划入手，明确政治要求，在授课过程中增加本业务领域对应政治要求部分内容的讲解。突出重点内容，围绕天津海关10项

▲2022年9月2日，天津海关初任培训开班式（高珊珊　摄）

重点工程，服务智慧港口建设、国门安全、国内国际双循环新格局、营商环境优化提升改革创新质效提升工程等开展培训，累计举办了各类业务培训169期，22192人次参训。针对植物检疫、动物检疫、签证植物检疫官、签证兽医官4个岗位资质，1616人次参加海关总署资质培训班，组织符合取证资格的526人次参加考试，431人次通过，通过率81.9%。组织240人参加海关总署全年共3期进出口危险货物及其包装检验监管岗位资质考核，考试通过率94.6%，创历史新高。组织422人参加加工食品签证官网上脱产培训班暨岗位资质考试，通过率91.94%。

【初任培训】2022年，天津海关坚持政治引领，办好初任培训，扣好新录用公务员海关生涯的“第一粒扣子”。在全国海关新录用公务员初任培训中，以学习贯彻党的二十大精神为主题，通过集中视频授课与线下专题研讨相结合，学习成果与个人实际相结合、与所在岗位相结合，谈思想触动、找自身差距、定目标路径。在海关系统新录用公务员初任培训中，将习近平新时代中国特色社会主义思想作为首课、主课、必修课，组织开展“读原著、学原文、悟原理——学习习近平总书记论著读书分享会”“党史故事会——分享最感动你的党史故事”“铸忠诚、强本领、勇担当，喜迎党的二十大胜利召开”座谈会等活动，引导学员牢固树立政治机关意识；组织开展准军队列训练，对内务标准进行规范统一，通过严格的集体活动请示报告、加强日常礼节礼貌养成等方式不断培养学员的纪律意识和内化于心的行动自觉。

【党的二十大精神培训】2022年12月，天津海关举办学习贯彻党的二十大精神网上集中轮训3期，在专题学习的基础上，围绕贯彻落实海关总署党委“铸忠诚、担使命、守国门、促发展、齐奋斗”的工作要求，结合岗位实际谈落实；交流学习党的二十大精神体会，就推进高质量“一流海关”建设等主题开展研讨，进一步调动学员主动思考的积极性，激发学员的学习热情。学员代表围绕海关总署党委15字工作要求，聚焦落实“12个必”（海关总署署长俞建华在全国海关学习宣传贯彻党的二十大精神视频会议上提出的重点任务，分别为：口岸疫情防控海关必坚守，建设贸易强国海关必要强，促进高水平开放海关必作为，共建“一带

▲2022年2月14日，天津海关处级干部学习贯彻党的十九届六中全会精神集中轮训开班式（赵雅婧 摄）

一路”海关必贡献，海南自由贸易港建设海关必担当，确保粮食、能源资源、重要产业链供应链安全海关必尽责，防范化解重大风险海关必上心，国门生物安全关口海关必把牢，多双边合作海关必促进，建设堪当民族复兴重任的高素质干部队伍海关必力推，青年工作海关必远谋，正风肃纪反腐败斗争攻坚战持久战海关必打赢）重点工作和“1+1+6”重点任务的主题，紧密结合海关实际工作，突出问题导向、找准需求，聚焦难点堵点，通过学员论坛的形式发表研讨发言，建言献策，促使研讨内容更有热度、有深度、有广度。《天津海关“深学细悟”力促贯彻落实党的二十大精神取得实效》在海关总署相关载体上刊发。

【党的十九届六中全会精神培训】2022年，天津海关突出重点，抓实党的十九届六中全会精神学习培训。10名海关总署署管干部顺利完成全国海关厅局级“一把手”集中学习暨署管干部学习党的十九届六中全会精神集中轮训考核。“学赛考”多维发力，运用总论分论系统讲、线下线上融合学、锚定高质量“一流海关”建设目标深入研讨等方式开展分级培训，举办了3期处级干部脱产集中轮训，天津关区730名处级干部（含缉私局90人）、天津特派办（协作区）18人参加并通过考核。举办了1期科级以下干部网上专题班，2494人参加并通过考核。举办了3次党的十九届六中全会精神知识竞赛，共9341人次参加，平均成绩阶梯式递

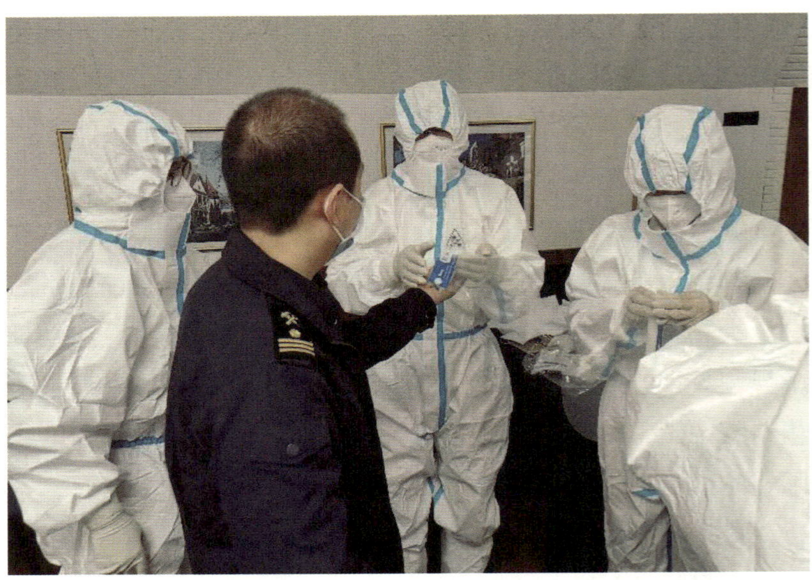

▲2022年8月8日，天津海关举办常态化新冠病毒感染疫情防控岗前培训，全年累计开展岗前及在岗培训215期（王欣 摄）

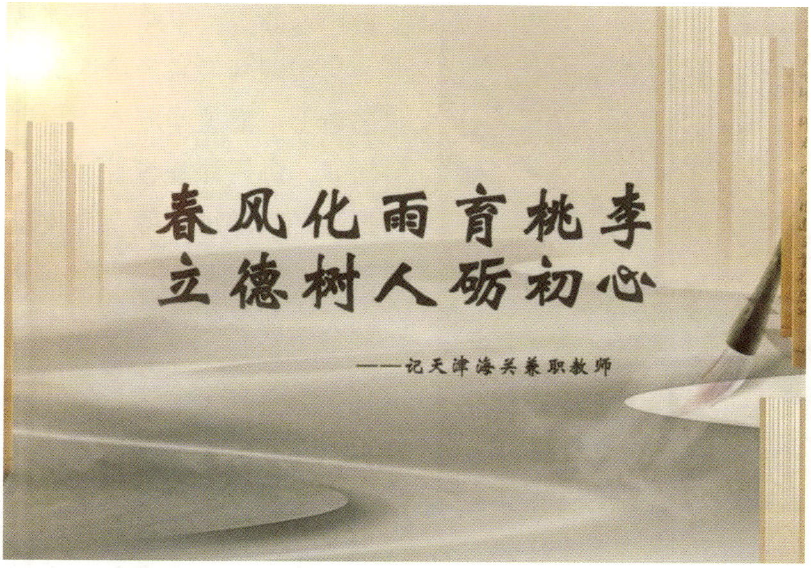

▲2022年9月10日，天津海关发布教师节慰问视频，激励关区兼职教师砥砺前行（陈忠　供稿）

升。在组织全员参加海关总署学习贯彻党的十九届六中全会精神网上培训班考试中，提出“双百”目标，建立“双促”机制，关区共3156人参加，考试平均成绩99.74分，位列全国直属海关第1名。

【常态化新冠病毒感染疫情防控培训】2022年，天津海关扎实开展常态化新冠病毒感染疫情防控培训，在完成关区45岁以下人员全员培训的基础上，进一步强化质量、责任、安全意识，持续开展岗前培训并对冻品“智能分流”采样岗位、内部人员应检尽检采样岗位开展深入细致的培训。不断强化实操实训，在理论教学与课堂演示的基础上，要求学员动手反复练习防护服穿脱全过程，严格考核过程，逐一录像备查，存在问题的操作环节当场纠正并重新操作直至合格。利用视频系统、“主讲+助教”、“录屏+摄像”等方式确保培训效果，累计开展岗前及在岗培训215期，3646人次参加，发放“入境人员新冠病毒采样岗位能力及防护技能培训合格证书”326份，有效助力海运口岸进口冷链货物通关提速，缓解内部常态化核酸检测人员压力，提升“红区”作业人员个人防护及采样能力水平。

【强化师资队伍建设】2022年，天津海关多管齐下，不断强化师资队伍建设，训强专职工作者，通过深入学习教育培训政策理论、规范文件等打牢基础；通过跟班作业，提高组织办训、教学保障、教培研究等专业能力；通过德能勤绩全面开展实践锻炼，纳入年度考核。练强兼职教师，通过举办兼职教师培训班，邀请地方高校、党校专家授课“培育”；通过职能部门初评、外聘专家复审，开展优秀课程“评选”；运用教师节慰问、制作视频“激励”等方式，“育选励”结合，建设高质量兼职教师人才队伍。丰富外请师资，与天津大学马克思主义学院签订合作协议，建立资源共享、优势互补、共同发展的合作关系。先后邀请国防大学、天津大学、天津市委党校等11所院校30名专家教授，开展专题授课38次。组织隶属海关教育培训工作者参加不少于2个月的岗位实践轮训，立足当前、着眼长远、梯次配备，完善天津关区教育培训基层工作组织架构，长效提升天津海关教育培训工作水平。

【“双能力”提升培训】2022年，天津海关以培养复合型人才，拓展关员第二专业“独立上岗、独立作业”能力为目标，开展“业务能力和业务素质提升”培训，通过

▲2022年5月至9月，天津海关开展“业务能力和业务素质提升”系列培训（慕晓鸽 摄）

模块化设置专业、个性化制订方案、差异化排班组训的方式、设立27个专业、102个实训科目，职能部门、隶属海关和风控分局共2282人参加业务知识学习，其中2012人分别在137个实训科室参加实操实训。严格考核结果运用，考核成绩作为干部使用、“双优书记（委员、党员）”评选的重要依据。举办“天津海关实训教学与实践网上脱产培训班”，邀请上海海关学院专家授课辅导，讲授课程设计、授课技巧、教学组织等，为建成“教、学、练、战、评”一体的天津海关实训体系夯实基础。《天津海关开展业务能力（1+1）评估探索人才培养新路径》在海关总署相关载体上刊发。2022年，天津海关以“开展党建和业务‘双能力’‘双素质’评估工作特色经验做法”为题，在全国海关教育培训工作者线上培训班上分享了相关经验。

撰稿人

王　欣　孔少华　李　迪　张　杰　陈　忠
赵　晨　赵雅婧　窦丽娟

第五篇

业务建设

业务改革与发展

【概况】2022年，天津海关统筹推进口岸疫情防控和促进外贸保稳提质，持续优化口岸营商环境，推动京津冀区域海关全业务领域一体化改革，持续推进天津海关业务运行顺畅，完善贸易管制和技术性贸易措施工作机制，强化知识产权海关保护，持续提升天津海关整体业务水平。围绕统筹疫情防控和促进外贸保稳提质，落实海关总署党委促进外贸保稳提质“10+7+6”各项措施，细化天津海关30项工作措施。围绕保护自主创新，加强知识产权海关保护，开展“龙腾行动2022”知识产权海关保护专项行动，扣留侵权嫌疑商品59.56万件，查办侵权案件连续8年入选“全国海关知识产权保护典型案例”。围绕持续巩固压缩整体通关时长，加强货物通关运行分析，针对性实施提高天津关区业务运行效能工作举措，加强通关保障，保障疫情期间业务运行“不间断”。牵头开展“两段准入”监管作业改革评估，推进检查异常处置功能模块应用试点，联合天津市商务局开展天津和新加坡中新“一次录入、双方共享‘一单两报’通关模式”创新改革。夯实工作基础，做好贸易管制和技术性贸易措施工作。深入开展2022年度跨境贸易便利化专项行动，从提效率、强改革、促外贸、优服务4个维度推出“10+6”项改革创新举措，推动口岸营商环境持续优化，激发市场主体活力，为促进外贸保稳提质提供有效支撑。保障企业通关预期，全年进、出口整体通关时间较2021年分别压缩1.8%和22.9%。天津海关综合业务条线的职能管理工作，由天津海关综合业务处负责。

年内，天津海关综合业务处主要职责是承担天津海关日常业务统筹协调工作；承担天津海关综合业务对外协调工作，按照分工承办国家口岸开放、扩大开放有关海关综合协调事宜；牵头拟订天津海关业务综合发展规划；承担天津海关重大改革事项、促进外贸发展措施等统筹规划、整体推进、综合协调、督促落实工作；承担全国通关一体化相关工作，推动落实通关流程标准、通关运行管理工作制度；组织推动与海关管理相关的技术性贸易措施工作；组织实施与海关有关的技术规范及相应管理制度；承担海关通关管理系统通用参数维护工作；承担海关“货物进/出口证明书”及检验、检疫证书的职能管理；组织实施知识产权海关保护，指导、监督知识产权执法活动。下设科室5个：综合科、业务协调科、改革发展科、业务运行科、规范标准科（知识产权保护科）。

【业务改革】2022年，天津海关推动先行先试改革项目，推进关检业务融合。牵头组织北京、南京、广州、深圳等17个海关开展“两段准入”监管作业改革评估。采取调取业务数据开展分析、业务技术专家集中研讨、直属海关调研、企业问卷调查等方式，从改革整体概况、成效作用、问题风险、措施建议等方面进行梳理汇总。从以下4个方面评估“两段准入”监管作业改革的成效作用：构建业务顶层设计，发挥改革引领作用；统筹海关监管风险，落实总体国家安全观；落实机构改革要求，促进关检业务深度融合；执法与服务并重，提高贸易便利化水平。从改革推动落实、制度执行、制度完善、业务优化4个方面总结“两段准入”监管作业改革存在的问题和潜在风险。研究提出进一步完善明晰制度要求、优化完善系统和功能、建立管理清单设定和调整的制度规范、进一步深化“两段准入”创新改革的措施和建议，形成《“两段准入”监管作业创新改革评估报告》上报海关总署。做好检查异常处置功能模块应用试点，开展业务一线调研，摸清天津关区检查异常处置工作底数，结合海关总署系统建设推进进度，采取线下学习、视频会议、“一对一”问题解答等多种方式加强业务现场培训。目前，天津关区19个隶属海关中已有18个上线应用检查异常处置系统。联合天津市商务局开展天津和新加坡中新“一次录入、双方共享‘一单两报’通关模式”创新改革，开发建设国际贸易通关数据服务中新示范平台，成功开展实单测试，向国家口岸管理办公室申请推动平台系统与国际贸易“单一窗口”的数据对接。

【通关运行管理】2022年，天津海关以稳定企业通关预期为目标，以提升企业获得感为根本原则，全力保障天津口岸通关效率，减少货物口岸滞留时间，降低企业进出口成本。加强通关效率“精细化”管理，组建通关效率监控团队，加强对天津口岸通关效率监控，对通关重点环节、重点商品、重点区域精准施策。加强货物通关运行及外贸形势研判分析，针对性实施提高天津关区业务运行效能的工作举措。加强对企“提前申报”“两步申报”等政策宣传贯彻，支持企业自愿选择便利化通关模式。加强口岸通关保障，在业务现场建立“专报窗口”和“绿色通道”，加强假期加班值守，合理安排通关作业，保障企业假期通关需求。建立北京冬奥会物资、民生物资通关应急保障机制，建立新冠病毒疫苗和检测试剂“审批、检查、通关服务绿色通道”，强化各业务环节的衔接配合，提高企业进出口商品通关速度。全年，天津口岸进口整体通关时间34.3小时，较2021年压缩1.8%；出口整体通关时间0.57小时，较2021年压缩22.9%。

【技术性贸易措施】2022年，天津海关结合出口企业遭受国外技术性贸易措施影响调查工作，建立天津关区技术性贸易措施重点帮扶企业库，加强对重点国家和地区最新技术性贸易措施研究分析与预警，助力企业转型升级开拓海外市场。围绕天津关区建立的35家技术性贸易措施重点帮扶企业库，16个隶属海关分别成立的专项工作组，引导企业提升合规意识和技术创新能力，帮扶企业转型升级。组织515家企业参与2022年出口企业技术性贸易措施影响统计调查工作，主要收集出口企业受国外技术性贸易措施影响的信息，全面掌握国外技术性贸易措施对中国出口企业影响情况，为政府部门、行业组织、企业等应对技术性贸易措施提供有效指导。加强对重点国家和地区最新技术性贸易措施研究分析与预警，多渠道开展技术性贸易措施政策宣传和案例分享，全年累计在海关总署、天津市相关媒体发表技术性贸易措施相关宣传材料17篇。

【海关技术规范】2022年，天津海关以全面落实《国家标准化发展纲要》为契机，全面提升天津关区标准化能力水平。持续推进行业标准制（修）订项目，新增44个海关技术规范制（修）订项目（位列全国海关第2名），多渠道筹措项目资金用于保障34个重点项目顺利实施，切实加强项目执行跟踪和监督管理工作，及时完成14个海关技术规范的报批工作。提升标准体系建设水平，以“执法规范·标准引领”为主题开展“世界标准日”系列宣传活动，举办主题为“标准化与海关监管实务”的青年沙龙，并利用报关大厅、关企“网格化服务”微信群等分享标准化知识。创新开展标准解读宣传，组织专家对《进境牛羊指定隔离检疫场建设规范》《进境种猪指定隔离检疫场建设规范》等海关技术规范的起草背景、适用范围、技术路线、注意事项、应用前景等开展详细的标准解读，并在海关总署多家相关载体发表，标准宣传效果显著。

【贸易管制】2022年，天津海关强化出口管制执法，落实加强证件联网核查规范操作等相关工作要求。加强接单、验估、查验、检验、改单等人工干预环节对监管证件的验核，建立监管证件验核差错通报机制，保持“不贰过”。开展监管证件验核及事后核查业务培训，依托科技手段对禁限管理方面监管证件漏证情况进行事中事后监控筛查，提升一线关员开展监管证件事中验核事后核查工作的效能。通过“一企一策”“3+X”网格服务队等定制型精准化的申报指导服务，助力企业解决申报规范问题。加强对外宣传，在“天津海关12360热线”公众号上发布《出口许可证知多少》《2022年农药进出口管理政策解读》《两用物项和技术进出口许可证通关使用注意事项》《自动进口许可证管理政策速览》《无证的“除螨喷雾”不能进》《近期海关政策解读》《一文读懂重点旧机电产品通关新政策》等宣传材料，提高企业自觉遵守禁限管理政策的意识。

【知识产权海关保护】2022年，天津海关“打击侵权”与“服务创新”并重，开展知识产权保护专项行动，激发全社会创新创造活力，促进高水平开放高质量发展。连续开展知识产权海关保护“龙腾行动”“蓝网行动”“净网行动”，全年共查扣侵权嫌疑商品127批次、59.56万件，案值2197.87万元，保持打击侵权高压态势。查办侵权案件连续8年入选“全国海关知识产权保护典型案例”。落实海关总署加力帮扶中小企业纾困解难“10+6”工作措施，支持滨海新区国家知识产权保护示范区建设。激发各类市场主体创新活力，鼓励天津市自主知识产权企业运用知识产权海关保护措施，

▲2022年4月26日，天津海关关员开展“4·26”世界知识产权日宣传活动（王喆　摄）

站稳海外市场，助力天津市高水平开放高质量发展。全年，共查扣侵犯天津市自主知识产权锄头、足球等商品7.6万余件，有32家辖区企业的119项知识产权备案申请经海关总署核准生效。加强内外协同，深化关际、关地多维度合作机制。优化“京津冀海关”知识产权保护执法合作，共同研究拟定北京冬奥会知识产权保护工作举措。与天津市第三中级人民法院、天津市知识产权局、天津市文化和旅游局、天津市市场监督管理委员会联合拟定《知识产权司法与行政执法联动保护协作机制》，强化知识产权行政保护与司法保护的有效衔接；与天津市公安局、天津市知识产权局联合签署《加强知识产权保护协作备忘录》，进一步完善了天津市知识产权全链条保护工作机制。全年，天津海关共协助人民法院办理司法事项19件，向天津市公安局通报侵权案件线索10起，移送案件8起。与新加坡关税局开展“中新知识产权边境保护执法合作”，推动“一带一路”知识产权海关保护建设。

【外贸保稳提质】2022年，天津海关贯彻党中央稳外贸稳外资、稳住经济大盘部署要求，落实海关总署党委“10+7+6”各项措施，细化30条帮扶举措，广泛开展大调研、大帮扶活动，共为企业解决问题1000余个。开发建设RCEP关税政策查询公共服务平台，全国首次实现原产地累积规则自动计算；RCEP项下进出口享惠货值60.3亿元，关税减让7400万元。推广集团加工监管模式，共为企业减免保证金5000余万元。加强企业信用管理，培育高级认证企业54家，增量居全国前列。发挥统计分析职能，共编写研究报告693件，54件获得省部级以上领导批示。创新“维修改装+租赁”模式，推动自由贸易试验区内、综合保税区外保税维修再制造项目落地，保税租赁、保税维修业务货值分别达到757.7亿元和146.1亿元。推动实现“9810”离境退税全国零的突破，全年B2B出口达878亿元，同比增长3.5倍，跃居全国第3位。平行进口汽车约3.5万辆，占全国总量的70%以上。保税展示交易商品范围扩大至艺术品和矿产品，共展示23.4亿元、交易12.4亿元，同比分别提高10.5倍、6.3倍，展销率超过50%。全力推动保税研发业务落地，通过政策宣介、设立专用账册等方式，吸引2家企业建立保税研发中心，并实现零的突破。王兰庄国际商贸城获批全国市场采购贸易试点，并完成首单业务，目前天津口岸已建成国务院提出的全部6种新业态模式。天津海关融资租赁监管模式、“两直”（船边直提、抵港直装）物流模式、京津冀通关物流数据共享平台、跨区域多元化口岸通关服务、保税集拼5项创新改革入选国家服务业扩大开放综合试点示范建设最佳实践案例，被商务部向全国进行复制推广。全年，天津口岸进出口值首次突破2万亿元大关，同比增长21.2%，高于全国平均水平13.4个百分点；自2021年以来，连续23个月保持了2位数的高速增长。

▲2022年5月16日，天津海关召开“促进外贸保稳提质”专题新闻发布会（段念 摄）

【京津冀协同发展】2022年，天津海关落实国家京津冀协同发展战略，按照海关总署“海关业务改革专项工作机制”，参与京津冀三地海关成立的领导小组及24个专项业务小组，在自贸创新、风险监控、商品安全监测预警、冬奥物资通关保障等多个领域探索跨关区联合协作机制，共享商品质量安全风险信息1907条。建立区域重大风险查发快速响应机制，共享风控“三单两库”名单（与北京海关、石家庄海关风险防控分局分别梳理近年来三地海关企业特征底牌和查验查获记录，汇总建立区域适用的“三单两库”名单，即“失信企业清单”“合格企业清单”“高风险企业清单”“影子商品库”“风险特征库”）。参与建立京津冀三地通关保通保畅机制，对164家产业链供应链重点企业实施互认。实施实验室检测结果互认，已对京冀两地海关分包检测418项目次。

【跨境贸易便利化专项行动】2022年，天津海关深入开展2022年度跨境贸易便利化专项行动，从提效率、强改革、促外贸、优服务4个纬度推出“10+6”项改革创新举措，推动口岸营商环境持续优化，激发市场主体活力，为促进外贸保稳提质提供有效支撑。推进“两直”改革上规模，“船边直提”和“抵港直装”比例分别达38.1%和29.3%，同比分别增长12.4%和27.4%。升级“关港集疏港智慧平台”，“关港集疏港智慧平台”认证司机2.5万名、车辆2.2万辆，累计撮合245万箱，辐射全国29个省（自治区、直辖市）。对海铁联运过境货物实施“港场直通”作业模式，货物自卸船至运达铁路堆场时间，从原来的2~3天压缩至3小时以内。综合运用“先放后检”“依申请检验”措施，大宗资源商品通关时长同比压缩75%左右。特别是创新实施进口冻品“智能分流”模式，高质量做好重点商品风险监测，冻品通关时长有效压缩，天津口岸冻品进口逆势同比增长16.1%，量、值均重回全国第1位。在东疆港区实施口岸智慧管控改革，努力构建全流程的“智慧监管体系”，支持海关监管货物和非海关监管货物同步作业、支持内外贸货物同船运输，助力天津港集装箱吞吐量再创历史新高。利用研发的“高通量传感多模识别联用仪”和“矿产品现场固废排查仪”等设备，实现了对部分“洋垃圾”的快速筛查，提升了把关效能。专项行动期间，累计开展宣讲会超30场次，受众超过3600人次，搭建网格226个，“网格员”258人，对接入群收发货人7208家，异地企业1217家，确保海关政策直达企业。

【关检业务融合】2022年，天津海关继续以“问题清零”为抓手，以问题、目标、结果为导向，收集、分析、解决关检业务融合过程中运行模式、流程、标准、系统、制度等方面存在的疑难问题。会同天津海关人事处牵头关区开展“如何进一步深化改革融合”课题研究，形成天津关区课题研究专题报告上报海关总署，会同北京海关做好海关总署业务改革融合课题研究工作，为海关总署下一步改革融合工作提出思路和建议；建立天津海关防范化解“业务流程响应、呼应、反应失灵风险”工作机制，常态化开展一线问题收集和清零工作，已对56项问题采取分类处置；梳理天津关区重大风险隐患排查中职责归属不清问题68项，对涉及海关总署事权事项通过“业务改革问题收集反馈系统”报送海关总署。

撰稿人

王轶玲　张宇鹏　赵　旸　侯　进　袁　伟　袁茵茵　高鑫琪

法治建设

【概况】2022年，天津海关配合海关总署立法调研及评估工作，组织开展《中华人民共和国海关法》《中华人民共和国进出境动植物检疫法》修订专题研究工作，3人次入选海关总署修法工作专班，研提12条意见建议。牵头开展《进出境转基因产品检验检疫管理办法》《出境竹木草制品检疫管理办法》规章立法后评估工作，梳理汇总评估意见131条。

年内，天津海关协调落实海关总署有关“放管服”改革实施意见，实行行政许可事项清单管理，持续实施涉企经营许可“证照分离”改革，进一步推进落实行政许可标准化规范化管理要求。协调落实天津市重点工作绩效考核工作部署，在2022年度天津市营商环境建设情况常态化监测的21个配合部门中名列第3位；法治化营商环境工作经验被天津市委依法治市工作简报刊出，RCEP课件获得天津市营商环境“十佳课”。

年内，天津海关在复议工作中践行新时代“枫桥经验”，将化解矛盾争议与助企纾困相结合，受理行政复议案件6件，全部办结。发生行政诉讼案件2件，全部胜诉。

年内，天津海关着力防范非执法领域风险，牵头开发“民商事合同审核管理子模块程序”，实现合同审核的全链条信息化管理。在“海关重点项目和财物管理以权谋私”专项整治工作中，对重点项目和财物管理领域150个项目的相关法律文书合规性进行了审查复核。

天津海关法制条线的职能管理工作，由天津海关法规处负责。具体职能是：承担天津关区法治海关建设、依法行政的协调推进工作；负责有关法律、行政法规、规章的核提意见并对该关区拟出台规范性文件和管理制度进行合法性审查；组织推动天津海关行政审批制度改革；管理天津海关行政复议、行政应诉、行政赔偿工作；管理天津海关公职律师事务，协调、指导海关民事经济诉讼、劳动仲裁案件相关事宜；组织推动普法宣传工作。法规处内设4个科室，分别为：综合科、法制科、复议应诉科和行政审批管理科。

【立法参与】2022年，天津海关法规处派员参加海关总署《中华人民共和国进出境动植物检疫法》修法工作；组织开展《中华人民共和国海关法》修订稿征求意见的汇总、上报；组织对《中华人民共和国海关过境货物监管办法》（海关总署政策法规司征求意见稿）、《中华人民共和国海关进出口商品检验采信管理办法》（海关总署政策法规司征求意见稿）等20余部海关总署规章征求意见，汇总、上报意见建议40余条。

牵头开展海关总署交办的《中华人民共和国海关法》修订专题研究工作，针对海关职权等3个方面问题深入研讨，研提9条意见建议；派员参加《中华人民共和国进出境动植物检疫法》专题研讨会，研提意见建议3条；就海关总署“提高海关执法统一性”工作调研事项征集意见建议，梳理汇总基层业务工作中涉及的执法证件管理、取样送检、行政处罚3个方面7个问题，研提6条建议；就海关总署“海关特殊监管区域法律制度及监管风险”调研部署，组织天津港保税区管理委员会、天津东疆综合保税区管理委员会等地方政府以及天津海关所属隶属海关和相关企业研提意见，汇总征集意见建议18条。

按照海关总署、天津市年度立法计划征集工作部署，组织开展天津关区年度立法计划的征集汇总、反馈。针对天津保税区海关提出的《天津市口岸危险品安全管理办法》立法申请，牵头组织完善相关申请材料，突出立项的必要性、可行性、紧迫性，聚焦明确口岸危险品安全管理相关各方的职责边界，按照天津市人民政府2023年度立法计划政府规章项目征集工作要求，报送天津市司法局。

【复议应诉】2022年，天津海关扎实推进行政复议、行政应诉工作，有效防范化解行政争议，切实发挥复议工作依法行政“晴雨表”、法治建设“助推器”的功能，推动一线执法部门不断规范执法行为、提升执法水平。通过门户网站等方便查阅的方式公布行政复议案件受案范围、受理条件、行政复议申请书样式、行政复议案件审理程序等。对申请人、第三人就有关行政复议受理条件、审查方式和期限、作出行政复议决定的理由和依据等提出的疑问及时解释说明。健全听证制度，建立被申请人的负责人出席行政复议听证会制度，促进实质性沟通、努力化解矛盾。修订《天津海关行政应诉工作规程》，强化海关负责人出庭应诉履职的刚性约束。

年内，天津海关收到并受理行政复议案件6件，较2021年增加1件，增长幅度20%。6件行政复议案件均已审结：2件作出维持决定，2件因申请人申请撤回作出终止决定，1件因申请人与被申请人双方达成和解终止，1件经调解申请人与被申请人达成调解协议终止。全年，受理的6件行政复议案件中，有4件为行政处罚类案件，占比66%，1件为申请人不服海关征收保证金放行决定案件、1件为涉及进口食品的申请人不服举报答复案件。上述案件中由法人单位提起复议申请的案件5件，占比83.3%，自然人提起复议申请的案件1件。2022年度天津海关无被复议至海关总署的案件。

年内，天津海关及所属隶属海关共发生2起被诉行政案件，均取得胜诉。其中1起为当事人不服天津保税区海关征收保证金放行决定、天津海关行政复议决定诉讼案，1起为当事人不服天津滨海机场海关行政处罚决定诉讼案。

【公职律师】2022年，天津海关共有公职律师55名，其中2022年度新增公职律师1名、退出1名。分布在机关处室执法岗位的公职律师 14 名，一线执法岗位 41 名。

年内，依照海关总署海关公职律师管理办法以及考核细则要求，组织天津关区公职律师培训、考核、申报工作。组织公职律师参与旁听活动 5 次，涉及民事、行政诉讼案件审理以及行政复议听证。在天津海关公众号“悦动津关”创办《津关律言》栏目，发布《严守党的纪律 勿越纪律红线》《通过网购，我们能学到多少法律知识?》等专题文章。

年内，天津海关公职律师除常规地参与民商事合同审核工作外，在自由贸易试验区制度创新研究、综合保税区进口业务、进口退税、税收强制、债权申报等事项中发挥法治保障作用，对天津关区疑难事项依法依规处理，提出建议 60 余条。

▲2022 年 2 月 10 日，天津海关法规处到塘沽海关行政审批窗口进行检查指导（杨玉峥　供稿）

【行政许可标准化规范化】 2022 年，天津海关编制并动态更新发布天津海关行政许可事项清单和全部 9 项许可业务的办事指南，组织开展 2 期行政审批规范化管理培训。重点围绕学习习近平法治思想有关论述，以及海关行政许可管理办法解读、海关行政审批网上办理平台应用指导、许可电子签章系统操作技能、行政审批标准化规范化管理要求介绍、海关行政审批“一个窗口”服务规范、天津市网上办事大厅公开信息录入维护操作技能培训等方面内容，对天津关区各业务职能部门行政许可事项规范化管理人员及行政审批经办人员、各隶属海关行政审批岗位人员、行政许可受理窗口首席代表、行政许可电子签章系统操作员共计 81 人进行了培训和指导。

按照海关总署有关要求，全面推动落实天津关区行政许可事项清单管理工作。制发天津海关关于全面实行行政许可事项清单管理的相关通知，健全管理机制，细化分解工作任务，明确时间节点；编制天津海关行政许可事项清单，逐项明确事项名称、主管部门、实施机关、设定和实施依据等基本要素；动态调整行政许可办事指南，做好天津网上办事大厅和天津海关门户网站有关许可事项公开信息动态更新工作，确保公开信息同源展示；清查变相许可，落实清单之外一律不得违法实施行政许可的要求，做到“一张清单管许可、清单之外无审批”。

年内，持续强化现场行政许可受理窗口规范管理，通过书面检查、电话抽查、视频连线等形式，重点对窗口岗位人员岗位资质、信息公开、印章管理、服务规范等方面进行监督指导，对各审批窗口首席代表和各现场行政许可电子签章操作人员岗位调整情况进行监督检查。针对天津邮局海关拟开展行政许可业务事宜，采用邮件、电话沟通等多种形式“送政策上门”，协助天津邮局海关筹建规范标准的行政审批受理窗口。

【法治宣传教育】2022年，天津海关围绕“八五”普法规划的实施，通过强化普法机制建设、抓好重点法律法规宣传、加强法治文化建设，推进普法依法治理工作向纵深发展。将习近平法治思想列入中心组学习计划，天津海关主要负责人以《以习近平法治思想推进法治海关建设》为题讲授法治课，天津海关分管法治工作负责人以《学习贯彻党的二十大精神 全力推进法治海关建设》为题讲授法治课，天津海关各部门（单位）分管法治的负责同志、法治业务骨干等158人聆听授课。在“4·15”全民国家安全教育日，以“守卫国门安全 构筑安全防线”为主题，开展国门生物安全进校园活动，500余人参加。牵头全国海关法治工作第二协作区的6个海关，与天津、广东、辽宁、四川、内蒙古、甘肃等地18个帮扶村庄进行视频连线，以“民法典进农村”为主题，就与农业、农村生活联系密切的法律问题进行讲解，帮扶点驻村干部及其驻在村“两委”、村民代表等共计300余人参加活动。参加天津市营商环境大讲堂活动，所报送课件获得“十佳课”。天津海关入选天津市普法办首批5家“谁执法谁普法”履职报告评议单位。

【立法后评估】2022年，按照海关总署政策法规司关于开展2022年度海关规章立法后评估工作相关事宜的通知要求，天津海关联合全国海关法治工作第二协作区成员兰州海关组成评估小组，对《进出境转基因产品检验检疫管理办法》《出境竹木草制品检疫管理办法》两部规章开展了立法后评估工作。评估工作中，天津海关向海关总署广东分署和42个直属海关书面征求意见，对两部规章提出保留、修改、废止的评估意见并说明理由，梳理汇总评估意见131条。通过天津海关12360热线、天津海关所属8个隶属海关向全社会征求意见，发放的调查问卷共收到反馈意见165条，

▲2022年5月24日，天津海关法规处关员到企业进行立法后评估调研 （田智勇供稿）

此外还委托所属隶属海关对辖区相关企业开展书面调研。

对两部规章的整体性评估结束后，天津海关根据有关单位反馈意见并参考调研情况进行汇总归纳、分析研究，梳理和总结实施过程中出现的问题，从合法性、协调性、可操作性、实效性等方面全面、客观地提出总结评估意见建议。

【第三方监督评估机制】2022年，天津海关参与研究天津市涉案企业合规第三方监督评估机制（以下简称“第三方机制”）实施意见及相关配套规定，并向天津市检察院报送天津海关第三方机制工作的责任部门、联席会议成员、联席会议联络员及联席会议联系人。先后派员参加第三方机制管理委员会成立大会筹备会，“天津市涉案企业合规第三方监督评估机制管理委员会成立大会暨全面推开涉案企业合规改革工作部署会”及其第一次联席会，参与审议通过《关于成立天津市涉案企业合规第三方监督评估机制管理委员会的决定》《关于建立涉案企业合规第三方监督评估机制的实施细则（试行）的通知》《关于建立涉案企业合规第三方监督评估机制的实施意见（试行）》等会议文件。

依照最高人民检察院等九部门联合下发的《关于建立涉案企业合规第三方监督评估机制的指导意见（试行）》通知要求，天津市筹备成立了第三方机制，并首次增加天津海关作为组成成员。按照第三方机制工作要求，天津海关选拔推荐第1批业务专家10名，涵盖关税、缉私、监管、商检、综合业务、卫生、法规、行邮和企管等业务领域。第三方机制工作开展以来，天津海关已选派专业人员参与第三方机制监督评估工作2人次，涉及案件4起。

【合同审核信息化】2022年，天津海关加强民商事合同审核“规范化、标准化、信息化”管理，开展合同审核需求调研，征求该关业务职能部门、隶属海关、事业单位意见建议20余条，在合同送审、审核、查询统计3个方面梳理关键节点。天津海关法规处经多次协调该关科技处、财务处，于2022年7月开发上线“民商事合同审核管理子模块程序”，实现合同送审、派发、审核、执行、查询统计的全链条信息化管理。2022年，为确保海关执法领域与非执法领域的物资设备及服务保障及时到位，天津海关法规处组织公职律师投入涉及办公物资、执法设备、服务保障等合同审核工作，详尽了解需方、供方合同目的，妥善划分权利义务，周密设置救济条款，及时完成合同法制审核。全年，累计审核合同603件，约201万字，聚焦条款公平性、付款方式、违约责任、争议解决等方面，提出审核意见3044条。

【新时代“枫桥经验”】2022年，天津海关践行新时代“枫桥经验”，将化解矛盾争议与助企纾困、服务群众紧密结合，发挥“业务＋法治”协同优势，以“专班”模式对执法疑难争议焦点问题加以研究应对。将“首问负责制”纳入践行新时代“枫桥经验”的重要一环，要求首接问题反映的关员要做到负责到底，能解决的问题当时解决，不能解决的问题负责联系有关科室咨询解决并最终反馈，或者负责引导至问题办理科室并做好最终结果的跟踪，全部问题做到“一次性告知”，力戒推诿扯皮，防止问题断档，避免因内部问题造成矛盾升级，杜绝“小事拖大、大事拖炸”。同时对于可能最终形成矛盾争议的风险，落实四“早”工作法（四“早”，指问题苗头“早”上报、执法风险“早”排查、矛盾争议“早”化解、问题隐患“早”解决），狠抓问题发现、风险排查、矛盾解决和后续跟踪4个环节，实现矛盾不上交、问题就地解决，以小见大防范风险。例如，在2022年的行政复议工作中，通过前期释法明理申请人表示认同海关执法、放弃申请1件，双方自愿达成和解协议1件。在已审结的案件中，申请人主动撤回或者以和解方式解决的占比60%。根据业务构成，选取天津保税区海关、天津滨海机场海关和天津东疆海关作为践行新时代“枫桥经验”基层示范点，带动19个隶属海关同步统筹推进基层矛盾纠纷防范化解机制建设。

撰稿人

褚庆宏

自贸区和特殊监管区域管理

【概况】天津海关自贸区和特殊区域发展处（以下简称“自贸处”）是天津海关负责自由贸易试验区海关监管制度创新、对特殊区域海关监管工作进行指导、监控和监督的职能部门，内设综合科、自贸区发展科、特殊区域发展科3个科。

天津海关辖区范围内有1个自由贸易试验区，即中国（天津）自由贸易试验区（以下简称“天津自贸试验区”）。2022年，天津自贸试验区范围119.9平方千米，涵盖3个片区：天津港片区30平方千米（其中含天津东疆综合保税区10.29平方千米），是中国北方国际航运中心和国际物流中心的核心功能区；天津机场片区43.1平方千米（其中含天津港综合保税区1.3平方千米和天津滨海新区综合保税区1.599平方千米），是天津先进制造业和研发转化的重要集聚区，民用航空、装备制造、电子信息、生物医药等先进制造业产业已形成优势，是中国华北地区重要的航空货运中心；滨海新区中心商务片区46.8平方千米（其中含天津港综合保税区4.37平方千米），是天津金融改革创新集聚区、滨海新区城市核心区。天津自贸试验区范围内的天津东疆综合保税区、天津港综合保税区、天津滨海新区综合保税区，同时属于海关特殊监管区域，具有双重“区域身份”。

天津海关辖区范围内有4个海关特殊监管区域，分别为天津港综合保税区、天津滨海新区综合保税区、天津泰达综合保税区、天津东疆综合保税区（这里的“天津港综合保税区”，是指2月4日，经国务院批复同意，由原天津港保税区与原天津港综合保税区整合优化后的、新的“天津港综合保税区”。但由于年内新的“天津港综合保税区”未进行正式验收，没有统一的国内地区代码，因此本条目中1—12月的业务数据，仍按原天津港保税区和原天津港综合保税区的国内地区代码分别进行统计）。全年，天津市海关特殊监管区域一线进出口值2687.1亿元，同比增长5.9%，高于天津市外贸进出口总值增幅7.3个百分点，占天津市进出口总值的31.8%，占比较2021年增长2.2个百分点；单位面积进出口值146亿元/平方千米。其中，天津港保税区重点发展国际贸易、国际物流、临港加工、展示展销和跨境电商等产业，全年天津港保税区进出口总值831.6亿元，同比增长12.9%；天津港综合保税区以港口物流仓储为

▲2022年5月11日，天津滨海新区综合保税区主卡口（天津海关自贸区和特殊监管区域发展处 供稿）

主，是全国重要的汽车平行进口口岸，全年天津港综合保税区进出口总值162.3亿元，同比增长25.2%；天津滨海新区综合保税区以空中客车（天津）总装有限公司为产业龙头，形成整机组装、关键部件和复合材料制造、航空设备生产、维修、物流分拨等航空产业集群，全年天津滨海新区综合保税区进出口总值280.4亿元，同比减少25.1%；天津泰达综合保税区主要业务涉及家具制造、保税维修、物流仓储等领域，全年天津泰达综合保税区进出口总值159.8亿元，同比增长50.0%；天津东疆综合保税区主要业务涉及融资租赁、物流仓储、跨境电商、保税展示交易等领域，全年天津东疆综合保税区进出口总值1253.1亿元，同比增长5.2%。

【自贸试验区海关监管制度创新】2022年，天津海关自贸处牵头组织海关总署层级的自贸创新备案，通过主动走访关区相关业务职能部门和隶属海关，围绕各业务线条重点工作，梳理、归纳、提炼相关创新做法。年内，向海关总署报送“未经联网核查的进口医疗器械风险防控京津冀协同新模式”“属地查检与稽核查联动作业新模式”“进口冻品‘智能分流’监管新模式”3项创新举措。其中“未经联网核查的进口医疗器械风险防控京津冀协同新模式”“进口冻品‘智能分流’监管新模式”获得海关总署备案。

制定《天津海关自贸试验区海关监管制度复制推广工作指引（试行）》，强化事中事后评估。将天津海关12个业务职能处室和19个隶属海关全部纳入创新范围，建立自贸创新人才库，拓宽自贸创新覆盖面。成立85人组成的联合宣讲团，通过现场宣讲会、视频会议、“天津海关12360热线”公众号等形式，累计开展395次政策宣讲，营造全员参与自贸创新的氛围。征集创新意向56个，获天津海关备案28个、天津关区范围内复制推广13项。

【海关特殊监管区域和保税物流中心（B型）申建及整合优化】2022年，天津海关持续推进天津港保税区和天津港综合保税区整合升级工作。2月4日，国务院批复同意天津港保税区与天津港综合保税区整合优化为新的天津港综合保税区。天津港综合保税区规划面积5.67平方千米，为一区两片，其中海港片区围网面积4.37平方千米、空港片区围网面积 1.3 平方千米。天津海关与天津港保税区管委会成立了整合优化领导小组和工作组，组织召开专题会议认真研究，结合海港片区（包括保税区海港和天津港综合保税区）、空港片区（保税区空港）现场实际情况，梳理26个问题并提出整改建议，明确验收标准，制订整改方案。天津海关督促天津港保税区管委会按照《综合保税区基础和监管设施设置规范》要求，开展天津港综合保税区隔离围网、卡口设施、监控系统等基础和监管设施整改工作。年底，天津港综合保税区基础和监管设施整改工作基本完毕。

年内，天津海关指导天津市相关部门开展临港综合保税区申建工作。对临港综合保税区申建工作多次向海关总署自贸区和特殊区域发展司请示，对接天津市商务局、天津港保税区管委会等相关部门，及时跟进申建工作进展，促进地方政府确认临港综合保税区规划面积，推动天津市相关部门与国家对口部委加强联系沟通，加快反馈进度，促进临港综合保税区申建进度。同时，天津海关加强综合保税区政策宣传，配合天津港保税区管委会做好临港综合保税区区域产业布局和招商引资工作。

【海关特殊监管区域事中事后监督】2022 年，天津海关联合天津市商务局开展海关特殊监管区域发展水平联合通报。按照《市商务局 天津海关关于建立我市海关特殊监管区域发展水平联合通报机制的通知》和《市商务局 天津海关关于修订我市海关特殊监管区域发展水平联合通报机制的通知》要求，全年天津海关联合天津市商务局制发通报 11 期，分析、通报天津港保税区、天津港综合保税区、天津滨海新区综合保税区、天津泰达综合保税区、天津东疆综合保税区发展状况，针对各特殊区域进出口总值、在全国各类型特殊区域排名、进出口商品特点等情况进行重点分析、通报，共同督促天津市保税区管委会、天津市经济技术开发区管委会、天津东疆综合保税区管委会发挥主体责任，结合特殊区域实际推动海关特殊监管区域高质量发展。

年内，天津海关加强对海关特殊监管区域的发展绩效评估工作指导。天津市滨海新区已将综合保税区发展绩效评估纳入各功能区领导班子年度绩效考核指标。天津海关向各功能区明确综合保税区发展绩效评估内涵、外延，并向各功能区进行宣讲，联合天津市商务局指导各功能区管委会规范开展综合保税区发展绩效评估指标数据报送工作。同时，天津海关深入海关特殊监管区域进行调研，对海关特殊监管区域发展情况进行客观分析，向天津市人民政府报送《天津海关关于 2021 年度天津市综合保税区绩效评估结果分析的报告》，指出天津市特殊区域存在质量效益有待提升、业态创新不够丰富、发展活力不足、区内整体产业含金量不高、企业运作不规范、主体责任仍需进一步加强 6 个问题，从提升区内产业含金量、发挥新业态引领作用、补齐特殊区域发展短板等角度提出 3 条促进特殊区域发展的建议。在 2021 年度全国综合保税区（含其他类型特殊区域）发展绩效评估中，天津港保税区、天津港综合保税区、天津滨海新区综合保税区、天津泰达综合保税区、天津东疆综合保税区在全国综合排名分别为第28名、第73名、第41名、第87名、第17名，在东部地区（80个区域）综合排名分别为第20名、第54名、第31名、第60名、第17名，天津东疆综合保税区获评“双A类”，其他4个特殊区域均为“双B类”。

【自由贸易试验区和综合保税区政策研究】2022年，天津海关从管理模式、法律体系、产业发展、税收政策、贸易便利化等方面，专题研究世界主要自贸区的建设经验，形成《借鉴境外自贸区建设经验推进粤港澳大湾区协同发展》专题报告，提出对中国自由贸易试验区建设的启发和思考。组织专题研究海南自由贸易港、上海洋山特殊综合保税区、前海深港现代服务业合作区等制度创新情况，紧贴天津市实际提出可借鉴的创新事项15项，提出“推进中新（加坡）‘一单两报’”等6项重点创新举措。

年内，天津海关承接海关总署关于特殊区域的课题研究，参与海关总署组织《中国海关年鉴（2022）》（自贸区和特殊监管区域管理部分）、《2023—2030年综合保税区发展规划》编写工作；参与2022年海关总署署级课题“中国海关史”海关特殊监管区域专项研究工作；参与中华人民共和国海关对保税物流中心相关管理办法的修订工作。对保税展示交易、融资租赁、保税研发等业务开展专题调研，了解行业问题和企业需求，并形成调研分析报告，融资租赁调研报告上报天津市。开展特殊区域政策研究，组成课题专班，面向天津市商务部门、管委会、自贸试验区和综合保税区区内企业召开座谈会，发放调研问卷，组织撰写《从政治视角推动综合保税区高质量发展研究》《坚持创新引领，着力赋能提质，推动海关特殊监管区域高质量发展》等政策研究报告，通过对海关特殊监管区域发展沿革、国际国内形势变化、当前面临的问题进行深入分析，提出区域发展历程“三个阶段”、5个方面的“赋能”建议和18条具体措施，探索推动新时期海关特殊监管区域高质量发展的路径。

【综合保税区政策大宣讲】2022年，天津海关以《中华人民共和国海关综合保税区管理办法》下发为契机，组织开展综合保税区政策大宣讲活动。制订天津海关综合保税区政策大宣讲工作方案，成立由85人组成的综合保税区政策宣讲团队，编制“综合保税区政策解读宣传册”“综合保税区管理办法明白纸”“致企业家负责人的一封信”等宣传资料。对接天津市滨海新区政府、天津市商务局、联合天津自贸试验区管委会、进出口商会、行业协会，联系地方政府商务部门，梳理重点企业名单，确定203家重点宣讲对象。举行线下综合保税区管理办法新闻发布会，进行政策解读，通报天津市综合保税区发展的有关情况，通过视频形式对宣讲团成员进行综合保税区政策培训宣讲；联合天津自贸试验区管委会，面向该管委会、天津滨海新区科技局、商促局，以及生物医药企业、医疗器械企业开展政策宣讲，主要介绍《国务院关于促进综合保税区高水平开放高质量发展的若干意见》以及保税研发、保税展示、保税维修等政策。利用“天津海关12360热线”公众号、行业协会公众号、新闻媒体等多种形式加强政策宣传，制作发布《津关解读——综合保税区政策解读》10期。全年，通过现场宣讲会、视频会议等形式累计开展395次政策宣讲，向企业发放《致企业家负责人的一封信》10823封，对企业进行综合保税区政策宣讲18327家次，综合保税区新增注册企业704家。

【自由贸易试验区协同创新】2022年，天津海关发挥北方首个自由贸易试验区的先发优势，牵头北京海关、石家庄海关，组织成立推动“京津冀自贸试验区海关监管协同创新”领导小组，制订《北京海关 天津海关 石家庄海关开展自贸试验区海关监管协同创新工作方案》，提出“保税物料跨关区直供”等4个联合创新意向。年内，三关联合创新项目“未经联网核查的进口医疗器械风险防控京津冀协同新模式”获得海关总署备案。

天津海关联合天津自由贸易试验区管委会，组织开展“党建引领 共同创新”活动，协同国家税务总局天津市税务局、国家外汇管理局天津分局及天津市商务局、药监局等部门，提出18项联合创新课题。其中天津海关组织实施“文化艺术品保税展示业务创新”等6项课题。天津海关牵头探索自由贸易试验区特殊物品“关地”合作机制。借助自由贸易试验区“近企、服企”定位与优势，与地方政府共同探索自由贸易试验区特殊物品风险评估程序优化工作，优化天津自贸试验区生物医药品出入境综合服务工作，打造天津自贸试验区生物医药品通关便利化平台，共同探索自由贸易试验区特殊物品风险评估程序优化工作。

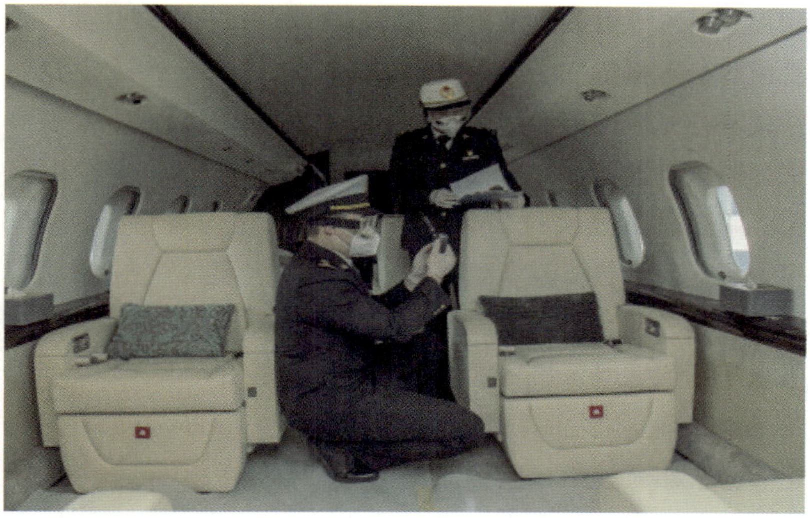

▲2022年4月14日，天津海关所属天津保税区海关关员在庞巴迪（天津）航空服务有限公司进行监管（天津海关所属天津保税区海关 供稿）

【综合保税区航空产业链】2022年，天津海关在天津滨海新区综合保税区围绕综合保税区航空产业基地发展，对航空产业链相关的加工制造、维修再制造、物流配送等上下游企业实施全链条集群监管，实现航空企业加工、检测、维修货物自由流转，推动航空物流集散中心建设，打造“AOG航材管控”区块链监管模式，满足维修企业航材、工具紧急出区现场支援的高时效需求，促进天津滨海新区综合保税区航空产业持续发展。全年，天津海关共计备案链条监管企业23家，开展货物自由流转业务企业23家，办理自由流转业务316票，涉及货值37.3亿美元。天津滨海新区综合保税区是天津市航空产业发展聚集区，空中客车（天津）总装、庞巴迪整机维修、古德里奇航空维修、PPG航空涂料、安胜模拟机制造、飞安航空培训等大批国内外民用航空项目聚集于此。

【综合保税区保税租赁业务】2022年，天津海关支持综合保税区保税租赁业务发展。

利用“保税＋租赁”海关监管模式，依托特殊区域的政策优势，先后推出天津海关关区内联动监管、差异化担保、跨关区异地委托监管、租赁资产交易等一系列海关监管措施，及时解决了租赁飞机实际入区难、租赁标的物通关物流成本高等难题。全年，天津海关累计监管保税租赁标的物218个，货值757.71亿元，同比分别增长21.79%、16.91%。其中，飞机167架、同比增长14.38%，货值604.37亿元、同比增长30.82%；船舶、海工平台40个、同比增长48.15%，货值146.15亿元、同比下降21.9%。

年内，天津海关围绕民航客机首期租约到期后资产处置的企业需求，以及新冠病毒感染疫情给航空市场带来的新需求，主动梳理“租赁飞机＋保税维修、改装、再租赁”业务流程的难点和堵点，协调相关部门，通过拓展综合保税区的功能，量身定做“维修改装＋租赁”监管模式。该模式成功解决保税状态飞机维修、再租赁、新冠病毒感染疫情期间飞机进出境等问题，企业在境内顺利完成飞机的退租、客改货、再租赁全流程。全年，天津海关共办理11架飞机“维修改装＋租赁”业务，货值14.36亿元。

【保税展示交易】2022年，天津海关采取多项措施推动保税展示交易业务扩容增量。完善保税展示业务操作流程，成立专题调研组，围绕天津口岸相关商品种类开展深入调研，梳理进口重点商品的销售、通关及行业发展整体情况，针对冻品、矿产品等不同企业需求，精准施策，制定专门操作指引，实现展示商品品类突破。加强政策宣讲，通过现场及视频宣讲会、联系地方政府、对接各行业协会、“网格化”企业服务平台对政策进行宣讲，引导企业用足用好综合保税区政策。拓展商品展示场所，针对冻品、矿产品实际需求，创新监管模式，减少堆存地点的空间位移，有效降低运输成本和监管压力。推动首票艺术品保税展示成功拍卖，允许待拍卖艺术品进口先进入综合保税区保税仓储，再通过保税展示的方式出区展示，并于现场拍卖成交，丰富了艺术品交易处置模式。全年，天津海关特殊区域开展保税展示交易业务106票，货值共计约23.4亿元，实现交易12.4亿元，占展示总货值的52.99%。

撰稿人

于士兵　王乐乐

风险管理

【概况】2022年，天津海关风险管理工作全面贯彻习近平新时代中国特色社会主义思想，落实海关总署“铸忠诚、担使命、守国门、促发展、齐奋斗”工作要求和“12个必”重点工作，扎实推进固体废物、危化品、化肥、濒危、知识产权等各领域全链条风险防控。天津关区人工分析布控查获固体废物28票，查获累计货重1507.8吨，货值515.7万元；贸易渠道人工分析布控查获涉濒危16起，货值652万元；邮件渠道人工分析布控查发涉濒危物品468票，快件渠道人工分析布控查发涉濒危物品100票；贸易渠道知识产权人工分析布控查获65票，邮递渠道知识产权人工分析布控查发34票；人工分析布控查获危险品34票；推进打击治理海南离岛免税“套代购”走私专项行动，先后分析排查海南“套代购”线索5条，抓获犯罪嫌疑人5名，刑事立案5起，涉及天津关区首起海南离岛免税“套代购”走私案件，现场扣押涉嫌走私的海南离岛免税商品，案值约305万元，涉嫌偷逃税款74万元，对走私违法行为形成震慑。

天津海关风险管理条线的职能管理工作，由天津海关风险防控分局（以下简称“风控分局”）负责。风控分局主要负责收集、处置业务风险信息和情报信息；开展风险人工分析研判，下达风险作业指令；对提出的风险作业指令进行跟踪和监控，根据工作需求进行应用功能研发等；业务领域覆盖天津口岸贸易与邮件、快件、跨境电商、旅检等业务全渠道，监控业务链条贯穿“事前、事中、事后”等相关环节，在打击“洋垃圾”、濒危物种、野生动物及其制品走私进境等方面实施安全准入风险管控。风控分局内设办公室、人事政工科、风险信息情报科、风险分析科、布控选查科、舱单分析处置科、非贸风险防控科、评估监控科、数据应用管理科、指令细化科、后续风险管理科等共计11个科室。2022年，风控分局共有78人次获得海关总署、天津关区各类奖励和通报表扬。

【风险信息收集与处置】2022年，天津海关内部各职能管理部门、隶属海关、实验室通过信息化系统实现风险信息交流共享，特别是强化安全准入等方面查发情事的风险信息收集，被海关总署相关载体采用率大幅提升。注重境外国家和地区疫情信息收集，结合天津口岸实际，密切关注周边及其他国家和地区的疫情形势、防控政策变化情况、疫情发展态势或突发情况，有针对性地收集相关风险信息，编发天津海关疫情风险信息专刊31期。完善固体废物查发情事定期收集制度，每月定期收集天津关区固体废物查发情事，全年共收集并向海关总署风险防控局（青岛）报送46条查发情事。建立重大敏感查发情事快速反馈制度，针对布控查获固体废物、濒危物种、毒品、涉暴涉恐、检疫性有害生物、重大食品安全、重大商品质量安全及其他易造成影响严重社会安全的情事，建立快速反馈制度，业务现场查发后第一时间反馈风险管理部门，由风险管理部门经研判后进行及时处置。注重发挥风险预警在风险防控中的基础作用，严格落实风险预警工作机制，强化风险管理部门在风险预警发布工作中的统筹研判和协调作用。全年，天津海关就危化品、涉税、涉证等领域涉及的风险向海关总署报送预警建议5篇，被采用3篇。全年，共对固体废物、濒危物种、毒品、涉税、疫病疫情、食品安全、商品质量等领域发布风险预警提示87篇，同时接收处置海关总署风险管理司和海关总署风险防控局（青岛、上海、黄埔）风险预警88篇。

【人工分析与布控】2022年，天津海关增强风险防控能力，用好风险管控手段，发挥风险管理委员会、业务风险跨部门联合研判机制、风控部门与业务现场联动工作机制等“一会两机制”的作用，风险防控专项行动和常态化风险防控相互结合、相互促进，不断完善事前、事中、事后各环节联系配合，着力加大全链条风险分析力度，加强重点国家和地区、重点货物、敏感商品的风险管控，持续开展布控指令运行监控，及时完善优化布控规则，形成指令下达、执行、评估反馈的闭合回路，提高布控指令针对性、有效性；研究制订《2022年“一流海关”人工分析布控查获率指标落实方案》，建立人工分析布控日监测、周研判、月报告制度，强化异动监控，不断提升风险防控整体效能，促进人工分析布控查获率稳步提升。

【风险监测与评估】2022年，天津海关注重做好风险监测与评估工作，着力提升“云擎”应用水平，搭建更加有效的大数据支撑体系，争建全国风险监控指标和“云擎”精华模型。全年，发布全国风险监测指标7个。向海关总署推荐优秀“云擎”模型及应用成果6批次，风控分局与商检处协作完成“云擎”模型2个，为提升海关系统风险领域“云擎”应用水平贡献天津力量。着力提升评估工作质量，全年发布各类评估报告50余篇。全年，完成全国化肥评估报告9期、危化品评估报告8期；高质量查获评估报告12期、案件评估报告12期，共计提出预定式布控建议87条；完成出口稀土申报情况评估、删单数据风险评估、检疫性杂草查发作“销毁”处理的可行性分析、冻品分流成效专项评估系列报告等。着力提升反馈质量，全年开展布控指令核查12次。建立完善大数据抽核和及时反馈机制。每月抽核布控指令执行情况及检查作业结果录入情况，联系现场对异常情况及时整改。全年，完成布控指令核查报告12期，抽核报关单1649票，查出问题报关单31票，其中未反馈部分指令要求23票，未按照指令细化要求执行6票，处置结果录入不规范2票。

【非贸业务风险管理】2022年，天津海关强化邮递物品、快件、跨境电商、旅客行李物品等多渠道一体防控，整合关区非贸风险防控力量，以非贸业务专岗人员为核心，依托非贸查发快速响应和情报站快速通报机制，统筹风控、缉私、现场联合作战，精准拦截涉枪爆、毒、侵权等风险，查发毒品、精神药品、易制毒化学品、濒危物品等安全准入情事900余起，实现非贸风险防控“一点查发、多维防控”口岸查打一体的新局面。上报海关总署快速响应查发情事101条，联合海关总署风险防控局（上海）查发走私大麻、咖啡因片等涉毒案件23起。充实以风控为先锋的署级专项行动的风险攻坚力量，查发海南离岛免税“套代购”走私案件5起，“清邮”行动立案14起，“水客”打私立案2起，协同缉私部门查获涉枪、涉毒、走私药品、走私废物等案件6起，各类专项行动累计查获违禁物品6000余件。

【舱单风险管理】2022年，天津海关注重发挥舱单管理优势，延长风险分析链条，扩大风险分析视角，利用查发案例和情报线索，举一反三，开展舱单风险分析，实施分级预警，不断提升风险防控精准度。注重强化不同类型、不同来源信息之间的关联性分析。通过报关单与舱单信息比对，梳理出舱单与报关单信息不一致的单据作为风险单据池。针对风险特征，排查重点企业的经营情况，筛选高风险企业；发挥舱单、运输工具数据优势，将风险分析链条向前延伸。通过舱单信息、船舶轨迹监控开展境内外源头、运输途中风险分析，对舱单卸货地为敏感国家或地区，但报关单伪瞒报为其他国家或地区的单据，进行船舶轨迹确认，找出高风险企业；对风险数据进行预警分级，将单据信息、企业情况和物流轨迹多角度发现的风险点进行叠加分析，将风险企业进行分级，有重点地开展后续风险处置。通过实战，形成较成熟的舱单分析模式，不断提升风险防控效能。全年，利用舱单分析实施布控63票，查获5票；监控天津口岸进境船舶5047艘次，命中新冠病毒感染疫情布控指令须实施登临检疫3230艘次，占天津口岸全部进境船舶的64%；监控入境航空器1442架次（含货机），命中新冠病毒感染疫情布控指令需实施登临检疫728架次，占天津口岸全部进境航空器的50.5%，其中，发现异常情况及时向海关总署风险防控局（上海、青岛）反馈并协助完善全国新冠病毒感染疫情布控规则3次。全年，天津口岸进境客运航班437架次，天津海关共实施终末消毒监督212架次，其中海关总署风险防控局（上海）下达终末消毒监督布控指令132架次，天津海关根据文件要求下达终末消毒监督布控指令80架次。

【指令精准细化】2022年，天津海关共接收天津关区现场联络岗查询单数共计14879票，其中人工细化共计3717票，查询单据状态并进行后续下发等处理共计3773票，另按照申请在原查验管理系统细化3票。协助核查已细化单据，并对符合条件的2346票单据进行终止。优化处理矿产品报关单2520票，合计集装箱72301箱，共选查集装箱18206箱，其中口岸机检指令4397箱、目的地人工指令13909箱。注重发挥指令细化在业务改革中作用，重点做好集装箱装矿产品人工选查、危险品货物指令优化及宜家“一企一策”等工作。主要开展以下工作：进一步规范优化集装箱装矿产品作业流程，对集装箱装矿产品开展人工选查工作；规范做好集装箱装危险品货物指令细化工作，在危险品货物监管改革中发挥指令细化作用，全年累计优化处理相关报关单16票，更好助力危险品货物顺畅通关；针对宜家物流分拨（天津）有限公司在进口货物查验中面临的主要问题和困难，结合企业诉求，实施“一企一策”方案，天津海关对符合要求的报关单进行解控终止指令或调整表单处理。

【区域联合防控】2022年，天津海关贯彻落实总体国家安全观，注重发挥与其他部门的信息共享、联合研判和风险防控作用，在与天津市商务局、天津市国家安全局和京冀两地海关在京津冀合作方面开展了务实合作，持续强化区域联合防控功能。配合天津市商务局研究制定天津市口岸安全联合防控工作机制，涉及天津市23个部门单位，该机制办公室分别设在天津市商务局（市口岸办）和天津海关，风险防控分局牵头负责天津海关与该机制成员单位安全风险信息情报交换共享和规范保障等工作。发挥口岸联合防控机制的作用，推动与天津市国家安全局等部门签署联合防控备忘录，持续深化在联合开展专项行动、跨部门联合研判、信息情报交换、业务交流研讨以及布控指令加载等方面的合作。强化京津冀区域联合风险防控，全力保障非贸渠道冬奥风险防控工作，建立重点风险人员数据库，提出布控建议76条，与北京、石家庄海关风险防控分局开展非贸渠道联合研判4次，进行跨地区、跨渠道联防联控。

【后续风险管理】2022年，天津海关持续推进以企业为单元统筹稽核查指令改革，统筹定期管理类核查年度计划，优化定期管理类核查。推动各业务条线制定定期管理类核查分级分类标准，明确差别化管理监管要求；建立统一的核查作业结果评估反馈机制，定期汇总更新核查作业结果，对核查作业情况进行分析总结，为优化后续稽核查监管频次提供参考依据，实现以企业为单元的稽核查指令的统筹下达。全年，统筹下达稽核查指令2113个，同比下降16%。在确保严密执法监管同时，尽量减少对企业的打扰，下企业频次较改革之前降低15.8%，进一步优化口岸营商环境。各隶属海关整合统筹稽核查人员库与专业资质库，对同企业、同时间段内涉及多项稽核查指令的，在满足核查随机派单要求基础上，减少作业人员530人次。发挥相关业务职能部门业务管理经验、属地海关稽查实战经验和风控部门的大数据分析优势，做到优势互补，着力突出精准高效。在“口岸危险品综合治理”百日专项及打击出口钢铁丝伪瞒报骗退税等专项行动中取得显著成效，移交相关部门立案5起，涉及危险品货物重量1644.8吨、货值1158余万元。开展打击出口骗退税专项行动，联合石家庄海关风控分局及东丽海关稽查查获某企业出口钢铁产品骗取退税情事，涉及货值1000余万元、货重1500余吨，骗取退税100余万元。全年，天津海关办结稽核查作业2219件，有效1707件，有效率同比提升25%；移交缉私87件。贸易领域稽查移交缉私立案21起，其中刑事案件11起、行政案件10起；非贸领域稽查移交缉私行政立案34起。

【真空包装等高新技术货物布控查验模式试点】 2022年，天津海关在落实海关总署促进外贸保稳提质10条措施及天津关区促进外贸保稳提质30条措施中，将扩大真空包装等高新技术货物布控查验模式试点工作列为重点工作，并全力推动符合条件的企业申请试点。成立工作专班，制订工作方案，形成配套的联络机制，各相关职能处室、隶属海关分工协作、联动配合，在努力提高工作效率的同时最大限度减少企业负担。工作专班主动将工作关口前移，提前介入重点企业材料准备、初审等工作环节，帮助企业查漏补缺，最大限度避免企业重复递交材料，减轻企业负担，助力企业在短时间内享受政策利好。工作专班组织编写《天津海关扩大真空包装等高新技术货物布控查验模式试点工作指引》和"天津海关真空包装等高新技术货物布控查验模式试点政策明白纸"（第1期、第2期）；编写《高新技术货物一体化布控查验模式试点适用指南》《促进外贸保稳提质丨真空包装等高新技术货物布控查验模式试点再升级》等外宣材料在"天津海关12360热线""中国口岸科学技术"等公众号发布，扩大政策宣传覆盖面；深入挖掘海关通过指令转移服务企业便捷通关的典型案例，通过企业"以案说法"宣传政策利好，《海关护航集成电路产业链循环畅通》《天津海关创新"一事一议"查验模式》等宣传报道已在"海关发布"、海关总署门户网站、《中国国门时报》等媒体发布。开展属地企业试点政策宣传与解答，辅导用足用好相关政策；关注口岸企业通关受阻情况，分类采用加快查验速度、修改指令要求、转移指令至目的地实施等策略保障企业快速通关，同时引导企业积极申请真空包装

▲2022年6月22日，天津海关风控分局赴武清海关属地企业调研（天津海关风控分局 摄）

等高新技术货物布控查验模式试点，形成良性互动格局。截至年底，天津关区已有23家企业成功申请试点享受改革红利。

【创新制定“智能分流”模式】2022年3月，天津海关召开冻品监管专题关长办公会，在科学研判进口冻品疫情风险及国内主要口岸冻品进口形势变化基础上，提前部署、统筹谋划，对进口冻品监管实施智能分流模式，进一步加强关港协同，提升疏港效率支持天津口岸进口冻品产业发展，稳定企业通关预期。推动冻品分流统一调控工作，密切联系配合有关部门、单位，发挥数据分析建模优势，设计数据提取展示模块，创新制定“智能分流”模式，实现冻品通关数据的“T+0”实时监控，调控时点由最初运抵后32小时，提前至运抵前8小时，基本实现了72小时内冻品放行的工作目标，成功将水产品通关时间由年初的接近200个小时压缩至60小时左右，通关时间显著低于上海、青岛、广州、湛江等水产品进口大关。撰写呈报的《天津海关实施“智能分流”冻品监管模式 优化资源配置 提升疏港效率》综合信息得到署领导批示。截至年底，天津海关共计开展监控274天，其中启动调控93天，共计调控集装箱2385个。

【业务现场即决式风险布控试点】2022年，天津海关高度重视业务现场即决式风险布控推动工作，认真总结关区业务现场即决式布控试点情况，研究推进下一步工作。组织综合、关税、监管、卫检、动植检、食安、商检、风控等部门成立工作专班，共同研究、协同推进，调动业务现场的主动性、积极性和见单见货的业务优势，稳步推动天津关区开展业务现场即决式风险布控工作。工作专班考虑天津关区业务实际，首批选取了验估中心、审像中心开展即决式风险布控试点。2个中心既能在职能分工上覆盖天津关区全部业务，也能发挥与风险防控分局的联动优势，打通了进、出口两条风险布控的延伸线，在风险分析的视角、擅长的领域、知识储备、智力资源等方面形成优势互补，丰富了风险布控的手段，形成天津关区监管合力。自10月份起，天津海关进一步加大推动力度，在隶属天津新港海关、天津东疆海关、塘沽海关、武清海关开展了第2批试点，推进口岸、属地联动配合；在天津保税区海关、塘沽海关等特殊区域组织开展第3批试点，逐步将全部口岸监管环节纳入试点，形成对天津关区整体业务的全覆盖。8—12月，天津关区累计对271票报关单实施即决式风险布控，占天津关区人工分析布控检查量的4.92%；查验完成215票，查获82票，查获率38.14%，其中高质量查获占比25.61%。

【获批设立海关总署大数据海关应用创新示范点】2022年12月1日，海关总署下发海关总署办公厅关于同意在天津海关设立大数据海关应用创新示范点的复函，天津海关成为全国首批4个大数据示范点之一。天津海关党委专题研究，成立大数据示范点建设领导小组，天津海关关长赵革任组长，主管科技、风控的副关长王利兵、刘辉任副组长，天津关区各相关部门（单位）主要负责同志为领导小组成员。领导小组下设工作小组，由风控分局负责日常工作，风控分局主要负责同志任组长，特批天津市六纬路海关办公楼715室用作大数据示范点建设用房。示范点硬件设施建设已完成规划，在工作框架和思路方面开展研讨并制订了《大数据海关应用创新示范点（天津）建设实施方案》。该方案确立了4项基本原则，即“坚持统筹推动、坚持共建共享、坚持实战应用、坚持数据安全”；明确了4项工作目标，即“完成海关总署交办任务、提升天津关区大数据应用水平、构建大数据创新应用机制、培养锻炼大数据人才队伍”；确定了3个着力方向，即“聚焦数据治理，提升数据支撑能力；探索协同统一的风险信息收集应用机制；加强外部交流合作，走内外融合发展道路”；形成了3项机制，即“‘一把手’关长牵头的组织机制、风控和科技双牵头的运行机制、跨部门专班的工作机制”。

【“一会两机制”启动运行】2022年，天津海关高度重视天津关区“一会两机制”（风险管理委员会、业务风险跨部门联合研判机制及风控部门与业务现场联动工作机制）的建设工作。按照海关总署通知要求，天津海关于8月11日发文成立天津海关风险管理委员会，于10月14日印发《天津海关风险管理委员会运行机制实施细则》，明确了风险管理委员会防范化解天津关区跨部门、跨渠道的重大、系统性业务风险，统一研究部署天津关区业务风险管理工作等工作职责，形成了风险管理委员会具体运行规程。梳理了工作制度建设和执行情况，理顺了风险管理委员会与两个机制的逻辑关系，形成了“机构+机制”立体运行的工作理念，建设形成天津关区风险联络员队伍和“一会两机制运行”具体工作制度。8月30日，天津海关组织召开天津关区业务风险联动机制建设会议，主管关领导刘辉副关长参加会议并讲话，天津关区13个职能部门、22个隶属海关和事业单位的处级风险联络员参会。会议要求：要认识“机制+机构”立体运行的重要意义，将“机制+机构”立体运行统一到推进“三应”制度建设上来，扎实推进，确保成效；要从严从实抓好机构、机制运行各项工作，在发现问题解决问题的同时，不断优化调整，完善政策，深化改革；要注重边运行、边总结、边提高，打造“机构+机制”立体运行的天津模式，形成天津经验。该机制启动后，累计开展36次跨部门联合研判，解决现场业务问题25个，有效化解了危险品、化肥、食品等方面突出风险。

【业务领域风险隐患梳理评估及后续整改】2022年，天津海关根据全国海关专题会议要求，由风控分局牵头组织开展业务领域风险隐患梳理评估工作，按照“纵向到底，不留尾巴”“横向到边，不留死角”的原则，从职能部门和隶属海关两个维度开展工作，收集各职能处室、各隶属海关提出的风险隐患事项196条，经筛选汇总梳理和关党委审议，确定16条报送海关总署，被采用4条。持续推动后续整改工作，要求各部门按任务分工制定化解风险隐患的措施、明确完成时限、举一反三完善工作制度和程序、优化工作流程。4月18日，所有涉及部门完成了整改措施制定工作，形成天津关区整改清单。截至年底，天津关区业务领域重大风险隐患事项整改完成152条，其他44条为各职能部门牵头的长期整改任务，持续推动整改。

【海关风险情报工作站建设】2022年，天津海关严格落实海关总署的各项部署要求，持续强化海关风险情报工作站（天津）建设。逐步建立涵盖海关内外的风险情报网络，发挥互联网信息和大数据的支撑作用，运用风险情报服务政治、服务决策、服务实战的3大功能，即确立为“一张网、二支撑、三功能”的工作格局。通过运用情报底线思维、总体国家情报思维、大数据情报思维、开放情报思维4个情报思维的维度，不断完善工作站的各项功能，提升实战能力，发挥风险情报的精确制导、精准打击的优势及在风险管理中的驱动作用，实现风险防控“管精管少管准”的目标，推动风险管理高质量发展。全年，共形成风险情报产品95个、风险情报综报12期、风险情报快报12个、风险情报专报3个，其中多个情报产品受到海关总署风险管理司认可并在全国推广处置。

撰稿人

马凯旋　王　莹　王贵平　王海洋　任静宇
李亚栋　李建锋　吴丽颖　张晓岚　范　洋
林　楠　孟繁鑫　赵　龑

关税征管

【概况】2022年，天津海关深化集中验估改革，建立集中验估改革配套制度。实行集中验估中心“自主开展重大涉税风险分析”“自主提出涉税风险参数和布控指令建议”等改革措施。严防税收风险，监控业务现场税收征管异常数据，为国家挽回税款2358万元。强化非贸税收风险协同防控，加强对业务现场规范申报、价格、归类等业务领域的调研指导和风险提示。做好归类技术支持，用好税收减免政策和自贸协定关税政策，共减免、减让税款78.6亿元。汇总征税报关单比率达38.1%。加强规范申报。创新运用“初始申报正确率”指标，督促指导属地进出口企业和代理报关企业落实“初始申报即正确”。对在异地口岸申报的天津属地企业进行重点指导和帮扶，管住申报“入口”，动员和吸引在异地口岸申报的天津属地企业回到天津口岸申报。规范申报正确率保持100%。参加海关总署“邮政缴税信息联网试点”工作，成为第2批首个直属海关试点。

天津海关税收征管、税收要素的各项海关管理，由天津海关关税处负责。主要负责牵头推动天津海关综合治税工作，承担税收分析、征管质量监控与考核工作；承担进出境货物、物品税收和船舶吨税等税费征管工作，组织落实税费征管规定，承担海关税款担保和税费电子支付的综合管理及滞纳金减免的审批工作；组织实施国家关税和进口环节税减免，承担天津海关减免税职能管理工作；组织实施海关商品归类有关工作制度并制定相关操作规范；组织实施进出口商品海关估价工作制度并制定相关操作规范；组织实施进出口货物原产地管理工作制度，承担原产地证签证管理相关工作；组织实施反倾销和反补贴措施、保障措施和其他关税措施；拟订天津海关涉税领域化验工作制度并组织实施；承担验估职能管理工作；承担刑事走私案件税款的计核管理和保证金规范管理、税款的强制执行等工作；承办上级交办的其他工作事项。

【税收征管】2022年，天津海关统筹通关便利与依法科学征管，推进综合治税量质效并举。制订2022年天津海关综合治税工作方案，凝聚各部门综合治税合力。稳固重点税源商品基本盘，做好月度、季度税收分析，定期调取并分析重点税源商品和企业的税收情况，联合现场海关不断挖掘潜在税源。开展非津企业在津纳税税收调研，分析企业进口货物物流流向，对货物最终目的地为环津地区的进口企业加大服务力度。提前开展全年税收预测，关注税收动态变化，确保全年税收工作顺利完成。全年，天津海关实征税收创近8年以来新高，为历史第4位高值，居全国前列。大力宣传“十四五”期间国家进口税收优惠政策。走访天津市商务局、科技局、发展改革委、科研院校等多个部门（单位），解决免税政策落地过程中的疑难问题；提前介入重大项目研究进口设备的免税需求，为大型设备进口提前服务，提供问题解决方案。深入推进减免税审核无纸化模式、快审模式，对具备条件企业的减免税业务开展“快速审核+ERP联网”专项服务（ERP，即企业资源计划系统，为企业内部使用管理系统）。落实“十四五”期间天然气进口增值税先征后返新政策。依托“云擎”大数据分析平台，定期调取天津关区LNG进口数据，及时捕捉天津关区企业进口动态；对首次进口企业第一时间“点对点"联系，宣讲“十四五”期间进口天然气返税政策，对返税材料进行预审，提高企业一次申请通过率。全年，共指导6家新享受政策企业办理返税业务。

【海关商品归类】2022年，天津海关共计答复归类专业认定122份，稽查认定34份，制发归类预裁定65份。修订天津海关关区商品归类认定工作规范，规范天津关区归类工作，明确归类专业认定报送标准。强化归类税收风险协同防控，开展线上归类培训，对2022年版《商品名称及编码协调制度》的转版内容重点关注。根据海关总署部署，天津海关全国归类信息化组按照“智慧归类”“数据安全”工作宗旨，做好“进出口商品归类应用2020版”“金关二期归类化验辅助决策系统”及公众号“海关归类一指通”的运维、优化、升级和保障工作。派员代表中国海关参加世界海关组织第69次、第70次协调制度大会会议（HSC）、第60次协调制度审议分委会（RSC）会议等共计6人次。

【商品海关估价】2022年，天津海关持续加强商品估价工作。加强重点税源商品价格风险管理，密切关注大宗商品、平行进口汽车等主要商品国际市场行情，全年大宗商品延续性征税同比增加161%，平行进口汽车审价补税同比增长113%；以属地纳税人管理为抓手，聚焦特许权使用费税款征收，进一步引导企业自主申报，提升特许权使用费合规申报水平，全年特许费自主申报企业达135家，同比增加7.44倍；加强价格关税技术涉企服务，帮助企业明确价格要素应税情况，降低合规性风险，准确核算经营成本，提高通关效率，有效促进口岸贸易便利化，全年制发价格预裁定30份；夯实审价业务基础，多角度、全方位防范价格风险，寻求海关总署税收征管局专业指导，多部门紧密合作，全年估价征补税同比增长1.65倍。

【原产地管理】2022年，天津海关优化出口签证管理模式，激发市场主体活力。针对部分企业反映办理原产地证书路途较远、交通不便等问题，进一步优化出口原产地签证管理模式。自1月起，实行“属地管理、全市通签”签证管理模式，将办理原产地签证业务的9个隶属海关增加至15个，实现天津市各行政区签证机构全覆盖。成立专项工作组，到天津新港海关、天津东疆海关、天津临港海关、天津大港海关、北塘海关和宁河海关6个新开签证业务的海关开展现场调研和业务指导，解决企业调转、业务管理、系统使用等困难和问题，倾听和解答企业签证相关诉求。举办出口原产地签证业务培训班，培训新增签证人员25人。全年，向天津海关申请原产地证书的天津市出口企业达到1997家，新增首次签证企业445家。推广原产地签证便利化措施。主动与天津市商务局、报关协会等相关部门单位建立合作机制，共同举办4期原产地业务培训，向700余家企业介绍“智能审核”“自助打印”等签证便利化措施；开设线上“云课堂”“自助打印”专线咨询电话，指导和解答企业在措施应用中遇到的自动退单、打印不成功等问题；针对申报方式不一、打印机性能优劣、证书种类数量多少等企业现状，制定“自助打印”分步推广工作机制，建立“一企一策”个性化推广方案，制定215家重点企业帮扶底账；研究制定经核准出口商工作细则，明确各部门工作职责，完善协同配合机制，联合天津经济技术开发区管委会等单位举办经核准出口商政策专场宣传贯彻会3场。全年，出口原产地证书“智能审核”覆盖率达到100%，6.39万份原产地证书实现“秒”审；自助打印原产地证书6.92万份，原产地证书自助打印比率超过98%，居全国前列；认定经核准出口商42家，比2021年增加超过5倍，企业自主出具原产地声明66份。全年，共为天津市企业签发18种出口货物原产地证书8.08万份，货值69.84亿美元。其中，签发优惠贸易协定原产地证书5.20万份，货值281.12亿元，同比分别增长1.33%、0.48%。

【涉税领域化验管理】2022年，天津海关关税处在实地调研各业务现场的基础上制定了规范天津关区涉税化验的6项措施，规范“固废送检和涉税化验双送作业”“重新取样”“表单填制”等操作。向天津海关风控分局、商品检验处、口岸监管处等部门及时通报情况，形成管理合力。天津海关关税处与化矿金属材料检测中心合作完成天津海关关级课题“海关实验室涉税化验风险识别及标准化建设评估体系研究”。针对业务现场提出的关于查验现场涉税化验取样标准方面的问题，天津海关关税处具函给予专门解答。通过发布天津海关公告、与现场海关开展座谈等形式强化海关商品归类工作制度的落

▲2022年4月7日，天津海关联合天津市商务局召开“RCEP关税政策实施情况”新闻发布会 （赵海建 摄）

实。修订天津海关关区商品归类认定工作规范，进一步规范涉税化验工作。

【验估职能管理】2022年，天津海关集中验估中心结合验估即决布控和现场即决布控双试点工作，采取重点分析和日常监控相结合的方式，对天津关区进出口重点涉税和高风险商品进行有效防控，共计排查商品风险1000余项，布控报关单452票。通过自主分析研判，天津海关集中验估中心对平行进口汽车、进口冻货、再生材料、出口铁合金和二手旧机电设备5大类商品的涉税风险进行了监控和有效干预；加强与海关总署税收征管局的联系配合，合力谋划，对部分品牌进口汽车开展专项验估。同时注重以参数形式转化研判成果，全年天津海关集中验估中心针对重点商品向海关总署税收征管局提出96项参数建议，部分参数转化为事中验估指令。

【集中验估改革】2022年，天津海关将集中验估改革工作列为年度十大重点工作之一，自4月份正式启动。天津海关关税处落实该关党委工作部署，作为牵头部门，陆续制订下发《天津海关集中验估改革工作方案》《天津海关海运进出口货物现场实货验估操作规程》《天津海关海运集中验估作业细则》《天津海关税收征管人才培养“强基计划”实施方案》《天津海关B类快件税收风险协同防控工作指引》等改革配套制度，进一步完善税收风险防控机制，规范验估作业流程。天津海关集中验估中心通过“自主开展重大涉税风险分析”“实货验估与单证验估相结合”“自主提出涉税风险参数和布控指令建议”等改革措施，在天津海关多领域、多角度税收风险协同防控体系中发挥促进作用，提升天津海关集中验估工作效能。全年，天津海关集中验估中心开展实货验估87票，为关区各业务现场查验解答疑难问题商品20余项。

▲2022年4月22日，天津海关关税处关员会同业务现场关员对企业进行政策宣讲及问题解答（陈岩　摄）

【非贸税收风险协同防控】2022年，天津海关下发《天津海关验估改革非贸税收风险防控工作方案》，指导关区非贸税收风险防控工作。成立天津关区非贸税收风险防控专班，提高各部门对非贸领域涉税风险的重视程度，定期通过例会对各小组成员上报的涉税风险进行联合研判并实施针对性布控；强化风险处置，对通过布控发现的可疑线索及时移交缉私、稽查等部门处理。全年，共设置布控指令39条（次），查获违反海关监管规定货物共计139票，均已按照相关规定进行退运或补税处理。针对天津关区非贸领域B类快件业务量异常增长，与全国海关趋势相背离，查验率低于全国平均水平的现状，加强涉税要素风险分析，加大布控查验力度，制定天津海关B类快件税收风险协同防控工作指引，协同推进B类快件税收风险防控，促进寄递渠道健康有序发展，相关税收风险显著降低。

【RCEP关税政策实施】2022年，天津海关与天津市商务局共同制定推动落实《天津市高质量落实RCEP的若干措施》的关税减让措施。两部门签署《高质量推动落实RCEP举措合作备忘录》，这是天津市首个关于RCEP措施落实的部门间合作备忘录。共同开发建设上线了天津市RCEP关税政策查询公共服务平台，企业可查询是否已应享尽享RCEP关税减让红利，同时也实现了企业产品原产成分累积规则的自动计算，丰富了中国（天津）国际贸易单一窗口地方特色功能。天津海关组织开展RCEP关税政策精准帮扶专项工作，对天津市重点外贸企业进行“一对一”辅导，建立215家重点进出口企业帮扶底账。召开2次天津市RCEP关税政策利用情况专题新闻发布会。

【汇总征税】2022年，天津海关落实海关总署税收征管方式改革要求，开展汇总征税推广应用工作取得新进展。以海关总署“以企业为单元的税收担保”改革为契机，提高政策宣传覆盖度，引导更多企业采用汇总征税方式。与天津市进出口商会、天津市外经贸企业对外发展促进会加强协作，举办“云上政策宣讲和融贸对接会”，超过200家外贸企业参加会议，同步直播平台观看人数超过8000人。定期梳理汇总征税保函的开通、延期、终止等情况，结合每月税收分析监控汇总征税工作成果，定期评估已开通且应税报关单量较大企业汇总征税的使用效率，及时收集因系统异常影响汇总征税使用等问题，协调海关总署相关部门予以解决。统筹口岸海关和属地海关各自优势，专人负责，实行“一企一策”，锁定汇总征税重点工作目标统筹推进，

▲2022年12月8日，天津海关关税处关员赴企业进行税政调研（张常年 摄）

汇总征税报关单比例继续提升。

【税政调研】2022年，天津海关围绕“十四五”规划和《商品名称及编码协调制度》转版工作，突出改善民生、先进技术、绿色低碳、乡村振兴等重点方向，开展对内对外培训、企业宣传、征集企业意见，结合天津市企业进出口特点和《中华人民共和国进出口税则》使用过程中亟待调整解决的问题，从《中华人民共和国进出口税则》税目设置、进口暂定税率设置、监管条件设置等方面提出课题。集中审核天津海关145项税政调研课题，选取其中23项课题报送协作区牵头海关，有18项课题进入全国联合调研。参与完成全国行业税政调研课题7个；首次作为牵头海关，主导完成海关总署新冠病毒感染疫情防控、乳制品2个联合调研课题。撰写的综合信息呈报《天津海关开展全国医疗及新冠药物税政调研精准助力相关行业产业发展》被海关总署采用。

【规范申报】2022年，天津海关制订天津关区提升整体方案，推出规范申报10项举措，在“海关发布”和“天津海关12360热线”公众号发布重点商品规范申报指引共20余篇。强化“企业申报源头质量管理”，设立“企业初始申报正确率”评估指标，严格审核标准，督促指导属地企业和代理报关企业申报即正确。加强组织宣传，天津海关关税处开展海关培训、企业宣讲5次，线上参会人次6646人；天津海关各隶属海关根据属地企业情况特点开展50余次宣讲，累计培训4300余家企业，受众人数及覆盖面均创历史新高。强化“制度+科技”应用，自主开发“天津海关规范申报自查考评系统”，利用信息化手段灵活应对特定企业、限定税号、不同监管方式等多维度审核需求，解决审核数据费时、费事、费力难题，天津关区全年规范申报正确率100%。

撰稿人

刘亚航

卫生检疫

【概况】2022年，天津海关共检疫出入境交通工具约1.2万架（艘）次，从出入境人员中检出传染病近千例；完成特殊物品审批3000余批次，从中检出非法入境特殊物品；完成口岸食品监督抽检700余件次，检出不合格若干批次；开展监测体检约2.4万次，预防接种总人数1.1万余人次。天津海关卫生检疫条线的职能管理工作，由天津海关卫生检疫处负责。卫生检疫处主要职责为开展传染病疫情监测，承担传染病疫情的收集、分析、研判工作；承担出入境人员、交通工具、运载工具、货物、行李、邮包快件、尸体/骸骨卫生检疫监管；承担口岸传染病疫情和突发公共卫生事件应对工作，协助有关部门开展口岸输入性疫情处理；开展出入境特殊物品卫生检疫监管；承担出入境人员及口岸人员的健康体检、预防接种等的监督管理工作；承担口岸食品经营单位卫生许可及日常卫生监督管理；承担口岸饮用水供应和公共场所经营单位的卫生许可，以及相关日常卫生监督管理工作；承担口岸及输入性病媒生物预防控制工作，组织实施病媒生物预防与控制措施，指导出入境口岸卫生处理监督管理工作；组织推动天津口岸核心能力建设。卫生检疫处下设综合科、检疫管理科、卫生监督科3个科室。

【传染病监测】2022年，天津海关贯彻落实习近平总书记重要指示批示精神，落实党中央、国务院《"健康中国2030"规划纲要》"健全口岸公共卫生规划"，对全球传染病疫情密切监测，多渠道、全方位收集疫情信息。作为海关总署全球传染病疫情监测组成员单位，组织30余人组成疫情监测小组，以兼职形式开展全球传染病疫情监测工作。全年，累计完成全球传染病疫情信息编译、初审500余条，为有效开展疫情输入风险评估提供支持，做到境外疫情风险早识别、早预警，不断提高口岸疫情防控的科学性和有效性。同时强化口岸阳性检出分析，结合境外疫情发展态势、既往口岸阳性检出情况、基因测序情况、远端防控措施、旅客构成等因素，撰写阳性分析报告，开展风险分析研判。疫情监测小组建立人员动态更新机制，持续吸纳天津关区关心卫生检疫事业、具备一定英语基础的青年业务骨干加入疫情编译工作，各隶属海关推荐责任心强、业务能力突出的青年关员加入疫情信息编译工作，对于参加关区疫情监测工作、表现突出，根据业务实绩情况，予以考核奖励。

【特殊物品监管】2022年，天津海关严格落实海关总署各项政策要求，强化监管优化服务，优化特殊物品卫生检疫审批流程，压缩审批时限，确保进出口特殊物品生物安全的前提下，着力营造便利高效的通关环境。完善天津海关新冠病毒疫苗出境监管工作方案，服务国家外交大局，加强新冠病毒疫苗全链条管理和全流程追溯，做好出境卫生检疫保障，确保安全、快速、规范出境。严厉打击通过邮件、快件、行李携带物、跨境电商等非贸渠道非法出境新冠病毒疫苗。与中国检科院续签出入境高风险特殊物品风险评估合作协议，委托其对高风险特殊物品（A级和B级特殊物品）开展风险评估，确保评估结果的公正性、科学性、权威性。指导天津河西海关开展出入境特殊物品卫生检疫审批工作，帮助特殊物品企业进口腺病毒、人体血液样本等高风险特殊物品，全年，共审批3600余批次。对于布控抽中需查验的特殊物品，由双人上岗共同查验；对于旅检和邮快件现场，针对特殊物品的外包装特点、来源国、储存条件等加大布控力度，严防未经审批的特殊物品通过个人携带和邮寄的形式入境，全年共截获不合格案例45批次，均依法销毁或退运。加强对经营特殊物品企业的现场考核和日常监管，根据企业信用等级和类别，制订日常监管计划并实施，确保企业对特殊物品的生物风险可控，进出口记录完整无误。

【检疫管理】2022年，天津海关全面做好“人、物、环境”同防、空海港口岸疫情防控业务指导。动态修订更新至9版《空港、海港口岸疫情防控作业指引》、2版《海关监管现场及人员封闭管理场所新冠病毒检测工作方案》；制订北京冬奥会、冬残奥会和国庆前后等疫情防控专项工作方案等，做好重大事件保障，并组织开展针对性应急演练。天津国际旅行卫生保健中心实验室引入P2+移动实验室，在海关总署统一调配下，参与支援北京冬奥会、冬残奥会入境人员新冠病毒样本核酸检测。针对重点航班制订专项工作方案，服务国家外交大局。拟订新冠肺炎疫情期间入出境包机等特殊类型航班卫生检疫工作方案并上报海关总署，推广天津口岸卫生检疫经验。严格空海港口岸疫情

▲2022年4月12日，天津海关所属天津滨海机场海关关员开展入境货运航空器登临检疫工作（天津海关卫生检疫处 供稿）

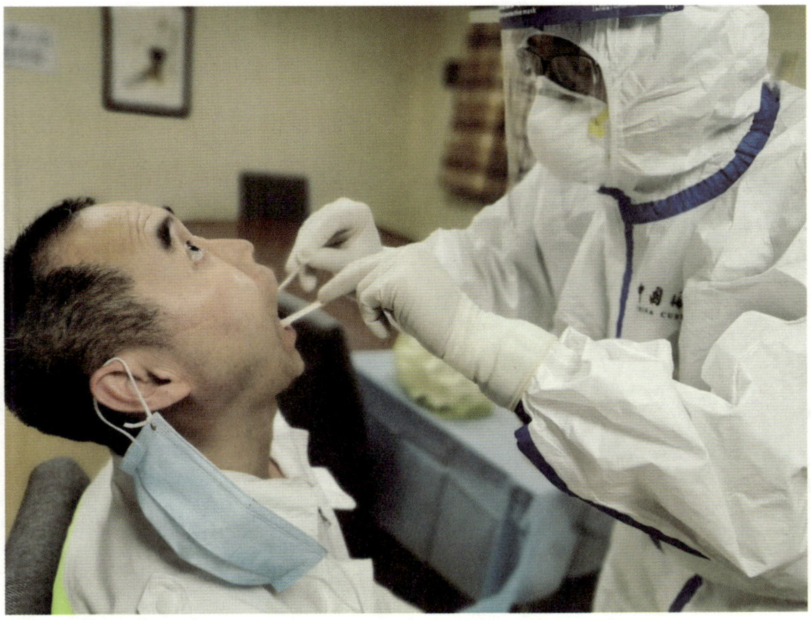

▲2022年10月27日，天津海关所属天津南疆海关关员开展入境人员核酸采样工作（天津海关卫生检疫处 供稿）

防控，对入境重点航班实施“一线一策”，持续强化“物理隔离、单向运行、闭环管理”入境人员管理模式，加强健康申明卡核验、两道测温、医学巡查、流行病学调查、医学排查、采样检测、信息通报和移交处置等工作。推动海港登临专班实施实体化管理，不断完善“两集中、两统一”管理体系，实行“非必要不登临”，实施集约高效的“1+N”融合作业模式。全年，天津空海港口岸共检疫出入境飞机近3000架次、出入境人员10余万人次，出入境船舶约1万艘次，出入境船员近20万人次。联合天津市卫生健康委发布《天津市猴痘疫情应急预案》，制定2版《天津海关口岸猴痘疫情防控作业指引》，全流程指导一线猴痘疫情防控。共发布疫情防控意见书9期，发布风险预警22期，涉及不明原因儿童急性重症肝炎、黄热病、埃博拉病毒病等多种传染病疫情防控。

【疾病监测】2022年，天津海关共体检24695人次，签发各种外文表格493份，境外人员体格检查记录验证625人次，其中验证补项70人次。发放“国际旅行健康检查证明书”8728份，发放“境外人员体格检查记录验证证明”4392份。在对24695人次体检中，有1286人次享受法定传染病监测体检免征费用，共计免征体检费用约62万余元。共检出主要传染病及异常情况129例，其中艾滋病病毒感染者3例、梅毒抗体阳性56例、现症梅毒7例、陈旧性肺结核12例、乙肝病毒表面抗原阳性31例、丙型病毒性肝炎20例。开展预防接种11113人次，其中黄热病疫苗2687人次、霍乱疫苗5129人次、麻腮风疫苗611人次、四价流脑疫苗1314人次、戊肝疫苗21人次、乙肝疫苗9人次、水痘疫苗272人次、四价HPV疫苗242人次、九价HPV疫苗828人次；发放“疫苗接种或预防措施国际证书”6244本，接种记录翻译转录2220份、“禁忌证明书”12份，“疫苗接种或预防措施国际证书”发放量较2021年同期7987本相比下降21.8%。

【卫生监督】2022年，天津海关制订卫生监督抽检工作方案和口岸食品卫生监督抽检计划，规范天津口岸食品生产经营、饮用水、公共场所、病媒生物监测与控制、储存场地及固液体废弃物监督相关工作，共开展监督786次，发现问题数122

▲2022年2月27日，天津海关所属天津新港海关关员开展口岸鼠类监测工作（天津海关卫生检疫处 供稿）

次。修订《国境口岸卫生许可管理办法》并上报海关总署，加强病媒生物监测与控制，配备3台口岸食品快速检测一体机、口岸卫生监督快速检测试剂，提高口岸卫生监督实验室检测能力和技术储备；制订2022年天津海关病媒生物监测工作方案，加大人员培训、现场监督力度，提升一线查验人员工作意识和技术能力，提升输入性病媒生物阳性检出率，建立常态化的病媒生物病原体检测能力，扩大检测病原体的项目和检测频率，不断提升病原体检测的阳性检出率。全年，共进行病媒生物本底调查108批次，检出病媒生物2004只，其中鼠类7批次8只2种、蚊类95批次1989只5种、蝇类4批次5只2种、游离蜱1批次1只1种（长角血蜱）、其他1批次1只1种（鼩鼱）。

【卫生处理监管】2022年，天津海关制定天津海关入境客运航空器终末消毒监督工作规范。全年，共开展入境客运航空器终末消毒监督209架次，开展入境船舶终末消毒监督38艘次。制定《天津海关国际航行船舶新冠肺炎疫情终末消毒监督操作指引（第一版）》，加强对天津海关隶属海关消毒监督培训，规范入境船舶终末消毒监督工作。规范行邮渠道消毒监督工作，制定下发《天津海关关于进一步加强行李物品消毒监督的通知》《天津海关关于进一步加强寄递渠道新冠肺炎疫情防控工作的通知》，明确寄递渠道、跨境电商及行李物品的消毒监督工作要求，并加强业务指导。对天津空港口岸旅检现场的消毒工作开展消毒效果监督抽检，确保海关工作现场消毒工作质量，开展4次抽检效果评价，结果合格。下发《天津海关进口高风险非冷链集装箱货物的核酸检测及预防性消毒实施办法（第二版）》，规范“检疫处理通知书”签发，明确消毒监督工作要求和监督记录表。完善《天津海关进口高风险非冷链货物新冠病毒核酸检测阳性应急处置预案》，建立了利用天津关区二级监控指挥中心和各级视频监控分中心为基础的“高非冷”工作执行情况的监督检查机制，加强对“高非冷”工作的监督检查与业务指导。全年，通过12360热线电话、互联网业务咨询等渠道受理企业相关问题咨询共计259件，其中关于高风险货物海关认定及风险提示问题53件，非冷链物品海关核酸监测咨询76件，预防性消毒实施要求问题130件，以上咨询均得到有效处置。

【口岸核心能力建设】2022年，天津海关成立口岸核心能力建设考核专家组，负责对口岸和相关业务进行全面自查考核。按照《国际卫生条例（2005）口岸公共卫生核心能力建设考（复）核工作指引手册（2020海关版）》的要求，进行评分并形成详尽的考核报告。通过自查考核，发现口岸公共卫生工作中存在的问题和薄弱环节，对自查发现的问题，联合相关部门单位立即采取整改措施，协同口岸运营单位以及其他相关部门，共同推动解决问题，确保口岸的公共卫生工作符合考核要求。对新国标《口岸公共卫生核心能力建设技术规范（征求意见稿）》提出了修改意见，通过对标准概况、风险防控能力、应急处置能力和技术支撑能力等部分的解读，深入学习和理解新标准的内容和要求。加强口岸公共卫生核心能力培训和人员素质提升。通过组织培训班、研讨会、现场演练等方式，提升一线查验人员的工作意识和技术能力。有效提高病媒生物阳性检出率，确保口岸卫生监督工作的准确性和有效性。

【促进外贸保稳提质】2022年，天津海关下发出境诊断试剂、新冠病毒疫苗和检测试剂有关通关保障通知等，建立新冠病毒疫苗和检测试剂“审批、检查、通关服务绿色通道”。成立新冠病毒疫苗卫生检疫审批专项工作组，设立联络员，指导天津河西海关开展新冠病毒疫苗卫生检疫审批，并将审批结果通报属地海关和出境海关，加强各单位信息共享和工作衔接，审批时长由法定的20个工作日缩短为24小时。优化新冠病毒检测试剂审批流程，对于纳入商务部《取得国外标准认证或注册的生产企业清单》的企业，不再要求其提供出口销售证明，企业承诺产品符合进口国（地区）质量标准和安全要求的前提下，快速办理审批。压缩新冠病毒疫苗属地出口申报前监管时间和口岸通关验放时间，各环节均不得超过24小时。实行预约服务制，安排专人受理报关和现场查验，满足企业在周末、节假日等休息时间的通关需求。

【安全防护】2022年，天津海关口岸疫情防控安全防护措施逐步完善。更新天津关区分级分类安全防护工作方案至第4版。选派多名业务专家参与海关总署卫生检疫司安全防护专家组工作，全程参与海关总署卫生检疫司安全防护标准制修订工作。密切关注海关总署涉及新冠病毒消毒和废弃物处置最新工作要求，及时制定和完善天津关区新冠病毒消毒和废弃物处置工作规范。按照海关总署关于旅客通关、交通工具登临、冷链查验等现场区域设置和污染控制工作要求，合理划定红、黄、绿区，制定分区污染控制要求。在机场旅检口岸样本采集区配备空气消毒机、生物安全柜等设备，海港口岸设立防护方舱，规范防护装备脱卸，强化医疗垃圾废弃物处置。发挥直属海关、隶属海关、作业班组三级安全防护监督员队伍作用，做好常态化安全防护自查督查工作。牵头组织开展关区每季度安全防护专项督查的视频检查、交叉互查，撰写季度自查督查报告。做好疫情物资保障工作，配合物资保障组从“质”和“量”上做好疫情防护物资审批工作。

【联防联控】2022年，天津海关建立“关地固化联络机

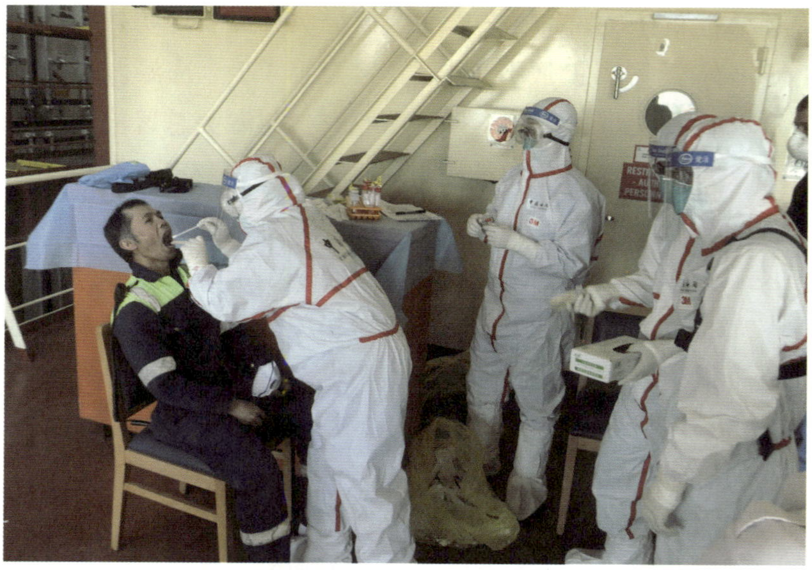

▲2022 年 1 月 20 日，天津海关所属天津东疆海关关员身着防护服开展入境船员卫生检疫工作（天津海关卫生检疫处　供稿）

制”。密切联系天津市新型冠状病毒感染疫情防控工作指挥部，参与地方疫情防控政策制定，履行海关任务担当。派员参与属地海港口岸疫情防控实体化工作专班，参与疫情研判、应急处置。与属地卫生健康、边检、民航等部门建立联络机制或合作备忘机制，确保及时准确获取境外疫情严重国家和地区旅行史人员的基本情况和活动数据等信息，提升相关密切接触人员的追踪和核查效能，强化精准检疫措施。派员参与属地专题会议，协调解决疫情防控专项问题。协调地方医护人员支援海关口岸卫生检疫工作，全年共协调支援 182 人次。高效开展入境人员处置，天津海关负责通关入境人员全流程移交转运，妥善转运入境人员至属地隔离管控组。严格确诊病例、疑似病例及有症状者的转运，确保及时高效收治；做好密切接触者及其他入境人员的移交，确保无缝对接、闭环管理。建立工作专班，及时开展信息通报，实施“7×24 小时”通报，海关检出阳性随时通报属地，确保阳性人员自属地隔离点快速转诊。协同开展基因测序，对于开展新冠病毒检测的样本，海关实验室 24 小时内完成核酸检测。对核酸阳性样本，Ct 值≤ 32 的及时送至天津市疾控中心进行基因测序。同时，天津国际旅行卫生保健中心实验室对符合测序要求的阳性样本在 24 小时内开启测序工作。海关检出变异株后，第一时间向天津市疾控中心通报；天津市疾控中心检出变异株后，也第一时间向海

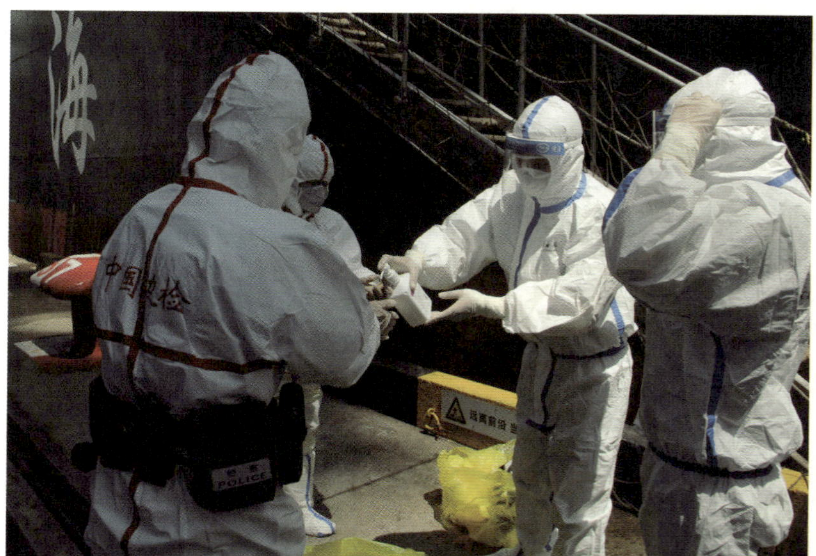

▲2022 年 5 月 13 日，天津海关所属天津南疆海关关员联合天津边检工作人员开展联合登临工作（天津海关卫生检疫处　供稿）

关通报。联合开展“多病同防”。针对猴痘疫情仍构成“国际关注的突发公共卫生事件”，与天津市卫生健康委应急办联合拟订并印发《天津市猴痘疫情应急预案》，并协同开展天津市猴痘疫情输入应急演练，进一步加强境外疫情防控联防联控能力。邀请天津市医疗系统专家专题开展猴痘疫情防控培训，进一步提升海关工作人员能力。

【封闭管理】2022年，天津海关及时更新、修订天津海关入境人员卫生检疫岗位工作人员封闭管理工作方案，细化采样、防护、消毒、健康监测等环节操作指引，对封闭管理各部门（单位）职责进行了细化，成立了封闭点工作专班，针对封闭管理过程中的个人防护、消毒、采样操作、车辆管理进行了详细规定。对封闭点工作专班开展技术指导，多次前往武清基地、圣光酒店、喆咖酒店进行现场技术指导，解答实际工作中遇到的相关问题，开展1次线上培训，对所有封闭点工作专班成员开展了线上指导，建立封闭管理工作例会制度，每周五由相关职能处室、专班成员、封闭管理人员代表参加，及时了解封闭管理中存在的问题，第一时间进行解决。开展多部门联合封闭管理检查十余次，对发现的问题予以通报并督促整改。通过设置多个班组、合理安排隔离轮休等方式，帮助现场海关工作人员保持良好工作状态。做好封闭管理视频复盘工作。根据职责分工，对各条线上报的视频复盘检查情况进行了汇总，建立问题台账。第一时间反馈相关部门进行审核，对存在的漏洞持续抓好整改。针对天津国际旅行卫生保健中心反映的“应检尽检”采样不规范问题，根据样本编号对采样执行人进行了核查，分别对其进行了“一对一”现场指导、考核。牵头成立天津关区流调组、各单位流调小组，制定内部工作人员涉疫流调工作指引，做好内部涉疫应急处置。开展突发事件应急处置，落实流行病学调查、密接及次密接处置、工作复盘、撰写工作报告等系列工作。

【应急演练常态化】2022年，天津海关共组织开展线上培训14期，涉及空海港口岸新冠病毒感染疫情防控、安全防护、猴痘疫情防控、流调溯源、口岸防控技术方案第9版（修订版）政策解读、2022年初任公务员培训等系列培训，线下开展2期“关长进红区岗前培训”、9期“常态化疫情防控岗前培训”，选派授课教师30余人次，全力提升口岸卫生检疫岗位一线工作人员能力。修订《天津口岸突发公共卫生事件应急预案》，制订《北京2022年冬奥会和冬残奥会入境备降航班突发公共卫生事件应急处置预案》等，并组织开展针对性应急演练。“以战代训”保障船员健康安全，为突发意外的多名船员紧急就医提供便利。全年，共开展样本溢洒、职业暴露、旅客不配合采样等各类应急演练7次，参与人员500余人次，有效提升现场突发公共卫生应急处置能力。

【国门生物安全体系建设】2022年，天津海关统筹规划“4·15”全民国家安全教育日、“4·26”全国疟疾日宣教活动，制订工作方案、下发通知，印制2.5万份宣传材料。在空海港口岸现场、报关大厅、天津国际旅行卫生保健中心等向出入境旅客、出入境交通工具员工、监测体检人员等宣讲《中华人民共和国生物安全法》，开展疟疾、霍乱、鼠疫、黄热病、新冠病毒感染等口岸传染病疫情防控常识和国际旅行健康宣教活动；利用“中国口岸科学技术”“天津海关12360热线”等公众号开展线上宣教，扩大国门生物安全宣传范围，提升防控成效。加强《中华人民共和国生物安全法》等相关法律文件的学习研讨，进一步加深对海关生物安全工作的认识。印发《天津海关生物安全体系建设方案》和全年任务分解表等，成立天津关区生物安全专家组，全面加强天津口岸生物安全风险防控和治理体系建设。

撰稿人

王东旭　史正涛　刘光旭　刘斯文　张晴晴
杨　博

动植物检疫

【概况】2022年，天津海关深入贯彻落实习近平总书记关于坚定不移贯彻总体国家安全观和防治外来物种侵害的重要指示精神，不断加强国家生物安全风险防控和治理体系建设，主动服务口岸开放大局，扎实开展“国门绿盾2022”行动，推动天津口岸动植检业务顺利开展，为天津口岸筑牢国门生物安全防线，促进外贸保稳提质提供坚实保障。持续推进动植物及产品进境前、进境时和进境后的全链条风险防控和检疫管理措施，全力筑牢口岸检疫防线。制发2022年度天津海关国门生物安全监测实施方案，对进出境动物及动物产品、携带和邮寄物等实施动物疫病监测；组织开展天津关区国门生物安全相关工作；对照海关总署国门生物安全体系建设方案梳理不足，制定整改措施和下一步工作规划，促进天津海关国门生物安全治理体系能力提升进一步增强。

天津海关动植物检疫领域的职能管理工作，由天津海关动植物检疫处（以下简称“动植检处”）负责。动植检处主要职责是：拟定天津海关出入境动植物、动植物产品和其他应检物检疫的工作制度；承担天津海关出入境动植物、动植物产品、其他应检物的检疫、监督管理工作；按分工组织实施承担境内外有关动植物疫病疫情、有毒有害物质信息、出入境动植物检疫法律法规和技术标准的收集工作；按分工承担出入境动植物及其产品检疫准入风险分析和紧急预防措施工作；对影响出入境农产品贸易的疫情及其他相关风险因子组织实施风险评估，拟定防止重大动植物疫情和有毒有害物质传入传出的紧急预防措施；组织实施入境动植物、动植物产品及其他应检物、过境动物的检疫审批和监督管理工作；按分工承担出入境动植物、动植物产品的生产、加工、存放单位注册登记和场所指定工作；组织外来有害生物和有毒有害物质监测工作；组织落实出入境动植物检疫除害处理工作规程，指导检疫除害处理药剂、器械的使用及除害处理新技术、新方法的推广应用；拟定天津海关出入境转基因生物及其产品、生物物种资源的检疫工作制度；承担上级交办的其他工作事项。

年内，天津海关动植检处内设4个科室，分别为：综合科、动植物检疫一科、动植物检疫二科、动植物检疫三科。

【进出境动物及其产品检疫】 2022年，天津海关采取有效

▲2022 年 3 月 12 日，天津海关所属天津新港海关关员开展进境种牛口岸登临检疫工作 （周强　摄）

措施提升天津地区种牛隔离场使用率，同一进境种牛指定隔离场，未完成上批进境种牛隔离检疫情况下，企业提交上批种牛已入境的证明材料、风险自担承诺书，可再次提出下一批种牛的进口使用申请，缓解天津口岸进境种牛指定隔离场数量有限对种牛进口造成的制约，加快进境动物检疫许可证办理效率。通过该举措，隔离场使用频率由 2 次 / 年提高到 3 次 / 年，为种牛进口企业节省大量隔离场空置费用，助力国家种业振兴，带动相关产业发展及农民增收致富。全年，完成 9.7 万头进口种牛的检疫监管任务，同比增长 23%；检疫进境羊驼和矮马等陆生观赏动物 6 批次、1168 头，进境观赏水生动物 14 批次、16.4 万尾。

年内，天津海关扎实开展动物疫病监测，落实 2022 年度天津海关国门生物安全监测实施方案（动物检疫部分），有效维护国门生物安全、农业生产安全和人民身体健康安全。同时根据海关总署工作部署，牵头组织第五组进境动物境外预检工作，有力保障我国国门生物安全，促进我国畜牧业发展；牵头组织系统内专家开展进境观赏和种用水生动物外来物种入侵风险评估，提出准入名单调整优化意见建议，并起草水生动物潜在外来物种入侵风险评价标准草案；牵头完成《中华人民共和国从美利坚合众国输入种猪的检疫和卫生条件》议定书及动物检疫证书样本的修订工作；参加海关总署进境野生动物检疫工作专班，牵头制修订进境野生反刍动物检疫和卫生要求；参与完成对郑州海关供港活猪非洲猪瘟防控远程专项督查等工作。

【进出境植物及其产品检疫】
2022 年，天津海关统筹发展与安全，认真履职尽责，强化源头把控，织牢织密国门生物安全监测预警网络，严格口岸检疫查验。通过建立事前、事中、事后防线，严格检疫准入、检疫审批、口岸查验，做好实验室检测、检疫处理，开展定点加工、疫情监测，构建全链条防控体系，加强对进出境货物、物品和交通工具的口岸查验，加大对邮件、快件、旅客行李物品、跨境电商等非贸途径的物品查验力度，建立外来有害生物快速反应机制，加强外来有害生物监测和预警，开展重点区域外来入侵物种普查，分析研判外来入侵物种发生、扩散趋势，评估危害风险，发布预警预报；加大非法引进外来物种打击力度，依法严格动植物种质资源引进和科研用途动植物检疫特许审批，密切关注、严厉打击不法个人、单位非法引进、携带、寄递、走私外来物种。筑牢国门生物安全网，确保人民群众健康和农林牧渔业健康发展。

严格按照布控指令要求加强对进境动植物及其产品检疫，重点关注进境粮食、原木、大中动物、种子苗木等传带动植物疫情和外来入侵物种风险较高的货物，不符合海关监管和检验检疫规定的一律不得入境。对高风险货物的接卸、运输、加工等过程实施严格监管，压实企业防疫主体责任。对截获外来入侵物种或检疫性有害生物的，须监督实施除害处理；无有效检疫处理方法的，一律作退回或销毁处理。全年，截获检疫性植物有害生物 6787 种次、1945 批次，一般性植物有害生物 60850 种次、5587 批次。

【防范非贸渠道外来物种入侵】2022 年，天津海关根据《天津海关外来入侵物种口岸防控工作方案》，成立天津关区外来入侵物种口岸防控领导小组，发挥外来入侵物种防控技术专家组作用，指导一线做好非贸渠道外来物种防控工作。根据《天津海关严防动植物疫情疫病传入和外来物种入侵“国门绿盾 2022”行动方案》，利用机检、智能审图等技术手段，强化正面监管，加大对进境寄递物以及旅客、运输工具服务人员的查验力度，将人工查验和非侵入式查验有机结合。针对海关总署通报非贸渠道外来物种防控考核情况，在天津关区开展情况通报和专题研讨分析，及时与海科中心和全国外来入侵物种防控技术专家联络，掌握最新情况，向查验现场提供风险信息。开展多次进行联合风险研判，梳理其他口岸截获信息，为一线防控提供数据支持。全年，组织非贸渠道外来物种防控跟班作业 3 次，联合研判 3 次，开展企业政策宣传贯彻 1 次。特别是针对 2022 年疫情反复的情况，随时关注查验现场上岗情况，解决因疫情封控带来的送样鉴定、系统录入等方面困难，全力保障非贸外来物种防控工作。

【外来有害生物监测】2022 年，天津海关根据海关总署要求，发布关于做好 2022 年进出境植物疫情和外来入侵物种监测工作的相关通知，更新 2022 年度天津海关国门生物安全监测实施方案（植物检疫部分）中第五部分“外来有害生物监测计划”，完善天津海关植物疫情风险体系，指导一线继续做好 2022 年外来有害生物监测工作。确定重点监测项目，开展 2022 年度外来有害生物监测服务采购，与承接单位签订服务合同，召开外来有害生物监测专题会议，压实承接单位技术服务责任，组织外来有害生物监测培训，提升隶属海关监测工作能力，对全年监测工作进行总结分析报送，其中外来入侵杂草监测取得新突破。天津海关结合口岸截获、国门生物安全监测和工作经验，梳理制定《天津入境口岸外来入侵物种普查清单》，印发《天津入境口岸外来入侵物种普查方案》。于 6 月和 8 月分两次开展，针对 14 种杂草、15 种昆虫、4 种病毒、3 种细菌和 1 种线虫，由 12 个隶属关在 26 个地点进行两次普查。全年，共普查到清单内杂草 10 种 49 种次，昆虫 2 种 11 种次，首次查到外来入侵杂草 4 种 8 种次。

【进出口农产品安全风险监控】2022 年，天津海关根据海关总署动植物检疫司印发的2022年度部分进出口农产品安全风险监控计划和海关总署办公厅印发的2022年度进出口食品、食用农产品、化妆品安全监督抽检和风险监测计划的要求，下发了天津海关2022年度部分进出口农产品安全风险监控计划实施方案和2022年进出口食品、食用农产品安全专项风险监测计划及出口食品化妆品安全监督抽检补充计划工作方案，明确职责分工，切实保障监控工作有序进行，组织完成天津辖区进出境粮食、水生动物、饲料、转基因等5大类项目的安全风险监控工作。

组织开展完成天津口岸2022年部分进出口农产品安全风险监控工作。其中，检测进口粮食（饲用）42批，各类风险物质共290次，无出口粮食（饲用）；进口饲料和饲料添加剂产品452批次，各类风险物质3999项次，出口饲料和饲料添加剂产品97批次，各类风险物质367项次；进境转基因441批次，检测各类风险物质1620项次，检测结果显示以上产品整体安全卫生质量状况良好。

【动植物检疫监管能力建设】2022年，天津海关做好动植检领域业务规范制修订工作。制发天津海关过境动物、进境特定动植物及其产品检疫审批（动植物部分）工作规范；修订下发《天津海关进境陆生动物检疫工作规范》《天津海关进境食用水生动物检疫工作规范》《天津海关进境种用、养殖和观赏水生动物检疫工作规范》《天津海关进境非食用动物产品检疫工作规范》《天津海关进出境重大动物疫情应急处置预案》《天津海关进出境重大植物疫情应急处置预案》等动植物检疫工作规定。组织开展好动植检业务培训和资质考试工作。

年内，组织7期动植检能力提升培训，从动物检疫、植物检疫、生物安全等各方面切实提升一线工作能力和业务水平。稳步推进天津海关动植检岗位资质考试和认定工作，开展2批次动植检岗位资质考试，向海关总署报备409人次取得动植检岗位资质人员；配合海关总署完成2022年度天津关区动植检高级签证官岗位资质考试，向海关总署推荐的21名高级签证官已全部取得海关总署资质认定，天津海关资质审核工作得到海关总署发函表扬。截至年底，天津关区共有1474人次得到海关总署认定取得动植检岗位资质，充实了天津关区动植检队伍，一线动植检工作得到有效保障。

【审批审核事项办理】2022年，天津海关高质量办理审批审核事项，提升企业获得感。根据天津海关优化审批审核工作实施方案要求，动植检处负责“出境特定动植物及其产品和其他检疫物的生产、加工、存放单位注册登记”和“进出境动植物检疫除害处理单位认定”2个事项组织现场考核评审及审查决定。全年，完成96家出境特定动植物及其产品和其他检疫物的生产、加工、存放单位注册登记事项和进出境动植物检疫除害处理单位认定事项的相关工作，均在时限内及时完成，企业五星好评率100%；同时，根据海关总署相关要求，进一步完善天津海关动植处审批审核事项操作规程，并且针对70余家企业结合业务需求开展政策宣讲，企业满意率达到100%。

【进境动物集中检疫监管】2022年，天津海关针对各隶属海关进境动物检疫应急机制不足的情况，责成动植检处配合人事处、多次赴相关隶属海关调研，本着“强化监管、优化服务”的方针，在综合考虑天津口岸年度进口动物数量、隔离场区域分布特点、专业人员配置等因素的前提下，根据天津口岸进境动物实际业务情况，持续推进天津关区进境动物检疫监管功能化建设，按照“整合业务模块、集中专业力量、优化人力资源、加强协同监管”原则，调整进境动物检疫监管模式，于11月开始实行进境动物检疫集中监管，进境动物隔离场的审核、隔离检疫准备、运输监管、隔离检疫和放行、后续监管等工作统一由天津海关所属宁河海关承担，形成“权责明晰、协调高效、反应迅速、执行有力”的进境动物检疫监管工作模式，构建完整高效的进境动物检疫监管体系。该模式的实施，统一了执法尺度，提高了监管效能，弥补了专业人员的不足，构建了运行顺畅高效的工作体系。12月份，3批次种牛先后运抵天津港，面对新冠病毒感染疫情与检疫监管的双重压力，天津关区调配20余名关员参与上述进境种牛的检疫监管，发挥党员干部模范示范带头作用，有力保障进境种牛各项检疫监管工作顺利开展。

【促进优质种质资源进口】2022年，天津海关进境植物种苗实施附条件提离便利化措施。在有效确保生物安全的前提下，加快口岸验放速度，根据《中华人民共和国进出境动植物检疫法》及其实施条例有关规定，对符合条件的进口企业，经口岸现场检查未见异常且已取样送检的进境种苗，可根据企业申请，在实验室检疫鉴定结果出具前，允许提离进境地口岸海关监管区，存放于符合防疫要求的场所。实验室检疫鉴定结果出具后，企业凭海关放行通知办理通关手续。阿姆斯特（天津）农牧科技有限公司等56家符合条件的进口种苗企业可享受进境种苗口岸附条件提离便利措施。

助力优质种牛资源引进，提升天津地区种牛隔离场使用率，提升进境种牛通关效率。同一指定隔离场，未完成上批进境种牛隔离检疫情况下，企业提交上批种牛已入境的证明材料、风险自担承诺书，可再次提出下一批种牛的进口使用申请，缓解天津口岸进境种牛指定隔离场数量有限对种牛的进口造成的制约，加快进境动物检疫许可证办理效率，将隔离场的使用频率提高，种牛进口企业节省了大量的隔离场空置费用，节约了产业效能，同时大量国外优质种牛的引进，为国家种业振兴起到助推作用，间接带动相关产业发展及农民增收致富，服务三北地区农村经济发展。

【粮食安全保障】2022年，天津海关统筹做好粮食通关保障各项工作。推动进口粮食安全风险联防联控，密切天津市农业农村委等部门之间的协同配合，共同保障进口粮食安全。严格管控进口粮食安全风险，切实履行部门监管职责，督促企业落实防疫主体责任，落实进口粮食流向管理，明确相关保障措施；推动粮食贸易来源多元化，统筹做好“大食物观”的粮食安全战略调整，支持中粮佳悦（天津）有限公司等粮油加工企业利用国际市场适度进口粮食，提升国内粮食供应和保障能力；推动粮食进口国别（地区）和渠道的多元化，保障粮油肉蛋奶、鱼虾蟹食用菌及瓜果类等有营养、利健康的进口食物通关畅通；设法保障饲草、豆粕等饲料进口顺畅，补充国内养殖业饲料缺口。预防外来物种入侵，保障粮食安全、经济可持续发展。

【支持优质农产品出口】2022年，天津海关推行海关贸易便利措施，做好口岸动植物疫病疫情监测和进出境食用农产品和饲料安全风险监控，加强技术性贸易措施收集研判，帮助企业及时采取措施应对，推动优势农产品出口，服务天津市养殖种植企业及农产品出口加工企业优化升级需求。指导企业用好“抵港直装”等便利措施，优化监管流程，推广“监管前移、随产随检”等模式，助力企业开拓海外市场。

与天津市农业农村委签署《共同促进农业对外开放高质量发展合作备忘录》，在加强种业国际合作、促进境外基地农产品回运、促进农产品扩大出口等方面加强合作，共同致力于天津本地特色农产品对外开放、本地农业经济高质量发展。

天津惠尔稼种业科技有限公司是一家以花椰菜、青花菜和萝卜育种为核心业务，集科研、生产、营销于一体的高新技术企业，天津海关多措并举帮助企业抢抓出口机遇，开拓海外市场。助力企业优化有害生物防控和质量安全管理；指导企业线上申报，对申报货物实施快验快放，促进农产品出口；密切关注境外植物疫情信息和检疫政策动态，倾心为农企服务，助力乡村振兴。全年，企业出口种苗65批，同比增长20%。

【初筛鉴定室建设】2022年，天津海关有害生物和外来物种初筛鉴定工作迈上新台阶。天津新港海关、天津临港海关、天津东疆海关有害生物和外来物种初筛鉴定室顺利通过海关总署验收。初筛鉴定室内部功能分区合理，有准备室、鉴定室、标本室等功能区，不同功能区间实现物理隔离。配备有体式显微镜、生物显微镜、实验桌、标本展示柜等设施设备。初筛鉴定室建立起原始记录、鉴定报告等管理使用和可追溯性制度。结合“十四五”期间动植检能力提升专项计划，开展“智慧动植检”建设，充实设施设备，推进全维有害生物智能鉴别仪在一线发挥技术支撑作用，提升初筛鉴定室软硬件综合实力。强化动植检岗位资质管理，扩大检疫人才队伍，采取集中调训、线上培训、现场指导等方式提升初筛岗位人员业务水平，推进天津关区初筛鉴定能力建设。

【开展全民国家安全教育日宣传教育活动】2022年，天津海关融合动植检业务强化对服务对象开展全民国家安全教育日宣传教育活动。在政务服务中心、现场报关大厅等业务现场，通过公告栏、张贴海报、电子大屏幕滚动屏、播放视频宣传片等形式，宣传《中华人民共和国生物安全法》《中华人民共和国进出境动植物检疫法》等法律法规；运用网格化服务，通过企业“钉钉”沙龙、微信群等形式推送国门生物安全相关宣传材料，宣讲动植物检疫政策要求，累计覆盖企业400余家；组织相关隶属海关针对进境高风险农产品相关企业开展“点对点”式国门生物安全政策法规宣讲；向空港口岸旅检、快件和查验现场进境人员及相关企业发放宣传品及手册200余份，累计向6架次入境航班、1383名进境人员进行国家安全主题宣传教育。

拓宽覆盖面创新特色，宣传教育活动“云课堂”进社区、进校园、进乡村。以“守卫国门安全 构筑安全防线”为主题，开展国门生物安全进行校园活动，与天津科技大学、天津工业大学进行“云课堂”线上普法宣讲，连线天津市逸阳梅江湾国际小学、北辰区华辰学校小学生开展线上主题班会活动，介绍生物安全知识，共300余人参加；与共青团天津市河西区委员会公众号“活力河西青年”合作，制作播出防范外来物种入侵科普视频，并组织“国门安全 你我共同守护”有奖知识线上互动问答，覆盖受众约3000人；利用海关普法宣传教育基地资源，录制普法微视频进行线上展播，与地方图书馆共同举办线上国门生物安全知识竞赛，宣传教育活动与乡村振兴融合推动，与天津海关对口扶持村宁河区板桥镇赵学庄村直播连线，海关业务专家向村民代表宣讲反诈防骗和生物安全知识。

运用各类媒体平台营造内外宣传舆论声势。在海关总署“海关发布”公众号、海关总署门户网站刊发《国门生物安全一起守护》等报道；在《科技日报》、《中国国门时报》、海关总署“海关发布”公众号等中央媒体和海关总署新媒体刊发海关关员组织“国门生物安全主题班会”进校园新闻报道；在央广网、“津云”等中央、地方主要网络媒体和移动终端发布视频《严防外来松材线虫入侵 天津海关在行动》；在《天津日报》、天津电视台等地方主流媒体刊发、刊播《海关专家传授国家安全知识》等新闻报道；在“天津海关12360热线”公众号刊发《国门生物安全与〈生物安全法〉》等稿件10余篇；制作宣传教育视频《守国门生物安全 护美好绿色家园》，并向海关总署“海关发布”公众号推送。各类相关新闻报道累计刊发刊播30余条、转载超过150次。

持续强化能力建设，口岸国门生物安全保障水平有效提升。宣传教育活动期间，运用“线上集中授课+线下分散实操”培训模式，组织开展国门生物安全、外来入侵物种普查、动植物和食品检疫监管等业务培训，通过解读规范性文件、专家答疑、现场实操点评等方式，提升现场关员理论和实操能力，参与培训200余人次。

撰稿人

马　健　王天威　刘亚峰　陈　佳　张建刚
郭　景　高　建

食品检验检疫

【概况】2022年，天津海关进出口食品安全工作深入贯彻习近平总书记重要指示批示精神和关于食品安全“四个最严”的指示要求，在海关总署党委的领导下，把好外防输入关口，守住进出口食品安全前沿阵地，全力以赴守国门、促发展。全年，共检出不合格进口食品305批次，重量约2979.80吨，主要涉及水产品、特殊膳食食品、肉类、干坚果类等，相关不合格产品已经全部依法依规进行了后续处置。

年内，天津海关健全工作机制，更新相关检查作业指引至第7版，对进口冷链食品进行全链条无缝监管，检测进口冷链商品样本64.9万个。固化每季度开展进口冷链食品新冠病毒感染疫情现场应急演练机制。创新“智能分流”模式，实时灵活调控进口冻品监管线路，进口冻品整体通关时间同比压缩20%，位居全国前列。支持地方开展阳性货物后续处置，督促企业录入进口冷链食品追溯数据27万条，实现进口冷链食品正向追踪和反向溯源。

遵循“源头严防、过程严管、风险严控”的食品安全基本工作方法，加强进出口食品安全监督检查。开展进口食品“国门守护”行动，加强对重点国家（地区）重点商品的定期督查。核查问题黄油、沙门氏菌污染奶粉、含异物巧克力等食品，退运销毁问题产品148.43吨，货值约537.65万元。

帮扶地方特色、优质食品农产品出口。对出口食品生产企业实施“一企一品一策”，建立天津海关技术性贸易措施重点帮扶企业库，实现火麻蛋白粉等多个产品对欧盟等市场首次出口。

完成2021年全国进出口饮料、全国进出口水产品等分析报告的撰写、参与海关总署《进出口加工食品监管手册》编制以及“IUU捕捞分析报告”“进出口食品安全监管历史沿革”课题研究等重点工作。完成海关总署国际检验检疫标准与技术法规研究中心和天津海关联合牵头的署级课题“从进出口食品安全角度服务国内国际‘双循环’新发展格局的路径研究”。《对欧盟通报我国输欧蜂蜜苦参碱、氧化苦参碱的特别贸易关注》被海关总署采用并在世界贸易组织SPS委员会第83次会议上与欧盟方面进行了磋商。

天津海关食品检验检疫条线的职能管理工作，由天津海关食品安全处（以下简称“食安处”）负责。食安处主要职责是拟定天津海关进出口食品、化妆品安全和

▲2022年4月15日，天津海关所属天津滨海机场海关开展进出口食品安全和普法宣传活动（天津海关所属天津滨海机场海关 供稿）

检验检疫的工作制度；承担进口食品、化妆品的检验检疫、监督管理工作；按分工组织实施安全风险分析和紧急预防措施工作，境外发生的食品、化妆品安全事件可能对我国境内造成影响，或者在接到执行管理部门通报进口食品、化妆品中发现严重安全问题，组织采取风险预警或者控制措施；承担进境动植物源性食品检疫审批工作；按照多双边协议，承担出口食品相关工作以及承担上级交办的其他工作。

【食品化妆品检验检疫】2022年，天津海关对重点商品实施检测：共监测20余个国家（地区）的进口肉类产品，监测项目6000余个。发现主要问题为进口肉产品中检出莱克多巴胺和在进口鸡爪产品检出黑丁、黄皮、含有杂质等不适合人类食用的组织。部分检出为天津海关机构改革以来首次。对10余个国家（地区）进口养殖冷冻对虾产品300余批次进行监测。检出动物疫病主要涉及白斑综合征病毒、传染性皮下和造血器官坏死病毒。对于上述检出均作出退运或者销毁处置。从近几年数据看，进口肉类、水产品疫病项目的不合格检出比例呈逐年下降趋势。通过与境外官方主管部门开展磋商、对境外生产企业开展远程视频检查、规范境外生产企业注册、约谈不合格食品进口企业等措施来强化进口食品源头管控，落实监管部门的监管责任和生产企业的主体责任，输入产品的质量得到有效提升。

天津海关严格按照自2021年1月1日起施行的《化妆品监督管理条例》相关要求，结合海关总署年度进出口化妆品安全监督抽检和风险监测计划，做好进出口化妆品检验监管工作。年内，共对一般贸易进出口化妆品抽取近百批次样品，开展微生物、污染物、禁限用物质的检测近1500项目次，对30批跨境电商进口化妆品进行近300项目次的风险监测，切实保障进出口化妆品安全。

【食品化妆品监督管理】2022年，天津海关根据海关总署相关工作要求，结合天津辖区进出口食品、食用农产品、化妆品现状特点，天津海关先后制发天津海关进出口食品安全监督抽检和风险监测工作规范，天津海关2022年进出口食品、食用农产品风险监测计划及出口食品化妆品安全监督抽检补充计划工作方案，关于做好2022年进出口食品化妆品安全监督抽检和风险监测工作的通知等，分解下发监测任务，细化执行措施，明确执行要求，规范数据报送，确保各项计划有序推进，按时保质完成。同时，天津海关加强对相关人员的政策宣传贯彻和业务培训，举办了进出口食品监督抽检与风险监测网上脱产培训班，各隶属海关从事进出口食品化妆品安全监督抽检与风险监测相关工作共186人参加。培训通过对监督抽检和风险监测计划的具体讲解和对相关问题及注意事项的演示说明，提升了参训人员对监督抽检和风险监测工作重要性的认识，统一规范查验抽样、立项送检、数据报送的要求，有效推进监督抽检和风险监测工作的落实。在执行过程中加强追踪检查。各隶属海关每季度报送风险监测计划分配样品数量的完成情况，天津海关食品安全主管部门制定《天津海关进出口食品安全监督检查清单》，将监督抽检和风险监测工作完成情况的检查纳入其中，每月由各隶属海关开展工作进度自查，业务主管部门对相关情况进行抽查，并深入一线跟班作业，发现问题及时通报并监督进行整改，切实提高工作质量和效果。年内，天津海关在实施进出口食品、食用农产品、化妆品安全监督抽检计划期间，检出不合格产品主要涉及水产及制品类、特殊食品类、干坚果类、乳制品类、糕点饼干类以及饮料类。所有的不合格产品检测信息均在“进出口食品化妆品安全抽样检验和风险监测管理系统”中进行了录入上报，不合格进口食品均进行了退运或销毁处置，相关信息在海关总署官网每月的未准入境食品信息表中进行公布，不合格出口食品未予出口。

【食品安全风险预警】2022年，天津海关通过“食品+科技”对原有进出口食品安全舆情信息程序进行升级换挡，系统升级后实现了同时对境外近百个网站食品相关信息进行实时抓取，有效捕捉率同比提升70%。组织开展进出口食品安全舆情信息专班工作，业务骨干定期轮流担任讲师，“分散授课+集中工作”相结合的方式，完成全年报送工作。全年，天津海关报送食品化妆品安全信息11500篇，其中580余篇被海关总署采用，同比分别增长73%、30%。建立“全国进口申报品名规格含金银箔食品查询”模型，加强了对金银箔食品的有效监管，被海关总署采用在全国推广；针对重点商品建立天津口岸专项食品查询模型，通过预录入风险条件，定期开展风险排查，严防不准入食品入境。连续3年对某类高风险产品进行跟踪分析和精准布控，累计查获问题产品36票，货重1008.84吨，货值427.48万元。食品安全主管部门和科技部门配合，建立进出口食品安全风险智能预警系统，通过系统实现进口报关数据与预设风险条件的自动对比，对符合风险条件的情况进行提醒，监管人员可及时掌握天津关区进口食品的风险数据和相关查验情况，有效防止不合格食品入境。

【动植物源性食品检疫审批】2022年，天津海关发挥集中审批审核中心职能，进一步畅通“职能+中心+现场”审批服务网络，压缩审批时限。建立检疫审批工作专班，为进口肉类、水产品等重点民生物资提供“即报即批”服务，推广“日清日结”做法，持续巩固进口冻品审批“2小时办结”成果。全面承接动植检审批事权下放，保障智慧动植检审批新系统上线运行，先后助力天津口岸首批地龙、越南鲜食榴莲进口，审批时长较法定时限压缩超90%。落实海关总署精简审批要件要求，进一步压缩出口食品生产企业、出口农产品企业资质备案时限，持续降低市场主体准入门槛，年内共完成出口食品生产企业备案134家、出口食品原料种植场备案3家，帮扶冬菜、鲜禽蛋等一系列优质农产品、特色食品走出国门。

【优质食品出口】2022年，天津海关落实海关总署关于取消对出口食品原料种植场备案申请人提供种植场的土壤和灌溉用水检测报告的要求。通过电话、微信引导企业简化手续做好相关材料报送；提供申报指导“云”服务，全程指导企业开展网络申报，企业足不出户即可完成备案；建立企业备案专家队伍，指导企业完善质量管理体系，提升自检自控能力，在严把食品安全关的同时保证惠企政策落实到位。持续推广“一企一品一策”精准化服务，实行监管前移、随产随检、快验快放等便利化措施。对出境鲜活、冰鲜制品等鲜活易腐农食产品开展优先查验和“5+2”预约查验；成立“出口农食产品”工作专班，由植物检疫专家在备案果园进行指导，开展水质土壤检测、病虫害监测、农药残留系列检测，确保产品质量安全、品质更高。开展对应国家（地区）进出口中国食品检疫限定措施信息的收集、研判、预警。收集整理相应国家（地区）进口中国食品的检疫管控措施并进行分析研判。对重点进出口企业进行技术贸易措施指导，提供有针对性的咨询服务，解决企业通关疑难问题。年内，天津出口农食产品实现多个首次出口，包括：火麻蛋白粉首次出口欧盟；桂花酸梅汤首次出口澳大利亚；巧克力首次出口美国；蜂蜜首次出口南非；茶饮料首次出口朝鲜；方便面首次出口哈萨克斯坦和多巴哥；酸奶首次出口加纳和秘鲁；西梅首次出口中国香港，水产制品首次输往中国澳门。

【出口通报核查】2022年，天津海关压紧压实，落实出口企业主体责任。按照海关总署要求，对出口腌渍菜及方便面生产企业开展了“地毯式”“拉网式”检查。通过检查严格落实企业生产主体责任。引导企业牢固树立企业是食品安全第一责任人意识。对于查实出口腌渍菜企业被境外通报的情况，立即启动风险核查，重点核查通报原因，对查出问题的企业限期整改。加强腌渍菜产品的出口检测。采用严格的标准开展出口腌渍菜产品的检测工作。加强日常监管和定期核查。增加对出口腌渍菜企业的日常监管和定期核查频次，日常监管每季度不少于一次，定期核查每年至少开展一次，重点关注食品安全卫生控制体系运行的有效性。经汇总，28家企业中有14家企业存在需整改问题共计43项次。截至年底，问题企业均已整改完成。年内，天津口岸出口食品不合格被境外通报的产品全部按照程序完成核查以及结果上报工作。

【常态化监督检查机制】2022年，天津海关制定《进出口食品安全重点任务监督实施细则（试行）》，通过清单式管理，实现对进出口食品安全重点领域、重点商品、重点环节的常态化监督检查机制。同时，针对《天津海关进出口食品安全监督检查清单》发现问题，发挥“1+1>2”的作用，与督审部门联合开展定期回头看，常态化应用HLS2017内控平台开展智能监控，合计形成重点国家（地区）重点商品统计、贸易数据研判等应用成果16项，建立天津口岸进口重点商品等8项内控数据分析模型，其中4项获海关总署督察内审司采编发布，以“科技内控”促进业务效能提升。加强监督检查，确保问题“不贰过”。将国家审计的问题，“三类突出问题”“现场监管与外勤执法权力寻租”常态化整治问题、巡视巡察、“海关重点项目和财物管理以权谋私”专项整治和“学查改”专项工作发现的问题整理合并，形成8类26项总清单，逐一对标整改。针对国家审计问题，联合督审部门组织专项检查3次，发现问题2项，针对隶属海关制发“工作建议书”2份。

【食品安全人才培养】2022年，天津海关在食品安全人才培养方面，突出“精准”，通过征集培训需求有针对性地开展精准培训。全年，共举办进出口食品安全培训班10类共19期，受训人数达1730人次，累计培训时长达93个学时。突出“实效”，配合教育部门开展“业务能力和业务素质提升”工作。在学习材料编纂环节，细分20项学习内容，共制作、整理、收集视频课程16个、直播课1个、文件规定50份、学习题库200道、实操考核试卷30套。突出“拓展”，组建“进口冷链水产品监管实训示范点”，在示范点建设目标、建设标准、场地设置、师资力量、教材教案、教学方法、学员考评等方面逐项验收，为全面提升一线执法人员的业务能力和执法水平搭建高质量实训平台。突出“灵活”，双维度开展加工食品签证官教育考核工作。面向资质新申请人员，开展不少于24学时的岗位资质培训，确保资质申请人全面掌握相关知识，具备持证上岗能力；面向已取得资质人员，开展不少于8学时的岗位专业培训，确保在持续性教育培训下巩固业务能力。全年，天津关区共有99人参加岗位资质培训，423人参加岗位专业培训，有效提升加工食品签证工作质量，保证官方证书的权威性和严肃性。

【冷链新冠病毒感染疫情】2022年，天津海关秉持“外防输入、内防反弹”总策略，不断优化政策措施，统筹做好新冠病毒感染疫情和经济发展。全年，共监测检测进口冷链商品样本64.9万个。针对进口冻品因疫情滞港问题，创新实施进口冻品“智能分流”模式，获海关总署署长俞建华以及时任天津市委书记李鸿忠、市长张工肯定。天津海关制定“静、快、严、细、实、足”总策略，并不断丰富“三化”（规范化、标准化、信息化）内涵。更新天津海关进口冷链食品

▲2022 年 6 月 11 日，天津海关所属天津新港海关在港强查验场地对进口冷链食品开展新冠病毒核酸监测作业 （天津海关所属天津新港海关 供稿）

核酸检测、预防性消毒监督及现场查验作业指引至第 7 版，制定阳性进口冷链食品后续处置作业指引（试行），冷链食品核酸检测样品转运作业规范，关于加强冷链作业场地、集中居住场所管理的通知等细化措施，对样品过程交接、记录传递、消毒作业等过程要求以及冷链作业场地、冷链工作人员集中封闭管理场所的管理要求进行逐一明确，强化衔接部监督管理，实现对进口冷链食品全链条无缝监管。固化每季度开展进口冷链食品新冠病毒感染疫情现场应急演练机制，结合阶段性发现问题、薄弱环节、关键点位、工作人员实际以及办公场所等情况，保持以演促练、以练代训，年内组织开展进口冷链食品新冠病毒感染疫情现场应急演练 12 次。

【国门守护行动】2022 年，天津海关完成 2022 年度天津海关进出口食品安全管理制度的修订，涉及制度规范 12 个。强化对不合格食品的处置，对存在安全问题的进口食品，严格实施退运或销毁。共发现 305 批次不合格进口食品，均进行了退运或者销毁。推动检验检测重点实验室建设，做好食品检测项目扩项工作，加快肉类、水产品、乳制品、农产品、水质等检测能力提升。加强对重点商品的定期督查，先后从多批进口肉类产品中查获不符合我国法律法规和（或）双边议定书要求的产品，有力保障了进口食品安全，受到海关总署来函表扬。核查问题产品，先后对澳大利亚问题黄油、美国沙门氏菌污染奶粉、日本含异物巧克力、含“金箔”“银箔”食品等开展专项核查处置，共计退运销毁问题产品 148.43 吨，货值约 537.65 万元。

【创新进口冻品保税展示交易模式】2022 年，天津海关聚焦特殊监管区域，创新进口冻品保税展示交易新模式。全面优化从保税入区、保税出区、产品合格评定、区外展示监管等各环节工作流程，在确保符合目前冷链食品新冠病毒感染疫情各项监管要求的前提下，享受保税区政策措施，减少仓储成本，仓储费用每柜货物每月可节省 900 元左右。自 2022 年开展以来，累计办理冻品保税展示交易 22 票，货值 2297.34 万元。该创新举措有效提高了冻品保税展示交易的积极性，减少货物抽验比例，带动更多品类冻品开展保税展示交易业务，企业物流成本大大缩减。天津首农食品有限公司利用该创新举措，使用海关特殊监管区政策优势拓宽了业务范围，并吸引2家企业到东疆港区开展业务，获得多家企业的肯定评价。该模式与“船边直提”“保税直提”供企业自主选择，释放政策红利。

【海关总署令第248、249号落地实施】2022年，天津海关为宣传贯彻好《中华人民共和国进出口食品安全管理办法》和《中华人民共和国进口食品境外生产企业注册管理规定》两项制度，建立工作协调机制，第一时间组建天津海关分管负责人牵头的工作专班，相关职能部门参与，研判解决实施过程中遇到具体问题；建立周报制度，每周汇总工作数据、问题困难和外部反映等；持续做好对内对外的政策宣传贯彻。自1月1日以来，天津海关共报送周报12期；制作政策宣传微信3期，发放宣传手册3400余份，张贴海报44份，“送宣传到企业”44家，在海关总署“12360服务”公众号发布2期专题政策解读；组织天津关区两规章专项培训2次，参训人数1000余人；向海关总署函报26次，帮助2000余批次因系统问题被退单的产品成功申报，涉及肉类、水产品、酒类等12个类别，解决265家境外生产企业申报问题，回复企业咨询100余个，解答现场海关疑问50余次；协助海关总署解决疑难问题3次。

【2022年北京冬奥会、冬残奥会进口食品监管】2022年，天津海关为切实做好进口供北京冬奥会、冬残奥会食品安全监管工作，保障进口供奥运食品安全，制订了相关工作方案及突发事件应急处置预案，全面保障供奥运食品顺利通关。天津海关食安处牵头，天津新港海关、天津滨海机场海关、天津河西海关、天津东疆海关联合成立天津海关冬奥会和冬残奥会进口供奥运食品安全监管工作领导小组，天津海关分管食品负责人任组长，领导小组负责进口供奥运食品安全监管、应急处置工作的组织协调、联系沟通等工作，全面强化天津口岸监管能力确保进口食品质量安全，优化服务水平确保高效通关，为北京冬奥会、冬残奥会的成功举办提供坚强有力的保障和全面优质的服务。设置供北京冬奥会、冬残奥会食品专用窗口及专用通道，有效保证通关效率。1月31日至3月13日，天津海关开展“7×24小时”值班值守工作，保证与海关总署联系顺畅，保障北京冬奥会、冬残奥会期间各项工作有序进行。其间，自天津口岸共进口供奥运食品1票22.81吨，转关货物20票，主要涉及乳制品、饮料、饮用水、小食品等，圆满完成供奥运食品安全监管工作任务。

【服务外交外贸大局工作】2022年，天津海关按照海关总署要求，对来自巴西、阿根廷等13个国家（地区）的25家申请注册或已注册的肉类生产企业、乳品生产企业进行了远程视频检查，共计240余人次参加，时间合计近1500小时，查发食品安全生产管理方面的问题400余项次，提出建议20余项次，助力海关总署源头管控措施更加精准。年内，完成乳品、水产品、植物油、干坚果、粮食制品等企业注册评审245家，梳理确定水产品CIQ编码规则1800余条，日常维护水产品规则1700余条，完成18次出口食品境外通报核查工作。

【智慧海关建设】2022年，天

津海关不断优化监管流程，提升工作效能。全年，天津口岸始终保持通关“零压箱”，冻品通关时长较年初下降62.8%。研发“进口冷链商品检验监管数据统计项目”，通过从报关数据调取相关信息，实现每日冷链核酸采样、预防性消毒监督、现场查验作业等相关数据的自动提取，将此前手动录入上报所需的7~8小时降低至1小时以内。在有效提升工作效能的同时，极大缓解一线关员压力。强化和地方呼应，不断织密联防联控网。派员参加天津市新冠疫情防控工作指挥部海港冷链专班工作会，全力配合地方政府，减少新冠病毒感染疫情防控措施对港区冷链作业流程的影响。在系统内率先推动地方政府开展阳性货物后续处置，配合地方部门对220余批完成消毒处理的阳性货物通关放行。主动对一级库作业的友邻单位进行安全防护督促提醒，共同筑牢新冠病毒感染疫情防线。多方联动，实现冷冻食品全链条追溯。

撰稿人

牛金刚　王润生　刘玉波　迟文鹤　周艾莹
郑　石　赵媛媛　高先楚　窦珊珊

商品检验

【概况】2022年，天津海关持续加强危险品检验监管，有效防止“洋垃圾”入境，发挥进出口商品质量安全风险预警和快速反应监管体系作用，严把进出口商品质量安全关，促进外贸保稳提质，全力保障能源资源和重要产业链供应链安全，有力维护国门安全、经济安全、生态安全和人民群众生命健康安全。天津海关商品检验条线的职能管理工作，由天津海关商品检验处（以下简称“商检处”）负责。按照“三定职责”，商检处主要工作内容有7项：拟定天津海关进出口商品法定检验和监督管理的工作制度，组织开展监督管理；按分工承担进口商品安全风险评估、风险预警和快速反应相关工作；组织实施国家实行许可制度的进口商品验证工作制度；组织实施法定检验商品数量、重量鉴定监督管理工作制度；依据多双边协议承担出口商品检验相关工作，按分工承担技术性贸易措施相关工作；组织实施进口商品装运前检验工作制度，承担进出口商品检验结果采信管理工作；承担上级交办的其他工作事项。商检处内设科室4个，分别为：综合科、商品检验一科、商品检验二科和商品检验三科。

【进出口商品检验监管】2022年，天津海关商检处践行“坚定信心 乘势而上 开启高质量‘一流海关’建设新征程”工作思路，聚焦“安全卫生健康环保”，不断提高商品检验把关能力。全年，共完成进出口商品检验7.77万

▲2022年7月20日，天津海关运用跟班作业机制强化进出口商品检验监管 （赵亮 摄）

批，同比上升37.2%；货值4292.4亿元，同比上升1.3%；检出不合格商品1098批，货值16.3亿元。

年内，天津海关商检处认真对照海关总署和天津海关“10+30”条优惠措施落地，围绕“一流海关”建设、危化品、再生原料、重量鉴定改革等重点工作，提前谋划、主动落实，将商品检验工作放在中国式现代化建设大局中去思考和推动。立足进出口商品检验领域，提出“4+”工作法，持续深化“商检尖兵”品牌建设。开展“以政治建设引领进出口商品检验业务发展的路径研究”和“以深化岗位练兵技能比武加强海关准军事化纪律部队建设研究”两项课题研究，研究确定商品检验领域政治属性清单。强化安全制度落实，紧盯维护国家主权和服务宏观调控政策落地，配合做好共建“一带一路”、京津冀协同发展等工作。

【商品安全风险管理】2022年，天津海关持续推进进出口商品质量安全风险预警监管体系建设，围绕“3·15”“6·1”“6·18”“双十一”等时间节点，对学生文具、儿童用品、牙刷、汽车及刹车片等消费品开展抽查和风险监测，提示消费者关注增塑剂含量、标签、磨毛强度、摩擦性能等风险要素。召开专题会议部署商品质量安全风险评估中心和风险监测点工作，采集进出口商品质量安全风险信息6911条，居全国首位。发挥评估中心技术优势，完成各类风险评估报告18份，对电子行业加工设备、汽车零部件等拟调出法检目录的108个商品编码进行风险评估，直接促使关区商品检验类解控需求减少90%以上。创新地将商品风险和隐患消除措施进行分类评估，分别出具评估结论，便于企业消除安全隐患。依托国家级一级风险监测点，组织刊发风险监测信息简讯24期，撰写《进口锰矿品质项目和环保项目分析》，着重关注环保安全要素。新增医疗器械、LNG两个风险监测点，监测点单位达到12个，商品范围涵盖矿产品、汽车、旧机电等。对医疗器械、旧机电、儿童玩具、甲醇等商品开展专题监测，完成各类监测报告和简报115份。采用“网络爬虫+人工筛选”方式，监测共建“一带一路”国家和地区、中东欧天然气、轮胎等商品风险信息317条。以京津冀三地国家级进出口商品质量安全风险评估中心和风险监测点为平台，加强矿产品、汽车、医疗器械、旧机电等商品的监测，三地海关共享进出口商品质量安全风险信息778条。将进出口商品质量安全风险预警和快速反应体系建设纳入天津市对16个行政区绩效考核，促进天津海关与地方政府沟通交流。

【进口商品验证管理】2022年，天津海关按照《中华人民共和国进出口商品检验法》《中华人民共和国特种设备安全法》《中华人民共和国进出口商品检验法实施条例》《中华人民共和国认证认可条例》《医疗器械监督管理条例》等法律法规和《进口许可制度民用商品入境验证管理办法》《进出口玩具检验监督管理办法》等规章制度，通过监管证件联网核查、货证一致性核查等方式，对进口强制性认证产品、特种设备、医疗器械实施入境验证。年内，天津海关先后检出进口儿童爬行垫未获强制性产品认证、进口小客车用充气子午线轮胎未获强制性产品认证、进口儿童用创口贴未获医疗器械注册/备案、进口塑胶玩具与强制性产品认证证书不符以及进口成套设备、旧机电设备夹带未获特种设备制造许可的压力容器等不合格情况，均依法实施了有效处置，有效保障进口商品的质量安全和国内消费者的合法权益。

【商品数（重）量鉴定监管】 2022年，天津海关落实海关总署重量鉴定改革部署，持续推进关区进口大宗商品重量鉴定监管模式改革。加强对企业政策宣讲和问题解答，引导企业根据实际需求自由选择申请海关实施重量鉴定，增强企业自主选择获得感，提升进口大宗商品贸易便利化水平。依企业申请对进口铁矿、有色金属矿、豆类、棉花等进口大宗商品实施重量鉴定，对申请海关实施重量鉴定的进口大宗商品，严格执法把关，第一时间出具重量证书供企业索赔、结算使用，维护国内企业合法权益和经济利益，向进口企业提供托底服务保障；各业务现场严格按照作业要求实施重量鉴定并规范货物实验室检测项目取样送检，及时出具海关重量证书供进口企业贸易结算索赔使用，有效维护国内企业的合法权益和经济利益，防范进口大宗商品恶意短少贸易欺诈行为。全年，依企业申请实施进口大宗商品重量鉴定7553票、9202.8万吨，同比分别增长6.9 %和减少34.3 %。其中，检出矿产品、LNG、豆类等进口大宗商品短重2929票、短重重量33.2万吨、短重货值7164.0万美元，短重检出率38.8%，同比检出短重增长1.6%、短重重量减少62.54%、短重货值减少82.0%、短重检出率下降2个百分点。

【政府间协议商品检验】 2022年，天津海关按照海关总署要求对出口至塞拉利昂和埃塞俄比亚的每批次价值在2000美元以上的贸易性商品开展政府协议装运前检验；对出口至也门的《商品名称及编码协调制度》第二十五章至第二十九章和第三十一章至第九十七章的产品开展政府协议装运前检验；对出口至伊朗的《出入境检验检疫机构实施检验检疫的进出境产品目录》中第二十五章至第二十九章和第三十一章至第九十七章，海关监管条件为B，检验检疫类别为N的所列产品开展政府协议装运前检验。组织关区统计部门和隶属海关梳理报送出口协议国家装运前检验相关业务统计数据；协助海关总署梳理相关装运前检验证书核对工作，为相关证书从E-CIQ系统向海关属地查检业务管理系统转移做好前期工作；根据实际工作开展情况，向海关总署报送对出口协议国家装运前检验工作的意见建议，供海关总署进一步决策参考。

【装运前检验】 2022年，天津海关共检验需实施装运前检验的旧机电产品181批次。严格落实进口旧机电产品装运前检验要求，促进进口农牧业机械、进口工程机械、进口芯片制造设备等关键设备进口。以《进口旧机电产品装运前检验监督管理实施细则》的实施为抓手，加强装运前检验机构检验结果与到货情况的一致性核查，对执行装运前检验规定不规范的机构，及时报送海关总署，发挥装运前检验工作的职能，将不合格旧机电产品挡在国门之外；运用进口旧机电装运前检验监督管理系统，提前获知装运前检验结果和货物发运情况，掌握货物到港时间，提前做好查验前准备，提升现场检验效率，服务进口旧农牧业机械通关，保障农业生产；对影响产业链、供应链的关键设备，采取靠前“一站式”服务，实施“7×24小时”预约检验、随到随检，保障产业链、供应链安全；加强重点项目检验，除对装运前检验结果实施一致性核对外，加强对旧机电产品安全、卫生、环保项目的合规性评估，对进口非道路移动机械实施污染物排放监测；保障旧机电装运前检验证书联网核查上线工作，联网核查试运行上线期间，解答企业业务咨询33次，帮助天津关区企业在试运行期间顺利过渡，确保旧机电产品进口秩序不乱。

【商品检验结果采信管理】2022年，天津海关参与海关总署进出口商品检验结果采信制度立法工作。根据海关总署工作要求，对采信管理办法征求意见稿研提意见建议并按时报送海关总署；组织天津辖区内第三方机构参加海关总署商品检验司、政策法规司组织召开的采信管理办法介绍及研讨网络视频会；选派关区人员赴海关总署参加专项集中工作，协助采信管理办法出台及相关采信系统研发测试等工作。综合新冠病毒感染疫情客观情况，采取检查对象与检查人员“双随机”组合，以检查人员对检验机构提交的检验检测活动电子工作记录进行书面检查的形式对天祥（天津）质量技术服务有限公司等12家检验机构开展日常检查。书面检查发现的一般性问题及时反馈相关检验机构实施整改，并按照要求将检查结果在天津海关官网《双随机、一公开》栏目进行公开。强化日常监督检查的同时，注意向检验机构解答和宣讲《中华人民共和国进出口商品检验法》修改背景和主要修改内容，海关进出口商品检验结果采信改革思路等内容，鼓励相关机构关注并配合参与海关检验结果采信各项工作。

【危化品监管】2022年，天津海关商检处推动落实“口岸危险品综合治理”百日专项行动，全面排查关区危险品积压情况，成立业务指导工作组，对危化品分类指导、快验快放，防止滞港情况。配合海关总署做好进出口危化品“指令+作业指导书”模式现场调研，形成进出口危化品检验作业指导书，为统一各关区执法尺度，规范执法行为奠定基础。天津海关报送的10起典型案例被海关总署转发推广至全国。在探索危化品智慧管控工作中，天津海关建设由“一中心、两平台、三库”组成的进出口智慧危化品管控系统。建立“智慧监管中心”，将“三库”信息与企业申报数据中的关键项目进行多维度、数字化逻辑比对，实现风险自动分析和异常情况的预警监控；建立“智慧感知平台”，采集码头、企业的实货物流信息，自动描绘货物运输轨迹，对码头内货物未在规定时间内装船等风险情况进行预警提示；建立“智能检测平台”，利用移动式检测设备，在货物不开箱情况下，对集装箱内有毒有害危化品进行快速筛查，防范包装泄漏等安全风险；建立“检测报告库”“法律法规标准库”“企业信息库”，汇总检测数据，将标准内容梳理成结构化数据，搜集掌握企业详细信息。

【“洋垃圾”禁止进境】2022年，天津海关在全国各口岸率先试用固体废物排查仪，在对进口散装铁矿实施卸货前固体废物排查的基础上，将仪器的适用矿种又延伸至锰矿、铬矿。全年，共对4152票、9954.35万吨进口散装矿产品完成固体废物排查，实现以散装普通矿产品名义进口废矿渣“零卸货”。全面加强集装箱装矿产品卸货全过程的固体废物排查，查获1批787.88吨以集装箱装铬矿名义进口废矿渣案件。

组织落实编写海关系统进口再生金属原料检验培训教材，教材共计7万多字，制作重点查验环节视频教程4个，解读了进口再生金属原料规程的技术要求、查验要点，列举了典型案例，并同步制作重点查验环节的视频教程。撰写《对再生金属原料标准中相关指标的探讨》《再生塑料固体废物属性鉴别有关情况》，提出将国家标准规定的技术要求区分为涉及环境保护控制标准的要求和涉及品质控制标准的要求，为海关总署提供决策依据。组织近百名关员参加进口再生金属原料检验监管业务培训，明确“先感观、再物理、后化学”的工作程序，严防“洋垃圾”以再生原料形式入境。在了解到相关便携式设备不能有效满足进口再生铸造铝合金原料化学成分查验要求后，督促隶属海关及时向仪器配备部门反映，尽快配备升级符合要求的仪器设备，协调做好设备共享共用，确保现场检验指令基础上降低实验室送检比例。开展通关时长全流程精细化分析，跟踪关区进口再生金属原料通关情况，开展全流程分析，细分影响各环节通关时长的各类因素，提出“全动员”压缩海关通关时长执行模式。关区进口再生金属原料海关整体通关时长均值由前3个季度的137.50小时，大幅压缩至第四季度的77.33小时，压缩口岸整体通关时间，提升跨境贸易便利化水平工作成绩显著。开展进口再生金属原料口岸监管作业现场督察，就督察发现的问题及时反馈作业现场，督促其举一反三落实整改。

【商品检验业务改革】2022年，天津海关商检处通过实地调研、召开政策宣讲会等方式，指导企业用足用好矿产品“先放后检”“依申请实施品质检验”等大宗商品便利化检验监管政策，不断提高口岸通关效率。全年，进口矿产品实施“先放后检”7216票、11477.67万吨，天津口岸矿产品通关效率全国各海运口岸排名前列；进口原油实施“先放后检”271票、2415.54万吨，口岸通关效率持续提升。进口铁矿由批批实施品质检验调整为依企业申请实施，依企业申请实施品质检验比率下降至70%，30%的进口铁矿完成辐射探测、固体废物排查等现场检验检疫并符合要求后，即可直接运输至企业生产地，通关效率大幅提升，企业获得感不断增强。

推进海关总署进口大宗商品重量鉴定监管方式改革，加强对关区重点进口企业的政策宣讲和问题解答，引导企业根据实际需求自由选择申请海关实施重量鉴定。企业不再申请海关实施重量鉴定比例显著增长，进口原油、LNG、散装化工品等大宗商品已全部无须海关实施重量鉴定，企业自主选择获得感增强，贸易便利化水平持续提升。对申请海关实施重量鉴定的，严格执法把关，第一时间出具重量证书供企业索赔、结算使用，有力维护国内企业合法权益和经济利益。

【天津口岸汽车进口】2022年，天津海关共检验进口汽车26.59万台、174.30亿美

▲2022年4月13日，天津海关所属天津保税区海关工作人员对进口汽车实施检验（赵亮　摄）

元，检出不合格2726台、1.71亿美元，均依法实施了有效处置。促进天津口岸平行进口汽车产业持续、健康发展，检验平行进口汽车3.58万台、29.53亿美元，数量和金额全国占比均超过七成。下发优化进口汽车随车检验单出证流程要求，提升单证签发效率，推动受新冠病毒疫情影响的2万余台进口汽车和5000余台摩托车疏解到天津口岸通关，其中阿斯顿马丁、玛莎拉蒂等进口机动车品牌首次从天津口岸进口。推动平行进口汽车整改中心建设研究，走访调研进口汽车检测机构、认证机构、研究机构以及行业协会、进口企业9家次；开展平行进口汽车污染物排放专项风险监测，对天津口岸14个平行进口主要车型的污染物排放进行了抽样检测。牵头完成海关总署"进口机动车车辆识别码（VIN）管理系统"优化升级，完善车辆制造年份等逻辑校验规则7项，牵头编写进口汽车检验管理办法，参与海关总署汽车、摩托车进口证明书和进口机动车辆随车检验单"两证合一"改革课题研究，形成任务书3份，牵头解决年初平行进口滞报和年中中规车滞报情事，保障天津关区1.5万台滞港车辆及时通关。推动天津关区进口汽车检验业务实训点建设和验收，培训一线关员36人次，扎牢执法把关基础，实训成效显著，检出平行进口车问题地图风险，系全国首次检出。

【重点敏感工业品检验】2022年，天津海关进口医疗器械检验工作，检出多批进口医疗器械存在未获注册、货证不符、无中文标签和中文说明书、电气安全不合格、品质不合格等情况。天津新港海关检出32.45万个未获医疗器械注册的进口儿童矫正用耳模型产品并依法实施退运处理，避免了上述未获注册产品用于国内婴幼儿耳畸形患者的矫正治疗；南开海关检出进口彩色超声诊断系统超声图像存在伪影并及时采取处置措施，有效消除了临床误诊风险。发布《进口未经联网核查医疗器械后续核查发起工作指南（试行）》，明确11类建议发起后续核查的情形，防止未经联网核查但实际用于医疗用途的进口医疗器械流入国内市场。完善京津冀三地海关协同监管工作机制，研究制定"未经联网核查的进口医疗器械风险防控京津冀协同新模式"创新举措，并获海关总署备案。开展医疗美容行业突出问题专项治理工作，制订发布专项治理工作方案，收集疑似用于医疗美容用途的“影子商品”申报品名和商品编码，对进口医疗器械不如实申报、逃避海关监管风险开展分析研判，在海关总署已有专项布控基础上，根据研判结论设置并下达事中布控指令及事后稽核查布控指令，强化单证审核、现场查验和后续处置。天津新港海关多次检出进口医美器械未获注册情事，其中1起案例被国家医疗美容行业突出问题专项治理工作专班办公室采用作为典型案例向全国通报。

跨境电商进口消费品风险监测方面，组织开展2022年度跨境电商进口消费品风险监测工作，从天猫国际直营、京东、考拉、酷吧母婴4家跨境电商平台在天津地区的“跨境电商监管仓库”抽取样品30批，对有毒有害物质、机械物理性能、微生物等安全、健康、卫生项目进行检测。抽查样品涉及食品接触产品、口腔清洁用具、儿童玩具、童装、儿童纺织产品、童鞋、一次性卫生用品、学习用品8类商品，贸易国别（地区）包括日本、韩国、泰国、马来西亚、捷克、德国和中国台湾。经检测，未检出不合格情况。

【专项执法监督】2022年，天津海关加强业务系统的应用，发挥关区商品检验领域专家组作用，综合运用HLS2017、新一代查验管理系统、H2018等业务系统，开展“线上”检查、现场跟班作业、书面调研、专项执法评估、实地督察等多种形式的专项执法监督检查，包括进口机动车、旧机电、医疗器械、婴童用品、大宗资源商品等重点敏感商品，共发现12个方面27个问题，均深入分析了问题产生的原因、提出了整改措施，组织相关隶属海关立查立改、限期整改落实到位，切实消除风险隐患。建立风险隐患台账清单，制定压紧压实监管责任等长效性文件，指导建立内部持续培训机制、自查自纠工作机制，遏制相同类型问题隐患反复出现。配合开展全国海关进出口危化品监管情况专题评估、进口儿童用品专项执法评估，为海关总署重点敏感检验监管工作提供决策依据。同时，作为关区专班成员，参与了海关总署督察内审司开展的打击“洋垃圾”入境督察专项调研工作，结合商品检验领域的相关工作，对海关总署相关政策的落实情况进行了调研，提出了存在的问题并结合如何做好“洋垃圾”入境专项监督向海关总署督察内审司提出了工作建议。

撰稿人

李一平　李　坚　吴月波　赵　亮　庞璐琨
钮　永　黄　鹏

口岸监管

【概况】2022年，天津海关口岸监管工作强化政治引领，贯彻落实习近平总书记重要指示批示精神，以习近平新时代中国特色社会主义思想为指导，深入学习贯彻党的二十大精神，统筹推进稳外贸稳外资和新冠病毒感染疫情防控各项任务，切实提升口岸监管效能。加强海关安全生产工作，切实履行安全管理责任，营造良好的安全环境。制订年度安全生产工作方案，强化重点时期安全生产工作，对国庆、党的二十大期间场所（场地）安全管理工作进行再安排、再部署，巩固提升专项整治3年行动成效，聚焦重点领域形成风险隐患排查整治长效机制，组织天津关区各部门聚焦9个重点领域开展春节前后重点时期安全生产排查整治和党的二十大重点时期安全生产风险隐患排查等系列督导检查工作，扎实推进2022年安全生产任务落实，为党的二十大召开创造良好环境。抓牢常态化口岸新冠病毒感染疫情防控，持续做好重大节假日的应急值守，完成海关总署应急演练7次，制发口岸防控组日常运行工作方案，更新细化83项检查要点、245条工作标准。严格开展入境航空器登临检疫、终末消毒监督、冷链食品、高非冷货物核酸采样和预防性消毒监督等工作，优化5类13项重点事项清单，对具备视频联网条件的封闭隔离点开展110次视频巡查，实地督导检查18次。创新危化品监管机制，开展危化品滞留整治，多措并举推进“口岸危险品综合治理”百日专项行动实现以严治乱、以快防患。打击“洋垃圾”进境，利用固体废物筛查仪对所有进口散装铁矿砂实现码头筛查，将“洋垃圾”拦截在卸货前。将固体废物风险分析内容纳入智能审图分析维度，全年通过智审提示查获“洋垃圾”16起；强化进境空箱监管，查发退运2起进境空箱夹带固体废物情事。按照“三智”海关建设理念，推动口岸监管智能化、信息化，有关改革纳入海关总署10条促进外贸保稳提质的重要措施。

深化“船边直提”“抵港直装”改革，2022年天津口岸34.62%的进口集装箱货物通过“船边直提”快速提箱，24.87%的出口集装箱货物通过“抵港直装”在运抵码头后24小时内快速装船出运；依托“关港集疏港智慧平台”，提升口岸跨境贸易便利化水平，平台累计撮合量超过225万箱；利用技术手段，丰富提升海关管控能力，推动非传统安全移动实验室实战应用，大力推广非侵入式机检查验模式，推进“智能审图+风险分析”审图模式，全年通过智审提示查获有效问题报关单412起，其中“洋垃圾”16起、1类爆炸品2起（经深挖扩线后共6起）、金属汞（8类有毒有害物质）1起、硅铁1起。强化职能监督，编制《口岸检查规范性内控检查对照清单》，构建“三精三效”内控工作模式，针对派单人与查验人为同一人问题，开发短信提醒功能，及时对违规情况的警示提醒。

天津海关货运口岸监管条线的职能管理工作，由天津海关口岸监管处负责。口岸监管处负责关区货运渠道监管业务管理，主要业务职能是：组织实施物流监控工作制度并制定相关操作规范；组织实施海关监管作业场所及经营人管理制度并制定相关操作规范；承担国家禁止或限制进出境货物的口岸监管工作，承担海关货运口岸监管环节的反恐、防扩散、出口管制等工作，承担进口固体废物、进出口易制毒化学品等口岸监管工作；牵头组织实施进出境卫生、动植物、食品、化妆品口岸检验检疫和进出境货物的口岸检验等工作；组织实施暂准进出境货物、进出境展览品的监管制度并制定相关操作规范；组织实施口岸监管环节检查、检验、检疫技术装备设施、现场快速检验化验设备保障规划；承担天津口岸货运监管业务日常运行监控指挥工作。口岸监管处内设7个科室，分别为：综合科、监管一科、监管二科、监管三科、监管四科、场所监管科、监管装备科。

【口岸货物检查】2022年，天津海关在新形势下加强改革创新，优化工作模式，持续提升机检审像效能，不断加大非侵入式机检检查力度，创新监管模式，助推智慧海关建设。全年，查发涉及国门安全重大情事20起，其中“洋垃圾”17起、一类爆炸品2起（扩线成6起）、8类危险货物金属汞1起。强化监管协作，打击口岸伪瞒报夹藏走私。先后查获走私出口烟花爆竹、汞等危险品行为，以及走私出口硅铁逃税情事。

年内，天津海关货运渠道查验现场查发6起伪瞒报出口烟花爆竹（1类危险货物）情事，涉及6个40尺集装箱，重量约144.98吨。加强职能监督，提升口岸检查作业规范性，编制《口岸检查规范性内控检查对照清单》，涵盖口岸检查作业中的查验派单、查验实施、查验时效监控、复查复验等5个方面13项检查内容，明确了相关检查要点的文件依据、检查方式、检查方法，为口岸检查作业规范性督查提供指南。发挥技术手段，强化场所场地监控设备及查验关员音视频单兵应用，加强新一代查验管理系统、HLS2017内控平台、“云擎”大数据分析系统的应用，通过多系统数据互相核查、互相印证，强化口岸检查工作可视化录证工作，构建以查验记录单、查验照片、音视频执法记录仪录证资料、监管场所固定摄像头监控相结合的系统化查验作业留证和实时监控体系。

开展“7×24小时”机检扫描作业，平均单票报关单审像时长压缩至10分钟，纯机检直接放行率达92.3%。建设审像应急工作站，确保突发状况下审像工作有序开展，成立“党员突击队”，优先保障春耕物资、冷冻鲜活等民生物资快速通关，将天津口岸常见的冻品、水果、汽车零部件等商品纳入智能审图识别商品清单，确保智审快速识别。打造智慧协同作业模式。深入融合港区智能化无人码头建设，将H986机检设备纳入无人驾驶ART车辆的行驶路线，顺势对货物实施非侵入式机检查验，全程实现无感通关，集装箱机检时长较原模式压缩两成。

【口岸物流管理】2022年，天津海关发挥海关双循环“交汇枢纽”作用，服务天津外贸经济发展，保障产业链供应链循环畅通。加强关港协作，巩固“船边直提”“抵港直装”天津模式优势，升级应用“关港集疏港智慧平台”，持续提升跨境贸易便利化水平。全年，天津口岸34.62%的进口集装箱货物通过“船边直提”快速提箱；24.87%的出口集装箱货物通过“抵港直装”在运抵码头24小时内快速装船出运。在东疆港区率先实施口岸智慧管控改革，构建装卸、运输、堆存、进出卡口全流程的智慧监管体系，支持东疆港区海关监管货物和非海关监管货物同步作业。全年，东疆港区累计作业内贸船舶926艘次、110.23万标箱。持续推动转关、过境业务无纸申报，落实“港场直通”等便捷措施，助力中欧班列货物快速发展。全年，天津口岸监管中欧班列和集装箱数量分别为746列和8.01万标箱。

【暂时进出境货物管理】2022年，天津海关加强暂时进出境业务管理，支持重要会议活动圆满举办。落实习近平总书记关于筹办好北京冬奥会、冬残奥会的重要指示批示精神，沟通协调北京海关、石家庄海关、北京冬奥组委物流部等单位，运用“船边直提”“抵港直装”等海关监管模式改革成果，重点保障北京冬奥会、冬残奥会物资快速通关，受理、验放进境冬奥物资398票14.8亿元6390吨，受理复出境冬奥物资共计85票4.59亿元322吨。

深入对接地方政府部门，结合第六届世界智能大会等重要展会举办需求，加强与贸促会等单位的联系沟通，有效发挥ATA单证册通关免填报报关单、免除税款担保等优势，指导企业用足用好便利政策；主动提供政策解答及指导，加强信息共享和物流协作，优化参展出入境及展品通关便利措施，提供快速通关、快速响应、快速处置等支持措施，协同做好重要展会通关监管服务保障工作。持续保障日遗化武销毁作业设备快速通关，对接进口方中国仪器进出口集团有限公司了解有关销毁作业计划通关需求，提前介入指导企业办理暂时进出境延期和通关申报手续，专人负责做好相关部门出具保证函的交接流转，业务现场验核保证函快速办理货物通关手续，便利企业办理设备暂时进境及延期手续。

【进出境运输工具监管】2022年，天津海关在运输工具监管领域强化监管优化服务，严格按照国务院联防联控机制和海关总署相关要求，扎实做好口岸监管领域疫情防控工作，切实筑牢国门安全防线。提升运输工具监管水平，在登临检查工作中不断优化措施，对运输工具物料添加起卸严格管理，持续做好运输工具以及舱单相关数据监控，提升数据审核的规范性和准确性，科学精准做好运输工具疫情防控的同时促进水空运外贸物流业稳定发展。

在海港口岸实施“非必

要不登轮”管理措施，天津关区成立海港登临专班管理领导小组及其办公室，将各口岸登轮人员全部纳入海港登临专班集中管理调配，实施“集中工作、集中管理”“统一指令、统一指挥”，持续优化登临检查工作流程并加强监督指导，结合疫情防控需要，加强供退物料及船员行李物品监管，严防疫情疫病传入传出和外来物种入侵，同步加大禁限类物品违规入境的管控力度。全年，监管进出境船舶9000余艘次，完成登临检疫4000余艘次。

在空港口岸不断优化开展入境航空器登临检疫和终末消毒监督工作，加强监督检查和监控指挥，严格管理措施，科学精准做好入境客运航空器终末消毒工作，保障口岸通关秩序稳定实现平稳转段。全年，监管进出境航空器近3000架次，完成登临检查近1000架次，进境客运航空器终末消毒监督212架次。

【安全生产】2022年，天津海关深入贯彻习近平总书记关于安全生产的重要论述和重要指示批示精神。制订天津海关2022年安全生产工作方案，印发天津海关各相关部门（单位）安全生产任务分工，细化各业务领域安全生产工作要点，明确各业务职能部门职责和任务分工。制订天津海关2022年“安全生产月”活动方案，通过组织开展“七学五查”将“安全生产月”活动引向深入；组织学习宣传和贯彻安全生产法律法规。制发天津海关贯彻落实习近平总书记重要指示精神进一步加强安全生产工作方案、天津海关安全生产大检查方案、天津海关安全生产大检查“回头看”工作方案等，组织天津关区各部门（单位）聚焦9个重点领域分别开展“五一”、春节、党的二十大等重点时期安全生产排查整治和督导检查工作，扎实推进安全生产任务落实。

强化“吹哨人”机制作用，实现安全生产监督检查全领域、全岗位的覆盖。年内，有4人因预警信息成效突出被予以奖励（3人三等功、1人嘉奖），有效遏制和预防安全事故的发生。推进“口岸危险品综合治理”百日专项行动，印发天津关区行动方案，细化落实措施20项、分解任务31条，全面落实海关总署各项工作要求；优化监管模式，通过实施集装箱装危险品货物“直提直装”、“码头查验”、常态监控、定期巡查等模式，防范危险品滞留。持续打击危险品伪瞒报行为，巩固“天津港危险化学品非法运输专项打击工作”机制，发挥跨部门监管协作机制作用，形成口岸危险品监管合力。全年，天津海关共向天津海事局以及天津市应急管理局、天津市公安局等地方部门发函通报查发20起危险货物（危化品）伪瞒报情事。

【场所场地管理】2022年，天津海关加强监管作业场所（场地）运行管理，采取日常巡查和专项检查相结合的方式，组织8个隶属海关共对69家监管作业场所（场地）开展元旦春节、“安全生产月”、国庆和党的二十大重大时间节点全覆盖实地安全生产大检查3次，对行政审批材料、场所区域设置、实地巡查记录、《双随机、一公开》栏目公示内容等方面进行重点核查，发现并处置42项问题，努力防范和遏制安全生产事故。持续开展监管作业场所（场地）滞留危化品和危险货物排查清理工作，督促有关隶属海关采取日排查、周汇报、月汇总相结合的方式，紧盯天津海关已放行未提离危险品，确保及时处置、快速提离，实现天津关区监管作业场所（场地）内滞留危险品持续保持动态清零，天津海关有关举措被海关总署采纳为经验做法并向全国海关通报。年内，天津关区海关监管场所（场地）内未发生海关负有相应责任的安全生产事故（以事故调查报告为准）或被相关安全主管部门通报发现海关负有相应责任的重大安全隐患（以正式通报为准）。

【口岸运行监控指挥】2022年，天津海关落实“规范化、标准化、信息化”工作要求，发挥关区二级监控指挥中心检查、监督和指挥功能，持续提升视频监督检查和值班保障工作成效。开展疫情防控专项监督检查，更新、细化、下发83项检查要点、245条工作标准，每日（含周末和节假日）在二级监控指挥中心现场值守开展视频监督检查，并按海关总署监控指挥中心要求每日报送检查日志，共计开展视频检查3047次，提示并整改不规范情形187项，年内天津海关未收到海关总署监控指挥中心制发的工作联系单或整改通知单。完成海关总署监控指挥中心应急演练7次。在全国海关音视频监控检查设备应用考核中，自2020年9月海关总署口岸监管司开展该项工作以来，天津海关保持海关总署监控指挥中心音视频连线检查接听率100%。

【口岸监管装备管理】2022年，天津海关推动开展“海关重点项目和财物管理以权谋私”装备购建领域专项整治。加

▲2022年2月3日，天津海关口岸监管处值班关员在二级监控指挥中心与各作业现场“同频共振”开展视频检查（周进 摄）

强向海关总署的请示汇报，明确涉及装备购建的自查范围和具体要求；多角度梳理自查，开展重点项目起底，梳理2012年以来口岸监管预算经费拨付情况，逐项分析经费支出情况；发挥职能部门条线管理、职能监督和政策界定作用，装备购建领域汇总6个部门重点项目26个，重大装备信息107条；补充清单信息40余条，推动重点项目清单信息填报工作完整、准确、真实。参与海关总署监管装备方面专项工作、专题研究，参与“专项整治整改落实工作专班”，对专项整治中发现的问题进行梳理汇总、分析研判，研究制定针对性防控措施，从制度机制上堵塞漏洞，指导各单位做好问题整改、风险防控和建章立制工作。加强装备日常管理工作。结合现场海关在监管装备维修、维护、保养、调配等方面的需求，开展天津保税区海关安全智能锁维修、天津南疆海关监控中心视频监控设备维修、北塘海关集中审像中心审项终端维修、天津新港和天津东疆海关H986设备辐射监测服务等工作，切实发挥监管装备统筹保障作用。

【口岸疫情防控】2022年，天津海关始终做好“人、物、环境”同防，慎终如始、履职尽责、严守国门，落实新冠病毒感染疫情防控及促进外贸稳增长工作，筑牢货运渠道外防输入防线。根据监管职能，强化日常监督。全年，口岸检查现场共检测进口冷链商品样本64.9万个；实施进口高风险非冷链货物核酸采样2775票，采集样本49795个，预防性消毒监督24684件，通过新查管系统共监督检查采样报关单2000余票，监督检查消毒报关单1500余票。促进外贸稳增长，持续加大非侵入式检查力度，全年完成货运图像标注5000幅以上，机检比率达65%以上，单票报关单机检审像平均用时仅10分钟，创新推广“监管产装、抵港直装”通关模式，大力推行免于到场协助查验模式，持续实行查验预约加班制度。

科学调整海港口岸运输工具监管及登临检查工作要求，试行“登临检查＋重量鉴定”“登临检查＋植物检疫”“登临检查＋卫生监督”等模式融合作业，严格执行入境航空器登临检疫和终末消毒监督工作。全年，监管进出境运输工具1.2万艘次（架次），完成登临检查5000余艘（架次），客运航空器终末消毒监督212架次。持续开展疫情防控督导检查，二级监控指挥中心以规范化、标准化、信息化为指导，发挥检查、监督和指挥功能，建立疫情防控监督检查跨部门、跨专业的一体化工作机制，执行视频巡查3047次，发现并规范疫情防控一线作业情形187项，在海关总署监控指挥中心的指导下，未因发现问题开展整改工作，为巩固来之不易的新冠病毒感染疫情防控成果贡献力量。

【智能审图应用】2022年，天津海关按照海关总署统一部署，全力推动货运渠道智能审图算法部署试点工作。分类部署试点范围涵盖天津关区全部正常在用H986机检查验设备。试点期间智审总体准确率为81.41%，智审准确率较试点前提升5.66个百分点。利用智审信息化平台，建立图像标注长效工作机制，推动图像标注常态化开展，为海关总署优化系统算法提供样本支持，提升算法精准度。全年，共完成货运图像标注7285幅。创新智审机检模式，提升智审应用绩效。强化风险管理理念，推进“智能审图＋风险分析”审图模式。将风险分析内容纳入智能审图分析维度，同时持续拓展影子商品库和风险企业参数，提高报警准确性。不断深化智慧海关、智慧港口建设，打造智慧协同作业模式。依托智能审图开展高风险集装箱的顺势机检，发挥智能审图快速识别、精准打击的风险前置拦截效能，探索打造无人码头内智慧协同作业模式。

深化作业流程改革，提升审图作业效率。优化机检查验“双人审像”机制，利用智能审图系统替代1名审像关员，实行智审初审、人工复审、科长审批的业务模式，在节省人力资源的同时，进一步提升审图效率。完善智审管理机制，提升智慧监管水平。成立智审工作专班，强化责任落实。按照业务条线划分业务组和技术组，组建一支由监管、科技以及审图部门业务骨干组成的“智能审图”专家队伍，加强审图人才培养，常态化开展培训。选派专家参与海关总署组织的智能审图相关工作，加强横向与纵向交流，提升关区整体智审水平。及时总结并报送智能审图查发的固体废物、烟花爆竹、金属汞等典型案例，其中3次入选2022年上半年全国海关货运监管领域H986智能审图查获典型案例。

【“直提直装”改革】2022年，天津海关深化“船边直提”“抵港直装”改革，推进改革促进外贸保稳提质工作成效。关港双方合力推进，实施关港接力保障模式，扩大“关港集疏港智慧平台”智能水平和应用成效，升级应用“关港集疏港智慧平台”，实现“车货船三维智能匹配”“双重匹配”等智慧功能，服务发挥“船边直提”“抵港直装”改革优势。持续深化京津冀海关协作，加强京津冀企业平台推广和作业指导，便利三地企业应用平台一站办理港口集疏运业务；联合京津冀三地海关、商务部门举办促进跨境贸易便利化政策措施线上联合宣讲会，详细解读改革促外贸保稳提质情况；联合开展重点企业调研服务，加大企业帮扶指导力度。在天津海关门户网站发布改革重点服务专题，持续依托“天津海关12360热线”等公众号平台更新发布直提直装标准化流程、政策解读及成效情况。

发挥天津关区“网格员”“扬帆”改革宣讲团等团队作用，及时更新海关和港口部门间的“联系人”清单，协同解决企业通关、查验和港口作业等困难问题，保障直提直装业务顺利开展。年内，天津口岸“船边直提”“抵港直装”已适用于全部进出口集装箱货物，34.62%的进口集装箱货物通过“船边直提”快速提箱，企业进口提箱时间可从1~2天压缩至最短1.5小时；24.87%的出口集装箱货物通过“抵港直装”在运抵码头24小时内快速装船出运，出口货物无须提前5~7天送到港口，为企业节省生产经营时间。全年，“关港集疏港智慧平台”已认证司机2.4万名、车辆2.1万辆，累计撮合量超过225万箱，平台服务企业辐射全国29个省份和直辖市。

【“沿海捎带”业务】2022年，天津海关争取“沿海捎带”创新支持，服务提升港口竞争力。主动对接联系海关总署口岸监管司，结合天津港发展需求和业务实际，争取创新政策支持和业务指导。6月4日，在海关总署口岸监管司指导下，推动外籍航运公司“沿海捎带”试点政策落地，支持企业办理全国首批外资外籍船舶开展“沿海捎带”业务备案手续，联合上海海关完成首航通关保障。全年，天津关区共办理沿海捎带业务1.9万箱，均为自上海港水运中转至天津港区，其中中远航运公司办理沿海捎带共1.8万箱，马士基航运公司常态化开展沿海捎带业务共1172箱。12月23日，在海关总署口岸监管司参数设置及业务支持下，对接企业需求，密切与上海海关的联系配合，推动天津口岸首票进口水水中转“离港确认”业务落地实施，进一步丰富港口功能，提升港口竞争力。

【口岸智慧管控改革】2022年，天津海关着力发挥海关双循环“交汇枢纽”节点作用，助力天津北方国际航运枢纽建设，以“三智”理念为引领，用新理念、新科技、新模式构建覆盖港口作业全流程的智慧监管体系，创新应用机器视觉、虚拟增强现实、人工智能、大数据分析等技术，构建“全景监控、主动管控、智能预警、协同处置”的口岸智慧管控系统，实现从物理围网向信息围网、从被动的视频人工监控向系统智慧管控、从区域监管向集装箱单元监管的目标转变，支持东疆港区太平洋码头海关监管货物和非海关监管货物同步作业。4月1日起，依托智慧管控系统支持东疆港区内贸船舶信息化管控基础上实现作业规模化、常态化运行。9月5日，东疆港区完成内外贸集装箱同船运输业务首航，东疆港区同船运输各类型业务已完备。9月9日，启动北疆港区C段码头智慧管控系统建设，实现天津港港区全覆盖，为引领未来港口发展新方向提供天津经验。全年，东疆港区累计作业内贸船舶926艘次、110.23万标箱，突破实现年度超百万箱的目标，为天津港年集装箱增量提供有力支持。

【中欧班列监管】2022年，天津海关持续加强天津中欧班列通关监管保障，助力推动共建“一带一路”高质量发展。落实班列货物通关模式自主选择、无纸化申报、便捷审核等要求，业务现场设置专用窗口和热线电话，24小时办理通关、查验、施验封志等监管业务，切实保障快速通关。持续跟进对蒙过境货物疏运动态，与商务、港口、铁路、堆场等部门协同，采取分散仓储、增加场地等措施，动态掌握过境货物存量底账，全力保障快速发运，有效疏解在港待发运过境集装箱由年初的15000标箱下降至3000标箱的合理动态变化水平。深化推广应用“港场直通”作业改革，压缩班列承运海铁联运过境货物转运时间由2~3天压缩至最短3小时以内，助力中欧班列加快发运效率。依托“走进海关政策直播间”网络平台面向过境运输经营人、承运人等企业开展线上政策解读，全面传达过境监管要点和要求，落实过境无纸化申报、便捷审核等要求，引导支持企业做好业务过渡衔接、释放惠企红利。加强综合保税区政策宣讲，指导中欧班列业务涉及进出口企业用足综合保税区政策，在区内开展货物仓储、物流分拨、国际转口业务，推动中欧班列与综合保税区融合发展。9月28日，天津关区首次通过“保税专列+中欧班列”业务模式发运中欧班列。全年，天津口岸监管中欧班列和集装箱数量分别为746列和8.01万标箱，同比均增长50%。

【市场采购贸易试点运行】2022年，天津海关支持市场采购贸易发展，争取天津市场采购贸易试点运行，为天津市外贸经济发展注入新动能。参与试点申请，主动向主管司局进行工作汇报，寻求海关总署指导和支持。联系配合天津市商务局，全程参与申报并协同保障评审答辩。与武汉海关结成“一对一”帮扶对子并建立联系，同步推动隶属西青海关与武汉海关隶属宜昌海关等主管地海关结成对子交流经验做法。9月27日，商务部、国家发展改革委、财政部、海关总署、国家税务总局、国家市场监管总局、国家外汇局7部门联合发文，新设天津王兰庄国际商贸城等8个试点。推动试点运行，参与制订天津王兰庄国际商贸城市场采购贸易方式试点工作实施方案，提出海关监管要求及工作建议，同步督促完善建立配套监管体系。指导市场采购运营企业知悉出口商品通关政策、要求及流程，联系海关总署口岸监管司申请新设试点市场采购地海关申报权限，并做好数据校验对接申请。全力做好试单通关保障，12月18日天津首票市场采购贸易方式试点出口货物顺利通关出运，标志着以市场采购贸易方式出口的外贸新业态新模式在天津正式启动。

【指定监管场地设立】2022年，天津海关持续加强口岸指定监管场地建设，做到监管前置、服务上门，为企业

▲2022年12月18日，天津海关所属西青海关关员保障天津首票市场采购贸易方式试点出口货物通关出运（韩大强 摄）

▲2022年4月14日，海关总署验收组通过远程视频方式对天津航空口岸大通关基地进境植物种苗指定监管场地开展验收（项禹 摄）

量身打造“一对一”服务，结合场地实际建设情况与业务类型，按照“三智”理念聚焦提升口岸运行效能，整合疫情防控作业需求，对场地软硬件设施配套升级、功能区域规划和建设等提供更为便于监管、贴合实际的合理化建议，让企业少走弯路。与天津市商务局、区县政府、申建企业建立协调沟通机制，组织召开指定监管场地专项工作推动会，并主动联系地方政府，配合做好地方配套制度准备工作。向海关总署争取，实现了在疫情防控期间采用远程方式验收，进一步加快了验收进程同时减少了企业负担。年内，天津航空口岸大通关基地进境肉类、植物种苗指定监管场地正式获批。天津港兴东物流有限公司设立进境粮食、植物种苗指定监管场地取得海关总署立项。截至年底，天津海关辖区已具备进境肉类、冰鲜水产品、粮食、水果、食用水生动物、植物种苗、原木全部7类指定监管场地资质，丰富了天津口岸专业功能类别，助推了地方经济发展。

撰稿人

尹凯耀　吕晓阳　曲杜娟　孙志鹏　李和平
时永辉　范海胜　胡国栋　项　禹　高可攀
高　亮

行邮监管

【概况】2022年，天津海关推进行李物品智能化、规范化建设，完善旅检“无感通关”模式，结合天津滨海国际机场T1航站楼改造安排，着力推进出境旅客行李物品“一次过检”作业模式，优化口岸通关氛围；结合邮快件现场碎片化、物流多元化、主体小型化的特点，优化物流路径，将邮件、快件物流信息纳入新兴业态公共服务平台，提升邮快件通关效率；支持天津市航空物流建设，丰富大通关基地国际互换局功能，落实京津冀协同发展战略；持续开展“扫黄打非”工作，落实意识形态工作责任制，组织业务专家参加天津市“护苗”宣传活动，赴天津市22所中小学校进行法治宣传；联合天津市商务局、天津市国税局在“9810”离境退税工作中，实现全国零的突破，支持跨境电商海外仓发展，助力外贸保稳提质；严厉打击禁限类物种走私，强化行邮渠道对濒危、毒品、枪爆、电诈、外来物种等禁限类物品的口岸监管，切实落实总体国家安全观；严厉打击治理电信网络诈骗，利用X光机、CT机等监管设备开展非侵入式查验工作，发挥科技监管效能。

天津海关行邮条线的职能管理工作，由天津海关行邮监管处（以下简称“行邮处”）负责。

年内，行邮处主要职责是负责天津关区行李物品、邮件快件和跨境电商等职能管理工作，对口海关总署口岸监管司，内设3个科室，分别为：监管一科、监管二科和综合科。行邮处对照建设高质量“一流海关”目标，逐项落实各项工作任务，高质量完成所承担的天津关区重点工作任务；保障合法合规的行邮物品通关，打击行邮渠道走私违法行为。全年，天津关区监管进出境旅客10.74万人次，同比减少4.12%；监管进出境普邮包裹55.42万件，同比减少7.34%；监管进出境印刷品音像制品17.75万件，同比减少21.38%；监管进出境邮政快件17.63万件，同比减少43.33%；监管进出境非邮政快件803.73万件，同比减少12.39%。共计查获各类违禁印刷品及音像制品5.01万件，同比增加2.4倍；跨境电商零售进口单量2354万单；天津关区开展跨境电商B2B出口企业130家，出口货值突破878亿元，同比增长3.5倍。

【快件通关监管】2022年，在天津海关防控工作指挥部指挥领导下，按照海关总署关于口岸疫情防控的有关要求，各部门分工负责、协同配合，制订操作方案，强化事中监管环节，全力做好天津海关邮、快件物品疫情防控工作。严格落实海关总署进口快件100%机检查验的要求，严格按照布控指令实施查验，运用同屏比对、智能审图等功能对机检存在疑问的快件实施100%人工开箱彻查；加强快件全链条监管，开展智能审图机检查验培训，提升寄递现场对禁限类物品的识图、判图能力；赴邮快件业务现场跟班作业共计10余次，疏解现场禁限类物品监管的痛点、堵点，强化一线执法责任，理清监管难题。8月19日，天津航空口岸大通关基地快件监管中心建成，进一步提升了天津口岸快件处理能力，增强了航空物流产业集聚效应，提高天津航空口岸的竞争力和辐射力。

【邮件通关监管】2022年，天津海关认真贯彻落实促进外贸保稳提质10条措施，配合承接北京非首都核心功能疏解，协助中国邮政天津分公司扩大邮件体量，自2月15日起，做好河北、甘肃、青海、宁夏4省区自日本、韩国进口海运邮件监管工作，全年4省区邮件总入库21236件；支持邮政企业拓宽业务领域，发挥天津口岸地域优势，在天津国际邮件互换局内增开快递类海关监管作业场所；细化监管举措，加强邮快件渠道对象牙等濒危物种及其制品、毒品、枪支、外来入侵物种口岸监管，将落实总体国家安全观的责任落实到位。全年，邮件监管现场连续查获47起进境淫秽印刷品情事，获刑事立案2起、行政立案1起；现场查发的拖鞋鞋跟夹藏“虫卵”情事，经鉴定为兰花螳螂等3种螳螂的卵鞘，为天津海关“异宠”行动以来首起查发情事。年内，向海关总署口岸监管司致函报送5个典型案例，所报案例被海关总署口岸监管司下发全国海关。

【跨境电商业务】2022年，天津海关跨境电商B2B出口额878亿元，同比增长3.5倍。紧密联系天津市商务局、出口企业，并协同16个隶属海关，深入挖掘市场潜力，共同推进业务开展。通过实地走访、问卷调查等多种形式开展企业调研，宣讲跨境电商政策，摸清天津关区企业底数，打造“平台+产业”的创新模式。发挥跨境电商市场穿透作用，开展“一企一策”政策服务，鼓励企业以海外仓和体验店等模式布局海外市场，提升线上营销意识，培育外贸新动能。牵线本地生产企业与平台企业深度合作，采取“线上”沟通+“线下”申请模式，第一时间办理海外仓备案审核流程。为企业提供提前申报、抵港直装、码头查验等一站式“量体裁衣”精准服务，全力保障产业链供应链畅通，营造优质营商环境，吸引众多异地企业来津通关。联合天津市商务局、天津市国税局等部门，推动“9810”离境退税工作，实现全国零的突破。

【出入境旅客通关保障】2022年，天津海关口岸监管进出境空运旅客10.74万人次，同比减少4.12%。随着新冠病毒感染疫情发展形势的变化，天津海关落实海关总署工作部署，对天津海关旅客健康申明卡辅助应用系统进行了优化升级，旨在提高通关效率，减少通关所需的时间和工作人员数量，最大限度降低工作人员被感染的风险。优化升级后的旅客健康申明卡辅助应用系统，实现了核酸采样单人操作，实现了旅客、车辆、隔离酒店等转运数据电子化，有效提高

▲2022年9月5日，天津海关所属天津滨海机场海关关员助力旅客快速通关（张炜 摄）

了通关效率，减少了人工处理的时间和错误率，缩短了旅客在航站楼的滞留时间。同时通过对旅客通关系统的升级，开通健康申报验核结果的反写接口，实现了对红码、超期码等异常旅客的报警提醒，验核正常旅客实现了“一码到底”的自助验核通关。这些优化升级一方面使入境旅客通关时间缩短了50%，整体通关效率提高了80%，极大改善了旅客出入境体验；另一方面大大减少了工作人员数量与工作量，海关“红区”验核工作人员减少50%，“绿区”远程验核人员减少100%，每架次航班监管人员总数减少了30%。

【意识形态安全】2022年，天津海关持续开展“扫黄打非”工作，落实意识形态安全责任。按照天津关区工作会议要求“落实意识形态工作责任制，更大力度、更广范围开展‘扫黄打非’工作”，制订2022年天津海关“扫黄打非”专项行动方案；配合天津市做好“扫黄打非”进校园活动，组织天津关区7个部门13名业务专家参加天津市“护苗”宣传活动，赴天津市22所中小学校进行法治宣传，收到了良好的社会反响。组织人员赴天津电视台录制《护苗在行动——守卫国门安全》特别节目，活动在天津市“扫黄打非”办、“津门教育”、“天津海关12360热线”等公众号开展宣传，天津市教育委员会同步安排全市百万中小学生观看。全年，共查获违禁出版物5.01万件，同比增加2.4倍。天津海关多次在天津市市级会议上发言介绍经验，并在全国首次查获多本违禁出版物，天津海关查发情况多次被海关总署下发全国。2022年第二季度，天津海关邮寄渠道查获47起进境淫秽印刷品情事，线索移交后，经缉私部门调查反馈，对河北省籍王某、孙某涉淫秽物品走私行为刑事立案。

【使领馆公自用物品通关保障】2022年，天津海关为高质量推进疫情期间外交邮袋的口岸通关保障工作，成立天津关区专项工作保障组，梳理信使携带、机长携带、监管仓库取运等不同监管方式的海关通关流程，明确核放模式、物流监管、舱单核销等工作细节，建立健全进出境外交邮袋口岸通关处置机制。构建了“专人外联+专岗办理+分类处置”的作业模式，加强与外国驻华使馆、天津市人民政府外事办公室、天津滨海机场安检站、相关货运代理公司、机场货栈操作部门等单位沟通与配合，从封志备案、邮袋

▲2022年4月19日，天津海关所属天津滨海机场海关关员现场核放首次驻华使馆包机出口外交邮袋（张翔　供稿）

安检、实货入出库、值机监管等各作业结点入手，理顺邮袋流转程序，确保外交邮袋即到即办、快速验放，畅通口岸绿色保障通道。现场核放美国、英国、摩洛哥王国、韩国4个国家驻华使馆的进出境外交邮袋6批，共计213件。

【作业现场业务运行监控】 2022年，天津海关根据疫情防控的需要，以及海关总署的工作部署，依照最新版专项工作方案，制定天津海关监控指挥中心行邮监管业务运行操作规范和行邮处视频巡查工作日志，以扎实推动二级监控指挥中心体系的运行，对空港作业现场以及封闭人员居住场所实施全方位监控。制订行邮业务现场视频监控专班工作方案，并成立天津海关行邮业务现场视频监控工作专班。该工作专班依托人体捕捉系统和视频监控系统，对空港口岸集中封闭场地以及防疫作业人员开展监督检查，对发现的不规范操作以及违规问题及时通报各有关单位。牵头组织天津关区各部门（单位）开展不定期专项检查，建立健全天津关区上下联动的视频监督体系，强化对空港口岸集中隔离点的监督与管理，提升空港口岸的疫情防控能力与监管水平。全年，天津海关通过视频监督体系查发的问题涉及空港口岸旅检现场问题隐患38项和集中封闭隔离点问题隐患24项。通过视频监控、UC系统等渠道与现场实时连线，实时准确掌握现场工作开展进度，确保

▲2022年3月25日，天津海关开展行邮监管视频抽查工作（任维　供稿）

现场各项工作有序开展。对现场突发情况，做到及时妥善处置。通过不断提升视频监控能力和作用，第一时间发现空港口岸旅检现场和集中隔离点存在的问题，发挥视频监督督导作用，规范空港口岸封闭人员操作，提高工作人员疫情防控意识，有针对性地改进完善措施与方案，提高口岸疫情防控水平，最大限度排除疫情输入和传播风险。

【“断链刨根”专项整治】2022年，天津海关继续加强“断链刨根”专项整治工作。调取天津关区内跨境电商企业2311家，筛选新增电商企业131家，取消15家存在网址有问题或备案信息有误的企业电商资质；建立天津关区管理台账，对物流企业和支付企业的相关证件加强检查和清理，年内清理无证或证件到期企业21家，已取消电商资质；严格按照《跨境电子商务零售进口商品清单》开展海关监管工作，通过调取天津口岸跨境电商进口数据，自主查发“爱乐维复合维生素叶酸片”“西甲硅油滴剂”等商品存在非正面清单范围商品按照正面清单商品违规申报进口并享受税收优惠的情事，总货值541.74万元，相关线索已移交缉私部门；根据海关总署领导指示要求，按海关总署风险防控司部署及跨境电商零售进口风险防控专班工作部署，移交涉嫌通过跨境电商保税进口渠道集货线索5条，另结合海关总署“套代购”走私专项整治行动，移交跨电商渠道、套代购渠道跨渠道刷单线索5条。缉私部门定期统计跨境电商进口类线索经营和案件办理情况，持续关注跨境电商进口药品，提高监管打击效能，对高风险企业重点研判，对自主发现和海关移交的跨境电商进口类走私违法线索深入经营，及时立案、全面打击。

【北京冬奥会、冬残奥会保障】2022年，天津海关作为北京冬奥会、冬残奥会通关保障部门，按照海关总署部署要求，与北京海关、石家庄海关、冬奥组委物流部等部门协调沟通，天津关区内共18个部门参与全力保障北京冬奥会、冬残奥会期间各项工作有序稳步推进。发挥“船边直提”“抵港直装”等模式实现物资快速提离。受理、验放进境冬奥物资共计398票14.8亿元，总重约6390吨；受理复出境冬奥物资共计85票4.59亿元，总重约322吨；邮递渠道查获1本含攻击北京冬奥会召开的日文杂志，货运现场查获144.98吨夹藏出口烟花和20000桶易燃液体胶水，向天津市委国家安全委员会报送安全态势研判1篇；加载风险布控指令近22条，成功拦截互联网攻击812次、攻击源389个、保护受攻击服务器15台。

撰稿人

褚　晓　卫丽玲　张　蓓　张　鹏

统计分析

【概况】2022年，天津海关组织开展“促进外贸保稳提质”专题调研、天津市专精特新企业和中小微企业专题调研，问卷调研企业165家。天津海关关领导带队实地调研7家企业，处级领导带队走访47家，收集汇总问题需求116个，22个问题反馈天津市商务部门，38项涉及海关问题全部办结。所撰写的调研报告被海关总署相关载体采用。联合相关部门和单位编发外宣2篇，在《人民日报》、中国新闻网、“今日海关”、《中国国门时报》等多家新闻媒体刊发，展现海关“可亲、可敬、可靠”的良好形象。

海关统计服务更优化。建立24小时速报，报送全国、天津口岸、天津市、滨海新区月度基本数据；建立48小时快报，报送月度统计数据详情，编制月度统计数据“手册”。在所属天津河西海关和天津东疆海关设立社会公众统计服务便民窗口，企业可一站查询报关单证档案的查阅。在天津海关门户网站统计栏目下按月公开数据表增至18张。

统计数据质量再提升。加强统计数据质量管控，切实维护统计数据真实、准确，2022年发布贸易统计监督信息258期，实施统计处罚653起。开展天津关区业务调研和数据采集口径、方法研究，制定平行进口汽车、保税展示交易、跨境电商、保税租赁以及保税维修等新兴贸易业态的数据统计口径和统计制度方法，保障统计数据数出一门、准确可靠。

深化分析研究有成效。围绕党中央国务院决策部署以及海关总署重要工作安排，围绕天津市和天津口岸重要商品和产业，围绕聚焦天津海关重点工作和重点业务运行情况，开展分析研究。全年，撰写上报各类分析研究文章693篇，统计分析研究文章获得省部级以上领导批示54篇次。

不断优化完善通关效率统计应用程序，扩大通关效率监控的业务维度、加密通关效率监控的时间尺度，为各级领导决策提供数据支撑。

天津海关统计分析条线的职能管理工作，由天津海关统计分析处负责。统计分析处主要职责是：拟定进出口货物贸易统计工作制度并组织实施；拟定海关业务统计工作制度并组织实施，编制海关业务统计数据，开展海关业务统计分析；研究分析国家重大战略、宏观经济和对外贸易政策、形势，开展相关课题研究；组织开展进出口统计分析、监测预警，撰写进出口监测预警分析报告；对进出口货物贸易进行统计调查和贸易调研，开展统计监督；承担天津海关报关单数据和单证档案工作，承办报关单数据、贸易统计数据等质量控制和使用安全管理工作；组织开展国际货物贸易进出口及国外技术性贸易措施动态变化的监测、评估；拟定天津海关事业发展规划并组织实施评估工作；承办上级交办的其他工作事项。统计分析处内设科室6个，分别为：综合科、统计调查科、贸易统计科、数据管理科、统计分析科、经济研究室。

【统计调查】2022年，天津海关牵头或参与统计制度及专项统计调查方案设计11次，刊发研究性论文6篇，刊发调查调研报告32篇；参与海关总署专项统计调查22次，开展出口先导指数等调查，有效样本填报率均为100%，形成调查报告12篇，获得海关总署统计分析司发文表扬4次。编发或参与编发《海关总署关于调整中国外贸出口先导指数调查样本企业的公告》《天津海关邀您参加中国海关贸易景气（进口）试点调查》等政策解读文章，在海关总署、天津海关12360官方微博、微信刊发文章，阅读量超3000人；牵头完成《中国外贸出口先导指数样本企业第4次轮换情况的报告》《中国海关跨境电商统计调查制度说明》《海关统计调查项目管理办法（试行）》等统计制度。全程参与《海关统计实务手册》修订，反馈具体意见9条，7条获采纳。参与《海关统计商品目录（2023年版）》修订，提出8条修改意见和建议；参与中国海关贸易景气指数研究，协调南开大学对《中国海关贸易景气指数编制方案》进行专家评审。

【贸易统计数据质量管控】2022年，天津海关制发《天津海关维护海关统计数据真实准确责任制规定》《关于进一步加强统计工作的意见》，建立贸易统计数据轮值集中复核工作机制和重要统计数据“日查日清”工作制度，明确相关职能处室和隶属海关统计数据质量综合管控工作职责，规定了统计数据异动监测、风险研判和处置的相关办法，成为一线开展质量控制工作的有效指导。强化落实统计数据质量监督职责。建立数据分析和联合研判工作机制，组织开展专项调研核查工作，切实落实统计监督责任。全年，通报典型差错案例23起，对新增备案企业出口激增、特殊监管区域物流“兜转”以及重点商品报关单数据异常情况开展分析研判和专项核查，修改报关单记录5128条。在年内海关总署印发的《贸易统计数据专项审核情况报告》通报的12起数据质量问题典型案例中，天津海关参与查处的有4起。

【业务统计】2022年，天津海关牵头制订《业务统计指标调整方案》，参与《海关业务统计系统指标项目建议书》编写，优化完善业务统计指标13类，570余项。牵头梳理和完善检验检疫类业务统计指标，增设国门安全、属地查检、技贸措施等改革融合业务指标，牵头编制上线H2018系统进境货物检验检疫业务统计指标76项；作为主要参与单位，编制“海关统计改革项目”信息化建设规格说明书，研究搭建系统基础架构，开展业统指标评估工作。牵头完善共建“一带一路”中欧班列指标采集方案和测算模型，按月汇总全国中欧班列运行指标数据；牵头开展全国外贸货运量、集装箱、运力运价和中欧班列业务指标运行监控，累计编审报告300余份。编报业务统计分析报告14篇次，年内外贸进出口分析报告获中共中央主要领导重要批示1篇次，获国务院领导批示1篇次，获海关总署署领导批示6篇次。

【海关统计服务】2022年，天津海关提供各类统计服务及数据共计526批次，涉及数据18.2万条，同比分别增长15.8%和17.6%。

向社会公众提供统计服务。每月通过天津海关门户网站主动公开天津口岸及天津市月度进出口综合统计数据并进行图表展示，包括天津口岸及天津市分贸易方式进出口情况表、天津口岸及天津市分企业性质进出口情况表、天津口岸及天津市分国别进出口情况表等；设立专门互联网邮箱和热线电话，依照社会公众申请提供统计服务。全年，依申请提供统计服务61次，涉及数据条1100余条。通过向社会公众提供统计服务，为社会公众了解天津市及天津口岸外贸状况提供数据支持。

向天津市政府部门提供统计服务。为天津市领导提供天津市月度进出口初步统计数据，2022年共提供12批次，涉及数据条72条；通过签订共享协议等方式，为天津市商务局、统计局、发展改革委等部门提供各类天津口岸及天津市月度进出口统计数据，包括《天津口岸按境内目的地或货源地所在省市分进出口情况表》《天津市保税维修进出口分商品情况表》《天津口岸水运方式按重点国别（地区）分出口重点商品情况表》等，并通过天津市政务信息共享平台按月度发布相关统计数据。全年，提供月度数据60批次、数据表504张，涉及数据4.5万条；通过来函办理，为天津市各政府部门提出的特定需求提供统计服务，根据来函提供统计服务65批次，涉及数据5.3万条。

【数据安全管理】2022年，天津海关落实海关总署统计分析司关于印发《海关业务数据内部使用操作指引（V1.0）》的通知要求，结合天津关区实际制定天津海关业务数据内部使用操作指引，天津关区统计数据使用进一步规范，管理更加严格，数据安全进一步加强，数据查询效率进一步提高；组织天津关区开展海关数据分类分级，完成重要数据梳理，一般数据梳理按计划推动中；开展天津关区数据安全风险态势分析，组织天津关区数据安全专项风险排查，建立天津关区月度数据安全风险监测和工作动态报告机制，全年向天津市委有关部门报送工作总结2篇，月度风险态势及工作动态4篇；圆满完成党的二十大期间数据安全保障任务，发布公告《关于加强党的二十大期间数据安全工作的通知》。

【贸易分析研究】2022年，天津海关围绕“国之大者”，加强对国家、天津口岸、天津市外贸经济形势分析研究。全年上报统计监测分析要情293篇；向天津市委、市政府、滨海新区报送海关统计专报53篇；召开天津关区统计新闻发布会共计3次，做到每季发布，同比增加50%。全国各类媒体采用统计条线新闻报道120余篇次。加强天津关区重点业务分析，全年完成专项任务28次，并全部形成专项调研报告，包括《今年上半年天津与上海进出口情况对比分析》《以协调性为抓手促进新贸易业态健康持续规范发展》等专项课

▲2022 年 7 月 11 日，天津海关统计处工作人员赴天津海关所属塘沽海关调研并与企业座谈（董杰　摄）

题报告。深入开展进口大宗商品、重点外贸企业订单外流等重点领域调研 5 余次；完成地区代码核查、进出口商品参数库修正和补充等任务；作为组长单位制订《全球贸易监测分析中心天津片区全球贸易分析监测工作实施方案》，明确了监测分析工作责任、工作内容。

【宏观经济研究】2022 年，天津海关完成食糖、棉花、煤炭、铁矿石、重点金融市场走势等 5 篇专题经济形势研究报告，被海关总署统计分析司采用；参与海关总署形势分析会、形势分析研判专班会相关材料撰写 10 次，撰写海关总署署领导参加国务院常务会议等各类会议材料 21 份，相关工作获得海关总署统计分析司领导肯定；参加年度外贸形势分析、中澳反制、棉花进出口等重点研究报告撰写，6 篇上报中央；参与外贸订单、外资企业外流等重大专题研究，相关成果获中央领导同志批示。全年，完成宏观经济分析写作任务共 126 项，同比增长 11%。全年，完成并报出宏观经济分析报告 62 篇，获得习近平总书记批示 1 次；其他中央领导批示 3 次以及海关总署署领导批示 2 次。

【通关效率监控】2022 年，天津海关不断完善通关效率监控，开展对冻品开展政策性、非政策性、水产品等分类监控统计，为优化冻品营商环境提供翔实数据支撑；针对新冠病毒感染疫情防控政策调整特殊情况，提供《主要业务现场通关效率监控表》周报 9 期；满足业务现场实时监控需求，优化天津海关通关效率统计应用程序；向天津市委、市政府报送通关效率季报 4 期、完成关区通关效率周报 52 期、冻品分流报告 23 期，为天津关区各级领导参考决策提供支持。开发全国海关“CIQ 分类商品检验检疫不合格率”“海关统计重点分类商品检验检疫不合格率”“云擎”模型并在海关总署统计分析司网站上线，为海关总署形势分析会撰写通关效率概况分析 5 次。

【开展“卡脖子”重点课题研究分析】2022 年，天津海关贯彻落实海关总署署长俞建华提出的 38 个深入思考要求，创新“数据 +”模式，推进牵头课题研究。结合海关工作实际，通过研究统计分析口径、征集支持措施、摸索先进技术、重要设备、关键零部件等可能涉及“卡脖子”的重点商品范围。在关税、动植、商检业务专家支持下，认真梳理 1.2 万条商品进出口数据，关联分析相关企业、政策等信息，筛选出重点关注商品 40 余种；发挥海关专业职能队伍作用，搭建平台，集合数据分析与专业分析两个方面的分析力量，成立“天津海关支持扩大重点商品进口课题组”，选取天津口岸和天津市进口重点商品企业和进口重点商品开展深度调研分析。沟通协调8次、走访3次、摸底调研5次，划定研究方向3个，研提海关帮扶措施2个，涉及半导体产业、汽车产业等重点商品。及时发现和报告“卡脖子”商品信息，广泛征求卫生、动植、食品以及商检等业务职能部门意见，结合国家权威部门发布的情况报告，上报对破解“卡脖子”有价值的分析研究成果，为国家决策以及海关总署工作部署提供参考信息。

【冻品分流通关时效统计】2022年，天津海关在科学研判进口冻品新冠病毒感染疫情传播风险以及国内主要口岸冻品进口形势变化基础上，提前部署、统筹谋划，创新实行进口冻品监管“智能分流”模式。以“规范化、标准化、信息化”为指引在严格落实新冠病毒感染疫情防控工作要求基础上，通过实时监控、“智能”分流，将超过天津新港海关作业能力的进口冻品核酸检测作业分流至天津东疆海关、北塘海关，优化资源配置，实现“零压箱、零滞港”，进一步提升疏港效率。根据天津海关实施进口冻品“智能分流”工作方案，自3月底开始每周对分流冻品整体和主要环节作业效率进行统计监测，将分流冻品和其他冻品通关效率进行比较分析，为持续优化分流作业程序提供依据，累计编制冻品分流报告23期，为天津关区相关部门压缩冻品分流作业时间提供决策参考。数据显示，全年，天津口岸进口冻品整体通关时间从2月份的149.0小时压缩至9月份的44.6小时。

【海关统计线上服务能力专题调研】2022年，天津海关按照海关总署统计分析司开展“关键小事”课题攻关活动的通知要求，成立“强化海关统计线上服务能力研究”课题小组，组织开展海关统计数据在线查询平台调研工作。

调研小组深入企业、公众、院校开展调研，累计调研企业57家、行政机关3家、高校3家、社会公众4名，深入了解查询平台目前存在的问题和改进的方向，在借鉴欧美、新加坡、韩国、日本做法的基础上，撰写调研报告，提出包括改善用户体验、丰富查询项目、拓宽查询渠道、加大平台推广力度等4个方面的8条建议。5月20日，向海关总署统计分析司报送《海关统计数据在线查询平台课题调研报告》并获相关刊物刊发。

作为主要参与单位编写《强化海关统计线上服务能力释放海关数据资源大价值》，获得中央和国家机关青年理论学习小组“关键小事”调研攻关优秀成果一等奖，并获海关总署统计分析司发文表扬。该奖项属于国家级优秀调研成果，全国海关系统获得一等奖仅此一篇。

【保税展示交易业务统计】2022年，天津海关应用“保税+”理念，创新海关新型监管模式和服务促进体系，推动产业跨界融合与互动发展。为此，天津海关组织所属天津东疆海关、塘沽海关、天津保税区海关、蓟州海关等隶属海关开展专项调研工作。撰写的《天津海关保税展示交易业务统计研究》分别在海关总署和天津海关相关载体刊发。在此基础上，制发《天津关区保税展示交易统计工作指引（试行）》，在统一统计口径、明确统计时段、规范企业信息等方面予以明确指导现场进行业务统计，并组织编写了《天津海关保税展示交易专题调研报告》《冻肉保税展示交易调研报告》等专题调研报告。

全年，天津关区开展12次保税展示交易业务统计工作，累计办理特殊区域保税货物区外展示业务106票，价值合计23.4亿元。其中，天津东疆海关办理87票，价值16.1亿元；塘沽海关办理5票，价值7.3亿元；天津保税区海关办理13票，价值221.4万元；蓟州海关办理1票，价值672元。完成保税展示实际交易40票，价值合计12.4亿元。其中，塘沽海关办理6票，价值7.4亿元；天津东疆海关办理34票，价值5亿元。

【专精特新“小巨人”专项调研】2022年，天津海关认真落实海关总署促进外贸保稳提质中“积极开展对专精特新企业进出口分析”的要求，拟定“围绕专精特新企业开展专题调研”措施，选取65家“小巨人”样本企业组织13个隶属海关开展专题调研。制订工作方案、编制调研提纲、建立问题台账、发布调研通知，成立专题调研组，分管副关长担任调研组组长。调研期间，关领导带队实地调研7家企业，处领导带队实地调研8家企业，汇总问题需求50个，形成典型案例14个。天津新港、塘沽、蓟州、武清、东丽、南开、天津河西、天津保税区等海关负责人带头下沉一线，了解企业存在的困难，帮助企业纾困解难，宣传天津海关促进外贸保稳提质30条措施、RCEP、AEO认证、“两直”等政策。专精特新中小企业是我国经济韧性的重要支撑，是激发创新、稳定产业链供应链的重要力量。

【海关数据分类分级管理】2022年，天津海关参与海关总署统计分析司数据管理相关文件的研讨及起草工作，研究海关数据概念、修订数据分类分级标准、梳理制定数据资产目录、出台数据管理办法、对内外使用规范等海关数据管理相关规定。牵头组织海关总署广东分署、满洲里海关、厦门海关开展集中工作，牵头编写海关数据分类分级工作指南，为全国海关开展数据分类分级工作细化要求、答疑解惑。参与编写完善的《海关数据分类分级标准规范》正式下发全国海关实施。根据海关总署办公厅关于开展海关数据分类分级工作的通知要求，组织关内各部门按照“谁管业务，谁管业务数据，谁管数据安全”的原则，对

▲2022年6月10日，天津海关统计处工作人员赴天津海关所属天津河西海关所辖企业调研（吴喜林 摄）

照《海关数据分类分级标准规范》梳理本部门业务领域数据分类分级和目录，并将相关情况反馈海关总署办公厅。参加海关总署统计分析司“海关数据管理”专项署级课题研究。参与“海关数据分类分级标准研究”“海关数据资产目录研究”“海关数据管理工作制度研究”3项专题署级课题研究，是全国海关参与课题数量最多的直属海关。

【统计数据质量分析方法创新】2022年，天津海关认真落实习近平总书记重要指示批示精神，组建数据分析工作专班，创新“宏观监控+中观分析+微观审核”分析方法。按照加强宏观监控原则，专班及时掌握关注进出口政策调整变化情况，捕捉天津关区统计数据异常变化，发现天津关区出口化肥等数据异常，缉私部门根据线索查获伪报品名、税号刑事案件17起，违规案件27起，货值1.4亿元；通过强化中观分析，联合综合、关税、商检、监管、稽查、缉私、风控等部门专家对重大数据风险开展研判，探寻海量数据隐藏蛛丝马迹，发现部分企业出口钢材价格异常，协助海关总署统计分析司开展全国出口钢材价格异常数据专项分析核查工作，牵头汇总出口钢材调研报告，涉及货值360亿元，初步核查发现申报错误和申请暂缓统计80余亿元；精细微观审核，拓展核查线索举一反三分析，对某企业随附单据错误开展深入分析，将分析视野拓展到相关商品和业务做到“一次核查，核查一类”，查获品名和归类申报不实问题，货值6000万元。

撰稿人

马　超　王　瑀　王小范　孙　钊　任　恺
周燕军　常　彧　虞清清

企业管理和稽查

【概况】2022年，天津海关以习近平新时代中国特色社会主义思想为指导，深入学习宣传党的二十大精神，打造最具竞争力海关监管体制机制，贯彻落实海关总署保稳提质10条措施和天津海关30条措施，成为天津海关高质量“一流海关”建设的“稳定器”和“加速器”。天津海关企业管理、稽核查、加工贸易条线等海关后续监管的职能管理工作，由天津海关企业管理和稽查处负责。天津海关企业管理和稽查处是海关后续监管部门，主要职责是：组织实施海关对进出口企业、自然人统一信用管理制度；承担进口食品、化妆品境外出口商、代理商和进口商备案管理工作，承担出口食品原料种植、养殖场和生产企业的备案管理工作，承担对进出口食品的进口商、出口商和出口食品生产企业实施信用管理，建立信用记录，并依法向社会公布；拟定加工贸易等海关保税业务的工作制度并组织实施；承担保税仓库、出口监管仓库监管职能管理工作；拟定专项稽查、常规稽查（海关总署企业管理和稽查司在全国海关部署开展稽查改革，取消常规稽查）工作制度并组织实施；拟定贸易调查、市场调查等工作制度并组织实施，拟定引入中介机构协助稽查工作制度并组织实施；承办上级交办的其他工作事项。年内，天津海关企业管理和稽查处内设科室7个，分别为：综合科、资质管理科、信用管理科、保税监管科、稽查科、核查科、审核监督科。年内，天津海关企业管理和稽查处获个人三等功2人次，个人嘉奖5人次，集体嘉奖30余人次。

【资质管理】2022年，天津海关持续深化“放管服”改革，企业资质管理持续强化。优化报关单位备案“全程网办”工作管理制度，细化报关单位“网办”操作规程。加强天津关区“多证合一”数据推送的企业备案的成功率，在落实备案“3个工作日”要求前提下，减少退单。放管结合并重，加强报关单位营业执照注销、吊销状态管理工作，实现常态化管理。完成海关总署稽查部门下发的1991家企业，专项核实和注销工作。加强对跨境电商企业的资质管理。常态化开展对跨境电商物流企业和支付企业相关证件的检查和清理，清理无证或证件到期企业21家，并取消相关电商资质。进一步压缩出口食品生产企业备案办理时限，切实为广大企业减负增效。出口食品生产企业备案一般当场办结，无法当场办结的，当场建立相关作业，并在3个工作日内办结。

【信用管理】2022年，天津海关量质并重推动企业信用管理高质量发展。开展数据筛选，建立天津海关重点培育企业库。将天津市的产业链、供应链龙头企业等进行数据筛查，择优纳入重点培育企业库，按照“属地海关+认证中心+职能处”模式，优先受理、优先培育、优先认证，帮助企业提高海关信用等级。联系专精特新企业115家，信用培育51家，31家被列入重点培育库。开发“智慧企管”系统，探索智慧化培育。实现线上实时对接，有效减少企业递交信用培育纸质材料。修订天津海关企业集中认证工作规程，规范工作流程，发挥集约化优势，提高工作效能。在确保认证企业质量的基础上实现认证企业数量稳步增长。全年，54家企业通过高级认证，增量居全国前列。

【保税监管】2022年，天津海关注重强化监管与优化服务，在强化保税监管的同时服务新业态发展。强化关税配额农产品加工贸易及保税监管，明确加工贸易及保税监管手账册管理流程，规范“调整类核注清单”管理。建立加贸保税监管领域专家培养机制和分析监控机制，加大对加工贸易中小企业、民营企业经营情况的分析和扶持力度，加快构建国内国际双循环，支持企业以集团内财务公司担保开展多种形式缴纳风险类保证金。严格规范现场海关执法操作，强化定期检查、随机抽查等，加强加工贸易和保税业务的全链条监管。推广轮胎加工贸易单耗管理模式改革，推动加工贸易提档升级。规范综合保税区保税监管，支持综合保税区高水平开放高质量发展。

发挥自由贸易试验区和综合保税区功能优势，持续推进保税维修业务开展，完成3个保税维修项目的核准，同时支持天津市申请开展汽车发动机等保税再制造业务试点。对350余家加工贸易企业开展企业调研，帮助天津力神电池股份有限公司顺利完成加入集团保税的审批工作，集团保税推广取得成效。针对企业具体研发需求，从“省时、省事、省钱”角度推动综合保税区内保税研发业务尽快落地。为丰益（天津）反刍饲料研发有限公司和安胜（天津）飞行模拟系统有限公司设立保税研发专用账册，实现保税研发业务首次在天津落地。

【海关稽查】2022年，天津海关牢固树立稽查“以查发问题为导向”理念，稽查行动成果丰硕。按月向各稽查业务现场下达稽查工作任务指标，把握节奏和进度，稳步推进。部署开展对部分进口干海参企业、部分加工贸易企业、部分进口猪产品企业、部分内资企业减免税货物保管使用情况、进出口危化品高风险企业、2022年天津海关涉税领域特许权使用费等多个行业性稽查行动。贯彻落实全国海关企业管理和稽查工作会议和天津海关企管工作会议精神，发挥稽查部门“以查促税”作用。开展天津海关“综合治税2022”加工贸易稽查专项行动、“综合治税2022”进口公式定价商品稽查专项行动、“综合治税2022”进口大宗商品稽查专项行动，稽查绩效指标完成情况位居全国直属海关上游。

【核查业务】2022年，天津海关推进核查分类改革，发挥核查效能。科学制订定期管理类核查计划，更新企业库26个，涉及企业2344

家，明确核查频次、核查重点、核查条件和期限，并就核查业务流程进一步规范，在“选、查、处”分离工作模式前提下，确保核查作业启动、实施、反馈、处置各环节紧密衔接贯通，全过程顺畅流转。防范中央电视台“3·15”曝光的“土坑酸菜”食品安全类似问题在天津海关辖区发生，开展针对出口腌渍菜、方便面等重点备案出口食品企业的专项核查。开展跨境电商网购进入特殊监管区商品专项核查及特殊监管区外保税维修企业专项核查。落实《国务院关于在市场监管领域全面推行部门联合“双随机、一公开”监管的意见》(国发〔2019〕5号)精神，按照海关总署和天津市对在核查领域开展部门间联合抽查工作的要求，对35家企业开展联合抽查，查发问题14起。

【审核监督】2022年，天津海关发挥审核监督作用，防范执法风险。加强稽核查执法规范性和统一性，针对分级审核实施情况开展审核复核工作。全年，以纸质案卷和电子数据审核相结合的方式对天津关区70个审核作业开展审核复核，发现问题作业35个，制发“审核复核工作情况表”24份。多种形式开展执法监督。开展天津关区2022年度企管全领域专项执法检查，覆盖4个业务条线8个业务类别，发现问题16项，均整改完毕。同时完善相关制度1项，填补业务空白1项，增设内控节点5个。就新增自查自办简快案件加强职能管理。加强对案件适用条件、证据材料、程序、文书、处罚幅度等方面的研判，对所有自办简快案件实行台账管理。稽查自办简快案件39起，共发现问题作业2起，更改法律文书1份，撤销行政处罚1起。

【安全生产责任落实】2022年，天津海关严格落实安全生产责任，扎实开展安全生产大检查。落实海关特殊监管区域、保税监管场所安全生产，实现特殊监管区域危化品进出区信息共享。明确保税仓库、出口监管仓库安全生产要求，规范保税仓库、出口监管仓库审批程序。开展保税仓库、出口监管仓库安全检查8次，组织业务专家进行安全抽查8次。强化与地方商务主管部门、生态环境、应急管理等部门的联系配合，建立安全生产隐患及时通报制度，从属地查检执法作业安全、进出口危险品属地查检生产安全入手，通过业务培训、全面自查、建立台账、整改落实、监督检查等方式，对18个隶属海关的属地查检安全生产进行全面排查。加强内部管理自查自纠，定期开展日常自查、检查等，运用科技手段开展视频监控，及时发现和解决问题，有效化解安全生产隐患形成长效工作机制，遏制突出风险问题演变成安全生产事故。

【稽查北部协作区建设】2022年，天津海关发挥牵头海关作用，稽查北部协作区建设工作稳步推进。根据海关总署海关稽查协作区工作方案相关要求，研究出台海关稽查北部协作区工作实施方案、海关稽查北部协作区联席会议办公室建设运行工作方案和海关稽查北部协作区大数据分析中心建设运行工作方案，为协作区工作开展夯实制度基础。组织召开2022年海关稽查北部协作区第一次会议，天津海关通报海关稽查北部协作区工作实施方案，协作区所属15个海关分别就本关稽查工作情况、对协作区工作实施方案的相关意见、

▲2022年7月8日，天津海关牵头召开海关总署2022年海关稽查北部协作区工作会议（天津海关企业管理和稽查处 供稿）

建议等问题进行交流发言。年内，部署在北部协作区开展进口再生硅钢片企业稽查行动、出口钢铁产品稽查行动、四水硝酸钙稽查行动3项专项行动，参与出口危化品漏检稽查行动。组织协作区海关召开工作座谈会和多次稽查行动案情通报会，介绍和交流专项行动有关案情，讨论下一步行动。

【承接涉检行政处罚职能】2022年，天津海关企业管理和稽查处平稳有序承接涉检行政处罚职能工作。根据海关总署企业管理和稽查司7月28日对涉检行政案件职能管理于8月1日调整的工作要求，牵头开展涉检行政处罚职能交接工作。与天津海关缉私局建立长效沟通机制，承接涉检行政处罚系统管理运维。组织征求对海关总署《海关检验检疫行政处罚裁量基准（征求意见稿）》《海关检验检疫行政处罚案件立案指引（征求意见稿）》征求意见，并组织专班进行专题研讨，提出意见建议20条。梳理现行涉检法律法规，调研各执法现场涉检案件办理情况，摸底各隶属关执法人员，全面掌握天津关区涉检行政处罚案件数量、违规内容、案件性质、分布、流程等情况。在广泛征求相关职能部门和各执法现场意见建议的基础上，制订天津海关检验检疫行政处罚工作职能移交过渡期工作方案，召开2次天津关区检验检疫行政处罚工作推动部署会，结合各隶属海关现行办案模式，明确涉检行政处罚工作职能移交过渡期内“简快案件”适用范围和危险品涉检案件的办理流程。规范涉检系统管理操作，对案件线索的移交、受理、调查、审理、执行等环节的基础配置和人员授权进行集中调整，特别是涉及多部门的疑难复杂案件的人员岗位配置和流程配置，确保系统运行顺畅。

【属地查检改革】2022年，天津海关稳步推进属地查检改革。研究出台《天津海关属地查检改革方案（试行）》《天津海关属地查检部门间联系配合办法（试行）》。制定时间表路线图，实地走访8个隶属海关，搜集解决各类问题28个，初步搭建天津关区属地查检工作框架，逐步厘清职责边界。天津海关稽查部门建立与风控部门之间的长效联络机制，主动协调该关综合、卫生、动植、食安、商品、监管、科技等职能部门，解决指令流转、指令修撤、管辖权限、抽采样等问题45个。针对属地查检领域安全生产工作和审计重点关注问题开展4次专项检查，实现日常监控常态化，促进现场作业规范化、程序化，防范业务风险。针对企业逃漏检、查检指令执行等风险，属地查检部门与稽核查部门实施执法联动220次，压缩外勤下厂220批次，移交稽查案件4起。探索创新视频查检模式，以企业信用管理为基础，以货物风险为核心，在严格查检作业管理的基础上探索远程视频查检新模式。

▲2022年7月13日，天津海关联合天津市商务局召开“稳企暖企 助力企业提质享惠再升级”高级认证企业政策宣讲会（天津海关企业管理和稽查处 供稿）

【优化对企服务】2022年，天津海关加强对企服务，为企业纾困解难。制订印发天津海关学习宣传贯彻党的二十大精神进企业活动工作方案及配套工作台账，梳理构建新型监管机制、促进保稳提质等宣传内容8大项18小项，逐项制定宣传内容、途径和完成时限，促进海关各项惠企政策“直面企业、直达快享”。织密“网格化”服务网阵，解决企业在进出口通关及日常监管过程中遇到的各类突发问题、复杂难题，助力企业稳住订单、稳住市场份额。搭建网格226个，设立隶属海关“总网格员”26人，“网格员”258人，对接入群收发货人8743家，为企业解决实际问题928个。发挥协调员作用，通过高级认证企业群、中国海关信用管理平台等途径收集解答企业通关问题。收集解答企业问题36家次、推送政策352条、搜集意见15条、解决困难40项。

撰稿单位

天津海关企业管理和稽查处

查缉走私

【概况】2022年，天津海关贯彻落实习近平总书记关于打私工作的重要指示批示精神，践行总体国家安全观，全面落实海关总署关于开展打击走私“国门利剑2022”联合行动部署，立足天津关区打私主阵地，着力推进缉私专业能力建设，大力加强海关全员打私，开展反走私综合治理，查缉各类走私违法活动。全年，侦办走私犯罪刑事案件156起，案值24亿元。行政立案3102起，案值25.5亿元，案值千万以上或涉税百万以上案件12起。天津海关缉私条线的职能管理由天津海关缉私局负责。天津海关缉私局为副厅局级建制，主要职责包括：在中华人民共和国关境内，依法查缉涉税走私犯罪案件和发生在海关监管区内的非涉税走私犯罪案件，对走私犯罪案件和走私犯罪嫌疑人依法进行侦查、拘留、执行逮捕和预审工作，对侦查终结的

▲2022年7月5日，天津海关开展“使命2205”打击二手采棉机走私专项行动（韩宁　摄）

▲2022年7月19日，天津海关开展“使命2210”打击汽车走私专项行动（韩宁　摄）

走私犯罪案件移送检察机关审查起诉；对不构成走私犯罪的走私行为，构成走私犯罪但依法不追究刑事责任的走私行为，违反海关监管规定的行为以及法律、行政法规规定依法由海关查处的案件依法进行调查、审理和行政处罚；接受和办理地方公安、工商行政管理和烟草专卖等行政执法机关查获移交的走私犯罪案件和走私、违规等行政违法案件；依法办理、参与和海关缉私部门有关的申诉、复议（其中行政复议由海关法规部门办理）、诉讼、赔偿；受理检举、控告，对查办情况进行反馈，并依据有关规定实施奖惩；依法对抗拒、阻碍海关缉私部门执行职务的行为进行治安处罚，对情节严重、涉嫌刑事犯罪的，移交地方公安机关处理；承办国务院及海关总署、公安部交办的重大走私案件和其他事项；负责反走私社会综合治理工作以及反走私形势分析。年内，天津海关缉私局设有内设处室10个，分别为：办公室、政治处、警务督察处、纪检监察处、情报技术处、法制处、案管中心、侦查处、直属队、查私处。隶属缉私分局5个，分别为：天津新港海关缉私分局、天津滨海机场海关缉私分局、天津保税区海关缉私分局，天津经济技术开发区海关缉私分局、东疆海关缉私分局。直属缉私科2个，分别为：邮局海关缉私科、静海海关缉私科。

【刑事执法】2022年，天津海关组织开展“使命”系列专项行动11次，立案侦办涉税刑事案件40起，案值17.4亿元。立案侦办非涉税刑事案件116起。专项行动主要包括：组织“使命2205”打击二手采棉机走私专项行动，案值4亿元；组织“使命2209”打击套代购走私专项行动，刑事立案4起；组织“使命2210”打击汽车走私专项行动，刑事立案9起，涉及走私奔驰、丰田、路虎等车辆百余台；组织“使命2211”打击伪报品名走私专项行动，案值1.6亿元。立案侦办农产品类案件8起，涉及冻品、酒水、烟草及坚果等。

6月22日至9月30日，天津海关开展夏季治安打击整治“百日行动”，共刑事立案76起，案值7.6亿元，其中涉税案件16起、非涉税案件60起；行政立案707起，案值19.42亿元。其中，“国门勇士2022”缉枪治爆专项行动打击枪支弹药走私共刑事立案11起，抓获犯罪嫌疑人2名，查获气动力枪9支。缉枪治爆专班分别与天津市公安局北辰刑侦支队、公安河西分局开展联合作战，共查获枪形物15支、枪托3支、弹夹27个、管制刀具31把。

【行政执法】2022年，天津海关提升行政处罚执法办案质效，行政案件办案周期大幅压缩，海关总署批复案件、重大案件和收缴案件1年内办结率、行政一般案件270天执行完毕率均为100%。行政一般案件立案、调查、审理、结案效率均大幅领先全国均值水平。在海关总署2022年度行政案件指标考评中，天津海关得分位居全国前列。推动打击骗取留抵退税和出口骗取退税工作，多次与天津市公安局经侦总队、天津税务局稽查局等部门召开联席会议，通报案件情况，研判案件线索，将典型案件通过国税部门移交地方公安办理，地方公安立案侦查骗税案件3起。制作简快案件办理“二维码”，当事人可以“一键式”获取案件办理流程及相关材料，实现在天津关区行政案件办理中的全覆盖运用。

【法治建设】2022年，天津海关缉私局牵头海关总署“行政执法办案应用系统”试点工作。先后组织4次集中培训，参培关警员56人次，成功完成测试案件81起，电子支付22笔，在全国首次实现行政处罚案件全流程网上办理。该系统已测试成功。协助开展海关总署署级立法调研工作，就《中华人民共和国出口管制法》适用情况及《中华人民共和国海关行政处罚裁量基准（一）（征求意见稿）》，广泛开展内外部调研，在听取天津报关协会和20余家报关公司、进出口企业意见建议的基础上，结合工作实际研究提出具体意见反馈海关总署。

【大数据分析】2022年，天津海关重点开展大数据深度分析研判，联络海关总署缉私局、广东分署缉私局等相关部门，进一步获取相关系统授权支持，充实三网（即海关网、公安网、互联网）系统；强化同天津市公安局的联系配合，获得天津市公安局视频大数据综合应用平台授权。全年，共接收处置各类线索164条。

【综合治理】2022年，天津市打击走私综合治理领导小组办公室（领导小组办公室日常工作由天津海关缉私局负责）组织召开天津市全市打击走私综合治理会议，下发《天津市2022年打击走私综合治理工作要点》《关于进一步加强打击治理沿海区域走私工作的通知》，面向天津市各区政府签订2022年度打击走私综合治理责任书；下发《天津市2022年打击走私综合治理考评细则》。面向天津市31家反走私综合治理成员单位、各区政府设立相关载体，全年共刊发动态55期，简报17期，研究3期。强化反走私综合治理调查研究，聘任33名特聘研究员，3篇文章在全国打私办相关载体刊发。

天津市打私领导小组各成员单位立足主业，突出打私，发挥职能作用。在市场流通环节，天津市市场监管委共检查经营主体11418户次，将12起违法经营进口冷链食品情事移交处理；天津市烟草专卖局共查处走私卷烟案件55起，查获走私烟105万支，货值140万元。在审查审判环节，天津市人民检察院建立重大案件办理小组机制、案件提前介入机制、预先研判机制和追赃挽损机制，全力做好走私案件审查起诉工作。在海域管控方面，天津出入境边防检查总站对天津港口口岸入境船舶实施100%登轮查验，建立一支覆盖天津港口口岸全域的边检协管员队伍；天津海事局完成巡航监管任务363次，累计巡航里程10682海里；天津海警局出动执法舰艇249艘次，航程16861海里，破获1起走私国家禁止进出口货物、物品案，查扣涉案船舶1艘、集装箱14个、焊条墩包69.8吨，案值400余万元。在基层治理方面，天津市滨海新区下发《滨海新区人民政府关于“三无”船舶联合认定操作方法》。选树天津市滨海新区寨上街为天津市反走私综合治理示范点，构建街—社区（村）—网格的三级网格化打击走私工作体系。

此外，天津海关与天津市相关部门协作、做好“双无”（无法确定责任人或无法退运的非法入境固体废物）固废无害化处置工作，全年无害化销毁“双无”固体废物238.5千克。天津海关向天津市规划和自然资源局、国家海洋博物馆移交1294件罚没走私濒危陆生野生动植物及其制品并联合召开新闻发布会。天津市海警、市场监管、烟草、公安、海事等部门加强非设关地走私风险的管控治理，共查办走私案件6起。天津市滨海新区打私办、公安、海事、海警、边检等部门联合开展“春雷2022”整治清理“三无”（无船名船号、无船舶证书、无船籍港）船舶专项行动，全年累计查扣“三无”船舶70艘，拍卖144艘，拆解处置30艘。

【“国门利剑2022”联合行动】2022年，天津海关贯彻落实习近平总书记关于打私工作的重要指示批示精神，聚焦“国门利剑2022”联合行动，侦办走私犯罪刑事案件156起，走私行政案件3102起。

成功侦破逃避商检出口化肥系列案件，刑事立案25起，查证、查获非法出口有

▲2022年6月22日，天津海关召开“6·26”国际禁毒日新闻发布会（李博文 摄）

机无机复混肥、尿素等8.5万余吨，案值约1.7亿元。首次查获海南离岛免税“套代购”走私案件，刑事立案4起，查扣化妆品等582件，案值300余万元。成功侦破一起低报价格走私旧采棉机案件，查扣美国产“约翰迪尔”旧采棉机8台、违法所得2000余万元；查证二手采棉机、收割机等383台，案值4亿元。侦破一起较为罕见的集装箱货运渠道走私卷烟案，查扣多品牌卷烟66519条，案值2700万元。侦破一起涉嫌利用特殊监管区政策自我国香港走私进口红酒等货物进境大案，案值1亿余元。立案侦办走私武器弹药类案件11起；侦办毒品走私案件33起，查获冰毒、含咖啡因制品、大麻制品等多类毒品；侦办危险品逃避商检出口刑事案件3起；立案侦办“洋垃圾”走私案件4起。

联合第二、第三缉私战区部分成员局共同开展打击“蜈蚣止咳丸”专项行动；与满洲里海关缉私局协同开展打击化肥走私专项行动；与大连海关缉私局、乌鲁木齐海关缉私局协同开展打击农用机械走私专项行动。

【打击“洋垃圾”走私】2022年，天津海关印发“蓝天2022”专项行动方案，全面安排部署打击“洋垃圾”走私专项行动的开展。制发关于加强固体废物违法输入境内行政案件处罚工作的指导意见，从严打击各类固体废物违法输入境内行为，严禁以罚代刑，避免违法降格处罚，防范执法风险。加强与天津市有关部门的联系配合，形成“源头控、口岸防、国内查、后续打”的有机整体。全年，打击“洋垃圾”走私共刑事立案4起，行政案件48起，查证固体废物1144.58吨，退运涉案固体废物2687吨。

【打击象牙等濒危物种走私】2022年，天津海关制发“护卫2022”专项行动方案，重点就天津口岸行邮、船员入境等渠道濒危动植物及其制品走私态势进行分析；加强与地方相关部门的联系配合，多次与天津市公安局、天津市规划和自然资源局、国家海洋博物馆、天津市渔政渔港监督管理处等部门开展深度合作。分2批次向国家海洋博物馆移交罚没走私濒危野生动植物及其制品1294件。对2起走私珍贵动物案件进行深挖扩线。通过组织专人对书证、电子证据进行分析整理，对案件进行深入研判，持续扩案，2起案件涉嫌走私国家二级保护动物石珊瑚数量分别由立案时的1750块和3291块扩案至13200块和5962块。参加天津市野生动物保护工作领导小组办公室组织开展的打击整治网络非法野生动植物交易专项行动，收缴走私野生动物及其制品15件，共7.315千克。全年，打击象牙等濒危野生动植物及其制品走私行政立案14起，查扣象牙制品59.9千克、西洋参113克、紫貂皮1889张。

【反走私宣传】2022年，天津海关开展各类反走私宣传，在中央、地方主流媒体刊发打击走私新闻70条，在“中国反走私”官方、微博、公众号上刊发图文80余篇。制定并下发新闻宣传工作考核办法、舆情管控工作方案，进一步增强对新闻宣传和舆情管控工作的重视程度，加强重点、热点、亮点工作的宣传报道。在“3·5”学雷锋纪念日、“3·8”国际劳动妇女节、“4·15”全民国家安全教育日、“5·1”国际劳动节、“5·4”青年

▲2022年6月21日，天津海关联合多部门开展“健康人生 绿色无毒”禁毒宣传进社区活动（李博文 摄）

节、“6·26”国际禁毒日、“10·1”国庆节等重要时间节点加强新闻宣传工作。特别是“6·26”国际禁毒日，召开新闻发布会、组织禁毒宣传进社区、依托“天津反走私”新浪微博平台开展“6·26”国际禁毒日普法宣传大V探营、缉毒民警进电台等系列活动。上述活动得到了《人民日报》、“海关发布”、《中国青年报》、《法治日报》、《天津日报》、天津电视台、天津广播电台、“津云”等20余家中央和地方媒体，以及腾讯、“今日头条”等新媒体的宣传报道。国庆前夕完成原创微视频《无私》制作和宣传工作，视频发布在“中国反走私”“天津反走私”官方微博、公众号上，公安部“中国警察网”、天津市公安局“平安天津”视频号予以转载刊发。继续做好“天津反走私”官方微博的维护工作，全年共发布微博685条，累计阅读量1300万余次。全年，开展、参与案件等业务类宣传84篇次，涉及“洋垃圾”案件、毒品案件、化肥逃检案件、水烟案件、走私轮胎案件、劝返嫌疑人、濒危物种制品移交发布会、禁毒宣传、先进典型宣传、签订合作协议等内容。组织天津市打私领导小组各成员单位和天津市各区打私办开展反走私宣传“五进”（即进校园、进社区、进市场、进村屯、进企业）活动和集中宣传月活动，利用线上线下多种形式开展丰富多彩的宣传活动。

撰稿人

马绍峰 兰 卓 付 强 李 丽 张 鹏
张 维 郭晓璐 曹韫陶

第六篇

综合保障

政务管理

【概况】2022年，天津海关秉持“求实、扎实、朴实”的工作作风，落实“三应”（下对上的响应、左对右的呼应、上对下的反应）运行机制，加强统筹协调、参谋辅政、督促落实，努力提高“三办三服务”（办文、办会、办事，服务党委、服务职能、服务基层）水平，持续推动办公室工作提质增效。

天津海关办公条线的职能管理工作，由天津海关办公室负责。年内，天津海关办公室（党委办公室）主要职责包括：组织落实党中央、国务院决策部署和中央领导同志重要指示批示精神，落实海关总署党委、关党委各项决策决议、领导批示等，并组织督办检查；保障天津海关日常工作秩序和内外协调联络；承担综合性和重要会议会务；承担政研工作，起草审核关领导讲话等重要文稿；承担文电收发、档案管理。承办保密委办公室日常工作，并负责密码设备管理；承担各类信息载体编发、新闻宣传、舆情应对。承担值班应急管理、政务公开、信访、12360服务热线、关区外事工作，组织答复人大代表建议和政协提案。内设科级机构11个，分别为：综合科、文秘科、督查科、政务公开科、文电科、档案科、机要科、总值班室、新闻宣传科、信访办、12360科。

【参谋咨政】2022年，天津海关聚焦重点任务，聚焦中心工作，立足津关实际，对标系统先进水平，在全国海关系统多项研究工作中，提出津关方案、贡献津关智慧。年内，获海关总署相关载体刊发政研论文5篇，牵头海关总署4项课题，参与海关总署课题9项，参与青年课题1项，获评中央和国家机关青年理论学习小组“关键小事”调研攻关优秀成果一等奖。立足关区改革发展重点，组织关区各部门（单位），研究安全监管、服务发展、改革创新等工作中遇到的新情况、新问题、新挑战，提出新思路、新方法、新对策。结合重点工作任务研究确定天津海关关级课题两批，共计44项。浓厚政策研究氛围，激励关区干部开展政策研究，共编发津关政研51期。

【督查督办】2022年，天津海关认真落实“第一议题”制度，将督办落实习近平总书记重要指示批示精神作为首要政治任务，通过形势分析及工作督查例会汇报习近平总书记重要指示批示精神学习落实情况11次。建立台账管理工作制度、推诿扯皮报告制度和进一步加强请示报告工作的有关制度。规范并加强督促检查工作，修订天津海关督促检查工作实施细则，将督查内容由12项优化为9项，在督查范围未减少的前提下，工作重点进一步细化。完善重点督办事项周报告、月小结等有效工作机制，先后撰写并向上级报送重要事项督办落实情况周报37期，累计获得关领导批示42次。撰写报海关总署、天津市的请示报告、专题报告18件。进一步提升信息化工作水平，以“关区任务管理系统”为抓手，先后制发天津海关督办任务1121项，其中1081项已经办结，其余工作均在有序推进。牵头整治形式主义突出问题为基层减负工作取得明显进展，做好2022年度精简文件工作，科学制定下发文控制数，实际发文数较2021年度压缩45.57%。统筹规范检查和周期性工作材料正面清单工作，明确专项检查“确有必要”的原则，推动周期性工作材料较2021年进一步压缩7项。建立隶属海关、事业单位基层减负监测，密切关注关区为基层减负各项措施落实情况。推广“反馈汇总助手”等微创新，全年完成天津海关反馈任务62项，有效减轻干部不必要工作负担。

【文电档案】2022年，天津海关共计办理关级各类收发文14672份，同比增长2.7%。优化人员配置，提升应急保障能力，确保新冠病毒感染疫情期间公文运转顺畅，报海关总署、天津市的急文要文及时办理呈报。严格落实公文制发审核职能，把好公文制发最后一道关口，版式文件双人复核制度，报海关总署、天津市公文零差错。进一步规范涉密文件管理，压实保密工作责任，落实保密管理要求，为党的二十大期间涉密文件安全提供有力保障。在2021年度直属海关档案管理考核工作中，天津海关取得考核满分。推选档案工作骨干参加全国档案工匠型人才选拔工作并成功入围全国档案工匠型人才评审候选人。完成2021年度3855件、138盒文书档案归档工作。开展已超过保管期限的文书档案和税费档案销毁前鉴定和整理工作，完成文书档案审核4140件，过期（1960—2011年）海关会计税费档案鉴定4549卷。开展关区档案库房安全自查并完成相应整改工作，消除消防安全问题隐患，有效提升了档案安全保障能力。开展“国际档案日”和《中华人民共和国档案法》宣传活动，结合线上、线下、视频、展览、观摩等多种形式普及档案知识、扩大宣传效果。

【政务公开】2022年，天津海关推进基层海关政务公开标准化规范化建设。完善公开制度建设，制订推进隶属海关政务公开标准化规范化能力提升工作方案、全面落实海关领域基层政务公开标准指引“达标创优”工作方案，推动19个隶属海关制定本部门公开规程、公开审查规定、依申请公开文件等制度，年内各隶属海关全部完成指引对标任务。打造具有海关特色的向民公开、为民服务、对民负责、受民监督的“‘津’心公开 阳光为民”政务公开服务品牌。除天津海关品牌外，还有9个隶属海关创建了自己的政务公开服务品牌，如东丽海关“亮丽政务”、塘沽海关“易企阳光”、天津南疆海关“‘南’事易解，服务无‘疆’”、北辰海关“阳光兴辰”、武清海关“清政公开”等。组织开展基层政务公开示范单位评选活动。通过自荐、考核组抽查检查、综合评分评选出塘沽海关、北辰海关和天津

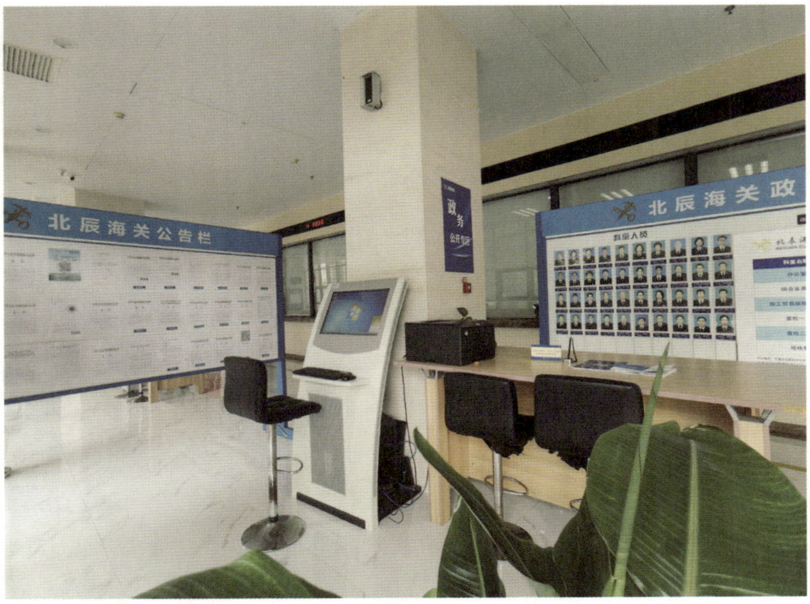

▲ 2022年8月2日，天津海关所属北辰海关政务公开专区建设完成（王喆　摄）

新港海关3个隶属海关作为天津海关基层政务公开示范单位。

【国家安全】2022年，天津海关组织开展保密宣传教育月活动。组织涉密人员和重点岗位工作人员利用“保密观”公众号和“中国保密在线”网站培训系统参加保密教育线上培训，共有437名同志参加培训，参训人员全部通过保密知识考核，优秀率超90%。制作微视频作品《“邱小姐”诞生记》，在国家保密局组织的“保密故事大家讲”主题讲述活动中获得“保密故事新锐讲述人”奖项。组织各类国家安全宣传活动，开展“国门安全进校园、进社区、进乡村”活动，深入7所大中小学和5个社区、乡镇开展国家安全科普知识讲座；带领其中约200名师生沉浸式参观天津滨海机场海关国门安全展，通过展览进行国家安全宣传；通过天津电视台、《天津日报》等媒体刊发国家安全相关文章62篇次、文字报道45次；在天津海关公众号“悦动津关”开设国家安全专栏，制作科普微视频、发布系列文章共30余篇；在22个服务大厅张贴宣传海报、悬挂布标，发放各类宣传单、宣传手册共7226份。

【应急值守】2022年，天津海关保障元旦、“冬奥会”、春节、两会、清明节、端午节、劳动节、“天津市党代会”、中秋节、国庆节、党的二十大等重要节日或特殊时期值班值守正常，累计值（带）班2344人次。全年，共向海

▲ 2022年4月15日，天津海关“国门安全进校园活动”以线上方式给广大中小学生介绍国门生物安全知识（王喆　摄）

关总署报送天津海关值班信息162期。完善值班应急制度规范，统筹值班室规范化建设，完成海关总署值班点名视频接入。持续完善三级预案运行体系，对职能部门牵头的22项专项预案持续推进修订废止工作，督促推动火灾事故、网络安全、新冠病毒感染疫情防控等专项预案应急演练20余次，持续提升值班应急分级响应、紧急处置能力。明确重大自然灾害、重大事故灾难、重大公共卫生事件、重大社会安全事件、重大舆情事件等11种需报告的情况，制定模板，分类指导、30分钟内口头或书面报告。探索建立值班与安保、信访等联动机制，将应急响应关口前移，增强应急处置合力。

▲2022年4月22日，天津海关参加天津市“天津自贸试验区改革创新引领高质量发展”主题新闻发布会 （顾建柱 摄）

【政务及互联网信息】2022年，天津海关发挥优势，适应形势持之以恒推动信息量质齐升。在报海关总署信息方面，发挥互联网信息、呈报信息优势，互联网信息咬紧第一梯队，确保两会、“互联网综合训练营”、党的二十大、领导人出访等专班全程参与。互联网信息绩效考核分同比提升50%。呈报海关总署信息署领导批示率达60%，特别是问题建议类信息有力发挥参谋决策作用，政策文件或研讨会议转化率近30%。快报信息采用量达140多篇，同比提升40%。在报天津市委市政府信息方面，2022年继续保持第一梯队，中直机构第1名。在关内信息方面，挖掘、编报更多问题建议类、成效总结类、工作进展类信息，打造天津海关工作展示交流“窗口”。全年，编发每日信息247期、情况通报121期、关长专报35期、关长专报关领导批示率达80%。

【新闻宣传】2022年，天津海关新闻舆论工作紧跟形势任务要求、围绕中心工作需要，及时传播海关声音，讲述海关故事，围绕“喜迎二十大”主题主线，扎实落实天津海关党委有关新闻宣传工作的指示要求，深入现场一线，挖掘新闻素材，多渠道展示天津海关亮点工作，多角度讲述天津海关好人故事。全年，天津海关报送的新闻宣传稿件和素材被系统内外各类媒体报道共计1617余篇次，其中被《人民日报》、中央电视台分别单独报道5篇次、21篇次，同比分别增加40%、14.3%，特别是被中央电视台采用视频画面23篇次，同比增加15.6%；被《经济日报》、《科技日报》、《人民日报（海外版）》、人民网、中新网、央广网等其他中央主要媒体报道256余篇次，同比增加41%；自主召开或参加天津市新闻发布会共计18次，同比增加11.1%。

【天津海关12360热线（含信访）】2022年，天津海关12360热线落实海关总署“保持势头，擦亮窗口”工作要求，共受理来电咨询4.3万人次，接通率99.68%，连续多年排名全国海关第1名，通话排队平均时长0.73秒，全年热线共转办解决问题1997件，通过“天津海关12360热线”公众号制发政策指引类文章143篇。主动提升热线移动服务能力，不断向海关总署和先进海关学习，在海关总署的指导和技术支持下，搭建覆盖热线全员的移动办公应急接听线路，实现坐席远程办公接听电话，成为全国第3个开通移动话务接听的海关。在新冠病毒感染疫情形势严峻的时期，热线全体人员居家上岗，克服感染后不适症状，坚守岗位接听热线，全力保障热线工作正常运转，其间共居家受理电话咨询1301件，接通率99.15%，解决疑难问题86件。在此期间，获企业拨打海关总署12360热线表扬1次，关长信箱表扬1次，接受企业感谢锦旗1面。开发上线“12360热线智慧统计分析系统”，预先设计记录模板，将话务信息进行模板化记录，将重点工作和问题类型设计制成类型标签，使问题在流转全过程拥有“身份”标记。目前已设计记录模板56个、问题类型标签24个。系统可自动实现大数据统计分析，分类生成话务问题变化趋势数据，客观反映外界集中诉求和关区业务问题，为上报动态及通报提供数据支持，以智慧手段达到辅助决策作用。“天津海关12360热线”公众号开发上线“服务前哨”小程序，将公众号发布的文章及提供的服务进行分类，实现了用户搜索功能，使海关政策举措直达企业“指尖”。集成关区“易企办”“验了么”“发了么”“查验查询”等对外服务模块，实现公众号在线直接查看业务办理流程和提供服务指引，目前已升级发布2.0版本。组织《信访工作条例》学习，全力维护两会，北京冬奥会、冬残奥会，党的二十大期间信访形势平稳，畅通信访渠道，落实“关长接待日”相关工作，在天津海关官网公示天津海关及各隶属海关信访接待地址、电话、邮箱、“关长接待日”等相关信息。

【提案办理】2022年，天津海关制定下发天津海关办理人民代表大会代表建议和政协委员提案工作管理办法，构建了办前沟通了解、办中跟踪问效、办后回访测评工作机制，全流程明确工作要求，全体系落实督查督办。答复完成后，以电话、函件等形式向人大代表、政协委员开展满意度调查，连续4年结果均为满意，办结率、满意率均保持100%。组织“人大代表走进百年津关 齐心协力共谋天津发展”实践交流活动，邀请天津市人民代表大会常委会副主任，天津市人民代表大会常委会机关及40余名人民代表大会代表走进海关实地调研，深入了解天津海关监管服务情况，并参观“天津海关关史展”“国门安全展”，观摩缉私犬查缉毒品现场演示，并到快件监管现场考察。全年，天津海关共接收人民代表大会建议8件，政治协商委员会提案7件，均为会办件，均已按期办复。畅通“海关—企业家代表委员”沟通渠道，组织开展5期“海关—企业家沙龙”活动，把人民代表大会代表、政协委员企业家代表“请进门、面对面”交流。

【“一流海关”建设】2022年，天津海关持续开展“对标达标”工作，以“一流海关”工作质量评价指标体系引领关区高质量发展。以“瞄准一流、对标达标”为思路，确定政治统领、把关能力、服务能力、工作效率、创新能力、法治工作、廉政建设、综合保障8个重点领域评价指标，分解为22项核心指标和36项细化指标，逐项明确目标值，通过分位点测算、曲线拟合、数据测试等环节，建立数学模型，将宏观、抽象的管理工作具体化、数字化；组织各指标责任部门和隶属海关分别制订落实推进计划和具体实施方案；每月进行动态监控和分析评估、每季度及时督导推动、全年进行综合评估。年内，共撰写专题分析报告10期，查找关区工作堵点难点，共提出建议40余条。从指标体系“达标”情况来看，全年36项细化指标中有31项达标，达标率为86.11%；其中14项达到满分，满分率为38.89%。在指标体系引领下，通关时长、提升船边直提抵港直装规模、提前申报、人工分析布控查获率等重点业务指标稳步提升，并牵引多项指标实现横向、纵向提升，为天津海关领导决策提供辅助和支持，有效提升关区管理“规范化、标准化、信息化”水平，带动关区工作整体持续向好发展。

【调查研究】2022年，天津海关以“三个导向”开展调查研究。目标导向，紧密围绕习近平总书记重要指示批示精神和党中央重大决策部署，落实中共中央关于大兴调查研究工作要求，紧盯海关总署党委重点工作部署，锚定全面建设社会主义现代化海关目标，科学设置课题、组织研究，为全国海关改革发展提建议、出对策。问题导向，将问题解决得好不好作为衡量调研成效的重要标尺，关领导带头，关区所有部门、单位参与，深入基层一线和企业调研，查找、分析、解决海关执法服务中的难点堵点问题，回应企业诉求。需求导向，围绕天津市外贸发展所需，与地方商务部门、管理委员会加强跨部门、跨领域联合研究，查找海关工作的切入点和发力点，将海关需求纳入地方发展布局，推动实现关地互赢。全年，共向海关总署报送调研报告5期，相关研究成果获得海关总署相关载体刊发4期。围绕关区业务运行中的堵点、难点问题，聚焦领导关注的改革新情况，组织调查研究，撰写情况报告，共刊发领导参阅26期。

【内部新冠病毒感染疫情防控】2022年，天津海关秉持“求实、扎实、朴实”的工作作风，根据海关总署关于内部新冠病毒感染疫情防控的有关要求，立足天津市新冠病毒感染疫情防控工作总体形势，周密组织关区内部新冠病毒感染疫情防控工作。先后协调落实海关总署和属地联防联控机制各类指令240余件，确保有关要求传达部署细致周密、稳妥有序。先后修订两版天津海关内部新冠病毒感染疫情防控工作方案，并通过80余篇次公告、邮件、综合组公文等明确临时性、紧急性防控管理要求。按照分级分类、聚焦重点的原则，对新冠病毒感染疫情防控一线人员、冷链风险监测人员实施隔离轮休制度，全面落实“应检尽检”工作要求，先后组织2万余人次干部职工定期接受检测。建立各部门（单位）新冠病毒感染疫情防控安全防护监督员队伍，每周开展巡查检查，办公室、卫生检疫处等相关职能部门结合内部新冠病毒感染疫情防控重点区域、重点场所及人员开展实地检查、视频检查、交叉互查等多种形式监督检查50余次，发现问题40余项并全部纳入问题整改。

【门户网站管理】2022年，天津海关紧贴企业需求，提升门户网站政策解读服务效能。牵头建设天津海关服务贸易便利化、AEO企业认证、跨境电商B2B、政务服务事项办事解读等一系列重点服务专题和“船边直提”、“抵港直装”、RCEP 3个重点事项专题，为企业提供一站式集成服务，提升进出口企业和人民群众的获得感、满意度。年内，通过天津海关门户网站发布信息1651篇，同比增加28.7%；收到公众留言541条，与上年同期持平；在天津海关门户网站发布政策解读134篇，同比增加71.8%，被海关总署门户网站采用22篇，同比增长83%，位列直属海关第2名；天津海关制作的“‘两步申报’——为企业通关提速减负”门户网站场景式服务专题获评2022年部委网站十佳优秀创新案例。

【国际合作】2022年，天津海关把推进“三智”工作与服务共建“一带一路”高质量发展、推进关际合作上水平有机结合，形成了以“三智”合作白皮书为理论基础，以工作专班为机制保障，以试点项目为推进抓手的“三智”工作体系。开展“三智”理论研究与宣传推广，牵头完成“借鉴国际海关智能化建设及合作良好实践 服务‘三智’建设与发展研究”“践行‘三智’合作理念推动‘安智贸’提质增效”两项海关总署级“三智”课题；“三智”建设与合作情况被各类媒体报道90余篇次。推进与新加坡关税局的关际合作，就“三智”合作项目达成共识。组织关区技贸专家，及时了解企业在出口贸易活动中遇到的技术壁垒问题，综合运用通报评议、提出贸易关注等机制，准确反映企业诉求，维护企业利益。全年，报送WTO/TBT、SPS特别贸易关注议题17个，通报评议意见6个。选派3名技贸骨干参加WTO/TBT、SPS委员会视频会议。

【关史研究】2022年1月20日，天津海关印发加强海关史研究的工作方案，从指导思想、组织架构、重要任务及分工等方面建立机制，保障天津海关史研究的顺利进行。成立加强海关史研究工作领导小组，领导小组下设办公室（以下简称“关史办”），主要承担领导小组日

▲2022年12月20日，天津海关“‘两步申报’——为企业通关提速减负”门户网站场景式服务专题获评2022年部委网站十佳优秀创新案例　（潘佃安　供稿）

常工作，主要任务为牵头制订研究规划，协调推进各相关单位工作运行，确保按照海关总署关史办要求，高质量完成海关史研究和年鉴编纂任务。

关史办加强与海关总署课题主管部门的联系，面向天津关区做好海关史研究课题征集工作。年内，天津海关的“中国共产党对津海关的接管改造与新中国海关肇基研究”“建国以来海关工作指导方针和管理体制演变历史研究”“近代以来西方列强如何通过外籍税务司制度影响我国政治经济”被海关总署确定为海关史研究课题。关史办加强与课题承办单位联系沟通并予以指导，顺利完成课题研究。

1月，天津海关成立编纂委员会和编辑部，开始组织编纂《天津海关年鉴》，作为海关史研究的编年史料。《天津海关年鉴（2022）》是天津海关编纂出版的首部年鉴，由关内50个供稿部门（单位）、100多人撰编审人员合作完成。该年鉴以习近平新时代中国特色社会主义思想为指导，紧扣年度工作主题，真实记载天津海关在贯彻落实党中央、国务院、海关总署决策部署中取得的新业绩、新进展和新经验，客观反映新时代海关强化政治机关建设取得的新成效，全面体现海关人服务国家战略、强化监管优化服务、统筹新冠病毒感染疫情防控和促进对外贸易发展等方面的生动实践，是全面展示天津海关2021年高质量“一流海关”建设的窗口。年鉴采用分类编辑法，设政治建设、业务建设、综合保障、隶属海关、事业单位等9个类目。全书35万字，内含专题图片82张、随文图片173张。

撰稿人

李海彬　孙亦峰　田志鹏　崔延鹏　潘佃安
刘晓婷　阎　君　杨晓娟　徐　辉　洪　昉
尔　悦　胡东明　王晓苗　魏　巍

财务管理

【概况】2022年，天津海关学习贯彻落实习近平总书记重要指示批示精神，按照海关总署以及天津海关党委要求，扎实做好常态化疫情防控形势下的财务保障工作。年内，除基建工程外，其他上年结转资金均100%完成，“一流海关”当年预算资金执行率指标达到99.02%；共核销各类税单1125387票，产生报表250张；年内财政拨款预算执行率为100%；缉私警察财政拨款预算执行率为100%；天津特派办当年财政拨款预算执行率为94.26%。组织召开天津海关事业单位及经济实体监督管理委员会8次，审议天津海关后勤管理中心提交的所属企业改革事项共计15个议题。天津海关财务条线的职能管理工作，由天津海关财务处负责。具体职能如下：拟定各类资金、基金、税费、财务会计、基本建设、政府采购、涉案财物等管理制度并组织实施，承担天津海关预算绩效管理、财务内控和监督检查工作；审核、编制、管理天津海关中长期财政规划，承担天津海关的预算、决算管理和会计核算管理工作，承担天津海关国库集中收付管理工作，办理各类经费的领拨手续，承担各类经费、资金、基金和专项拨款等监督管理工作；组织管理天津海关基本建设，监督基本建设项目实施；承担天津海关各项税收资金以及罚没收入等非税收入管理工作，办理税收入库核销统计、非税收入的缴交和会计核算工作；承担海关行政事业性收费工作，归口管理天津海关事业单位及所属经济实体经营服务性收费；指导监督天津海关事业单位、经济实体的财务管理工作；承担天津海关日常财务管理和会计核算工作；承担天津关区干部职工社会保险相关工作；管理天津海关银行账户和各类票据；承担已移交涉案财物的保管、变卖、处置等管理工作；承担天津海关政府采购监督管理工作；拟定天津海关车船装备及油料、制装等装备设备的管理制度、配置标准、需求计划、采购预算和分配方案并组织实施，承担天津海关公务用车制度改革工作；拟定海关国有资产管理工作制度并组织实施，办理天津海关固定资产对外出租、出借、处置的审核、审批事项；拟定天津海关节能工作管理制度并组织实施；拟定天津海关后勤管理制度并组织实施，指导和协调天津海关后勤管理工作；代管海关总署驻天津特派员办事处财务相关工作；承办上级交办的其他工作事项。天津海关财务处内设机构有：综合科、预算科、经费一科、经费二科、税费科、事业单位财务管理科、基建管理科、装备管理科、资产管理科、公物处置科。

【预算管理】2022年，天津海关加强预算绩效管理。做好绩效目标编制、绩效运行监控、绩效自评等工作。提高审核通过率，确保所有的项目支出均纳入绩效目标、绩效监控及绩效自评管理中。重视绩效评价及结果应用，委托第三方机构对两个重点项目开展绩效评价，对一个隶属海关开展整体支出绩效评价。以天津海关所属武清海关为试点，启动单位整体预算支出事前绩效评估，参照《中央预算支出事前绩效评估管理暂行办法》，对事前绩效评估的对象范围予以拓展，探索和创新预算绩效管理机制。利用第三方机构对被评估单位申请的2023年预算总需求提供公允专业的评估报告，对被评估单位2023年整体预算支出做出评估。评估结果作为预算分配的重要参考，在被评估单位维持机关正常运转的基础上，实现资金使用效益的最大化，更为精准科学地落实“过紧日子”要求。研究建立符合天津海关特色的支出标准化体系，在关区各隶属单位编制和分配预算过程中加以推广。

【税费管理】2022年，天津海关采取有效措施，做好常态化疫情防控形势下的税费管理工作。主动与中国人民银行天津分行进行沟通协调，召开视频专题会议。双方议定，根据疫情防控要求，按照《天津市关库工作协作配合机制》，启动应急预案。双方共同商定一套疫情期间保障国家税款及时缴入国库，退税资金如期划转企业的措施，涉及人员配备、业务操作、票据传递、后备场所等多个方面。年内，天津海关作为试点海关，开展罚没收入收缴电子化试点工作。根据海关总署缉私局、财务司、科技发展司关于开展海关缉私行政执法办案应用与财务通用子平台互联互通及电子支付功能业务测试的通知要求，自3月15日至30日，在海关总署财务司的指导下，天津海关财务处与该关缉私局、中国人民银行天津分行共同参与海关总署组织的线上联调测试工作，发送测试数据近100条。3月30日当天测试环境下，3个测试点、9笔支付数据，测试成功。6月15日，实施“罚没收入收缴电子化”实操系统入库测试，2笔数据测试成功。全年，天津海关核销各类税单1125387票，累计实征各类税款1711.90亿元，其中关税403.92亿元、进口环节税1303.17亿元；共办理天津关区退税2961票，退税金额37.92亿元。

【经费保障】2022年，天津海关开展定额包干经费管理。建立健全厉行节约的长效机制，结合天津关区工作实际，出台《天津海关行政部门（单位）定额包干经费管理办法（试行）》，将包干经费按保障用途划分为各部门为保障日常办公的日常办公类包干、开展专项业务工作的专项工作包干和维持机关正常运转的后勤保障类包干3类，天津海关财务处根据年度财政预算批复情况、各部门年初实有人数、重点工作经费保障需求等因素综合考量测算，按年度下达包干经费标准和额度。着力加强支出环节的审核把关，严格执行海关总署落实中央八项规定精神细化措施，严控会议、差旅等经费，在保障正常运转的前提下大力压减一般性、非刚性、非重点项目支出。

【资产管理】2022年，天津海关贯彻落实党中央、国务院关于“过紧日子”的要求，加强制度建设，建立健全资产管理工作制度体系。建立基础台账。在固定资产系统根据目录代码科目逐一分次、分类导出天津关区资产数据约8.3万条，对资产账目进行账实核对，将设备与现有资产账数据进行实物设备与海关固定资产编码一一对应关联。推动房地产有效整合利用，有效盘活并利用闲置资产。对关区各类房地产进行排查摸底，全面了解权属信息、现有使用情况，分门别类建立海关自有房产、地方政府提供房产以及海关闲置房地产专项台账，夯实房地产管理数据。对关区闲置资产进行清点整理，登记造册，对多处闲置办公场所遗存物资进行清理；切实做好资产权属管理工作，厘清产权关系，夯实资产管理信息数据，同时，对长期积压的待处置资产予以处置，解决“销账难”问题。

【财务装备】2022年，天津海关做好疫情物资储备和管理。建立联席会议工作机制，累计召开联席会议6次。对疫情防控物资储备库开展联合检查。摸底防疫物资库存种类、数量、保障期限及消耗量等情况。调整物资储备红线预警机制，由原来的80天缩减至60天。印发《疫情防护物资处置机制（试行）》，每3个月定期对库存临期物资数量进行摸底统计。做好“节能减排”工作。组织天津关区20家单位完成节约型机关创建工作，创建比率达到100%。天津关区全年用水用电情况均达到海关总署要求标准；推进采购贫困地区农副产品工作；规范公务用车监督管理。定期排查安全隐患，压实主体责任。做好海关通用空白单证的保障工作；按照海关总署财务司关于做好2022年制服选购工作的通知要求，及时做好系统维护、人员信息统计工作，组织干部职工开展2022年制服选购工作。

【企事业管理】2022年，天津海关推动所属企业规范管理。加强对企事业单位收费管理，通过专项检查、收费项目、价格备案复审、企业电话随访等方式，多途径了解掌握天津关区收费管理的现状，预判管理风险。动态调整《要求企业接受的第三方服务事项清单》，按照条线管理原则，组织开展专项整治工作排查和审计自查工作。完成代管公司天海汇财务公司的公司制改革工作，下发关于开展天津海关2021年国家审计发现问题整改“回头看”工作的通知。要求各企事业单位对照《天津海关督察审计自查要点及风险清单》，逐项开展自查整改，同时对照《整改“回头看”核查表》涉及问题开展自查，针对只收费不提供服务或提供服务不到位的情况开展全面自查，重点核查国家审计问题是否彻底整改、是否重复发生、建立的内控节点执行情况、制度建立情况、整改长效机制落实情况等内容，防范审计发现问题再次发生。

【涉案财物】2022年，天津海关共办理涉案财物入库152批次，同比增长20.6%。共处置涉案财物出库113批次，同比增长83.0%。其中，对包括汽车、船舶等在内的38项涉案财物完成公开拍卖，拍卖所得全部上缴国库。销毁罚没卷烟制品4707条、水烟1449箱；集中销毁涉案侵权货物143批次、共计481.64吨、124.93万件；销毁罚没货物51批次、406.2吨。向天津市农业农村委、规划和自然资源局等部门移交濒危动植物及其制品902件、2077.82千克。召开天津海关涉案财物处置工作新闻发布会暨执法查没濒危物品移交仪式。11月17日，天津海关向国家海洋博物馆移交一批共计392件执法查没濒危陆生野生动物及其制品。中央电视台、《天津日报》、《中国国门时报》等多家媒体对活动进行报道。11月3日，举办年内首场海关涉案财物线下拍卖会，拍卖包括罚没车辆、钢坯、锰矿、乳胶等在内的8个标的物。

【预决算编报】2022年，天津海关提前启动预算的前期准备工作，汇总整理2022年经常性和专项支出预算需求，在海关总署下达预算控制数后，及时制订2023年度预算分配方案，开展预算编报工作。按照海关总署财务司关于提前启动2022—2024年项目支出规划编制工作的通知的有关要求，完成2023年度预算调研和预算上报工作，同时做好预算审核工作。根据海关总署财务司关于做好2021年度部门决算的通知和海关总署财务司关于编制2021年海关住房改革支出决算的通知的有关要求，按照“收支真实、数额准确、内容完整、报送及时”的原则，组织部署开展2021年度天津关区部门决算和住房改革支出决算工作。

【重点领域经费保障】2022年，天津海关优先保障涉及关警员切身利益的工资津补贴、医疗、社保、住房改革支出等民生项目。不断完善新管理体制下缉私部门综合保障体系，有效提升缉私财务保障能力。以“数据多跑路，警员少跑腿”为理念，完成系统经费管理模块的升级改造，增加财务报销网上申请模块，实现线上权限审批，减少单据流转周期，优化财务报销流程，提高资金使用效益，精准有效做好财务服务保障工作。

【资产整合利用】2022年，天津海关梳理资产历史遗留问题，建立工作任务清单，明确重点方向，抓住重点项目，紧盯重点环节，从解决问题的角度出发，严格遵守规章制度。着力解决2008年原天津海关塘沽办事处置换工作问题；就原武警营房土地征用赔偿问题初步与建设方达成赔偿协议；推动天津市河西区尖山红星里的拆迁赔偿事宜的落实；确定了南隔离场、原海关大型机检设备场地等土地的闲置利用计划，并严格按照计划逐步推进；为新河里等多名关产房承租户变更承租协议。加强同天津市内各区不动产权管理、规划和自然资源管理、国资、税务、勘察、档案等部门的联系沟通，完成原检验检疫产权变更海关产权登记工作56处。合理整合各类闲置资源，促进国有资产合理配置。加强闲置资产情况调研，对重点部门、重点领域尤其是对机构改革后人员及办公地点变动较大的部门、对资金密度大、设备专业性强的专业设备深入排查、详细了解，摸清天津关区设施设备使用状况和闲置资产情况。建立闲置资产回收利用机制，推进厉行节约。对分散在多个办公场所的闲置设备进行分类清点整理、登记造册，对尚有利用价值的办公家具等设备进行回收集中放置，跨部门调剂使用，提升设施设备利用效率，有效节约行政成本，全年，共调剂办公用家器具700余件套。

【政府采购和公务用车】2022年，天津海关根据现行的政府采购制度、集中采购目录及采购限额标准发布采购制度与目录及采购限额标准，明确办公家具、公务机票、车辆维修等采购工作要求。结合政府采购预算，筛选整理天津海关需公开采购项目，集中在中国政府采购网与天津海关门户网站同步发布采购意向。组织编制政采信息统计年报，完成海关总署2021年度报表远程会审工作。组织完成2022年度天津海关采购进口产品论证上报工作。梳理天津海关车辆底账，夯实规范公车管理基础；对天津关区内公务用车配备使用情况进行公示；开展2022年公务用车报废处置及更新工作，根据海关总署财务司关于海关执法执勤用车编制统计的通知要求，开展执法执勤用车编制核定工作，向海关总署申请执法执勤用车编制。

【财物安全】2022年，天津海关加强私货仓库安全规范化管理。加强对仓储企业的监督管理，签署严密的仓储保管协议，建立仓储企业考评机制，制订年度巡查计划，根据货物重点敏感类型，定期开展仓库巡查工作；加强危化品安全风险防控，确保易燃易爆等危险品，特别是危化品存放在符合国家有关规定的涉案财物保管场所。规范涉案食品、动植物及其制品的仓储工作，严格按照卫生检疫等要求进行保管；加强消防安全风险防控，全面排查消火栓系统和自动喷水灭火系统是否工作正常，排查电气线路是否老化、库存货物是否易燃、货物摆放是否合理、疏散通道是否不畅等问题。提升防盗安全系统科技化建设水平，通过发挥物联网电子标签及配套设备作用、加装防盗电子围栏、监控移动目标自动摄录预警等方式，实现常态化24小时无死角摄录和即时安全预警“双保险”；利用“制度+科技”手段，提升涉案财物处置工作水平，用好海关总署新版海关涉案财物管理系统，再造处置审批流程，实行仓储二维码动态管理，系统异常情况自动预警，及时归档电子版、纸质版档案。建立仓储防灾救灾应急预案，加强对各类灾害灾难有关知识的宣传和学习。定期组织有针对性的防灾救灾应急演练，检验并提高应急准备、指挥和响应能力。

撰稿人

王　阳　田建宾　冯　璐　陈　晨　赵　宏
贾　佳　殷　燕　曹　晋　崔　凯　郭　蕊
景玉伶　静　沛

科技发展

【概况】2022年，天津海关科技发展工作聚焦发挥科技引领支撑作用，加快推进智慧海关建设。完成的主要工作有：1个科研项目、2个课题获批2022年度国家重点研发计划立项；报送的科技需求首次纳入天津市科技局科技项目申报计划；首次获批天津市智库项目立项；获天津市科学技术进步奖1项；组织开展天津关区首批“揭榜挂帅”科研立项；深化“关港集疏港智慧平台”建设；移动P2+实验室圆满完成支援北京冬奥会、冬残奥会任务；组建团队针对基因测序成功攻关；创新建立“固移融合”5G移动专线技术方案，实现传统线路故障后的自动切换；完成党的二十大等特殊时期网络安全保障任务；在网络攻防实战演习中提交的两篇技战法报告被公安部评为优秀技战法；在海关总署“钓鱼”邮件实战演练中，系统内首个发现并报告、预警；持续推进国产化微机替换；研制的“H986+集装箱智能探测装备”实现了对集装箱内“核生化爆风险因子”有效探测和精准拦截；研发的“5G+辐射探测智能机器人”实现了对入境集装箱核污染剂量的远程自动化智能探测。

天津海关科技条线的职能管理工作，由天津海关科技处负责，具体职责包括：科研管理、实验室建设、业务及政务信息化建设、信息系统基础运行环境建设、网

2022年度天津海关获得海关总署科研项目立项计划

序号	项目编号	项目名称
1	2022HK004	进境种牛五种主要疫病数字PCR方法研究及应用
2	2022HK012	进境草种中致死粒线虫RPA检测方法与熏蒸处理技术研究
3	2022HK019	煤炭商品质量安全监管口岸现场快速检测技术的研究与应用
4	2022HK034	海关实验室规划、命名与验核标准体系研究
5	2022HK078	5G+远程辐射探测安全定位识别装备
6	2022HK079	入境固体废物多光谱查检装备平台系统构建与应用
7	2022HK092	进口冷链食品消毒处理现状及消毒效果评价技术研究
8	2022HK103	基于资产测绘与专属威胁情报建立的应急处置闭环管理体系

2022 年度天津市科研项目立项计划

序号	项目编号	项目名称
1	22YFZCSN00190	核酸质谱技术在食源性致病菌快速鉴定中的研究与应用

络安全管理、科技装备管理及运维保障等工作。

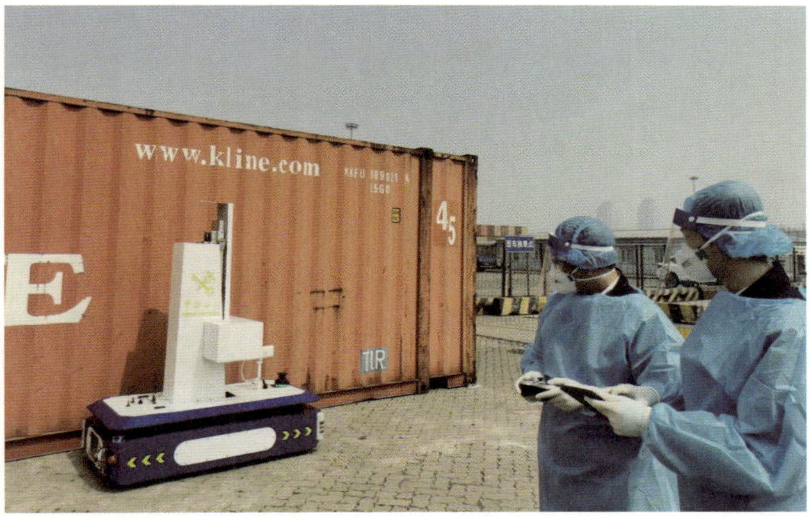

▲2022 年 5 月，天津海关现场关员正在使用“5G+ 辐射探测智能机器人”对集装箱进行辐射探测（赵罡　摄）

【科研管理】2022 年，天津海关主持完成的“海关新一代集装箱探测系统建设可行性”等 15 项署级科研项目通过海关总署组织的验收会，“法规差异性生物有害物的‘免疫磁珠吸附—质谱检测’方法与国外现行方法的等效性研究”等 33 项关级立项通过天津海关组织的验收会；组织完成“智慧口岸关键技术与装备”项目鉴定会；天津海关总检验师魏红兵获得天津市优秀科技工作者标兵荣誉称号；天津国际旅行卫生保健中心董志珍获得天津市优秀科技工作者荣誉称号；天津海关工业产品安全技术中心周磊获得“天津市有突出贡献专家”荣誉称号；天津海关主持完成的“天津口岸动物及其产品生物安全风险监测技术支撑体系的建立与应用”项目获得天津市 2022 年度科学技术进步奖三等奖，主要完成人为王建华、王乃福等；获批发明专利 9 项，实用新型专利 38 项；发表 SCI 论文 2 篇。天津海关组织开展天津关区 2022 年度先进科技集体和先进科技工作者评选，天津海关动植物与食品检测中心食品安全实验一室、天津海关工业产品安全技术中心技术与装备评价实验室、天津海关化矿金属材料检测中心归类化验实验一室、天津国际旅行卫生保健中心卫生检疫实验室获评先进科技集体；魏亚东、肖亚兵、柳明、周磊、严莎获评先进科技工作者。天津海关《进境种牛五种主要疫病数字 PCR 方法研究及应用》等 8 个项目获得海关总署批复科研立项，并得到 49 万元专项资金支持；“核酸质谱技术在食源性致病菌快速鉴定中的研究与应用”获得天津市科技计划项目立项；组织开展信息化项目立项工作，“智慧商品检验辅助信息化项目”等 5 个项目完成立项手续。

【实验室技术能力建设与管理】2022 年，天津海关圆满完成海关总署应急检测任务，“移动 P2+ 实验室”支援北京冬奥会、冬残奥会，承接了 8 架航班的检测任务，共计

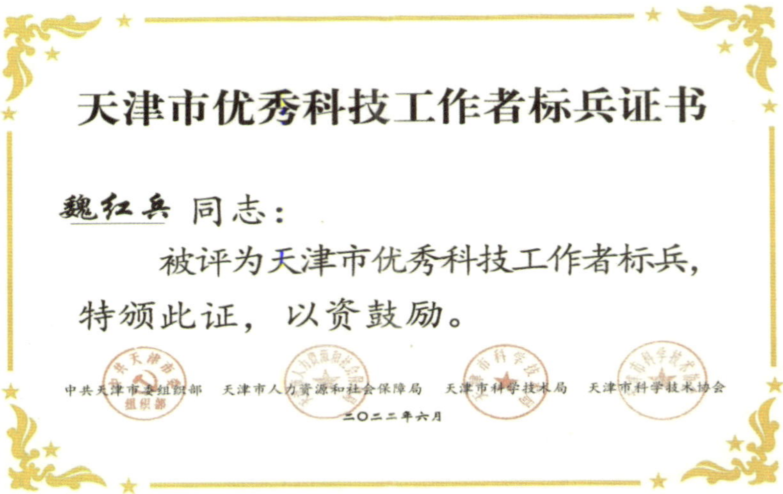
天津市优秀科技工作者标兵证书

魏红兵 同志：

被评为天津市优秀科技工作者标兵，特颁此证，以资鼓励。

中共天津市委组织部　天津市人力资源和社会保障局　天津市科学技术局　天津市科学技术协会

二〇二二年六月

▲2022年6月，天津海关关员魏红兵获得天津市优秀科技工作者标兵荣誉称号（张利刚　摄）

检测200余人次。组建天津海关基因测序团队，全面加强进境人员、冷链样品等全基因组测序工作。

年内，天津海关首次创新性引入第三方安全评价专业机构，借助专业力量全面排查整治实验室安全风险隐患。开展气瓶安全及易制毒易制爆试剂专项检查2次。4月15日至22日组织安全生产法和实验室安全培训，天津关区263人参加。梳理各实验室的安全风险源82项，提出预防措施200余条，组织编制实验室安全应急预案4个，开展不同场景的应急演练9次。8月4日至11日，组织开展年度实验室检测质量检查工作，发现并完成整改6项。全年，天津海关实验室共新增仪器设备31台（套）；通过CNAS认可项目共10586个，同比增加25.62%，法检项目自检率达到99.98%。

【业务信息化建设】2022年，天津海关深化“制度＋科技”管理理念，通过开发关级系统相关功能，解决了“旧机电证件监管不到位”“退税不及时”“提前申报报关单税率汇率适用错误”“保证金处理不及时”“退运货物超1

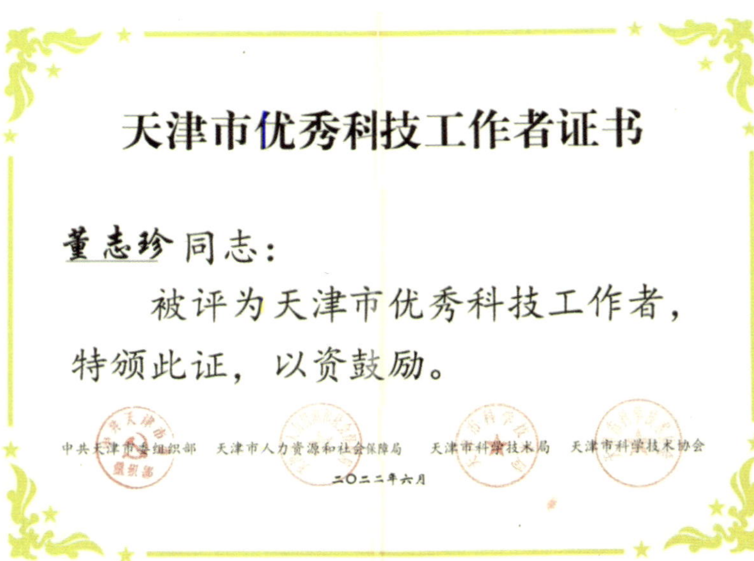
天津市优秀科技工作者证书

董志珍 同志：

被评为天津市优秀科技工作者，特颁此证，以资鼓励。

中共天津市委组织部　天津市人力资源和社会保障局　天津市科学技术局　天津市科学技术协会

二〇二二年六月

▲2022年6月，天津海关关员董志珍获得天津市优秀科技工作者荣誉称号（张利刚　摄）

▲2022年4月，天津海关关员周磊获得“天津市有突出贡献专家”荣誉称号（张利刚　摄）

年未征税”“监管查验派单人员为同一人”等问题。研发“查验分单管理及查验进度即时推送”微信小程序，实现“一条数据多方实时共享”，畅通了海关、企业、码头、查验场地间信息衔接的“瓶颈”，让申报企业、海关、码头及查验场地同时知悉相关信息，信息传递时间较原有模式减少20%，实现口岸冻品货物100%“免陪同”查验。优化“通关效率统计分析应用程序”，即时统计展示船边直提作业、出口集装箱货物抵港直装、出口集装箱货物抵港直装率等指标，实现可量化、可比较、可分析；开发通关效率统计分析应用程序的“抵港超期未申报”功能模块，对超期未申报报关单核销的情况进行自动报警提示；上线“天津海关智慧企业辅助应用”，实现认证培训管理、认证作业管理、企业信息管理、关企信息交互，破解了传统认证培育中“培育效率不高、培育资料繁杂、信息交互不畅、工作难以量化”的问题。

【政务信息化建设】2022年，天津海关开展“信息化支撑平台”的升级改造工作，2月20日完成“物资管理模块”的维护升级，6月23日完成“人员信息统计分析模块”的优化更新，实现了数据多跑路、人员少跑腿的建设目标。加大对移动办公的支撑力度，采取“7×24小时”响应机制，实现了桌面端和移动端多操作系统平台的对接接入。推动实验室信息化建设，1月1日上线“实验室质量体系运行监控系统”，2月24日上线“科技公共服务平台”，对委托检测模块、体系管理、运行管理模块、通用仪器平台设备基础信息等进行了加固优化，实验室管理的信息化水平得到提升。

【信息系统基础运行环境管理】2022年，天津海关联合天津移动研究机构，采用单端移动5G方案，同时吸收双端移动5G方案不需要配置基站参数较为灵活的技术特点加以改进，形成“固移融合”5G移动专线技术方案，已在天津关区两处办公场所完成部署。5月至7月，组织开展关区域控服务器升级切换工作，涉及10余台服务器设备、6000余用户配置信息、20000余域环境配置信息的更新升级，有效提升系统安全性。8月，完成新版运行管理平台的运行切换。年内，开展关区计算机机房节能减排工作，集约整合服务器存储设备资源，优选节能型服务器存储设备，优化精简通信线路资源，累计优化利旧设备20余台，淘汰高耗能设备60余台套，天津关

▲2022年2月14日，天津海关开展北京冬奥会、冬残奥会网络安全监控和保障工作（张昕　摄）

区机房年度总体耗电量同比下降 10.78%。

【网络安全保障】2022 年，天津海关顺利完成党的二十大、全国两会和北京冬奥会、冬残奥会等重要时期的网络安全保障工作任务。

年初，天津海关成立党的二十大网络安全保障工作领导小组，制订工作方案、编制任务清单 128 项，组织全关 65 个部门（单位）开展全面网络安全自查，其间，共计检查业务网终端 3258 台、互联网终端 832 台，总计发现问题 22 个，开展应急处置 24 次；组织签署“海关信息系统用户网络安全承诺书”。

7 月 24 日至 8 月 8 日，天津海关顺利完成国家网络攻防实战演习天津海关节点防守任务，其间连续“战斗”384 个小时，发现并拦截攻击 2923 次，提交技战法报告等 16 篇。全年，天津海关计算机设备感染病毒率为 0、互联网渗透测试高风险漏洞检出率为 0。

【科技装备运维管理】2022 年，天津海关根据海关总署的统一要求，严格落实国产化微机“单轨制替换”工作要求，对天津关区保有量较大的 10 种型号微机进行系统安装测试，完成天津关区在用全部 400 余种型号的打印机、扫描仪等外设的适配性检验，保证各类外设在国产系统安装后正常应用。根据海关总署绩效考核指标，测算天津海关国产化设备更新比例、制定天津海关国产化终端操作系统替换率考核指标、国产化终端单轨运行情况考核指标。全年，天津海关共完成 25 个部门共计 800 台微机的国产化替换，国产化微机上线 1390 台，替换率约为 25.8%，超额完成 20% 替换率任务；完成 580 余台替换微机的回收利旧，利用回收微机对隶属海关老旧微机进行更新替换。

【天津市口岸非传统安全风险防控科学与技术重点实验室建设】2022 年，天津海关推动天津市口岸非传统安全（NTS）风险防控科学与技术重点实验室建设（以下简称“NTS 实验室”），着力提升检测质量，在法检业务不合格检出率、天津口岸重大检出、首次检出等方面均取得实效。其中，棉花不合格检出率 37.96%，危化品不合格检出率 8.56%；在天津口岸首次从进口冷冻猪蹄中检出猪圆环病毒 2 型核酸阳性，在进口冷冻猪头中检出塞内卡病毒核酸阳性；在天津口岸首次发现蒜芥茄、垂序商陆、扁穗雀麦 3 种外来入侵杂草；在全国口岸首次在进口苜蓿草中检出 KK179 品系，在进境大丽花根茎中检出波斯茎线虫。同时，“NTS 实验室”所研发的“冷链隧道式全方位自动化消杀装备”“气溶胶快速采集及在线分析装备”“H- 物质鉴别多模谱仪”“矿产品固废多模探测仪”“非洲猪瘟 POCT 干式荧光试纸条”等科研成果转化应用成效良好。年内，“NTS 实验室”在装备研发、基因测序等工作中成绩突出，获科技部表彰。

【署级重点项目建设与优化】2022 年，天津海关持续做好署级承办项目进出口商品归类系统、进口机动车 VIN 管理系统、进口食品化妆品进出口商备案系统、海关业务规范性文件查询系统（2021）、信息化应用项目管理系统的实施工作。优化完善进出口商品归类系统，根据海关总署关税征管司任务书修改优化归类系统公众号，保障“掌上海关”等互联网应用平稳运行；做好进口机动车 VIN 管理系统的功能优化完善，增加对“平行进口”校验功能更新；做好进口食品化妆品进出口商备案系统对接H4A功能的优化完善；完成信息化应用项目管理系统的相关功能调整任务以及适配改造及升级替换；持续做好上述署级承办项目的运行监控，及时处理全国海关运管平台报送的服务请求工单20余个，保障全国海关相关业务稳定运行。

【实验室检测能力提升】2022年，天津海关重点围绕农产品检测、固体废物、化工品、医疗器械和危化品及其包装、口岸新发传染病检测等领域开展实验室检测能力扩项、资质备案等工作，年内净新增检测能力1770项，达到10586项。其中，饲料、动植物源性食品等扩项279项，较扩项前增长14.6%，为加强跨境电商网购保税进口食品安全监管提供了技术支撑；固体废物领域的扩项使天津海关首次具备了对固体废物领域再生金属方面的检测能力；医疗器械领域及药包材26个检测对象的183个检测项目的扩项使天津海关具备了对医疗器械的检测能力。9月，完成在滨海新区卫生健康委的备案，可以开展灭活样本的猴痘病毒核酸检测工作；10月，天津海关获得天津市空气、水质及环境微生物检测CMA（中国计量认证）资质，为实验室首次在地方CMA领域获批环境检测资质。

【智慧实验室建设】2022年，天津海关实验室质量体系运行监控系统和科技公共服务平台（一期）的功能模块全部完成上线运行。其中，实验室质量体系运行监控系统包括通用分析仪器平台、实验室仪器设备实物管理、实验室安全管理、委托检测管理等功能模块，对液质、气质等大型分析仪器资源进行整合，以“大型仪器检测效能最大化”为核心的业务运转模式，一揽子解决原有“以商品分工为导向”中存在的开机率低、使用频率不均、方法开发与复制困难、检测效能效率亟待提升等瓶颈问题；科技公共服务平台实现了关属检测机构服务委托客户的互联网客户端功能，有效提升了天津关区下属事业单位对外拓展业务的服务水平。

【国产化“云”平台节点建设与运维】2022年，天津海关组织开展关区国产化“云”平台节点建设工作。第一季度全面完成天津海关“桌面云”初期建设，采用多节点服务器+集中存储模式构成集群，包括服务器27台、存储设备3套、网络接入设备6套、提供存储容量达80TB。发布760个业务网桌面，每桌面2个CPU、4G内存、100G硬盘标准配置，为关区用户提供即开即用的“桌面云服务”。9月，顺利完成“桌面云”年度大版本升级工作。

【防范化解信息系统运行失常、失控、失效风险工作】2022年，天津海关从账号管理、主机安全、网络安全、应用安全、供应链安全5个层面，加强信息系统运行保障。在账号管理层面，清理冗余账号155个、互联网邮箱53个；全面监督整改“弱口令”，清理冗余审计堡垒机授权88个，取消服务器访问授权108台。在主机安全层面，关停冗余“对外接入服务器”63台，开展主机安全评估6179台次、客户端40992台次，主动修复安全漏洞1267个。在网络安全层面，全面动态调整防火墙访问控制策略。在应用安全层面，对微信公众号和小程序进行全面安全检查和渗透测试，主动发现并整改安全漏洞10项。在供应链安全层面，首次建立联网单位底账清单，涉及189家政企单位。深化安全可控技术应用，上线远程运维管理系统、终端数据防泄露系统、主机入侵检测系统、高级可持续威胁攻击监测系统。

【天津海关首期“揭榜挂帅”科研项目】2022年，天津海关围绕“十四五”天津关区重点工程编制申报指南，确定“业务出题、技术答题，‘揭榜挂帅’能者上”的思路，集中优势资源解决查验、检测一线“卡脖子”难题，经广泛征集、业务审核等多个流程，最终入围的6个榜单分别由天津海关工业产品安全技术中心、天津海关化矿金属材料检测中心、天津海关动植物与食品检测中心揭榜，涉及口岸危险品检测、固体废物鉴别技术、国门生物安全等领域。

8月10日，海关总署商品检验专业技术委员会组织专家在天津对天津海关的“智慧口岸关键技术与装备”项目进行鉴定。鉴定委员会听取了项目组的情况汇报，审阅了相关鉴定材料，经质询和讨论，鉴定委员会一致通过鉴定。该项目的功能成效有以下几个方面。一是利用大数据分析和机器学习，实现船边直提业务模式下车船货的精准匹配；创新口岸传统的“物理围网”为“信息围网”，通过构建内外贸货物一体化智慧监管系统，实现海关严密监管和港口高效运作有机结合；采用装备模块化设计与集成思路，率先建立基于质量分析的风险智能识别技术，实现入境集装箱中风险因子的快速筛查。二是提升口岸通关效率，压缩进口通关时长17.3%、出口时长48.6%，每年压缩130万车次集卡空驶，减少码头机械操作74万次，环保效益显著。三是关港集疏港智慧平台、口岸智慧管控系统和口岸非传统安全智慧实验室填补了相关领域的国内外空白。

【科技人员跟班作业活动】2022年，天津海关组织“科技人员跟班作业”活动，印发跟班作业工作方案，明确跟班作业的组织架构和工作要求，压紧压实问题处置责任，形成全流程闭环管理；全面建立科技联络员队伍，制定下发科技联络员管理办法，推荐选拔科技联络员49人；建立成效考核机制，从完成指标、成效成果、社会效应3个方面设立10项正向指标、8项逆向指标，发挥考评激励作用；拓展问题搜集渠道，通过“科技联络单”“天津海关12360热线”

2022年度天津海关“揭榜挂帅”项目立项计划

序号	项目编号	项目名称
1	2022THK02	入境危险化学品多重危害智能施检技术研究
2	2022THK03	再生塑料颗粒中邻苯二甲酸酯类化合物检测的快速前处理方法研究
3	2022THK04	植物基因组DNA提取试剂盒对比优化研究
4	2022THK05	动物毛纤维种类综合鉴定技术的研发与应用
5	2022THK06	天津港进口货物消毒处置模式及消毒效果评价研究
6	2022THK07	基于数字PCR的食品及化妆品中重要致病菌快速精准检测方法研究

“关长信箱”等多种形式面向一线关员广泛收集科技应用方面的难点问题。例如，通过跟班作业，进一步优化了“旅客健康申明卡辅助应用”，实现了旅客无纸化旅客自助验核通关模式，天津空港旅检现场单人次健康信息验核时间压缩50%以上；通过制订技术方案，编写数据处理脚本，成功解决包括天津、黄埔等多个口岸的汽车滞港问题，1万余辆汽车顺利通关，全年通过跟班作业共解决各类通关保障问题近20个；业务现场反馈，海港口岸卫生检疫岗位工作人员汇总报送纸质“封闭管理人员信息表”费时费力，造成极大不便，天津海关开发基于现有手机移动端应用开发“集中封闭管理”模块，完善更新有关程序，使原本1～2天的工作时间缩短至1小时，全年通过跟班作业共为基层解决实际困难80余件。在跟班作业活动中，共计200余名科技人员参与，50余名专家参与问题解决，共发现并解决了现场监管中的科技应用问题135个。

【视频智能分析技术在智慧监管中的应用】2022年4月20日，天津海关完成对已有视频监控平台的优化升级改造，并正式投入使用。升级后的视频监控系统能够有效记录摄像头故障发生时间、故障排除时间和故障时长，在摄像头离线和恢复时，可以立即向现场关员自动发送短信，提醒关员立即开展故障排查和报修。同时增加了统计查询界面，可以实时查询每一台摄像头的中断次数、总离线时长、平均离线时长等情况，便于进行监控和统计分析。年内，将视频智能分析技术应用于旅检等业务场景，提升工作效能，对重点区域的摄像头实现准入监控，提升现场视频检查效能；应用周界行为分析配合图像索引算法，对人员作业画面进行智能分析、监督提醒，将每日工作视频压缩为图片索引，监控工作时长由12小时缩短至4小时；应用边缘计算技术配合自动报警功能，强化人员行为管理，通过关键部位摄像头24小时实时在线监控，能及时发现并纠正不当操作。

【“关、港”信息化项目建设】2022年，天津海关推进“关港集疏港智慧平台”建设，整合海关监管信息及港口作业信息，聚焦港口核心的装卸环节，基于海量实时数据，打造港口与企业间“集疏运作业”的“智慧物流”模式。通过实现“车货船三维匹配”，精准匹配找车、找货需求，精准调度车辆运输，解决车与货之间相互等待难题，同步实现“双重匹配”便利化功能，进出港车辆均可以做到往返均“不空车”。针对天津东疆码头主要聚集外贸货物作业，难以匹配港口功能升级发展需求的难题，利用边缘计算、机器视觉、增强现实、大数据应用等新技术，聚焦港口装卸、堆存、运输、卡口等关键物流节点的智慧监管和联动响应，构建“全景监控、主动管控、智能预警、协同处置”智慧管控平台，助推东疆港区内贸货物作业箱量实现了从零到超过110万箱的突破。

撰稿人

赵　罡　王洪娜　张利刚　白　静　张　昕
刘耀彬　牟　华　桂　林　周琳琳

督察内审

【概况】2022年，天津海关深入学习贯彻习近平新时代中国特色社会主义思想，扎实开展捍卫“两个确立”、做到“两个维护”、强化政治机关建设专项教育活动，认真做好“强化政治机关建设”专项巡察工作。深入推进“敢督善审”党建品牌建设，打造“双引擎”党建工作法。提高政治站位，强化政治监督，牵头署级任务开展禁止“洋垃圾”进境措施落实情况政策梳理，作为第一协办海关开展全国海关进出口危化品监管情况专题评估；开展口岸检查作业规范情况、支持外贸促稳提质措施落实情况等署级督察，开展监管场所运行管理及监管设备应用管理情况、样品执法与管理情况等关级督察，推动隶属海关单位深化自主督察规范化建设；开展禁止“洋垃圾”进境、对美加征关税、冷链食品监管、贸易管制风险布控、大金额差错报关单等署级审计调研，开展党政主要领导干部经济责任审计、防疫物资关级专项审计；开展进口婴童用品监管关级专题评估。深化内控机制建设，着力推进“内控示范科室”创设，打造风险风控最小单元。持续推动HLS2017内控平台推广应用。加强监督资源贯通融合，统筹职能监控开展监督检查，巩固优化“巡审合一”工作机制，扩大交叉督察参与面。建立完善审计整改长效机制。完成审计署西安特派办对天津海关开展履行监管职责和税收征管等情况审计的迎审工作。

天津海关督察内审条线的职能管理工作，由天津海关督察内审处负责。督察内审处为天津海关内设处室，工作的主要职责为督审监督职能的发挥落实。其中包括：对贯彻落实党中央重大决策部署情况、海关总署党委工作部署情况、天津海关党委工作部署情况开展督察；拟定内部审计、内控机制、执法评估工作制度并组织实施领导干部经济责任审计、专项审计、审计调研、内控机制建设、执法评估项目等督审监督项目；指导、监督天津海关相关部门（单位）开展自主督察、交叉督察、执法监督、内部控制、执法评估工作；组织推动督审项目查发问题及风险的整改和整改成果转化，联系协调外部审计部门对天津海关审计，组织推动迎接配合国家审计工作，组织推动国家审计查出问题的整改和整改成果转化，接受审计部门对天津海关内部审计工作指导监督；承办上级交办的其他工作事项。

年内，督察内审处下设

4个科，分别为：综合科、督察科、审计科、执法评估科。

【署级督察】2022年，天津海关根据海关总署督察内审司关于开展口岸检查作业规范情况督察的通知、海关总署督察内审司关于开展支持外贸促稳提质措施落实情况专项督察的通知要求，由督察内审处联合相关职能部门组成督察组，在天津关区范围先后组织开展口岸检查作业规范情况督察和支持外贸促稳提质措施落实情况专项督察，通过HLS2017内控平台、H2018通关系统、新一代查管系统等分析电子数据并抽查相关报关单。在口岸检查作业规范情况督察中，督察组赴天津新港海关、天津临港海关、天津南疆海关、天津保税区海关、天津东疆海关实地督察，核查口岸检查作业相关情况；实地督察期间海关总署督察内审司“一对一”组织召开视频会议，听取天津海关口岸检查作业规范情况督察开展情况汇报，对进一步做好督察工作提出要求，督察内审处第一时间将海关总署的要求传达到各相关单位，并在实地督察工作中严格落实海关总署相关规定。在支持外贸促稳提质措施落实情况专项督察中，根据新冠病毒感染疫情形势和防控要求，督察组主要通过“数据分析+各单位自查+线上核查”模式组织实施。以上2项署级督察共提出督察建议24条，问题整改率100%。建立督察问题整改和强化内控节点运用的联动机制，推动职能部门建立、关联涉及督察发现问题的内控节点30个，加强职能监控，防范问题“贰过”。

【关级督察】2022年，天津海关根据年度督察计划和关领导指示要求，由督察内审处联合相关职能部门组成督察组，在天津关区范围先后组织开展监管场所运行管理及监管设备应用管理情况、“国门绿盾2022”行动落实情况等重大政策措施落实情况督察2项和样品执法与管理情况督察1项，通过HLS2017内控平台、H2018通关系统、新一代查管系统等分析电子数据并抽查相关报关单。在监管场所运行管理及监管设备应用管理情况督察和样品执法与管理情况督察中，督察组前往天津新港海关、天津临港海关、天津南疆海关、北辰海关、天津保税区海关、天津东疆海关、天津海关动植物与食品检测中心、天津海关化矿金属材料检测中心、天津海关工业产品安全技术中心等单位实地督察；在“国门绿盾2022”行动落实情况督察中，根据新冠病毒感染疫情形势和防控要求，督察组主要通过“数据分析+各单位自查+线上核查”模式开展。以上3项关级督察项目共提出督察建议27条，问题整改率100%。建立督察问题整改和强化内控节点运用的联动机制，推动职能部门建立、关联涉及督察发现问题的内控节点23个，加强职能监控，防范问题“贰过”。

持续深化自主督察机制建设，修订发布隶属海关单位自主督察工作指引，加强对隶属海关单位立项审核，强化过程管理。年内，各隶属海关单位共完成自主督察项目52项，提出督察建议139条，问题整改率100%。推动交叉督察开展，组织塘沽海关、北辰海关、西青海关、天津保税区海关4家隶属海关开展强化企业管理和后续监管落实情况交叉督察，提出督察建议6条，问题整改率100%。

【领导干部经济责任审计】2022年，天津海关施行审计全覆盖，加大任中审计比例，做好审前调查，年内共开展领导干部经济责任审计项目10项。加大任中审计比例，年内开展任中审计4项，占比40%，任中审计比率较上年提高了10%。推进党政"一把手"经济责任同审，对事业单位党委书记开展离任经济责任审计1项。开展审前调查，向人事部门、监察部门、巡察部门函询被审计领导干部和单位情况12次。运用HLS2017内控平台、H2018通关系统、新一代查管系统等开展审前数据分析，分析数据200余万条。创新"同类专审"模式，结合新冠病毒感染疫情防控实际，审计组对多个项目的同类业务，涉及减免税、稽核查、行政处罚案件办理、财务管理等业务领域采取送审模式，组织业务专家集中检查，统一内部审计尺度、提高内部审计质效。持续做好领导干部经济责任告知，对8名新任隶属海关、事业单位"一把手"的领导干部开展经济责任告知并签订告知书。

【专项审计】2022年，天津海关按照海关总署部署，组织开展企业脱钩和产权转让二阶段专项审计，采取跟踪审计方式，每季度组织相关职能部门和事业单位开展检查。5月，与督察审计自查整改工作统筹，对2家事业单位实地检查。9月，结合海关总署下发档案资料清单，组织开展档案资料全面核查。3月、6月、9月、12月，按季度报送了阶段性审计报告共4篇，提出工作建议12条。4月，按照天津海关关党委部署要求，会同财务处、后勤中心等部门的财务监督力量组成审计组，组织开展天津海关防疫物资管理专项审计，审计组通过现场检查、实地盘库、档案核对、数据分析等多种检查方式相结合，对天津关区防疫物资采购、验收、存储、管理、使用等环节进行全链条、全方位检查，提出审计建议6条，形成关长专报1篇，得到关领导批示5次。

【审计调研】2022年，天津海关按照海关总署部署，组织开展2项5个专题的审计调研工作。4月，在大金额差错报关单专项审计调研中，通过海关总署报关单数据质量检控分析系统（CSD）和HLS2017内控平台调取商品数据4797条，通过数据分析确定了1245条重点数据进行核查，提出建议5条。7月，参加海关总署督察内审司组织的培训，拓宽工作思路，将"研究型审计"（通过持续创新、严格调研和分析方法等多种手段来全面洞悉所要审计的对象本质和特点，从而对其风险性做出有效评估的审计方式）的理念贯穿于审计调研工作全过程，切实提升防范化解风险能力。8月至12月，组织开展天津关区贸易管制审计调研，联合12个职能部门建立4个工作专班，针对"禁止'洋垃圾'进境""对美加征关税""冷链食品监管""贸易管制风险布控"4个专题，对海关总署层面提出建议8条，对直属海关层面提出建议9条，其中，在贸易管制措施禁止"洋垃圾"进境措施落实情况审计调研工作中，在开展调研工作前期牵头组织上海海关、宁波海关开展政策梳理任务，共梳理各级政策文件27份，制作业务流程图7张，设计效果评价指标45个，提出相关措施及工作建议7条。

【"巡审合一"机制】2022年，

天津海关全面落实关党委部署要求，持续优化“巡审合一”（巡察项目与审计项目同步开展，监督力量互助、成果共享的工作机制）工作机制，加大“巡审合一”力度，实现审前信息互通、审中力量互助、审后结果互享。3月，审计组与巡察组共同对西青海关、南开海关领导干部开展经济责任审计和巡察工作，共同调阅资料100余份，形成审计报告2份，形成巡察报告2份；9月，审计组与巡察组共同对中国电子口岸数据中心天津分中心开展领导干部开展经济责任审计与巡察工作，共同调阅资料30余份，形成审计报告1份，巡察报告1份。深化人事、巡察、监察函询机制，对被审计对象精准“画像”，共向人事部门、监察部门、巡察部门函询被审计领导干部和单位情况12次。进一步扩展“巡审合一”工作范畴，丰富统筹监督形式。9月，与巡察办同步对天津东疆海关开展审计整改监督检查，形成整改建议书1份，巡察报告1份。

▲2022年4月8日，天津海关派员参加进出口危化品监管情况专题评估署级课题推动会 （苑伟　摄）

【内控机制建设】2022年，天津海关以问题为导向开展节点转化，推进内控节点体系建设。结合2022年国家审计建立内部控制节点39个，结合捍卫“两个确立”、做到“两个维护”、强化政治机关建设专项教育活动转化内控节点29个，结合“海关重点项目和财物管理以权谋私”专项整治，推动27个风险点开展内控节点转化。加大内控前置审核复核力度，严格落实内控前置审核主体责任，将内部控制与改革措施、制度规范、信息化项目建设等“同步设计、同步优化”，加强风险的源头防范，参与署级内控前置审核复核18项，开展关级内控前置审核复核35项，共提出意见建议143条。编发天津海关内控工作月报11期，结合业务敏感和热点问题开展业务抽核，核查内控风险点16项。推动以干代训，开展内控工作轮值轮训3次，强化专门培训，开展天津关区集中培训2次、送教上门19次，各部门（单位）开展自主内控培训40余次。

【执法评估】2022年，天津海关受海关总署督察内审司委派，作为第一协办海关，结合“口岸危险品综合治理”百日专项行动总体要求，组织9个直属海关分工协作开展全国海关进出口危化品监管情况专题评估。综合运用模型构建、数据分析、书面调研和问卷调查相结合的评估方式，从危化品监管制度体系、监管力度和监管能力等方面入手，开展多角度、多层次分析，全面客观反映全国进出口危化品监管现状，评估监管措施落实情况。组织对全国42个直属海关及其业务现场分别开展书面调研及问卷调查，对2720家进出口企业开展问卷调研，共回收海关版有效问卷352份，根据评估结果提出4方面12条对策建议。结合天津海关实际开展天津口岸进口儿童用品检验监管专题评估，联合商检处组成工作组，依托“云擎”系统开展数据分析，对2个开展相关业务的隶属海关进行调研，提出3个方面意见建议。

【支持外贸促稳提质措施落实情况督察】2022年8月，天津海关根据海关总署督察内审司关于开展支持外贸促稳提质措施落实情况专项督察的通知要求，由督审处联合办公室、综合处、自贸处、稽查处等14个部门组成督察组，制订天津海关支持外贸促稳提质措施落实情况专项督察方案，明确督察重点内容、各时间节点安排和自查单位任务分工，在天津关区范围内组织开展督察。根据新冠病毒感染疫情形势和防控要求，督察主要通过“数据分析+各单位自查+线上核查”模式组织实施。针对本次督察发现的问题及风险，提出督察建议6条。组织相关单位在规定时间内完成问题整改。

9月，根据海关总署督察内审司关于开展“支持外贸促稳提质措施落实情况专项督察”问卷调查的通知要求，督审处对天津关区各类型企业数量进行摸底，联合相关职能部门结合摸底数据情况确定调查问卷企业名单，并组织隶属海关将调查问卷发放至企业。本次问卷调查共向企业发放调查问卷453份，收回调查问卷420份。剔除无效数据后，剩余有效的问卷样本数据为393份。问卷调查结果显示，企业对天津海关支持外贸促稳提质措施落实情况总体满意度程度较高。并通过电话对满意度不高、提出相关建议的24家企业进行“一对一”调研。综合问卷调查数据和电话“一对一”调研结果，针对发现需关注的情况提出应对措施2条。

【样品执法与管理情况督察】2021年11月，根据天津海关关长赵革对《天津新港海关关于开展样品执法与管理专项督察工作情况的报告》作出的“将新港海关的做法、经验在天津关区推广”的要求，督审处走访调研天津新港海关，重点了解该关在专项督察工作中发现的问题情况、督察工作方法的特色做法以及通过督察形成的“六统一”成效机制和后续整改工作等情况。汇总梳理动植检处、食安处、商检处和监管处在各项监督检查工作中发现的样品执法管理方面的问题和天津新港海关自查发现的问题，整理形成对照检查问题清单，下发到各隶属海关，组织各隶属海关开展样品执法工作的全领域“体检”，由督审处在天津关区范围内组织开展了样品执法与管理情况督察，赴天津临港海关、北辰海关、天津保税区海关、天津东疆海关实地督察，赴天津海关动植物与食品检测中心、天津海关化矿金属材料检测中心、天津海关工业产品安全技术中心延伸督察，通过“一对一”问询，调阅相关材料，了解样品执法与管理的相关情况。针对督察发现的问题和风险提出督察建议15条。组织相关单位在规定时间内完成问题整改。

【防疫物资专项审计】2022年，根据天津海关党委工作部署，由督审处牵头会同财务处、后勤管理中心有关业

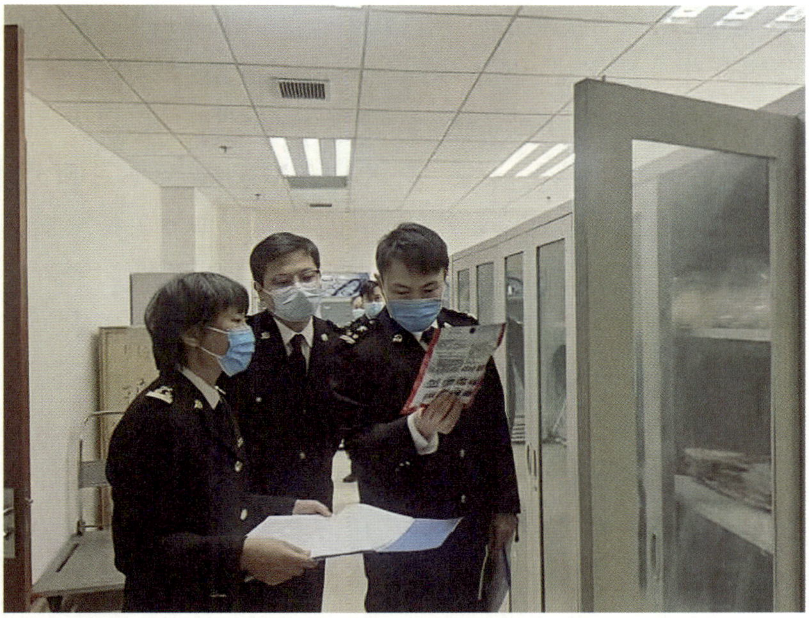

▲2022年2月18日，天津海关检查组赴所属北辰海关开展样品管理督察工作（刘杨 摄）

务专家组成防疫物资审计组，于4月11日至22日对天津关区防疫物资采购管理、资金管理、使用管理等情况开展专项审计现场核查及远程审计。本次专项审计以完善天津关区防疫物资管理机制，科学配备防疫物资使用、严格管理防疫物资储存为目标，从“一支笔审批”要求落实情况、防疫物资采购（接收）、验收管理、仓库及物资管理、使用管理等全流程、全链条开展专项审计工作。为摸清防疫物资底数，审计组先后赴卫生处、后勤管理中心开展了摸排调研。审计组结合新冠病毒感染疫情防控有关要求，重点选取卫生处、财务处、天津南疆海关、后勤管理中心、天津国际旅行卫生保健中心、天津滨海新区天马成鸿有限公司仓库（以下简称“塘沽库房”）开展实地检查，重点核查物资采购验收、物资存储、出入库管理、使用管理、财务核算等情况，同时，选取天津新港海关、天津滨海机场海关、天津南疆海关对冷链专班、旅检专班、登临专班防疫物资使用情况开展远程审计。通过专项审计，提出审计建议6条。通过审计进一步完善关区防疫物资管理机制，强化防疫物资科学管理使用。

【“禁止‘洋垃圾’进境”审计调研】2022年，天津海关按照海关总署督察内审司关于开展贸易管制措施落实情况专项审计调研的通知要求，于8月至9月由督审处牵头制订贸易管制措施落实情

▲2022年4月14日，天津海关审计组开展防疫物资专项审计（梅红 摄）

况——禁止“洋垃圾”进境措施落实专项审计调研方案，组织综合处、商检处、监管处等职能部门成立工作专班，按照“职能调研＋要点梳理＋数据分析＋现场核实＋企业咨询”的方式，全面排查内外部督察审计和职能检查发现的问题，深入开展审计调研。审计调研期间，深入探索研究型审计，对2020年至2022年6月接受的2个国家审计项目、1个署级督察审计项目，以及本单位自行组织开展的1个关级督察审计项目进行梳理、排查，梳理查阅有关法律和规章制度30余份，通过HLS2017内控平台和H2018通关系统调取相关电子数据1万余条，先后前往2个口岸现场进行实地核查并向相关企业进行咨询。在此基础上，审计组结合海关总署督察内审司下发的政策流程梳理参考资料，对全国海关普遍存在的问题和风险进行对照检查，向海关总署层面和直属海关层面共提出工作建议5条。

【“内控示范科室”创设】2022年，天津海关组织开展“内控示范科室”创设工作，制订天津海关创设“内控示范科室”工作方案，按照“自主创设—重点培育—考核评定—推广应用”4步走有序做好推进。多维共建，突出特色，结合现场、职能、监督“三道防线”内控责任多维度开展共建，共计23个部门（单位）的35个科室参与争创，其中现场业务科室22个、职能监控科室11个、专门监督科室2个，涉及13个业务领域。制定天津海关“内控示范科室”评分标准，量化评定指标，设定政治引领作用、内控机制建设、典型示范作用、信息宣传成效、否定性情形5个方面14项指标，共评选关级“内控示范科室”12个，经向海关总署推荐、海关总署司局评选并报署领导批准，天津海关科技处信息安全管理科、天津东疆海关查验二科获评署级“内控示范科室”。搭建天津海关“内控示范科室”创设工作专题网站，全景展示天津海关“内控示范科室”创设工作进展、参创科室内控措施及全国海关先进经验；依托天津海关内控工作月报，设置《内控示范科室》工作专栏，累计发布专栏8期，择优展示典型经验16项。注重新媒体宣传，通过海关总署“金钥匙杂志”公众号刊发示范科室宣传信息1篇，天津海关公众号“悦动津关”刊发信息9篇。

【HLS2017内控平台应用】2022年，天津海关持续推进HLS2017内控平台应用推广，切实解决现场实际需求，为业务运行“赋能助力”。树立“用户导向”，面向职能部门和基层单位收集具体应用需求28项，采用“海关全员培训网络学习课堂”直播形式开展天津关区HLS2017内控平台应用培训，以实际案例讲解平台功能，提升各部门（单位）平台应用实战能力。开展常态化监控，应用HLS2017内控平台对敏感、热点业务领域建立数据分析模型，发挥HLS2017内控平台应用示范引领作用。突出效果导向，依托内控工作月报载体公开天津关区HLS2017内控平台应用情况，有针对性发送工作提示，做好“精准推介”。强化审核把关，及时对HLS2017内控平台应用绩效录入情况进行抽核，对发现录入不规范等情况及时反馈相关部门（单位），推动提升绩效录入的规范性，提高HLS2017内控平台应用水平。

【配合国家审计】2022年2

月8日，天津海关就2021年审计署京津冀特派办关于天津海关关税及进出口环节税征管等情况的审计，向审计署京津冀特派办报送《天津海关关税及进口环节税征管等情况审计发现问题整改情况报告》。5月25日，天津海关收到审计署西安特派办关于审计天津海关履行监管职责和税收征管等情况的通知。5月26日，审计署西安特派办组成审计组进驻天津海关。6月2日，天津海关关长赵革会见审计组副组长、审计署西安特派办副特派员王栋。6月8日，召开天津海关履行监管职责和税收征管等情况审计进点会。7月7日，天津海关关领导赵革、潘楚雄会见审计组组长、审计署西安特派办特派员郭西和审计组副组长、审计署西安特派办副特派员王栋。现场审计期间，共接到审计需求单148份，审计取证单62份，协调召开会谈、座谈及现场调研70余次，组织迎审工作培训2期，发布迎审工作提示单12期。7月31日，审计组向天津海关送达《中华人民共和国审计署驻西安特派员办事处审计报告征求意见书》，并于当日撤场。8月9日，天津海关关长赵革主持专题会议，研究《中华人民共和国审计署驻西安特派员办事处审计报告征求意见书》回复意见。8月11日，《天津海关履行监管职责和税收征管审计报告（征求意见稿）》回复意见及佐证材料递交审计组王栋副组长。

撰稿人

王　榕　朱　娜　胡　静　蔡　林

离退休干部管理

【概况】2022年，天津海关离退休干部工作以习近平新时代中国特色社会主义思想为指导，牢牢把握政治机关定位，深入学习贯彻习近平总书记重要指示批示精神，突出宣传贯彻党的二十大精神这条主线，认真贯彻落实党中央《关于加强新时代离退休干部党的建设工作的意见》和海关总署实施意见精神，按照全国海关年中工作会议及2022年全国海关离退休干部工作会议部署，强化积极老龄观、健康老龄化理念，统筹抓好离退休干部党的建设、服务管理、发挥作用等各项工作，深入推进信息化精准化规范化建设，推动天津关区老干部工作提质增效。

天津海关离退休干部工作条线的职能管理工作，由天津海关离退休干部办公室（以下简称“离退办”）负责。天津海关离退办为天津海关政治部成员之一，基本工作任务是在天津海关党委和政治部领导下，贯彻执行党中央、国务院及海关总署有关离退休干部的政策规定，负责天津海关离退休干部的服务和管理工作，下设综合科、保障科、服务科3个科室。

【离退休干部党建】2022年，天津海关离退休干部党建工作抓好学习教育不放松，认真落实上级党组织学习要求，把深入学习习近平新时代中国特色社会主义思想作为首要政治任务，根据新冠病毒感染疫情形势和老同志实际，通过党支部“三会一课”、读书分享会、“情暖桑榆”小课堂等方式，线上线下相结合落实好组织生活制度，持续跟进学习习近平总书记最新重要讲话精神，引导离退休干部做习近平新时代中国特色社会主义思想的坚定信仰者和忠实实践者；打造“云课堂”，推送学习文章，开展“深学笃用 每日一答”活动提升学习效果，推动离退休干部党员理论学习抓在日常、融于经常；组织14个离退休党支部党员代表联合开展重温入党誓词及主题党日活动，引导离退休干部党员坚定不移听党话、矢志不渝跟党走；举办离退休党支部书记委员培训班，深入学习领会党的二十大和《关于加强新时代离退休干部党的建设工作的意见》等重要会议、文件精神，引导离退休干部党员退休不褪色，捍卫“两个确立”，增强“四个意识”、坚定“四个自信”、做到“两个维护”。

年内，天津海关完成14个离退休干部党支部换届选举工作，选优配强班子队伍，进一步健全离退休干部党组织，优化班子结构；聚焦抓好“领头雁”和提升组织力，

▲2022年6月17日，天津海关离退休老同志开展重温入党誓词活动（天津海关离退办 供稿）

在符合新冠病毒感染疫情防控要求的条件下，依托天津市红色资源和天津关区党建资源，有重点地开展外出学习参观，不断提升离退休党支部书记委员履职能力；培树宣传离退休干部党建品牌和离退休干部党员先进典型，离退休干部第十一支部创建的“桑榆初心红”党建品牌被天津市委老干部局“枫叶正红与党同行”公众号、“天津支部生活”公众号及所出版刊物等多个载体宣传报道，支部“六项暖心工程”工作法获《支部生活》杂志社采编，党支部书记周民生接受专访；加强异地居住党员管理，建立管理台账，组织各离退休干部党支部加强与异地居住党员联系，及时了解有关情况，跟进做好教育培训、管理服务等工作；强化教育管理，开展专题警示教育活动，引导老同志严格遵守党中央关于公开发表言论、兼职任职、出国（境）审批等方面纪律规定，不断增强党性观念和党纪意识；一体推进离退休干部廉洁文化建设，组织老同志学习《中共海关总署委员会关于加强新时代海关廉洁文化建设的实施意见》等文件精神，组织开展《中华人民共和国民法典》等的学习宣传，引导老同志把纪律和规矩挺在前头，模范遵规守纪；严格落实离（退）休署管干部因私出国（境）审批有关要求；严格执行离退休干部在社团、企业兼职工作有关规定，组织全体离退休人员学习退休兼职管理有关规定，增强老同志纪律规矩意识。

【政治待遇落实】2022年，天津海关认真落实情况通报、参观学习等政治待遇，紧密结合新冠病毒感染疫情防控形势，采用线上线下相结合、与走访慰问统筹开展的方式，先后在年初及重阳节向老同志通报天津关区工作，让老同志及时了解天津海关改革发展取得的新成绩，为建设高质量“一流海关”凝聚智慧和力量。组织离退休干部赴天津邮政博物馆及天津新港海关、天津滨海机场海关等隶属海关进行参观学习，忆往昔、话初心、颂党恩，激励老同志退休不褪色，离岗不离党。认真贯彻落实关于在元旦、春节期间开展走访慰问生活困难党员、老党员、老干部活动的通知要求，把开展好走访慰问活动作为一项重大任务，提早入手、周密部署，仔细摸排情况、细化分解任务，确保慰问工作快速启动、扎实有序开展，让老同志深切感受到以习近平同志为核心的党中央的关怀和温暖。慰问中，

▲2022年6月24日，天津海关退休干部赴天津海关所属天津邮局海关参观（天津海关离退办　供稿）

向老同志们转达海关总署党委以及天津海关党委的关心关怀，了解老同志的日常生活情况和存在的困难，征询意见建议，感谢他们为海关建设所作出的贡献。老同志们纷纷表示，感谢海关总署党委以及天津海关党委一直以来的关心和照顾，要牢记初心使命、永葆政治本色，更加紧密地团结在以习近平同志为核心的党中央周围，老有所为、发光发热，努力为全面建设社会主义现代化国家，实现中华民族伟大复兴的中国梦贡献智慧和力量。“七一”建党节前夕，对生活困难党员和老党员开展走访慰问，为老同志送去组织关怀；对曾获省部级以上荣誉老同志进行慰问，传递组织温暖。

【生活待遇落实】2022年，天津海关在做好新冠病毒感染疫情防控措施的前提下，认真做好为天津关区90岁以上老同志庆祝生日工作，为老同志带去天津海关党委的关心和问候，送上生日祝福，悉心询问老同志的身体状况和日常生活起居，叮嘱老同志注意身体，衷心祝愿老同志生日快乐、健康长寿，让老同志感受到组织的关怀和温暖。聚焦高龄、患病、孤寡、生活困难等重点人群，通过电话、微信、实地走访探望等多种方式加强关心关怀，及时了解情况，协助解决困难问题。通过“智慧银海”平台及微信群，及时发布新冠病毒感染疫情防控温馨提示，号召老同志做好个人防护，配合落实属地新冠病毒感染疫情防控规定。为老同志发放口罩等防疫物资，与集中居住在风险区的老同志加强联系，协助解决物资保障等实际困难。进一步落实政治上尊重、思想上关心、生活上照顾、精神上关怀老同志的要求，突出“细、实、勤、效”扎实做好离退休干部健康体检工作，体检前将体检项目和程序、体检前注意事项、体检分组情况利用“智慧银海”平台，“量身定制”发送到每位老同志的手机中；现场服务突出眼勤、嘴勤、手勤、腿勤，及时发现和解决老同志体检过程中遇到的问题，让老同志安全、有序、顺利体检，同时组织有关科室医生针对老同志关心的身体健康状况进行详细问诊，并提出合理建议；对反馈体检异常的退休同志进行“一对一”的电话沟通，说明异常情况、转达医生建议，督促尽快到地方医院完成复查；协调为老同志尽快出具体检报告，让老同志及时了解自己的身体情况，做到早诊断、早预防、早治疗，提升老同志晚年生活幸福指数。同时，做好去世退休干部家属慰问、协助办理丧葬事宜等工作。

▲ 2022 年 4 月 26 日，天津海关离退办工作人员走访慰问老同志（天津海关离退办供稿）

【“三化”建设】2022 年，天津海关组建工作专班，负责对天津关区老同志个人信息开展专门采集并运用“智慧银海”平台线上反馈、电话及微信沟通等信息化手段动态掌握老同志情况，不断完善老同志信息数据库。常态化开展走访调研和电话调研，通过入户走访、组织座谈会等方式，畅通老同志反映问题的渠道，虚心听取老同志意见，深入掌握天津关区生活困难、高龄、失能、孤寡等老同志情况和需求，对老同志及家庭情况做到心中有数。对 3 名离休干部落实“一人一策”，建立离休干部“一人一策（册）”档案，实行精准服务 + 管理，重大节日和重要时间节点及时走访关怀，定期开展日常走访，及时了解并帮助解决实际困难，把提高享受医疗待遇、增发生活补贴及日常医疗保障等各项政策待遇严格落实到位。对有特殊困难的老同志和孤寡老同志建档立卡，完善结对联系和困难帮扶机制，开展支部互助和走访慰问。对身患重病、行动不便的老同志，协助解决看病住院、医药费报销等实际问题并及时了解有关情况。制定出台《中共天津海关委员会关于加强新时代海关离退休干部党的建设工作的实施意见》；梳理细化工作任务，明确责任分工，提升工作规范化水平。

【老同志发挥优势作用】2022 年，天津海关高度重视老同志发挥优势作用工作，以“建队伍，强基础”“建标杆，强引领”“建品牌，强效能”的“三建三强”系列举措，围绕宣传贯彻党的二十大精神，引导老同志发挥优势作用，持续释放正能量。老同志自编自演节目天津快板《永远跟着党》《党旗永飘扬》先后在全国海关老干部新春文艺汇演及全国海关老同志“喜迎二十大奋进新征程”线上文艺汇演上获得展示；通过召开座谈会、进行个人专访及开展主题征文等方式开展“建言二十大”“我看中国特色社会主义新时代”主题调研访谈活动，组织老同志结合亲身经历，说变化、叙发展，讲好新时代故事，释放正能量；发挥老同志文艺专长，组织参加海关总署、天津市文化活动，退休干部王学哲、苏长华、黄清来、杨继海等老同志瓷刻作品、书画摄影作品先后入选天津市重阳节文化活动展、海关文化建设协作区（华北片区）优秀作品展、天津市离退休干部“艺心聚力 津门战疫”网络文艺作品展等，展现了天津关区老同志爱党爱国爱关良好精神风貌。天津关区老同志还在传承家风、抗击新冠病毒感染疫情、关爱下一代、助力海关建设发展等工作中献计出力、传播正能量，体现了老同志们“退休不褪色、银发有担当”的价值追求。天津关区老同志参加庆“八一”活动、开展喜迎二十大瓷刻作品创作及离退休支部书记真诚热心做好支部工作事迹等多次被“天津支部生活”等载体宣传报道。

【文化活动】2022年，天津海关采用线下单独制作、线上集中展示方式开展“情暖巾帼，‘包’您美丽”——离退休老同志庆“三八”手工编织包展示活动。老同志一针一线、精心缝制并将编织包成品发到微信群进行展示。一件件制作精美、优雅简洁的手工编织包作品得到广大离退休老同志的热烈点赞，营造了浓厚的节日氛围，增进了老同志间的情感交流，让老同志感受到了满满的幸福感、收获感。世界读书日期间，组织开展“桑榆未晚 书香浓”读书荐书活动，邀请离退休老同志为大家推荐优秀书籍，分享阅读感受。老同志们在认真阅读学习基础上，推荐了《共产党宣言》《习近平谈治国理政》《习近平总书记系列重要讲话读本》《总体国家安全观学习纲要》《为人民服务》《纪念白求恩》《愚公移山》《红岩》等一系列优秀书籍、文章，取得良好反响。《天津海关组织离退休干部开展荐书交流活动》信息获得海关总署离退局“鑫海桑榆”公众号刊发。组织离退休干部参加“银发喜迎二十大 再续百年新辉煌”网络重阳文化活动才艺展，退休干部王学哲的《建党精神》《一大会址》《莲年有余》等共计7件瓷刻作品入选展览并被评为优秀作品。此外，聚焦主题主线，线上线下相结合，还组织开展了离退休干部职工网络春晚、“以艺战疫”网络文艺作品展、桥牌比赛等一系列文化活动，展现老同志良好精神风貌，引导老同志树立健康老龄观，丰富老同志精神文化生活。

【贯彻落实加强新时代离退休干部党的建设工作的意见】2022年，《关于加强新时代离退休干部党的建设工作的意见》印发后，天津海关迅速组织在职干部和离退休老同志深入学习领会意见精神，深入学习领会海关总署署长俞建华对老干部工作作出的批示精神，统筹在职干部和离退休干部两支队伍，明确抓好学习、抓好贯彻、抓好落实3个方面要求，深刻认识意见出台的重大意义，切实把思想和行动统一到党中央重大决策部署上来，确保学习贯彻意见精神站位高、推进实。海关总署党委制定印发《中共海关总署委员会关于加强新时代海关离退休干部党的建设工作的实施意见》以来，在海关总署离退局的指导下，天津海关高站位高标准，以政治建设为核心，聚焦“五个方面”，对照海关总署实施意见20条内容，结合天津海关实际，逐条细化贯彻落实措施，制定出台《中共天津海关委员会关于加强新时代海关离退休干部党的建设工作的实施意见》，印发至天津关区各部门（单位），工作中自觉对标对表，及时将相关工作纳入年度重点工作任务清单，确保天津关区离退休干部党建工作有方向、有准星、不落项，推动天津关区离退休干部党建工作全面加强，离退休干部队伍捍卫“两个确立”、做到“两个维护”的思想自觉政治自觉行动自觉不断增强。

【“光荣在党50年”纪念章颁发】2022年6月17日，天津海关举行“在党五十年，初心永不忘”主题党日活动暨“光荣在党50年”纪念章颁发仪式。天津海关党委委员、政治部主任潘楚雄为获得“光荣在党50年”纪念章老党员颁发纪念章，代表天津海关党委向获颁纪念章老党员们表示祝贺，希望老党员们坚守初心使命，永葆政治本色，一如既往关心和支持天津海关事业发展，发挥老党员作用，弘扬党的优良传统，为建设高质量“一流海关”贡献智慧和力量。老同志们备受鼓舞，纷纷表示感谢天津海关党委的关心关怀，要牢记初心使命、永葆政治本色，始终如一对党忠诚，坚定不移听党话、跟党走，老有所为、发光发热，讲好党的故事，讲好海关故事，为实现第二个百年奋斗目标和中华民族伟大复兴的中国梦贡献智慧和力量。

【“看变化助发展永远跟党走”活动】2022年8月，天津海关组织老同志赴天津新港海关和天津港集团参观考察，实地观摩智慧港口建设，围绕落实海关总署年中工作会议部署，为港口建设发展建言献策。老同志们实地观摩了天津港智慧港口建设情况，亲身感受了近年来港口建设发生的巨大变化，详细了解了港口建设取得的新进展和面临的新形势，并与天津新港海关负责同志进行了座谈交流，围绕智慧港口进出口监管能力建设、发挥现代网络科学技术作用及强化党建引领保障谈体会、谈感受，建言献策。老同志们认为，天津海关认真贯彻落实习近平总书记视察天津港时提出的“要志在万里，努力打造世界一流的智慧港口、绿色港口”重要指示，不断深化改革创新、强化科技引领，搭建便捷通关通道，营造更优口岸营商环境，为建设世界一流智慧绿色港口发挥了重要作用。老同志们纷纷表示，将一如既往支持天津海关建设发展，讲好海关故事，传承好、弘扬好海关优良传统。同时，要进一步加强政策学习研究，努力为建设世界一流智慧绿色港口贡献银发力量。开展“桑榆迎盛会 银发忆津关”主题党日活动，组织老同志到原工作单位参观考察，忆往昔、话初心、颂党恩，实地感受海关事业发展变化，增强老同志归属感、幸福感、自豪感。老同志们纷纷表示，再次来到曾经和同志们并肩战斗过的地方感到非常亲切和温暖，看到海关事业取得的新成绩、新进步感到非常高兴，深受鼓舞，要退休不褪色，离岗不离党，坚定理想信念，牢记初心使命，不断增强“四个意识”、坚定“四个自信”、做到“两个维护”，继续为海关事业发展发挥余热作贡献。

【“喜迎二十大”诗书画影作品征集展示活动】2022年7月，天津海关以“喜迎二十大 永远跟党走”为主题开展诗书画影作品征集展示活动。广泛动员，组织老同志发挥文艺专长开展作品创作，以优秀作品讴歌党的丰功伟绩，展望党的宏伟蓝图，抒发爱党爱国的深厚情怀。老同志们踊跃开展作品创作，通过多种艺术形式讴歌党、讴歌祖国、讴歌人民，诉说对党、对祖国、对人民的赤诚忠心，表达离退休老同志感党恩、铭党情，坚定不移听党话、跟党走的心声，共报送作品100余件，类型涵盖诗歌、书法、绘画、摄影、瓷刻等，内容丰富、主题突出、形式新颖，展现了天津关区老同志牢记初心使命、永葆政治本色，老有所为、发光发热的良好精神风貌，营造了喜迎二十大、永远跟党走的浓厚氛围。作品征集后，通过线上方式分3期进行了展出。

【表彰奖励】2022年3月，天津海关离退休干部办公室副主任李娜被天津市委组织部、天津市委老干部局、天津市人力资源和社会保障局授予“天津市先进老干部工作者”荣誉称号。9月，天津海关在天津市委老干部局举办的“银发喜迎二十大 再续百年新辉煌”天津市离退休干部重阳网络文化活动中，精心组织推动，获得天津市委老干部局颁发的优秀组织奖。退休干部王学哲的《建党精神》《一大会址》《莲年有余》《寿》《五牛图》《玉兰花开》《骏马》共7件瓷刻作品获得展示。

撰稿单位

天津海关离退办

第七篇

隶属海关

天津新港海关

【概况】天津新港海关是天津海关所属副厅级隶属海关，负责天津港北疆港区、天津经济技术开发区中心商务片区以及天津滨海新区13个街、5个镇范围内的通关、征税、统计、查验、检疫、物流监控、稽查等海关业务。2022年，天津新港海关内设10个正处级部门，分别为办公室（党委办公室）、人事政工处（党委组织宣传部）、财务装备处、综合业务一处、综合业务二处、综合业务三处、查验一处、查验二处、查验三处、物流监控处，共下设75个科室。

2022年，天津新港海关在天津海关党委领导下，以习近平新时代中国特色社会主义思想为指导，统筹口岸新冠病毒感染疫情防控和促进外贸稳增长，锚定“一流强关”目标，围绕“高标准定位、高水平推进、高质量发展”，持续强化监管、优化服务，各项重点工作得到推进落实，治理能力和治理水平稳步提升。深刻把握政治机关属性，深入学习宣传贯彻党的二十大精神，落实全面从严治党政治责任，增强基层党组织政治功能和组织功能，扎实推进党建与业务深度融合，加强清廉海关建设，打造准军事化纪律部队。牢记监管是海关最基本、最重要的职责，加强口岸监管和后续监管，强化安全生产监管，深入开展检验检疫工作，提升打击走私和知识产权保护效能。持续优化口岸营商环境，支持共建“一带一路”高质量发展，保障中欧班列运行，助力天津港世界一流港口建设，推动进口货物船边直提和出口货物抵港直装扩大应用规模，提升进出口通关效率，帮助企业纾困解难，天津新港口岸外贸规模首次突破万亿元。全年，监管进出口货物1.9亿吨、货值1781.6亿美元，同比分别增长1.3%、30.1%；监管集装箱数量433.5万箱，同比增长21.2%。1个集体记集体三等功、4个集体被给予集体嘉奖，49人次记个人三等功、272人次被给予个人嘉奖。1人被授予“天津市 五一劳动奖章”，6人分别获评天津市“人民满意的公务员”“知识产权工作先进工作者”“担当奉献好青年”“优秀共青团员”“敬业奉献好人”等荣誉称号。“新心相伴”志愿服务队被评为天津海关优秀志愿集体，7个科室被评为天津海关“内务标兵科室”。

【基层党建】2022年，天津新港海关全面学习宣传贯彻党的二十大精神，围绕重点工作研提思路举措、明确责任分工，形成168项任务清单。

制定天津新港海关党委关于践行“求实、扎实、朴实”海关文化、塑造“可亲、可敬、可靠”海关形象，推进现代化海关建设的指导意见。扎实开展政治机关专项教育，梳理政治要求清单1473条，同步开展防范“学习惰性、思维惯性、监管任性、管理随性”问题大讨论活动。围绕党建工作亮点打造示范品牌，天津新港海关查验三处党总支、综合业务二处进口一科党支部党建品牌被复核认定或新评为全国海关党建示范品牌，天津新港海关成为天津关区拥有2个全国海关党建示范品牌的隶属海关。7名党员、2名党务工作者、2个党支部分别被天津海关评为优秀共产党员、优秀党务工作者和先进党支部。天津新港海关党委会专题研究年度全面从严治党工作，细化52项重点任务分工。开展警示教育月活动和廉洁文化建设，创意作品获得海关总署三等奖。组织纪检委员履职培训，实施“八小时以外”监督。开展3次违规投资企业及企业兼（任）职问题自查。

【监管业务】2022年，天津新港海关查发空箱带货情事6起，查获违禁出版物17起65件。发挥视频监控中心作用，开展检查1460家次。开展稽查作业35起，同比增加1.7倍；刑事立案7起、行政立案8起。落实安全生产责任，多轮次开展进出口危化品、口岸监管作业安全等重点领域专项排查整治工作。开展“两场”（海关监管作业场所、集中作业场地）和“两仓”（保税仓库、出口监管仓库）安全生产检查199家次，排除风险40个，制发整改通知书6份，约谈企业12家次，处置“六水硝酸镁”“四水硝酸钙”等18批危化品滞留情事。“口岸危险品综合治理”百日专项行动期间，分别移交进口、出口疑似危险品9票、22票。建立进境大中动物隔离检疫任务清单、流程清单、档案清单，监管进境种牛8.9万头，同比增长76.8%，检出阳性动物150头。监管散装粮食89船、418万吨，检出检疫性有害生物1467种次、非检疫性有害生物7943种次。牵头组建天津海关植物检疫区域重点初筛鉴定室。联合国家濒危物种进出口管理办公室北京办事处组织召开进出口野生动植物监管联席会议，并签署联系配合办法。退运销毁不合格进口食品371批次，货重5506吨，货值1.2亿元。监管散装矿产品3449票、2708万吨，同比分别增长27.1%、19.5%。查获放射

▲2022年10月26日，天津海关所属天津新港海关物流监控现场关员学习党的二十大精神（天津海关所属天津新港海关 供稿）

性超标矿产品54.9吨、品质不合格矿产品865吨。

【打击走私】2022年，天津新港海关贯彻落实总体国家安全观，打击“洋垃圾”和濒危物种及其制品走私。查发非法进口固体废物47票、2115吨，在天津关区的占比分别为92.2%、96.9%，其中刑事立案2起；退运非法进口固体废物52票、2539吨，在天津关区的占比分别为86.7%、92.8%；单批次查发的788吨铬矿为天津口岸年内最大一批非法进口固体废物。查发象牙、中草药等濒危物种及其制品违规情事30起。移交线索成刑事案件26起，同比增长23.8%；移交线索成行政一般案件277起，同比增长16.4%。办结“简易程序和快速办理程序”案件786起，同比增长3.8%，天津关区占比42.4%。知识产权线索立案80起，涉及货物46.7万件，价值1974万元，天津关区货运渠道占比分别为82.5%、74.2%、89.6%。查获的出口假冒电焊条案获评“中国海关知识产权保护典型案例”。

【税收征管】2022年，天津新港海关围绕综合治税“量、质、效”并举，实征税收税款901.2亿元，同比增长148.8亿元，增幅19.8%，税收总量和年度增幅创2015年以来最高水平，连续2年实现百亿元级增长；天津关区占比52.79%，连续2年超过半数。口岸营商环境优化成为税收增长的有力支撑，预约通关、船边直提等服务举措，推动天津新港口岸进口货物税收在天津新港海关缴纳的比率从2019年的79%提高至2022年的86.8%，连续4年稳步提升。立足解决进口重点税源企业通关难题，汽车、原油、矿产品和冻品等重点税源商品税收达581.8亿元，同比增长12.2%，占比64.6%；重点税源企业数量达到1410家，同比增长17.3%。发挥综合治税机制作用，建立税收征管质量定期自查制度。加强规范申报管理，全年规范申报率保持在99%以上。利用“科技+制度”防止税款“跑冒滴漏”，常态化开展12个税收征管问题核查。

【业务改革】2022年，天津新港海关落实船边直提、抵港直装改革工作要求，建立“专人联系、双向响应、即时解决”的应急保障机制，船边直提、抵港直装应用规模实现历史突破。全年，天津新港海关船边直提25.48万箱，同比增加90.89%，天津关区占比69.61%；直提率34.72%，同比提高15.63个百分点；12月首次实现月度直提率突破40%。抵港直装46.26万箱，天津关区占比90.26%，直装率30.38%，以73.89%的天津关区总箱量占比，将天津海关直装率由9.28%拉升至24.87%。为缓解过境货物发运、堆存能力不足问题，提出“海铁直提+货物转场”新模式，实现港口过境箱随卸随提。支持中国（天津）自由贸易试验区对外开放引领作用发挥，在天津海关备案7项自贸创新举措，同比增加16.7%，其中及时总结冻品作业模式和工作经验，形成进口冻品监管新模式获得海关总署备案并在全国推广。

【综合保障】2022年，天津新港海关注重干部队伍严管厚爱，树立选人用人正确导向，发挥先进典型示范引领作用，着力打造高素质干部队伍。明确精神文明建设26项工作任务，与天津市滨海新区大沽街道和盛苑社区签订城市基层党建共驻共建清单，参与文明城区创建工作；开展内务规范强化月等活动，打造准军事化海关纪律部队。全年，发布、办结督办任务241项。14篇通讯类稿件被《天津日报》等重点纸媒刊发。《应用大数据理念管控出口边境合规时间的实践探索》获得海关总署研究中心主题征文优秀奖。统计监测预警分析文章及专报被海关总署相关载体采用7篇。制订普法计划清单，明确普法责任，开展法治宣传活动。组织开展“4·26”知识产权宣传周、“民法典宣传月”、“8·8”海关法治宣传日、“12·4”宪法宣传周等普法宣传活动。

【党建与业务深度融合】2022年，天津新港海关党建与业务深度融合成效在海关总署、天津市和天津海关多个层面取得突破。创新思路、明晰路径，探索形成包含“推动组织设置深度融合”“推动工作载体深度融合”等10个方面融合措施和“发挥考核激励导向作用”“注重总结推广融合典型”等32条融合路径的《天津新港海关党委推动党建与业务深度融合发展实施方案》，建立起系统集成的党建与业务深度融合制度体系。聚焦新思考、新举措、新探索，“天津新港海关创新‘十个融合’模式，瞄准‘三点’推动党建业务深度融合”案例成为全国海关18个基层党建创新案例之一。4个党组织被评选为天津海关融合试点党组织，2个党组织被推选为天津海关党建工作“样板间”，2个课题研究被确定为天津海关“书记项目”。深融方案和成效被天津市委组织部和市级机关工作委员会组织推广。

【“海关重点项目和财物管理以权谋私”专项整治】2022年，天津新港海关围绕落实“海关重点项目和财物管理以权谋私”专项整治工作要求，制订专项整治工作计划安排，明确专项整治总体目标、组织领导、整治重点、具体举措和完成时限。畅通信访举报渠道，向企业发放专项整治告知书、电子问卷等162份；统筹推进学习宣传教育和全面自查，组织个人事项申报和剖析材料撰写；成立工作专班，梳理重点项目清单1个，排查项目7个，完成《天津新港海关重点项目清单》《天津新港海关其他财务领域自查报告》；立足“固根本、利长远”，把建章立制贯穿专项整治全过程，建立或修订天津新港海关重大财务事项集体审批实施办法、天津新港海关经费支出管理办法、天津新港海关固定资产管理实施细则等多项财务工作制度。

【新冠病毒感染疫情防控】2022年，天津新港海关扛起口岸新冠病毒感染疫情防控责任，冻品监管通关创造样品检测数量、阳性检出数量、物防考核得分、进口冻品数量4个全国前列的工作业绩。运行冻品监管规范化、标准化、信息化工作机制，全年核酸检测2.8万箱、采集样本55.7万个、消毒处理9200余箱，同比分别增长33.6%、35.5%、58.9%。单个梯队检测能力同比提升50%，单日最高采样量达144箱，一般冻品通关时长由年内最高时的153.9小时降至52.9小时，压缩65.5%，为企业节省资金1.1亿元。天津新港口岸进口冻品196.7万吨，同比增长48.6%，在天津口岸的占比为66.2%。率先实施“14+7+7”封闭管理，全体关领导先后走进“口岸封管区”，在全国海关首创处级领导带班制度，24名37轮次处级领导进入“红区”带班777天次。优化运行立体化、系统化问题自查制度，实现全年海关总署零通报、零扣分。落实干部职工身体健康监测、关联人员排查管控、办公区域登记、食堂就餐管理等工作要求。开展“应急处置桌面推演”。9月至10月滨海新区调整新冠病毒感染疫情防控措施期间，第一时间制订应急通关方案、探索建立“网上接单”等应急通关模式；12月低位运行期间，实现新冠病毒感染疫情防控条件下政务顺畅运转、业务平稳运行。

▲2022年8月21日，天津海关所属天津新港海关保障2022年第500列中欧班列驶出（天津海关所属天津新港海关　供稿）

【促进外贸保稳提质】2022年，天津新港海关支持共建“一带一路”，保障中欧班列发运744列、8万标箱，同比分别增长50.1%、50.7%，创天津口岸历史新高。提升进出口通关效率。2022年，进口整体通关时间45.25小时，同比压缩1.59小时，其中非冻品进口整体通关时间28.96小时，同比压缩2.53小时。进口提前申报率达80.33%、汇总征税率达29.13%，同比分别提升0.83个百分点、2.57个百分点。全年，出口整体通关时间0.4小时，同比压缩0.21小时，首次进入0.5小时；出口边境合规时间42.09小时，同比压缩9.14小时，月度首次进入40小时区间；出口提前申报率达96.33%，同比提升0.78个百分点。进口整体通关时间、出口整体通关时间、出口边境合规时间同比压缩3.4%、34.4%、18%，助力天津关区进口整体通关时长在全国同类海运口岸中位居前列，助力天津市出口整体通关时长位居全国十大主要海运口岸所属省市前列。支持RCEP关税减让政策红利直达中小企业，助力进口企业享惠5541万元。创建“平台+产业”新模式促进外贸新业态发展，跨境电商B2B出口货值633.65亿元，在天津关区的占比为73.7%。开设鲜活农产品“绿色通道”，帮助企业应对技术性贸易壁垒。设立退税服务联络专员，累计为478家企业进口货物办理退税近13.6亿元。健全辖区企业信用培育机制，打造“对企精准服务工程”，6家企业获得高级认证企业资质。年内，收到感谢信82封、锦旗47面。

【一流港口建设】2022年，天津新港海关认真贯彻落实习近平总书记2019年视察天津港时提出的“努力打造世界一流的智慧港口、绿色港口”重要指示，立足《天津新港海关 天津港（集团）有限公司关于深化关港合作优化营商环境的协议》，主动对接港口需求、畅通信息沟通渠道，支持天津推进北方国际航运枢纽建设。完善关港集疏港智慧平台的货物场位信息、提箱预约信息等功能，提升系统化监管水平。推动天津港第二集装箱码头有限公司与海关联网系统建设，建立进出境运输工具监控、卡口监控、堆存信息监控、物流链信息管理、危化品预警监控5个功能模块，车载式大型集装箱检查系统设备配备、投入使用，实现对进出境运输工具及集装箱货物的信息化管理。依托全新监控屏幕和关港集疏港智慧平台，对天津港北疆港区运行情况进行全景式监控，全年累计开展监管场所视频监控检查1460家次，3158路监控摄像头在线率保持在99%以上。推动天津港第二集装箱码头有限公司、天津港海嘉汽车码头有限公司海关监管作业场所、天津港欧亚国际集装箱码头有限公司集中查验场等场所场地建设，全程提供符合企业实际的个性化政策指导。

【外贸进出口总值突破万亿】 2022年，天津新港海关立足运行保通保畅机制保障企业通关预期、提升集疏作业效率节省企业通关成本、调研帮扶清零问题纾解企业面临困难、深化改革减负增效激发市场主体活力，统筹实施外贸保稳提质工作举措，以监管服务效能提升、口岸营商环境优化、口岸吸引力增强推动口岸外贸增长。全年，天津新港口岸进出口总值突破万亿元大关，达到1.17万亿元，同比增长34.6%，较2021年增速提高9.5个百分点，较2019年高出4286亿元，连续24个月保持正增长，年度增幅高于全国平均水平26.9个百分点。天津新港口岸进出口总值在天津口岸的占比为58.1%，提高5.8个百分点；在全国的占比为2.8%，提高0.6个百分点。在全国主要口岸排名位列第7位。其中，出口6726亿元，同比增长48.9%；进口4964亿元，同比增长19.1%。

撰稿人

王紫梁　刘　军　刘鹏宇　贾梦楠

天津滨海机场海关

【概况】天津滨海机场海关是受天津海关直接领导，负责天津滨海机场范围内海关各类管理工作的执行机构。主要负责党的基层组织建设和干部队伍建设；办理具体海关业务，反馈执法作业结果；完成天津海关交办的其他工作。

2022年，天津滨海机场海关落实“疫情要防住、经济要稳住、发展要安全”的重要要求，“战”疫情、谋创新、强监管、优服务、稳外贸、促增长，各项工作取得新成绩，为天津海关奋力开创高质量“一流海关”建设新局面作出应有贡献。深化政治统领，深刻领悟“两个确立”的决定性意义，做到“两个维护”。深入学习宣传贯彻党的二十大精神，以“学—讲—做”为主线，全力推动海关总署以及天津海关党委关于党的二十大决策部署在天津滨海机场海关现场落地见效。聚焦“学”，发挥党委带头学、中心组深入学、支部普遍学“三学机制”作用，举办党委扩大学习、集中学习等30余次；聚焦“讲”，开展“学精神、讲体会、促落实”、“老中青大家谈”、撰写心得体会等活动，在交流中深化思想认识；聚焦“做”，建立“支部服务企业”清单，上下联动、党群联动、红绿联动，深入开展“战疫1000天”“通关我值守”等践学行动，一步一个脚印把天津海关党委作出的重大决策部署付诸行动、见之成效。不断完善“第一议题”制度，对习近平总书记重要指示批示精神第一时间学习、部署、落实。巩固提升安全生产专项整治3年行动，深入推进领导干部安全生产责任制落实，发布天津滨海机场海关领导班子成员安全生产“两个清单”。落实好“加强版”责任，持续开展风险隐患排查整治。持续强化安全生产宣传教育，“吹哨人”制度不断完善，实地组织开展消防灭火、应急疏散、反恐应急等突发事件演练。“三智”建设稳步推进，旅客自助通关等创新应用有力提升旅客通关效率；天津滨海国际机场T1航站楼改造顺利进行，与新加坡海关信息共享日益深入，“智慧旅检”建设愈发成熟。持续强化海关监管，国门安全更加精准严密。

全年，实征税款56.31亿元，同比增长4.6%。年内累计检疫入出境人员12.7万人次、进出境航空器2756架次。严格做好非冷链货物口岸环节风险监测和核酸检测，新冠病毒感染疫情以来累计采样4.8万余个，占天津关区核酸采样总数的40%。打击象牙等濒危物种及其制品走私成效明显，查获象牙制品 62 件，同比增长 1.8 倍。首次查获快件渠道新冠病毒检测试剂；首次查获快件渠道虚拟货币钱包 3 个；首次查获涉藏独组织宣传海报和 T 恤各 1 件。天津滨海机场海关口岸新冠病毒感染疫情防控工作集体荣立集体二等功，总计 55 人次获三等功、“两优一先”、嘉奖等表彰。

▲2022 年 3 月 29 日，天津海关所属天津滨海机场海关关员助力企业通关（吴勋 摄）

【基层党建】2022 年，天津滨海机场海关政治机关建设全面加强，持续抓好习近平新时代中国特色社会主义思想和《习近平谈治国理政》第四卷学习，先后组织党委理论学习中心组学习 4 次、党委会学习 41 次。统筹推动“学查改”专项工作和政治机关专项教育活动，精心编制该关专项教育“路线图”和“政治要求清单”，开展“讲体会、查不足、做模范”大讨论 27 次；对照查摆要求，系统梳理共性痛点难点问题 80 个，明确整改措施 159 项，一张清单抓整改，专项教育走在天津关区前列。党建品牌迭代升级，“查检卫士”品牌获评天津关区优秀升级案例，“五同”工作法、“三学三炼三查”工作法、“课题 + 班组”攻坚模式有力推动党建业务融合发展。党建“双提升”行动效果突出，1 名党员获评天津关区“双优党员”，1 个支部入选天津关区党建“样板间”，旅检、快件、卫生监督现场获评天津关区“教育培训实训点”。获得“全国五一劳动奖状”“全国五四红旗团支部”国家级荣誉 2 个，基层党建质量有力彰显。

【通关业务】2022 年，天津滨海机场海关通过建立“持续灭减超长报关单工作小组”，全面实现空港口岸“全天候、无假日、免预约”通关保障机制；累计召开各类政策宣讲会 20 余次，实施“一企一策”专题帮扶 60 余次，解决企业通关难题 100 余项，收到企业感谢信、锦旗 10 余封 / 面，努力架好政策与企业的“桥梁”，助力企业渡难关。

全年，进口整体通关时间 27.03 小时，同比进一步压缩，位居全国主要空运口岸前列。大力推行提前申报，出口提前申报比率超过 85%。设立外贸保稳提质专项绿色窗口，并组织骨干建立承接对外咨询和办理一体化办理专员制度；成立“党员攻坚小队”，制订科室保通关应急预案和应急通关包，多渠道公布科长、骨干联系方式；设立保稳提质台账，一口通办、一办到底。落实党中央重大决策部署，主动作为靠前服务，帮助企业最大化享受RCEP关税减让红利。与关税部门形成定期合作机制，强化宣传，全年累计为130余家企业多次召开“一帮一”、腾讯视频会议、二维码调研；主动对新开展企业“手把手”帮扶企业办理担保、预审等服务。

【查检业务】2022年，天津滨海机场海关自觉扛起优化口岸营商环境的职责，化风险为机遇，开通“助农种源专验”绿色通道，优化进境优质种质资源检疫监管措施，保耕种稳生产，种子进口货值2390万元，同比增加33.52%；全力促进保稳提质各项措施落地，做好真空包装等高新技术货物一体化布控查验模式落地工作，对符合相关条件的京津冀地区生产型企业进口高新技术货物，将口岸检查作业要求迁移至目的地实施，降低口岸滞留成本，实现京津冀电子信息企业高新技术货物口岸通关速度再提升。年内，中芯国际、北京集成电路制造、恩智浦半导体（天津）有限公司等8家高新企业、共计19批次逾4200万元的芯片制造设备和高端集成电路等产品在天津空港口岸高效通关。主动融入国家安全治理体系和治理能力现代化的全面深化改革，强化监管，精准打击，切实维护正常贸易秩序和国家安全。在天津空港口岸首次查获危化品，首次查获进境固体废物，首次查获进口不合格蓝帽子注册保健品，首次查获伪瞒报出口含稀土成分商品，首次查获进、出口侵犯知识产权商品，首次查获不合格旧机电产品，正面监管取得重大突破。

【安全监管】2022年，天津滨海机场海关聚焦国门生物安全，扎实开展“国门绿盾2022”行动，快件渠道截获外来物种31批次，查获禁止进出境的动植物及其制品400余批次。强化卫生监督，保障口岸公共卫生安全。对150余家单位开展巡查346次，发现不合格事项188项，开具监督意见书44份，整改通知书3份，对2项违规问题进行行政处罚。持续做好口岸病媒生物监测，开展鼠、蜚蠊等监测75次，有效控制和切断口岸传播途径。

聚焦重点领域、重点商品，扎实开展“国门利剑”等专项行动。强化全员打私，深化反走私综合治理，构建现场、缉私、风控、行邮等多部门协同作战工作机制，用好智能监管设备，持续提升精准查缉能力。移交刑事案件线索33起，办理行政案件64起、“两简”案件192起。涵盖毒品、精神药品、

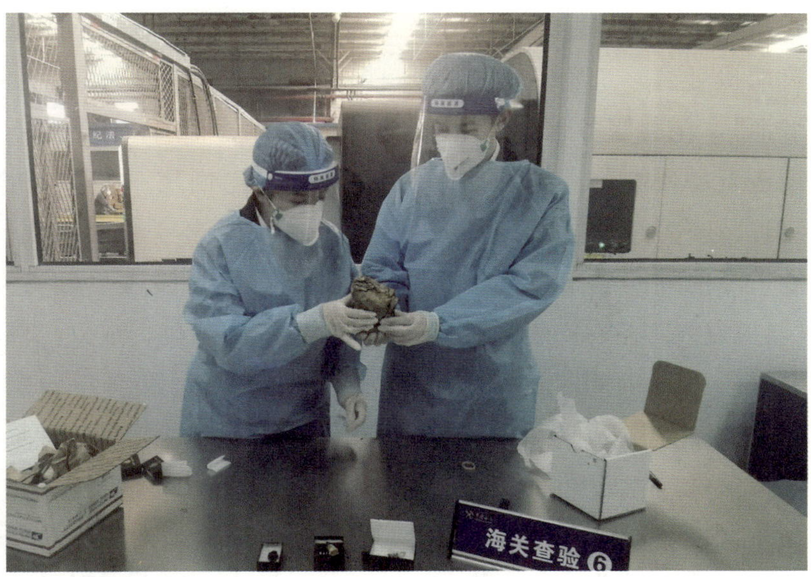

▲2022年6月6日，天津海关所属天津滨海机场海关关员开展快件监管（陈鹏飞 摄）

涉税商品、知识产权等多种类案件。其中，移交毒品案件线索7起、精神药品案件线索26起，查获咖啡因胶囊1.6万余粒。

【全国五一劳动奖状】2022年，天津滨海机场海关荣获“全国五一劳动奖状”。全面深入贯彻习近平总书记重要指示批示精神，认真落实上级各项部署要求，在空港口岸新冠病毒感染疫情防控和促外贸稳增长工作中，以实际行动做到“两个维护”，全力战“疫”守卫空港国门。第一时间启动新冠病毒感染疫情响应，全面动员，成立近百人突击队支援旅检一线，开发“出入境人员健康管理信息系统”和“远程流调模式”，严密织牢“三查三排一转运”防控网，做好首都分流航班处置，筑牢首都“护城河”。全力服务地方发展，推进贸易便利化，优化通关流程，通关时效位居全国空港口岸前列。第一时间开设“新冠疫情防控物资通关专办窗口”，第一时间实施“专人值守、提前申报、货到即放”通关模式。落实“六稳”“六保”，开展“支部联系企业”活动，推出促进外贸、助力企业7项举措，全力帮助企业复工复产。持续加大毒品走私打击力度，查获冰毒、可卡因等。

【全国五四红旗团支部】2022年，天津滨海机场海关团总支获评“全国五四红旗团支部”。该团总支共有团支部4个，团员33人，团干部5人。曾获天津市“五四红旗团支部”、天津团属新媒体优秀团组织等荣誉。该团组织始终秉承“敢于创新、勇于担当，凝心聚力、攻坚克难”的理念，用闻令而动、不畏艰难、奋勇当先的精神面对急难险重的任务。面对突如其来的新冠病毒感染疫情，该团组织立即集结，组织成立“党团员突击队”奋战新冠病毒感染疫情一线。青年关员冲锋在前，检出天津海关首例高非冷新冠病毒感染阳性，查获毒品百余起。创建“采样培训班”，提升业务知识储备。创建“风险分析组”，组织青年关员对航线、航班、旅客开展风险分析，提高检疫精准度。成立“科技创新队”，踊跃参与研发“出入境人员健康管理信息系统”，创新应用“远程验核”模式，提高通关效率。保障通关为民生，建立夜间通关小组，保障新冠病毒感染防疫物资、春耕等民生物资快速通关。

【重大活动保障】2022年，天津滨海机场海关提级管理、全力以赴，全面加强党的二十大期间各项工作落实，启动3级应急值守机制，关领导赴一线带班监管航班12架次；国庆期间值班478人次，值班电话接受海关总署、天津关区值班抽查4次，办理各类货运通关业务1128批次，监管进出境旅客3485人；以空港口岸“战”疫1000天为契机，组织拍摄《迎盛会、战疫情、促发展——我们的999天》主题宣传片，获天津海关公众号“悦动津关”刊发，向党的二十大献礼。高效保障北京冬奥会、冬残奥会进境ATA单证册货物通关。前期得知企业有天津口岸空运现场5票北京冬奥会、冬残奥会进境ATA单证册物资即将申报，现场多科室联动，第一时间调取物资各环节通关情况，主动联系并指导企业办理通关手续。1月11日，该批次货物顺利完成通关手续，货物为专业设备，重约4300千克，货值约1170万元。全力做好北京冬奥会、冬残奥会备降航班保障工作，第一时间制订北京冬奥会、冬残奥会航班备降卫生检疫工作方案和入境备降航班突发公共卫生事件应急处置预案，在做好严防境外疫情输入的基础上，为北京冬奥会、冬残奥会的顺利举办提供抵离人员通关保障。

▲2022年1月24日，天津海关所属天津滨海机场海关关员雪中开展航班监管（张鹏鹏　摄）

【空港口岸疫情防控】2022年，天津滨海机场海关牢记“口岸疫情防控海关必坚守”，落实“四严”“四零”要求（科学精准高效开展口岸疫情防控，工作要严格、流程要严密、作风要严谨、关员要严管，确保疫情疫病零输入、关员零感染、操作零失误、通关零延误），持续优化完善口岸疫情防控措施。对来自高风险国家和地区的旅客进行重点风险排查，询问其旅居史，严格按照文件规定、布控指令做好入境人员、入境航空器卫生检疫等各项工作。做到“人、物、环境”同防。加强对黄热病、登革热、埃博拉等疾病的监控，对主动申报或现场发现有症状人员，按规定程序进行严格排查，严防疫情叠加风险。6月，全球猴痘疫情持续蔓延，旅检现场持续加强疫情监测，动态开展分析研判，加强对入出境人员的健康宣教和监测，并提醒做好健康申报和自我防护，加强猴痘病毒核酸检测等相关技术培训和物资储备，进一步提高口岸多病同防技术能力。强化与属地联防联控机制协同配合，对经海关检疫排查有问题的旅客，及时通报联防联控机制，与地方进行阳性数据互通，有针对性地做好口岸传染病防控工作。

【助力大通关基地发展】2022年，天津滨海机场海关持续跟进天津航空口岸大通关基地建设。完成快递类海关监管作业场所行政审批，平稳完成华宇进口快件到大通关快件的切换工作；完成舱单传输人备案，因企业申请口岸错误导致无法电子备案，多方沟通后，通过手工备案方式完成大通关舱单传输人备案，为快件调拨、进口分拨做好准备；完成进境植物种苗指定监管场地海关总署验收，标志着大通关基地5个指定监管场地全部具备口岸功能；保障大通关基地摄像头在线率，与科技部门、监管部门多方协调，确保大通关基地海关视频监控符合监管要求。开展进境龙虾评估工作，为后续批量进口做好准备。肉类指定监管场地完成首票进口“伊比利亚火腿”通关业务，口岸功能进一步丰富，物流集聚效应逐步显现。

【法治建设】2022年，天津滨海机场海关扎实推进法治海关建设，持续强化问题清零、法治培训、业务交流，全面落实执法普法责任，不断提升广大关员及企业群众规则意识、法律意识，有效推动源头预防、前端化解，夯实法治根基。通过科技手段开通罚款远程缴纳功能，解决异地相对人缴纳罚款不便的问题。开展线上线下普法活动10余次，短视频作品《新型快件骗局来袭》在天津市委宣传部举办的法治宣传原创作品征集活动中获评法治宣传原创优秀作品，在天津市公安局发起的“全民反诈天津在行动”抖音短视频挑战赛获得三等奖。公职律师审核民商事合同50多件，提出意见建议500余条，有效防范化解合同风险。发挥天津滨海机场海关国门安全展（天津市法治宣传教育基地）独有优势，承办天津海关“6・26”禁毒日新闻发布会、人大代表、政协委员走进百年津关等专题活动，进一步加深了外界对海关工作的了解。

撰稿人

韩金丽　李　强　张志安

天津大港海关

【概况】天津大港海关是一个海运货物监管和属地业务复合、业务门类齐全的综合性海关，监管区域为天津南港工业区及口岸码头，下设科室6个，是天津海关下辖的正处级隶属海关。天津大港海关业务范围为：南港口岸进出境船舶、海运进出口舱单的管理；南港港区监管场所、港区卡口的物流监控管理；南港口岸进出口货物的监管、通关和税收征管工作；南港工业区内企业进出口货物监管；区内企业管理；加工贸易管理、保税仓库管理；外商投资企业自用设备的减免税审批；区内企业海关稽查；风险管理及对业务管辖范围内走私违规案件的移交；办理其他海关业务。

2022年，天津大港海关以习近平新时代中国特色社会主义思想为指导，统筹推进口岸疫情防控和促进外贸稳增长工作，锚定高质量“一流海关”建设目标，打造清洁能源和化工品安全、智慧、高效监管品牌，维护国门安全，促进外贸发展。全年，检疫监管出入境船舶558艘次，同比增长80.5%；进出口货物1009.4万吨，同比增长37.89%。天津大港海关全力做好天津渤化化工发展有限公司、中国石化天津南港120万吨/年乙烯及下游高端新材料产业集群项目、中沙（天津）石化有限公司等重大项目的监管服务，保障国内大宗化工原料、清洁能源产业链供应链安全稳定和循环畅通，助力天津“一基地三区”（“一基地”是指建设全国先进制造研发基地，打造战略性新兴产业高地；“三区”分别是指建设北方国际航运核心区、建设金融创新运营示范区、建设改革开放先行区）和南港工业区世界级化工新材料基地建设。

全年，天津大港海关52项政务服务事项100%五星好评。2名同志获得海关总署通报表扬，3人次获天津海关嘉奖，3人入选“津关好人”。1人获评天津海关“优秀共产党员”，1人被评为天津海关“双优委员”，团支部获评“天津市五四红旗团支部”。

【基层党建】2022年，天津大港海关党委会集体学习23次、中心组专题学习4次、支部集体学习156次，开展青年理论专题学习6次，组织全体党员干部学原文、悟原理，谈思想、谈体会，推动习近平新时代中国特色社会主义思想入脑入心；联合天津大港海事局、边检站开展联建联学活动，推动学思用贯通、知信行统一；制定学习宣传贯彻党的二十大精神32项工作安排和76项重点措施，开展专题调研和课题研究，把学习成果转化为建设高质量“一流海关”的思路和举措。

年内，天津大港海关聚焦疫情防控、促进外贸保稳提质、推动业务改革、优化营商环境等工作，发挥党建工作对完成中心任务的引领保障作用。推动“书记项目”“融合试点”，创新“三联三融”工作法，相关经验做法被“金钥匙杂志”“天津机关党建”等媒体刊发；完善“我为群众办实事”长效机制，推动19项重点民生项目落实落地；持续推进“支部联系企业、党员服务群众”活动，6个支部对口联系服务企业22家，解决企业困难28个，收到企业感谢信2封、锦旗6面。

年内，天津大港海关推进精神文明创建，开展核酸筛查、新区创文交通督导等志愿服务活动，获得天津市滨海新区文明办感谢信。发挥青年关员突击队和生力军作用。开展政治机关专项教育活动，分3个专题开展12次大讨论；排查风险隐患9条，梳理岗位政治要求338项，把讲政治落实到海关工作各领域、全过程。

【通关业务】2022年，天津大港海关进出口货运量1009.4万吨，同比增长37.89%。其中，进口货运量730.71万吨，同比增长10.48%；出口货运量278.69万吨，同比增长292.19%。进出口货值79.69亿美元，同比增长62.17%。其中，进口货值64.8亿美元，同比增长37.14%；出口货值14.89亿美元，同比增长680.42%。

年内，天津大港海关对标“一流海关”建设，以企业获得感为原则，引导企业采用“提前申报”“两步申报”等便利化模式通关，提升口岸通关效率。全年，进口提前申报率98.81%、出口提前申报率97.93%、两步申报率39.47%。大港口岸进口整体通关时长6.53小时、出口整体通关时长0.21小时、出口边境合规时间27.17小时，均处于天津关区前列。

年内，天津大港海关税收担保企业覆盖率95.9%，汇总征税比率为62.89%，均高于天津海关关区平均水平。征收税款37.41亿元，同比增长24.28%。

【查检业务】2022年，天津大港海关提升查验作业规范化水平，规范新查管系统应用，压缩大港口岸进口货物口岸环节查验准备时间与查验时间，助力天津关区通关时长压缩。进一步强化国门生物安全，开展“国门绿盾2022”行动，加强生物安全风险防控，严防外来物种和动植物疫情疫病经海港口岸传入。利用天津大港海关国门安全工作站为加强有害生物截获提供保障；加大对进出境船舶配餐间、厨房、储藏室、食品库、甲板等区域查验力度；落实非洲猪瘟防控工作，制订非洲猪瘟检疫查验方案，细化查验要求，对船员物品100%现场查验，对猪肉制品100%封存处理；加强船舶餐厨垃圾、泔水无害化处理监督工作；加强对辖区码头经营单位病媒生物控制落实情况的监督，天津大港海关全年对码头开展病媒生物常态化监测28次（其中鼠类4次、成蚊12次、伊蚊蚊蚴6次、游离蜱6次），做好辖区口岸监测预警和物种信息收集，有效防范外来物种，筑牢国门生物安全第一条防线。严格执行口岸疫情防控各项措施，做好内部防控，指导、监督一线人员强化个人防护，优化海港登临检疫模式，认真做好口岸卫生检疫安全大检查和自查工作。开展危化品隐患排查整治工作。加大进出口船舶监控，严厉打击象牙等濒危动植物及其制品走私，将“洋垃圾”堵截在国门之外。

【物流监控】2022年，天津大港海关聚焦监管作业场所运行管理，对海关监管作业场所及对外开放码头累计开展分类实地巡查86次，对发现的不符合场所设置条件的13起问题及时通知码头企业进行整改；做好辖区安全生产工作，开展安全生产3年行动专项检查5次，监管作业场所安全专题检查5次，组织人员学习安全生产警示案例4次，开展国家安全日主题活动1次。

全年，天津大港海关对各监管区域进行视频检查1079次；加强日常设备维护检查，发现并解除设备故障问题17起；对辖区门户式辐射探测设备进行日常巡查24次。

全年，天津大港海关对辖区口岸储存场地建材码头开展日常卫生监督51次。加强口岸疫情防控人员安全防护工作，严格落实“岗前检查、工作巡查、全程督查”“双人作业、相互监督”的安全防护监督制度。

【稽核业务】2022年，天津大港海关综合运用主动披露、贸易调查等手段，提升稽查效能，贴近企业生产实际，为辖区企业精准“画像”，制定帮扶措施，解决企业问题，并对惠企措施落地情况进行跟踪反馈。对适合开展远程视频核查的企业采取“云核查”模式，降低企业负担。

全年，天津大港海关选取天津口岸相关公司开展贸易调查，开展稽查作业4起；接受企业主动披露4起；开展核查作业50起（定期管理类核查36起、风险类核查14起）；撰写风险信息。与天津海关缉私分局、风控分局建立长效沟通机制。针对2021年查获的相关线索，撰写行业性建议1篇，上报天津海关和海关总署，促成针对此类商品的全国性行业贸易调查。全年，移交案件线索5起。

【促进外贸保稳提质】2022年，天津大港海关对北京燃气集团在天津大港港区新建15万吨级LNG码头泊位项目进行帮扶，在码头建设期与北京燃气LNG接收站建设团队开展座谈交流5次，解答企业疑惑6个。针对企业提出的码头泊位设施建设及疫情防控相关问题，按照口岸开放的有关要求，指定专人进行对接，实施嵌入式“监管”，就码头围网、摄像头、船员通道等设置以及卫生检疫用房的建设提出可行性建议，确保监管与施工建设的同步性，为码头后期运行和发展提供思路。此外，针对中国石化天津南港120万吨/年乙烯及下游高端新材料产业集群项目企业提出的大型设备卸载难的问题，与该集团项目部、港务公司及起运公司共同协商，采取“实地监管+视频监控”方式对其大型成套设备卸运监管13次。

年内，天津大港海关组建AEO孵化室，“一对一”重点辅导，为企业量身定制培育方案，全年共培育信用企业3家次。与天津市十大产业人才创新创业联盟企业建立协调员制度，开展政策宣讲5次，解决企业问题26个。做好“船边直提”“抵港直装”推广工作，通过摸底调查收集掌握企业在开展“两直”模式中的问题症结，有重点地进行企业帮扶和政策宣讲。扩大“关港集

▲2022 年 4 月 22 日，天津海关所属天津大港海关关员对北京燃气成套设备进行查验（天津海关所属天津大港海关　供稿）

疏港智慧平台”3.0 版“车货船三维匹配”“双重运输”等功能应用范围，推动“两直”政策实施，助力地方经济建设，年内有 11 家企业单月直提率达 80% 以上。探索创新 LNG“两翼三通”大宗散货危险品监管模式，缓解环渤海区域冬季天然气供需紧张。以运输船舶为基本单元，优化整合通关监管作业流程，推出“快通、智通、优通”便捷高效查验监管机制，大幅压缩 LNG 进口通关时长，建立单、货、船、企信息一体化口岸现场监管体系。

【RCEP 政策实施】2022 年，天津大港海关围绕南港工业区苯甲酸、组合聚醚等特色 RCEP 项下化工产品，深入属地企业调研宣讲，针对特色商品开展“一业一研”，挖掘享惠潜力，强化享惠指导；建立 RCEP 企业专员制度，运用“线上＋线下”多种方式，即时响应企业需求，受理、解决企业各类咨询问题“零延时”；对各类原产地证书需求重点企业，建立“一企一档”，提供“点对点”个性化辅导，精准梳理享惠清单，助力企业抢抓 RCEP 新机遇。全年，天津大港海关共签发原产地证书 474 份，货值 3939.83 万美元，涉及辖区 13 家企业，预备案核查企业 4 家。出口企业原产地证书自助打印比率达 99.7%。签发 RCEP 原产地证书 175 份，为出口企业节省关税总计 750 余万元。按照 RCEP 项下区域原产地累积规则，签发天津关区首票润滑油类 RCEP 原产地证书。

【清洁能源通关保障】2022 年，天津大港海关开辟 LNG 绿色通道，帮助清洁能源进口企业享受提前申报、重量鉴定“依企业申请实施”等便捷服务措施，全面提升通关效率；

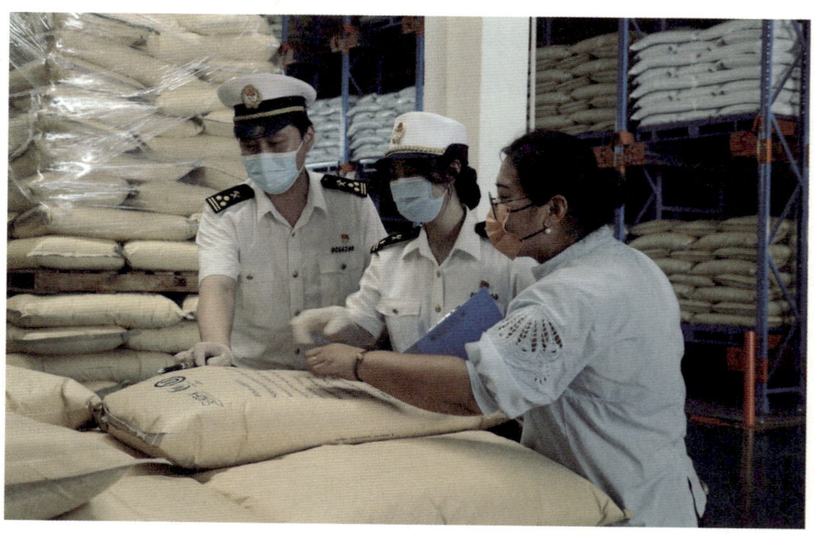

▲2022 年 8 月 24 日，天津海关所属天津大港海关 RCEP 企业专员开展原产地累积规则调研（天津海关所属天津大港海关　供稿）

▲2022年6月21日，天津海关所属天津大港海关关员监管LNG船舶突破400艘（天津海关所属天津大港海关　供稿）

成立冬季保供工作组，整合优化业务流程，一次性办结检验、检疫、鉴定等工作，将船舶检疫和货物查验同步开展，保证“人等船，来即验”；落实LNG进口环节增值税税收返还政策，派专人跟进企业材料报送、逐级审核等环节，加快返还速度。促成北京燃气天津南港LNG应急储备项目在该海关辖区落户，保障华北地区和北京冬奥会、冬残奥会期间清洁能源供给，全年监管验放进口LNG 641万吨。

年内，天津大港海关助推共建“一带一路”国家和地区绿色能源合作。通过口岸大数据分析，建设与俄罗斯普里戈罗德诺耶港、印度尼西亚拜坦港等共建“一带一路”重点天然气合作港的数据库，提升检验监管的针对性；开展共建“一带一路”国家和地区LNG领域技术性贸易壁垒应对措施专题研究，为企业提供“一对一”服务；开展LNG储存罐、LNG船检验监管研究，确定自撑式和薄膜式LNG船自用消耗和运输过程中挥发的监管难点，采取多单比对、全程监管的有效制约措施；开展LNG快速检测技术研究，提升进口LNG检验质效。

【危化品监管】2022年，天津大港海关加强出口申报前监管，聚焦商品特性，对危化品进出口监管作业流程再梳理再细化，按照风险等级严密监管，加强查验作业期间安全防护；聚焦底线思维，坚守红线意识，开展桌面模拟推演，督促企业落实主体责任，牢固树立安全理念；探索以运输船舶为基本单元，建立单、货、船、企信息一体化监管体系，在原有产地检验要求的基础上，加大对整个装运周期的监管频次，减少出口环节中间滞留时间；聚焦物流关键节点，通过采取船舶动态共享、专人专岗、监装监卸等措施，各业务环节无缝衔接，职能处室指导+现场海关查验+实验室检测同频共振，即采即送，确保危化品现场环节及时查检、通关环节快速放行，压缩出口货物送样和检测时间近30个小时。全年，天津大港海关监管进出口乙烯、氢氧化钠溶液、氯乙烯等危化品超164万吨。

撰稿单位

天津海关所属天津大港海关

天津临港海关

【概况】天津临港海关是受天津海关直接领导，负责高沙岭港区和临港经济区范围内海关各类管理工作的执行机构，同时承担关区海运口岸现场验估工作和关区化验工作，下设科室10个。天津临港海关辖区总面积约115平方千米，业务门类齐全，2022年辖区在海关注册企业共计239家，是天津重要的大豆、棕榈油等粮油商品、船舶和海上平台等装备制造以及乙烯、丙烯等散装危化品口岸。

2022年，天津临港海关认真学习宣传贯彻党的二十大精神，落实海关总署及天津海关党委部署，验估改革成效显著，综合保税区新模式探索取得阶段性成果，人工智能（AI）审单可行性分析稳步推进，口岸营商环境进一步优化，全年审核进口报关单2149票，进口货值616.14亿元，征收进口环节税61.87亿元；审核出口报关单28.36票，出口货值833.63亿元，征收出口环节税2345.47万元；查验货物1966批次，容器计重39批次、22船次，监管进出口危化品157.9万吨；开展监管场所巡查96次、192人次，发放整改告知书5份，开展定期管理类核查80次，查发问题57个；处置事中验估报关单24945票，处置事后验估指令3790个，处置事后验估报关单8502票；受理涉税化验样品1054份，研判分析商品85种。

【基层党建】2022年，天津临港海关严格落实全面从严治党主体责任，印发中共天津临港海关委员会关于进一步加强党建工作的通知，建立支部书记向关党委会汇报党建工作的制度，提升各支部对党建工作的重视程度和战斗堡垒意识，进一步压实党建工作责任；推进支部党建品牌全面换挡升级，通过党员大会的形式开展讨论，10个党支部的品牌名称、LOGO、内涵、工作法的迭代升级工作均已完成；落实靶向监督机制，常态化开展廉政形势分析和执法廉政风险分析研判，发挥纪检委员纪律监督“神经末梢”作用，落实落细25项靶向监督任务书；从强化口岸监管、提升服务水平、优化人才队伍、推进改革创新、狠抓实绩效考核和“一流海关”指标等方面持续用力，统筹推进新冠病毒感染疫情防控和稳外贸稳增长工作。

【验估业务】2022年，天津临港海关做好全国海关税收风险预警信息风险排查处置工作，依托风险预警信息探索建立风险预警信息排查“云擎”模型，与各业务现场进

▲2022年11月8日，天津海关所属天津临港海关关员对平行进口汽车进行实货验估（玄伟斌 摄）

行信息共享。协同配合跨境电商和邮件等非贸税收风险防控工作，累计分析数据40余万条。做好同名异归类商品排查及整改工作，审核2019年以来归类差错高风险报关单数据1.6万条，梳理排查相关报关单记录197条，整改91条。设置专岗专人，优先审核公式定价商品，共审核公式定价商品5825票，完税价值387.2亿元，预估完成延续性征税5.1亿元。加强与天津海关后续稽查部门、缉私部门的联系配合。加强对化肥类、稀土、硅铁等重点商品的综合分析研判，布控“有机肥”16宗，涉嫌逃避法检的，移交缉私部门办理。布控腐植（殖）酸类商品43宗，命中22宗。在稀土类商品综合研判中，重点关注与稀土原料关联度较高的黏结永磁体颗粒、抛光粉、荧光粉等影子商品，布控23宗，调整归类9宗。

【通关业务】2022年，天津临港海关建立落实天津海关促进外贸保稳提质30条措施的具体措施，涵盖保障重点区域产业链供应链循环畅通、加快企业急需货物通关、提高进出境物流效率、落实减税降费措施、保障进出口农食产品等商品有效供给和强化统计监测分析和数据服务6个方面措施。探索建立“海关—码头—企业”三方联动机制，高效完成各项通关业务。年度进口报关单整体时长达29.5小时，比上年度平均时长压缩17.48%；出口报关单整体时长达0.59小时，比上年度平均时长压缩29.73%；进口提前申报率为87.32%；出口提前申报率为95.71%；以上均超过天津海关要求的标准。全年，口岸出境标准品1580票，平均时长为83.75小时，与2021年全年平均196.95小时相比，压缩了57.48%。

【企管业务】2022年，天津临港海关落实党中央、国务院关于深化“放管服”改革的指示精神，企业注册备案、变更、注销等业务实现全程无纸化网上办理，全年共接收报关单位备案9家、变更26家、注销12家，其中备案全部通过“多证合一”方式办理。以天津关区大型特色产业龙头企业为突破点，加大信用培育和鼓励企业认证力度，与天津海关认证中心建立协作机制，加入天津海关信用培育协作第一片区，依托认证中心专业化的力量提高信用培育的质量，天津临港海关现有高级认证企业3家。建立进出口收发货人“网格化”宣讲服务群，实时解答企业疑问，解决海关与进出口收发货人信息不对称等问题，全年共开展推送宣讲服务35次，搜集企业反馈问题30个。发挥关税专家队伍优势，开展企业风险分析，对存有疑点的企业开展专项稽查，累计发现超1年以上未申报滞期费478万美元，漏报延期装运费21万美元。

【查检业务】2022年，天津临港海关重新梳理案件办理流程，明确科室职责，推进准入风险、涉检风险的分析和排查，提升主动查发能力，主动挖掘案件线索，加强对有机肥类货物的布控，全年共移交行政案件14起，涉嫌出口商品逃避商检罪案件1宗，办理“两简”案件26起。保障粮食安全和生物安全，探索进口粮食监管智慧化建设，完成第一期建设规划工作，将天津临港海关粮食初筛实验室建立在临港港务粮油码头前沿，完成第一轮申报、考核工作，支持国储粮转加工工作，保障国储豆及时投放，年内查验进境粮食313批次、69艘次、420.38万吨、货值601744万美元，检出检疫性植物3093批次。进一步压缩临港口岸查验时长，针对不同商品细化查验流程，完成进出口货物查验1826票，移交“两简”案件16个，检出商品短重情况4起，为企业挽回直接经济损失约6万美元。

【疫情防控】2022年，天津临港海关关注疫情防控工作形势变化，对海关总署及天津海关各项防疫规定要求做到100%落实。及时梳理各项新规定新要求，梳理成简要提示发给参加海港登临专班人员。动态梳理各类查发问题，建立台账，责任到人，保证整改问题“不贰过”。建立对外通报提醒制度，对于其他部门、企业单位不符合防疫规定要求的情况，一经发现立即提醒整改或通报地方联防联控部门。推动快递包裹消杀制度升级，划定包裹暂存区并配置拆装工具、消毒液、回收箱等，明确外包装消毒及快递拆装流程，强化快递包裹消毒回收管理。加强入出境交通工具和人员监管，全年监管入出境（港）船舶2725艘次，进出境（港）船员53357人次，供退物料6457批、熏蒸剂残留26批，核酸检测251艘次、2547人次。

【验估业务改革】2022年，天津临港海关推行实货验估新模式，验估关员与查验关员在海关查验现场同步开展作业，改变长期以来验估作业“见单不见货”的状况，实现验估与查验效果的双提升，全年共开展实货验估87票，

▲2022年6月15日，天津海关所属天津临港海关关员对进口镀锌卷进行现场查验（杨慧　摄）

▲2022 年 4 月 20 日，天津海关所属天津临港海关关员对进境船舶进行登临检疫（裴姝奇 摄）

涉及酒类、平行进口汽车、履带式挖掘机、混合黄铜、滴灌头等商品，现场即决 63 票。在重点商品的审价、归类方面取得突破，针对重点商品向海关总署税收征管局提出 96 项参数建议，部分参数转化为事中验估指令，及时将高风险线索移交缉私、稽查进行后续核查。自主研判和涉税风险布控工作显著，通过天津海关风险防控分局下达预定式布控指令捕中报关单 133 票，查获 48 票，并首次协同海关总署税收征管局实现“一家企业全国汇总补税”，对某企业进口纸浆开展价格核查，对其申报进口的纸浆产品予以补税。结合验估即决布控和现场即决布控天津关区双试点工作，采取重点分析和日常监控的方式，对进出口重点涉税和高风险商品进行有效防控，完成进口冻货、机动车、再生材料、旧机电设备和出口铁合金的全方位监控和干预，涉及商品 1000 余项，共布控报关单 452 票。

【综合保税区建设】2022 年，天津临港海关持续推进临港综合保税区申建工作，开展调研考察和跟班作业学习，赴天津东疆海关、天津保税区海关、中国电子口岸数据中心天津分中心和属地企业进行实地调研和学习交流 21 次，召开专题研讨会 22 次。建立以促进货物贸易自由化便利化和强化海关实货监管为目的，以货物信息技术、智慧监管为技术依托，适应

▲2022 年 12 月 2 日，天津海关所属天津临港海关关员对进口啤酒进行实货验估（彭潇逸 摄）

构建内外贸双循环的新发展格局和临港海工装备制造特点的综合保税区海关监管新模式，创新申报模式、实货物流、企业管理、查验模式、智慧监管等监管措施，提升贸易自由便利化水平，完成《临港综保区申建政策研究报告》和《临港综保区海关新型监管模式》研究报告。与相关部门对接，成立联合工作组，推动落实临港综合保税区海关监管设施规划建设、新模式服务平台建设和太重码头信息化建设多项工作，配合地方做好招商工作。

【人工智能（AI）审单可行性分析探索】2022年，天津临港海关部署开展人工智能（AI）审单可行性分析探索。人工智能（AI）审单是指利用AI技术，代替人工识别、审核报关单数据项、随附单证等材料，其目标是通过人工智能（AI）审单，全面替代风险防控平台开展研判和人工单证审核，对报关单申报要素、电子随附单证的合规性、准确性以及存在的风险作出判断并自动下达处置指令。成立人工智能（AI）审单研究专班，收集相关资料，研讨交流人工智能（AI）审单业务需求和技术实现方式，初步形成对美规GLS450越野车开展人工智能（AI）审单的可行性分析报告，从对人工智能（AI）审单的初步理解、实现路径、选取美规GLS450越野车开展人工智能（AI）审单的基本考虑、选取美规GLS450越野车开展人工智能（AI）审单的主要构想等几个方面进行探索性的可行性分析。将粮食、冻品等商品纳入可行性分析研究范围，细化业务需求并转化为技术开发任务，配合天津海关科技部门进行项目攻坚，向该部门提供报关单，电子随附单证等50余份，供开展识别试验。

撰稿人

彭潇逸

天津邮局海关

【概况】天津海关所属天津邮局海关主要负责天津口岸邮递渠道监管工作，进出口邮件类别主要有：EMS邮政快件、普通邮件、印刷品及音像制品类邮件等。内设6个科室，分别为：办公室（党委办公室）、人事政工科（党委组织宣传部）、综合业务科、邮件监管一科、邮件监管二科和邮件监管三科。

2022年，天津邮局海关围绕贯彻落实习近平总书记重要指示批示精神，着力发挥首都政治“护城河”作用，统筹发展和安全，强化监管优化服务，统筹抓好新冠病毒感染疫情防控和促进外贸稳增长工作。全年，监管进出境邮递物品总计73.05万件。在自日本进境邮件中查发的162批次、5.3吨“旧衣服”情事，获刑事立案，该案件是全国非贸渠道首起走私“洋垃圾”刑事案件；连续查获47起进境淫秽印刷品情事，获刑事立案2起、行政立案1起；现场查发的拖鞋鞋跟夹藏“虫卵”情事（经鉴定为兰花螳螂等3种螳螂的卵鞘），为天津海关“异宠”行动以来首起查发情事。2名同志获个人三等功，11名同志获集体三等功，6名同志获集体嘉奖。

【基层党建】2022年，天津邮局海关以“政治引领业务、党建融合发展、担当历练队伍”为导向和抓手，开展“政治要求我来讲”“党建工作我来讲”“支部建设我来讲”等讨论交流14次，以“三会一课”为载体，举办座谈会、交流会、分享会等多种形式的理论学习活动。提前谋划制订学习宣传贯彻党的二十大精神工作方案，明确31条工作任务和5项目标成效。结合党的二十大精神学习研讨，认真学习百年党史，举办青年“思想理论学用讲坛”，开展“青年跟党走、建功新时代”学习交流活动，组织“读原文、谈体会、表心声”活动，推动党的二十大精神入心入脑。扎实开展捍卫“两个确立”、做到“两个维护”、强化政治机关建设专项教育活动，排查风险隐患问题103个，干部职工政治机关意识普遍提高。着力推动党建品牌迭代升级，完成7个党支部党建品牌升级，邮件监管二科党支部的“邮路红星”党建品牌升级为海关总署培育品牌。与天津市有关部门和天津海关风险防控分局、行邮监管处等关内外10多个党组织签订党建共建协议，“星空联盟党建+口岸联防联控”机制更完善、成果更丰富。在保障北京冬奥会、冬残奥会和查缉非法印音制品、支援抗疫一线等重点工作中，党员先锋模范

▲2022年11月1日，天津海关所属天津邮局海关召开党的二十大精神学习宣传贯彻动员部署暨研讨交流会（天津海关所属天津邮局海关　供稿）

作用发挥明显。1名同志复核评定为天津海关“双优书记”，1名同志获评天津关区“双优委员”，1名同志获评天津关区优秀共产党员，1名同志获评天津关区优秀党务工作者。

【通关业务】2022年，天津邮局海关以喜迎党的二十大为工作主线，统筹推进口岸新冠病毒感染疫情防控和改善口岸营商环境、提升人民群众通关体验感获得感，全力打造邮路口岸“全链条通关服务”机制，从强化关邮税收征管系统联网、提升窗口服务质量等方面发力，全面提升口岸通关服务水平。不断提升服务功能，优化口岸信息化建设和线上通关办理能力，建立“关邮同心圆”协办机制，实行“一口受理、内部分办”，从根本上杜绝关邮推诿和用邮人找不到海关的问题。同时找准人民群众对邮路通关最为关注的15项问题，梳理排查邮路监管环节存在的5个方面19项风险隐患，制定43条针对性措施并常态化开展内控核查，打造“全链条通关服务”新机制，取得显著成效。受理《关长信箱》转办8件，同比下降71.43%。收到群众通过《关长信箱》、市长热线发来的感谢信3封。通关窗口以党建为牵引，着力打造“彩虹桥”服务品牌，在关民共建中落实“人民至上”要求、树立“解决第一”理念，不断提升在政策框架下为民解难的能力，全年共帮助留守老人、卧病患者等困难人群解决通关疑难邮件问题1000余个，现场面洽退运率从16.7%下降到8.96%，广大用邮人的权益得到切实维护。新冠病毒感染疫情期间，成立党员志愿服务队，为急需用药患者“送件上门”，解百姓燃眉之急。

【场地（场所）监管】2022年，天津邮局海关依法依规对邮政企业国际业务场地

（场所）实施监管，助力企业规范运营，助推京津冀协同发展国家战略实施，服务地方经济社会发展。支持天津邮政提升现有场地使用功能，推进天津国际邮件互换局（兼交换站）场地功能和相关业务流程调整工作，扩展业务门类，增开进口商业快件业务。天津国际邮件互换局（兼交换站）在原有的3条同屏比对X光机全自动分拣线的基础上，增设1条同屏比对CT机全自动分拣线。调整监管作业场地划分，海关集中作业处置区位于第一跨区间，进口商业快件理货区位于第二跨区间，国际邮件交换站调整到第三跨区间，进口商业快件放行区、出口邮件放行区、进口邮件放行区集中设置于第四跨区间。各区域间物理隔离，邮件与商业快件业务在场地内分时作业，自动分拣线传输，结合OBR（Optical Bar Recognition，光学条码识别）扫描仪线上识别，实现邮件、商业快件全自动识别处置。支持天津国际邮件互换局（兼交换站）成为依托空港、连接海空的兼具普通国际邮件、进口商业快件业务的综合性物流集散枢纽。

【邮件风险分析】2022年，天津邮局海关深入贯彻总体国家安全观，系统深入地开展数据分析、风险研判和联合查缉等方式，在打击违禁品走私、破获危害国家安全案件、提升邮递渠道精准监管水平方面取得新成效。通过风险分析直接查获刑事案件2起，其中一起为全国海关非贸渠道首起走私“洋垃圾”刑事案件。在全国邮路口岸首次发现邮寄“元素”类危险物质线索，有关部门据此线索破获一个非法持有枪支爆炸物的犯罪团伙。北京冬奥会、冬残奥会期间，开展3期主题系列风险研判，并制发奥运安保指导手册，关员的查缉意识和能力得到有效提升；查获危化品、管制刀具、精神药品等各类违禁品100批次，堵截各类危险性高的物品走私进境；及时向天津市有关部门提交相关风险信息和专题报告，为有关部门全面掌握北京冬奥运、冬残奥会邮路安全形势提供参考。在党的二十大期间，完成16.2万条数据分析工作，据此上报邮路口岸风险报告4篇；建立大数据风控模型15个，监控高风险要素等20余个，集中查获走私枪支案、藏匿“异宠”案和夹带管制刀具案等；与天津市有关部门、天津海关动植食中心等多个部门共同开展外来物种等专项风险研判，推动形成保卫口岸国门安全的合力。

【邮件查验】2022年，天津邮局海关人工查验现场共查验进境邮件38511件、出境邮件6927件，共查获各类禁限类物品1120批次、14395件，主要涉及检疫、濒危、特殊物品、精神药品、枪支及其零件、管制刀具等。在查验工作中突出政治保卫功能，对进境印刷品及音像制品邮件做到100%开拆查验，查获枪支及枪支散件6批次、同比减少14.29%，管制刀具32起，危险品燃气罐、金属钠、氯气等14批次、136个，为党的二十大胜利召开营造了安全稳定环境。打击濒危物种及其制品，进出境查获数量明显增多，涉案品类也更加丰富，先后查获象牙制品、玳瑁、鹦鹉螺、蟒皮、鳄鱼皮包、西洋参等共计60批次、188件。在维护国家生物安全和生态安全方面，强化与公安等部门的信息共享、执法互助和协同防控。全年，查获69批次被确定为外来物种的植物种子、种苗；严厉打击寄递渠道“异宠”入境，在拖鞋鞋跟内查获14个螳螂卵鞘共300余头虫卵，相关新闻被媒体广泛报道转发，评论超10万人次。查获非法邮寄进出境特殊物品61批次、1850件，批次同比增长454.55%，包括生物制剂、新冠病毒检测试剂盒、人体胎盘素等；精神药品类43批次，同比减少49.41%，其中查获精神药品唑吡坦、阿普唑仑等42批次共4762片/粒/支；查获易制毒原材料麻黄草1批次、3袋，共275克。查获邮寄进境旧衣物200余箱、5.3吨，作为打击“洋垃圾”走私情事已刑事立案。在出境邮件中查获文物7件，属近年来首次。

【综合保障】2022年，天津邮局海关围绕中心工作、服务海关大局，高效组织办理督查督办、后勤保障等工作，助力各项工作平稳顺利开展。结合新形势、新要求、新情况，进一步修订完善天津邮局海关政府信息公开工作操作指引，细化和完善海关基层政务公开标准目录共7大类19项。从严从实做好新冠病毒疫情防控工作，严把内部新冠病毒感染防控重点“十五道关口”。委托第三方机构对两地办公区域开展消毒效果评价12次，确保日常消毒效果，保障人员、场地安全防范新冠病毒感染。落实“过紧日子”要求，统筹预算资金支出，有效保障各项工作有序开展。持续强化公务用车管理，建立“一车一卡”，按月核算燃料使用，对车辆使用轨迹开展检查，开展驾驶员安全教育12次。逐级签订安全责任书，建立消防安全“日查、周巡、月审、年检”机制，加强消防安全管理，动态更新风险隐患台账并整改8项问题。

【监管业务改革】2022年，天津邮局海关着眼严密监管、高效通关，大力推动业务改革，自主研发邮件物流管理系统，实现邮件全流程信息进系统、可比对、可预警、可查询、可追溯，走在全国海关前列。迈出邮政物流作业与“关港集疏港智慧平台”、海空口岸库区和卡口管理系统以及安全智能锁设备全面联通第一步，将邮路物流监管向海空口岸延伸，开辟出口海运邮件快速通关模式，建立与口岸海关的联系配合机制，以采信属地海关“监装记录”代替“口岸开箱”，进一步降低出口邮件边境合规时间和成本。天津国际邮件交换站海运出口邮件全部实现“监管产装、抵港直装”作业模式，此举有力推进了天津国际邮件交换站扩大业务规模，进一步畅通了北京、河北等华北地区省市出口日韩海运邮路，发挥了天津邮路口岸辐射京津冀地区海运枢纽地位，助力企业进一步承接非首都功能国际邮件业务。

【“扫黄打非”】2022年，天津邮局海关共查获各类邮递进境违禁出版物4096件。查获有害出版物358件，同比增长12.93%；查获有害新增出版物70件，同比增长84.21%；查获近年来寄递渠道单次最大量有害出版物进境情事1起。查获邮递进境淫秽类书刊共计2675件，同比增长1.78倍。连续查获47起进境淫秽印刷品情事，经缉私部门调查反馈，对河北省唐山籍王某刑事立案，对河北省保定籍马某和孙某行政立案。邮件监管二科4人获淫秽印刷品查缉处置工作集体嘉奖，1人获天津海关个人三等功。以迎接党的二十大胜利召开为主线，结

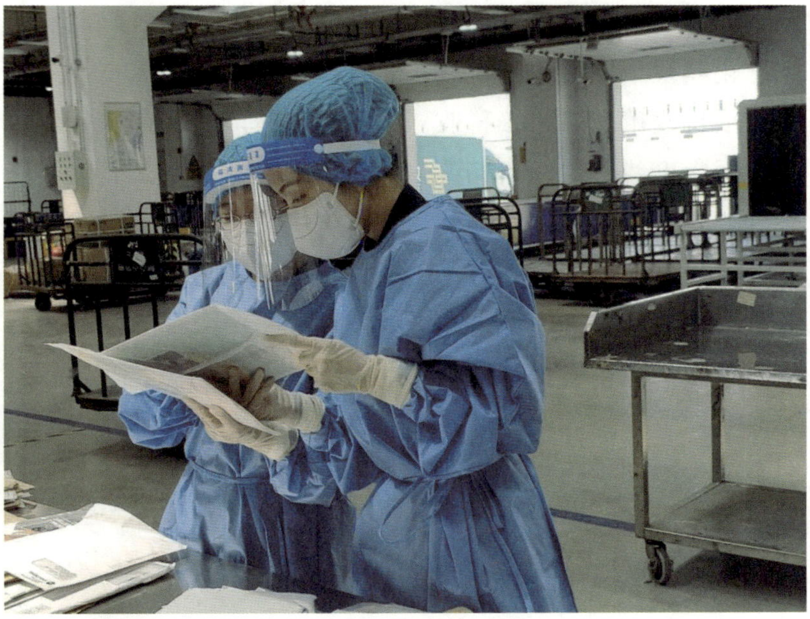

▲2022年7月8日，天津海关所属天津邮局海关印刷品和音像制品岗位关员对进境印刷品和音像制品进行筛拣工作 （天津海关所属天津邮局海关　供稿）

合政治机关专项教育活动开展对“扫黄打非”警示教育展进行升级，对展室的展品作出相应调整，使展品更具警示教育性。全年，展室接待内外部参观调研20余批次、450余人次。

【查缉走私】2022年，天津邮局海关扎实落实海关总署及天津海关打私工作会议精神，开展“国门利剑2022”专项行动，严厉打击邮递渠道各类走私违法行为，切实筑牢国门安全屏障。在监管工作中突出重点，围绕枪支散件、精神药品、管制刀具、濒危物种和外来物种等禁限物品拟定阶段性查缉重点，统筹全年查缉工作和协调人力全面配合开展。监管手段上着力提升信息化水平，利用邮件机检审像查验功能进行高风险邮件的判图甄别，强化“机检审像—开拆查验”协同配合，提升查验工作的精准度和效率，增强监管效能。同时，进一步构筑多部门协同、立体的风险防控体系，做到横向互动、上下联动，有效提升监管合力。在禁限物品查发后的处置方面，加强制度建设，推进工作标准化、规范化，优化操作指引，提炼工作法，从现场查验、送检鉴定、统计上报、后续处置形成标准化、全链条业务运行格局。全年，移交行政案件39起，2起枪支散件查验情事形成刑事案件，办理“两简”案件498起。

【国门生物安全】2022年，天津邮局海关认真开展“国门绿盾2022”行动，持续巩固和提升邮路口岸把关能力，防范动植物疫情疫病传入和外来物种入侵，维护国家生物安全和生态安全。在寄递渠道国门生物安全工作中，强化风险思维、增强风险意识，综合风控、审单环节，对申报特点与动植物产品有关的邮件加大查发力度。同时，注重科技手段应用，利用机检审像技术，加强对高风险邮件的精准甄别，对可疑邮件“存疑必拆”。进一步理顺针对种子种苗和活体动物等物品查发后的处置流程，提升工作的标准化和工作效率，确保送检鉴定成效。全年，在进境邮件中共查获植物种子、种苗114批次，其中被鉴定为外来物种69批次，数量较往年大幅提升。在海关总署“跨境电商寄递‘异宠’综合治理”专项行动工作中，破解藏匿手法，查发“拖鞋鞋跟内藏螳螂卵”情事，该情事为年内天津关区唯一一起“异宠”走私案例，相关专项工作成员获天津海关集体嘉奖。

【税收征管】2022年，天津邮局海关着眼完善税收征管体系，加强税源保障和质量管控，加强口岸税源商品数据分析和动态监测，有效查发雪茄、烟丝、掌上游戏机等渠道性低报价格行为，其中3起低报价格走私高档雪茄情事移交刑事案件，严堵税源流失。推动邮路分类通关改革建设，提升各环节协调共管能力，打破“准入—征管”二元格局，保障低风险应税邮件快速通关，中高风险邮件加强涉税要素审核，打造全链条监管模式。加强信息化建设，针对关邮税款联网项目改革和H2018税收征管系统上线，主动研判改革后群众的关切点、切换的风险点，提前形成对外咨询解答预案，制定进境邮件税款信息联网改革咨询答复参考、关邮进境邮件联网改革客服工作配套措施和邮政代收代缴行邮税征管工作指引，与“天津海关12360热线”形成统一应答机制，确保改革期间业务平稳运行。不断优化“关邮津城通”线上通关功能，保障用户在线快速办理，在保障税款及时入库的同时，提高邮件通关效率，进一步提升天津邮路口岸综合治税工作水平。

撰稿人

尹　舸　刘　旭　刘秀增　李思琦　张　力
沈　勇　宋晓薇　顾建柱　魏　超

天津南疆海关

【概况】天津南疆海关是受天津海关直接领导，负责南疆港区范围内海关各类管理工作的执行机构，同时承担南疆港区、北疆港区的出入境货物的数量、重量检验鉴定和出入境船舶的申报、吨税、检疫、卫生监督等船舶监管及海上巡查相关工作。天津南疆海关下设办公室（党委办公室）、人事政工科（党委组织宣传部）、综合业务科、运行监控科、查验一科、查验二科、查验三科、物流监控科、船舶监管一科、船舶监管二科、海上巡查科11个科室。

2022年，天津南疆海关始终坚持以习近平新时代中国特色社会主义思想为指导，推进高质量“一流海关”建设。深入推进“强化政治机关建设专项教育”活动，梳理总体政治要求9条、35个岗位政治要求216条。筑牢海港口岸检疫防线，采样检测1.1万余人次。严防“洋垃圾”走私进境，对1970批次、7800余万吨矿产品实施固体废物排查。推进智慧海关建设，完成“智慧水尺计重项目”先行先试工作任务，推荐参评海关总署“三智”早期收获项目。

【基层党建】2022年，天津南疆海关党委坚持以习近平新时代中国特色社会主义思想为指导，走好“两个维护”第一方阵。全面学习、把握、落实党的二十大精神，召开党委会研究细化落实举措，制订天津南疆海关党委学习宣传贯彻党的二十大精神工作方案、重点措施工作台账和贯彻落实海关总署党委“12个必”工作举措。盯紧“一张清单”统筹整改，将专项教育活动查摆的24项问题、“三类突出问题”16项问题、“海关重点项目和财物管理以权谋私”专项整治10项问题等纳入一张整改清单，逐项列明责任部门、责任领导和完成时限并作为长期任务推进。

落实全面从严治党政治责任，纵深推进党风廉政建设和反腐败工作，不断提升基层党建工作质量。推动各支部党建品牌迭代升级，创建党建“样板间”，完成展示基地改造升级，打造以滨海新区文明实践基地、海港口岸外来有害生物标本展示阵地为依托的党员活动阵地。扎实开展“海关重点项目和财物管理以权谋私”专项整治工作，累计发现问题风险10项，制定18条整改措施，形成3项工作指引，修订完善3项制度，不断推进新时代廉洁文化建设，涵养“求实、扎实、朴实”海关文化。

有序推进精神文明建设，常态化组织文明劝导、卫生

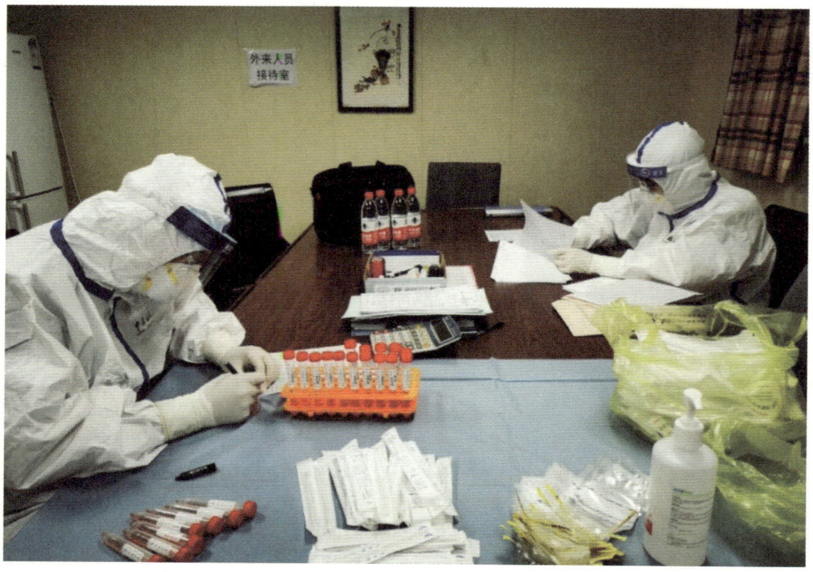

▲2022年7月15日，天津海关所属天津南疆海关关员对国际航行船舶船员开展核酸采样检测（邵忠阁　摄）

清整、关爱弱势群体、慰问河南鲁山定点帮扶学生等志愿服务活动30余次，200余人次参加。发挥文体小组作用，推进“书香机关”建设，开展“悦读南疆”读书接龙等主题活动，参加“你好，天津”网络短视频大赛，1篇作品入围决赛。

【卫生检疫】2022年，天津南疆海关贯彻“外防输入、内防反弹”总策略和“动态清零”总方针，筑牢海港口岸检疫防线，严防境外疫情疫病输入。全年，累计完成船舶登临检疫4600余艘次，入境人员卫生检疫9.2万余人次，采样检测1.1万余人次。妥善处置单艘国际航行船舶检出几十例阳性船员重大事件。做好多病同防，严防登革热、猴痘等传染病传入，检出乙肝等其他疫病59人次，防范疫情叠加。完成入境船舶登临人员个人防护视频检查1.2万批次、6.3万人次，拦截不合格登临人员81批次、165人次。建立分级分类警示通报机制，通过发放告知书等方式提醒企业履行疫情防控主体责任。

【生物安全】2022年，天津南疆海关认真贯彻落实党的二十大“加强生物安全管理，防治外来物种侵害”重要决策部署，健全国门生物安全监测机制，切实提高重大疫情早发现能力和多病同防能力、船舶截获和本底监测效率，加强起卸船舶废弃物监管，有效拦截重大动植物疫情和外来物种入侵。全年，共检出烟草甲、药材甲、锯谷盗、米象、德国小蠊等进境有害生物76批次，监管船舶废弃物起卸132艘次。做好病媒生物本底监测，开展国境口岸鼠、蚊、蜱等常态监测监管，共捕获褐家鼠1只、蚊类2种82只。加强食品安全监管，开展供船食品卫生监督，完成供船食品现场检查370余批次，做好农药残留、亚硝酸盐、甲醛等快速检测，其中农药残留、甲醛等指标不合格18批次。提升口岸防控能力，严防外来物种入侵及濒危物种走私，守护国门生物安全，共对1.05万名换班船员开展携带物查验，查发违法携带西洋参线索1起。

【安全生产】2022年，天津南疆海关认真组织学习习近平总书记关于安全生产重要论述和安全生产相关法律法规，防范化解重大安全风险。制定2项工作清单，完善安全生产领导小组工作机制，组织开展安全生产警示教育活动、“安全生产警钟长鸣”典型事故案例警示教育、“口岸危险品综合治理”百日专项行动、重点时期安全生产工

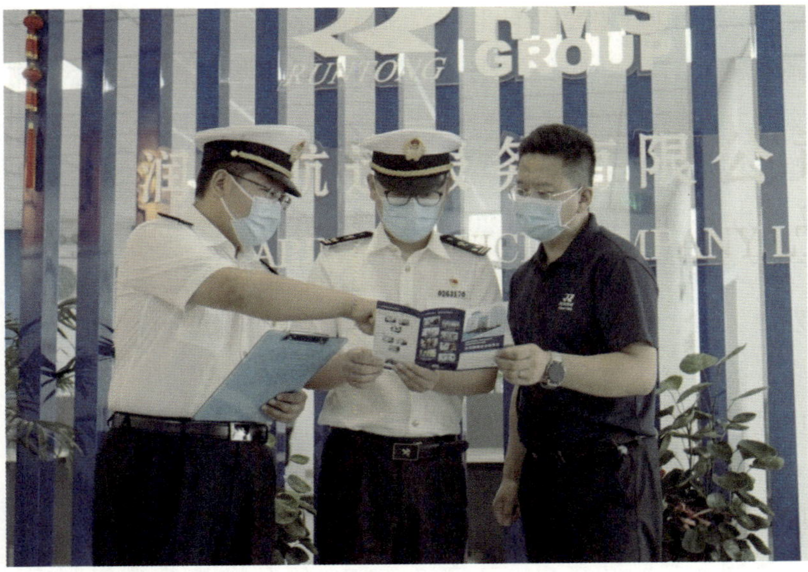

▲2022 年 7 月 8 日，天津海关所属天津南疆海关关员前往口岸供船食品企业开展食品安全监督（邵忠阁　摄）

作。认真开展视频监控巡查工作，视频监控 8760 小时、巡检 2190 次，全年摄像头在线率保持在 99% 以上。

开展日常海上巡查，与天津经济技术开发区海关缉私分局建立联防联控长效机制、关警定期联合海上巡查机制，多次参加南疆港区水域联合巡查行动和应急演习，共对辖区水域进行海上巡查 21 次，现场监管外贸船舶 1000 余艘次，检查核实船舶物料供退作业 50 余次，维护辖区海域安全。

【危化品监管】2022 年，天津南疆海关不断加强进口危险品检验监管，严格按照相关法律法规以及风险布控指令落实进出口危险货物查验“双人持证”上岗制度。认真落实海关总署“口岸危险品综合治理”百日专项行动要求，专人指导企业办理危险品通关手续，综合应用各种合格评定方式对危险品实施检验，“7×24 小时”开展查验作业，实现快速验放，持续做好口岸危险品常态化综合治理。推动落实进口原油“先放后检”“依企业申请重量证书”等改革措施，“先放后检”监管进口原油 2400 余万吨，100% 不申请出具重量证书；查验现场前移，“点对点”乘坐直升机或者拖轮，赴渤海海上平台开展海上原油出口查验工作，监管验放海上原油出口共计近 70 万吨。主动靠前服务本地企业，为中国石化天津分公司的低硫船用燃料油和航空煤油业务打开出口通道；将企业信用与实货监管有机结合，为企业量身打造综合评定方式，共保障天津本地生产的成品油出口 120 余万吨。

【大宗散货监管】2022 年，天津南疆海关扎实开展进口大宗矿产品监管，利用固体废物排查仪对进口矿产品实施固体废物排查，严防“洋垃圾”走私进境。严格按制度要求开展矿产品取样、查验，加强对现场工作视频监控监督，提升取样工作质量，杜绝“盲样不盲”；加强检验结果统计分析，开展矿产品质量风险监测分析以及不合格评定；设立“党员先锋岗”，提前了解船舶靠泊计划及代理网上预约取样信息，制订取样计划，提升服务质效；及时处理通关疑难问题，对符合条件的进口铁矿实施“先放后检”“边卸货边取样”“传送带取样”“传送带检验检疫”等模式快速验核，压缩物流时间；服务保障天津港首条散矿全自动采制样设备作业，建立重点企业进口计划、船期行程、问题反馈等跟踪联系机制。全年，天津南疆海关共查验矿产品7800余万吨，节假日预约加班查验累计84天。

【综合保障】2022年，天津南疆海关拓展信息宣传深度，加大宣传工作力度，组建信息宣传小组，讲好南疆故事。紧密围绕宣传党的二十大精神、海关促进外贸保稳提质工作措施等方面，共刊发新闻宣传稿件84篇。

根据海关总署、天津海关和地方政府疫情防控要求，不断调整优化内部防控措施，从严从细做好疫情内部防控。不断完善工作预案，组织开展应急处置演练，有效应对滨海新区2次突发疫情封控，确保疫情防控、通关业务、政务运转不断不乱。

认真组织开展“海关重点项目和财物管理以权谋私”专项整治活动，严格执行财务制度，加大风险排查，自查并整改问题8项，制定廉政风险防控措施4条；通过建章立制形成风险防范长效机制，修订《天津南疆海关疫情物资库管理工作指引（试行）》等财物管理制度5项和“财务报销明白纸”。强化疫情物资库管理，全年申领入库39批次，出库111批次，切实做到及时申领、出入清晰、库存充足。完成南疆海关2019—2021年度档案归档工作，共归档文书档案529件、实物档案118件、照片档案135卷488张。

【促进外贸保稳提质】2022年，天津南疆海关服务经济发展大局，认真推动海关总署及天津海关促进外贸保稳提质“10+30”项举措落地落实，制定天津南疆海关11项保障措施，完善服务企业长效机制和问题清零台账。完成2021—2022年度冬季天然气保供工作，服务北京冬奥会场馆清洁能源供给，全年监管验放进口LNG 290万吨；助力国家管网油气基础设施公平开放，全年，监管验放第三方窗口期进口LNG共计31.4万吨；“一船一策”保障天津口岸首艘进境夜航LNG船舶靠泊，助力天津港开通多条RCEP新航线，支持天津港年度最大集装箱船和新开放码头海嘉码头首艘外贸滚装船靠泊作业，服务远航码头完成天津港开港以来载货量最大的工业盐船舶在港接卸任务。

深化改革创新，助力新模式新业态发展。完成天津海关首票大宗散货保税展示交易业务，帮助企业解决资金占用问题，推动大宗散货贸易多样化发展。首次办理散装进境焦炭国际转运货物海关手续，开启天津港国际转运货物“散进散出”新业务模式。推进运输工具监管作业无纸化取得新突破。复制推广“国际航行船舶转港数据复用模式”，目前已有超70%的船舶代理企业使用该模式。推进“放管服”改革，激发市场活力。认真落实AEO便利措施等政策制度，进一步推动报关企业自愿提前申报，简化预约查验流程，持续压缩整体通关时长。“先放后检”监管进口原油2000余万吨，货值超过千亿元，同比分别增长13.1%、69.6%；企业不申请进口矿产品重量鉴定351批次，不申请比率为30.66%；企业不申请实施进口铁矿品质检验批次比率高至37.3%。认真做好综合治税工作，全年实征税收同比增长33.38%。

打通政务服务“最后一公里”，加强“窗口”作风建设，建立“‘南’事易解，服务无‘疆’”政务服务品牌，健全公开机制，聚焦企业通关难点问题，针对性开展政策解读宣传贯彻，全年收到企业感谢信10封、锦旗4面。

▲2022年10月7日，天津海关所属天津南疆海关海港登临专班重温入党誓词（邵忠阁　摄）

【海港登临专班管理】2022年，天津南疆海关贯彻落实天津海关党委决策部署，认真履行海港登临专班管理主体责任，负责组织海港登临业务、管理登临人员、报告工作情况等事项，制定7项内部管理制度，对海港登临专班工作、生活、补助、物资、业务档案等各方面要求进行明确，责任压实到具体科室和人员，并根据海关总署及天津海关最新要求进行动态调整，做到可操作、能落实、有监督、有反馈、出成效。毫不松懈抓紧抓实集中封闭管理责任，通过岗前培训、封闭期间例会、签署承诺书、发放登临专班“明白纸”、视频连线抽查等方式，从认识再提高、制度再梳理、实战再规范、隐患再排查、管理再加严、监督再加密、帮扶再细化、关心关爱再深入8个方面扎实开展以案促改工作，排查12项风险隐患并立查立改，制定完善5项管理制度，不断加强海港登临专班集中封闭纪律建设。

【智慧水尺】2022年，天津南疆海关服务“智慧港口、绿色港口”建设，持续深化智慧海关建设，强化科技赋能，打造高效便捷的口岸监管模式。结合天津关区矿产品单次进口量大、货值高的特点，由天津南疆海关牵头，天津海关商品检验处、天津海关口岸监管处、天津海关科技处等多部门联动、集体攻关，自主研发了“智慧水尺计重平台1.0版”。该系统可实现统一认证、生成工作记录、水分计算、证书文本生成、查询统计、系统日志等功能，进而达到水尺计重数据的现场采集、实时录入、自动计算、远程监管、电子留痕、流程回溯，实现水尺

▲2022年7月20日，天津海关所属天津南疆海关关员在进行水尺计重作业（汪琳　摄）

计重智慧化管理。该项目获批海关总署78项、天津海关3项科研项目之一。4月，“智慧水尺计重平台”进入测试阶段；5月，课题组论文《水尺计重终结者——船舶衡》在《中国科技信息》发表，标志着天津海关关级科研课题“智慧水尺计重——船舶衡相关技术和方法研究”完成了主要科研任务；6月，“智慧水尺计重平台1.0版”正式上线。截至12月底，累计完成445船次智慧水尺计重工作。

利用“智慧水尺计重平台”，只需将现场采集到的观测数据以及船舶基础数据输入，系统可自动提取并一键生成重量鉴定结果，从货物到港到计算完成不超过40分钟，平均每条船提高重量鉴定工作效率30%以上，实现船舶无感通关。

年内，天津南疆海关严格做好大宗散货商品重量检验，打击贸易欺诈行为，全年完成水尺计重3600余批次、8000余万吨；完成衡器鉴重218批次、250余万吨；向企业提供4000余万美元的短重索赔依据。

撰稿人

张凌康　孟　慧

塘沽海关

【概况】天津海关所属塘沽海关负责天津经济技术开发区（不含滨海新区中心商务片区）范围内海关各类管理工作的执行机构。塘沽海关现有3个业务现场，包括办公大楼业务大厅、泰达综合保税区和保税物流中心。业务涵盖通关、查验、企管、加贸、稽核、特殊区域监管等方面。

塘沽海关下设办公室、人事政工科、财务装备科、综合业务一科、综合业务二科、统计科、法规科、企业管理科、加工贸易保税监管科、查检一科、查检二科、查检三科、稽核科、保税物流中心监管科、保税物流中心审核科、综保区备案科、综保区监管科等科级单位17个。

2022年，塘沽海关深入学习贯彻习近平新时代中国特色社会主义思想和党的十九届六中全会、党的二十大精神，认真落实年度天津海关工作会议和全面从严治党工作会议精神，扎实推动政治机关建设，高效统筹新冠病毒感染疫情防控和保稳提质工作，强化监管优化服务，着力促进各项工作提质增效。全年，塘沽海关监管进出口货运量103.7万吨，占天津关区的0.4%，其中进口62.7万吨、出口41万吨。

【基层党建】2022年，塘沽海关18个党支部100%实现党建品牌名称、内涵、LOGO迭代升级，其中企业管理科党支部在天津关区党建品牌工作交流会上介绍“易企+”品牌升级经验。推进党建文化阵地建设，形成“1+18”的党建子母品牌矩阵。搭建党建联建共建的“两个联盟”，与天津经济技术开发区机关党委签署《党建联盟合作备忘录》，以“一流服务、共同缔造”为品牌，推动理论联学、服务联动、文明联创、活动联办；与天津邮局海关、天津邮政物流公司、天津经济技术开发区自贸局党组织建立“关地企党建联盟”，一揽子解决天隆在田公司种子寄递出口业务不畅等问题。承担天津关区“书记项目”党建课题和“样板间”建设工作，两个支部被确定为“天津海关党建与业务深度融合试点党组织”；1名同志参加海关总署调研获中央国家机关“关键小事”调研攻关优秀成果一等奖；1个党支部升级天津关区“四强”党支部，1名支部书记、1名党员、1个党支部分别被认定为天津关区“双优书记”、“双优党员”、先进党支部，2名同志被评为天津海关优秀共产党员，1名同志被评为天津海关优秀党务工作者，2名同志参加天津关区“传承红色基因 弘扬清廉家风”故事分享会，1名同志获评“天津敬业奉献好人”。加强党建宣传，年内政治机关建设专项教育飘窗刊发信息位居天津关区第5名。刊发天津关区第一篇属地海关政治机关建设促保稳提质情况通报《塘沽海关强化政治机关建设“加减乘除”助力外贸保稳提质》。以“悦动津关”改版为契机，成立塘沽海关“新媒体工作室”，完善新媒体稿件报送的激励保障、质量审查机制，年内在署市级载体刊发稿件35篇次、在“悦动津关”刊发稿件39篇次（含视频号稿件5篇次）。

【通关业务】2022年，塘沽海关强化通关服务保障工作，设置专人专岗每日、每周对通关时长进行监控，保证通关效率。设立应急物资、保稳保供绿色通道，重点关注京津冀区域保供情况。全年，塘沽海进口通关时间13.31小时，稳居天津海关五大现场前列；出口通关时间0.15小时，同比压缩74.14%。进出口提前申报率分别为70.32%、97.28%，同比分别提高0.62个百分点、2.80个百分点。成立“两直”（船边直提、抵港直装）业务专班，出台工作方案，完善工作机制，加强与职能部门、口岸海关和地方政府的沟通联系，依托“网格化”服务平台，全面推广“两直”政策，“两直”企业参与度达到76.39%，船边直提率24.00%，抵港直装率15.99%。持续优化服务吸引异地货物税款回流，全年塘沽海关3个现场汇总征税率71.1%，同比提高4.57个百分点，高出总目录考核指标35个百分点，吸引异地口岸税源超1.5亿元。进一步加强税款征收管理，引导企业合规缴税，年内审核报关单数据7.74万条，更正申报错误586项。围绕国家宏观经济政策和税政调研工作重点，反馈辖区进出口企业、行业合理政策诉求，年内协助13家企业提出30余项税收政策建议，其中5项建议已提交到海关总署。推进跨境电商出口企业监管模式创新，设立“跨境贸易B2B出口”专岗，选取重点企业“一对一”走访，“点对点”沟通，全年跨境电商出口额6.58亿元。持续释放原产地政策红利，结合自助打印、智能审核等“智慧+”便利保障，发挥“原产地”关税减让功能，确保辖区企业应享尽享政策红利，全年共签发各类原产地证书22163份，签证金额24.27亿美元，原产地自助打

▲2022年8月15日，天津海关所属塘沽海关向辖区企业“一对一”宣讲原产地政策（冼丹 摄）

▲2022年，天津海关所属塘沽海关关员对辖区内加工贸易及保税监管场所进行风险排查（刘颖　摄）

印比率达99.30%。精准助力辖区企业开展知识产权海关保护，聚焦“10+2”重点企业清单，引导辖区企业美克国际家私（天津）制造有限公司培育自主知识产权，向海关总署申请新型外观专利备案6项，获审批通过4项备案。

【加工贸易监管】2022年，塘沽海关辖区企业加工贸易进出口总值1074.14亿元，内销征税4.34亿元。办理核注清单删改2480票，所辖3家保税仓库办理入仓核准2057票，出仓核准940票，内销征税7028.08万元。针对对美加征关税、配额管理商品等重点商品领域开展专项分析，整理对美加征关税商品共计1万余项及20余项双反商品清单。调取2021年以来348票余料结转核注清单，逐一比对其转入、转出原产国申报情况，避免企业通过余料结转伪报原产国（地区）方式逃避监管。扎实开展专项检查，结合海关总署加工贸易保税监管专项整治和保税监管场所专项检查工作，对加工贸易及保税监管场所进行全面风险排查，并顺利通过海关总署检查组的检查评估。持续加大实货监管力度，全年共完成加工贸易企业调研及核查45家次，实现对加工贸易企业23家保税货物存放场所变更业务实货监管全覆盖；加强对库存盘点、加工贸易货物销毁处置等重点业务的风险分析和实货监管，移交保税核查指令57笔；强化保税仓库管理，年内对辖区保税仓库进行日常巡查、安全检查共计18家次，督促企业加强重视，规范管理，避免出现安全事故。持续优化政策服务，实现分送集报、简单加工等新业务运行，成功吸引税源回流2000余万元。

【特殊监管区域（场所）】2022年，塘沽海关进一步推进特殊监管区域（场所）进出口值大幅增长，泰达综合保税区年内进出口总值159.75亿元，同比增长50%。年内，核放进出区车辆69401辆，其中保税进出区车辆8411辆、非保进出区车辆60990辆。保税物流中心（B型）年内进出口总值102.3亿元，年内核放进出区车辆11719辆。推进新兴贸易业态发展，创新服务和监管方式，优化存量与引入增量相结合。持续开展大宣讲、大走访活动，加大对区内政策理论的研究和宣传力度，有序推进“保税+”业务，让更多的企业共享综合保税区的政策优势。全年，泰达综合保税区进出口保税维修业务货值2.7亿元、同比增长116%，“保

▲2022 年 8 月 1 日，天津海关所属塘沽海关关员对进出泰达综合保税区的车辆进行监管（杨凯　摄）

税展示交易”额达 7.5 亿元、同比增长 361.87%，年内实现 1 家保税研发企业注册，地方政府部门承诺投资建设研发基础设施。解决一般纳税人资格试点企业的保税设备补税问题，联合各相关部门建立协调机制，协助区内符合条件企业享受留抵退税新政。进一步推进特殊监管区域（场所）发挥枢纽作用，为国内首批进口的符合非道路移动机械国四排放标准的 90 台总价 4.4 亿元新型采棉机设立农用物资绿色通道，提供“一票多车”个性化进出卡口模式；发挥综合保税区的保税仓储和保税物流转运分拨政策优势，实施区内集中一次性检验，助力企业灵活发货，为货物及时投入农业生产，提供有效保障。

【查检业务】2022 年，塘沽海关实施“大查检”模式改革，推出“四机制”“三字诀”工作法，形成针对性高、操作性强的属地查检工作方法，并在天津关区进行推广。全年，目的地检查和出口前监管共开展进出口商品查验 1592 批次，出口审单放行 6428 批次，检出进出口不合格商品 768 批次，进口工业产品退运销毁 36 批次，木质包装初筛鉴定 199 批次，发现 21 批次活体线虫。被海关总署采用信息 35 条。为天隆种业解决采信“21 天检测报告”问题，创新“边检边放”监管模式。为辖区唯一一家新冠病毒疫苗出口企业量身打造“即报即放、即控即验、即问即答”的“三即”作业模式。全年，辖区内出口食品备案企业 22 家，占天津关区的 9%；实际开展业务企业数量为 18 家，同比增长 38.5%。助力企业出口，依托惠企政策开展“一对一”帮扶，助力辖区内 5 家食品企业首次开展食品业务；帮助经开区低温乳品企业首次开辟东南亚市场，新成立的新禾食品公司年内出口番茄酱产品 331 批次，货值 1456 万美元，远销欧洲。进一步推动食品安全治理提质增效，通过对天津雀巢食品有限公司的连续监管，规范其进口产品信息，帮助企业提升产品管理水平。

【企管业务】2022 年，塘沽海关持续升级“网格化”服务，以一张清单、三部指引、四个小组，实现“网格化”服务体系升级。聚焦天津经济技术开发区“4+1”主导产业体系，将 90 家重点企业划分为电子信息、汽车装备制造、生物医药、新能源新材料等产业组，形成 4 个产业组 14 个常规组、72 名骨干“网格员”的新型架构。全年，进行各类政策宣讲 1600 余家次，收集并解决企业问题 160 余个。成立保稳提质专项工作组，撰写政策解读15条，打包推送778家企业，建立重点帮扶143家企业库，进行政策精准适配，年内送政策到23家重点目标企业，深入推进“问题清零”。推动出口食品生产企业备案即时办结率达100%；推广真空包装等高新技术货物一体化布控查验模式试点企业10家，占天津关区的70%；帮助企业用足RCEP政策红利，综合使用设置RCEP政策服务窗口与咨询热线、联合关税处开展“经核准出口商制度”线上专题宣讲、编发操作指南、围绕“RCEP签证列表”“对日贸易企业清单”“AEO企业名单”进行关联分析，筛选重点培育对象，“点对点”帮扶指导RCEP协定项下原产地规则，强化企业合规能力和适用信心。全年，塘沽海关共签发RCEP原产地证书877份，培养经核准出口商25家，占天津关区的68%。对34家对日贸易可享未享进出口重点企业，逐一联系推广相关政策，并为企业具备RCEP原产资格的进口货物办理担保通关。推广“集团保税”模式助力凯莱英发展，节约经营成本400余万元，该案例作为天津海关唯一案例入选海关总署促进外贸保稳提质经典案例。

【综合保障】2022年，塘沽海关持续提升政务运行效率，制定政务管理规范化、标准化、信息化作业指引，累计办理收文3821件，发文108件。创建“易企阳光”政务公开品牌，获天津海关基层政务公开示范单位且排名隶属海关第1位。累计参与课题研究15篇，其中6篇被津关政研采编，报送学会征文37篇。政务信息实现突破，主动承担天津关区互联网信息领域专项工作，累计被海关总署采用120条。策划拍摄2部精品视频在海关总署《海关影像》栏目等多平台发布，深受干部职工和公众喜爱。相关重点工作成效被《天津新闻》报道5次，被《中国国门时报》、《天津日报》等刊发38篇，被海关总署门户网站、新媒体等采用70余篇。参与撰写7篇要情被海关总署采用，5篇国际合作领域研究文章被海关总署采用。承担大楼办会保障工作，共保障各部门（单位）办会352场，涉及5166人次，其中视频会议225场、2382人次。开展“十项幸福工程”。政府采购扶贫地区采购额18.11万元，列天津海关各采购单位第1名。发挥法治工作小组作用，建立执法疑难问题实时收集、集中研讨机制，提供法律咨询意见40余次。完善执法建议书机制，制发建议书3份；把

▲2022年，天津海关所属塘沽海关助力辖区新成立的新禾食品公司番茄酱产品远销欧洲　（李超　摄）

好合同审核关，审核民事合同40余份，有效防范法律风险。扎实开展内控监督，对照多年来内外部审计发现的问题及署级、关级高风险节点建立定期核查机制，做到问题风险早发现、早处置、早预防。

【新冠病毒感染疫情防控】2022年，塘沽海关抓紧抓实新冠病毒感染疫情防控工作，高站位、高标准，全楼一盘棋，牵头13个常驻部门构建“共建共管”格局，建立塘沽海关办公大楼新冠病毒感染疫情防控工作机制，把好“十五道关口”，有效推动大楼内疫情防控横向到边、纵向到底。压实内部责任，制订塘沽海关内部新冠病毒感染疫情防控工作方案以及防控处置规则，并制作通俗易懂、可读性操作性强的处置流程图，做好新冠病毒感染疫情快速排查、健康异常日报、应检尽检、离津返津报备、疫苗接种、防疫物资发放使用等日常管理工作，确保无死角。作为天津关区最大的牵头采样点，累计完成核酸检测14749人次。全年，共27人次支援机场、海港、冷链、实验室等新冠病毒感染疫情防控一线。制订塘沽海关“温暖‘逆行者’”工作方案，为每名支援新冠病毒感染疫情防控一线干部编制纪实档案和“红区”日历，共建立档案17份，制作规范化、标准化、信息化帮扶措施。落实蔬菜“新鲜到家”等暖心慰问。创新“三单”对照最严监管模式，开辟绿色通道，通过“即报即放、即控即验、即问即答”等服务措施，共完成出口新冠病毒疫苗出口前监管10批次、143.6万人份，检测试剂盒出口25批次、1440.5万人份。全国海关3名优秀执法一线科长于6月21日入驻塘沽海关开展“百名科长百日督查”工作，对塘沽海关工作给予高度评价。

▲2022年6月21日，全国海关3名优秀执法一线科长入驻天津海关所属塘沽海关开展“百名科长百日督查”工作（杨凯　摄）

【企业集团加工贸易监管】2022年，塘沽海关在促进外贸保稳提质企业大调研大走访活动中，了解到凯莱英医药集团的实际困难和需求。发挥“网格员”的作用，通过“网格员”与凯莱英医药集团进行“点对点”精准对接，了解企业的运营情况。在摸清企业实际需求后，发现企业信用等级未达到申请企业集团加工贸易监管政策的条件。迅速成立专项工作组，组织相关领域的业务专家开展业务研究，结合政策规定和企业问题研判，以海关总署促进外贸保稳提质10条措施为指导，推进企业集团加工贸易监管模式新改革。一方面开展专题研究为企业量身定制监管方案；另一方面采用“企业认证培育专员+网格员”工作法指导企业顺利通过AEO认证，推动集团保税监管模式在凯莱英医药集团顺利运用。企业集团加工贸易监管模式是海关实施的以“企业集团”为单元，以信息化系统为载体，以企业集团经营实际需求为导向，对企业集团实施整体监管的加工贸易监管模式，更有利于企业优化资源配置，通过整合优化企业生产要素、运营资金和时间成本，为企业带来更多的资源共享。凯莱英医药集团下的3家公司通过“企业集团加工贸易监管模式”后，实现了集团加工贸易保税料件自由流转、协同加工和统筹调配，大大降低了企业的运营成本和税款成本，提高了生产效率。此外，企业还享受到了进出口货物优先查验和检验检疫。

【高新技术货物布控查验模式试点】2022年，塘沽海关落实天津海关细化促进外贸保稳提质30条工作措施，出台对不宜在口岸海关监管区实施进境查验的真空包装、防光包装等货物，扩大优化真空包装等高新技术货物布控查验模式，采取依企业申请“一事一议”模式探索扩大试点，将传统的口岸查验环节迁移至目的地实施入厂查验，保证货物在查验环节品质无损，加快产业链关键物料通关速度。成立促进外贸保稳提质专班，对辖区内集成电路企业纬湃汽车（天津）有限公司进行政策适配性指导，让相关政策真正落地生效。对进口的不宜在口岸海关监管区实施进境查验的真空包装、防光包装等货物，通过“口岸外观查验”和“目的地综合处置”的联动模式，创新推出事前风险评估备案、事中两段布控处置、事后风险验证管理的风险防控机制，支持纬湃汽车（天津）有限公司等真空包装高新技术企业创新发展，切实为辖区企业纾难解困。6月底，依托海关网格化服务，落实《北京海关、天津海关、石家庄海关关于新冠疫情期间通关工作保通保畅措施》，联合京津冀三地海关拓宽互认范围，实现京津冀三地海关互认。成立保畅通协调小组，主动回应企业诉求，开通“保畅通属地查检绿色通道”，聚焦京津冀重点产业链企业，为企业设立专人“网格员”，建立“全链条”服务模式，落实“问题清零”机制。

▲2022年，天津海关所属塘沽海关“网格员”与凯莱英医药集团进行“点对点”精准对接　（党群　摄）

【属地查检“四机制”“三字诀”工作法】2022年，塘沽海关高标准践行政治要求，试点推行“文化引领、打通末梢”践行政治要求工作机

▲2022年6月19日，天津海关所属塘沽海关关员对进口的集成电路进行目的地查验（孙晓荪 摄）

制，形成针对性高、操作性强的属地查检“四机制”“三字诀”工作法。“四机制”包含异常报关单及抽采样月排查机制、科级领导干部跟班作业机制、特殊情况集体研判机制、随机派单复核机制，达到防范风险、规范执法的效果。“三字诀”是通过提炼属地查检的工作要点，形成通俗易懂的三字口诀，有效规范现场查检的执行。该工作法于7月份在天津关区进行复制推广。每月底对查检作业系统内未按期开展查验、未按期完成查验等单据逐票核查，加强与企业沟通，确认查验进度是否正常，并做好记录。每月底应用新海廉系统对查验结果异常但处理意见为放行的情况进行分析，及时查明原因、纠正和处理。随机选取少量单据向企业核实情况，最大限度压缩寻租空间。科级领导干部与检出效能进行直接绑定，将一线岗位的考核标准量化，赋予考核分值。阶段性归纳检出情况，从政策、企业、商品3个纬度组织开展企业风险分析，对于“新政策”“新企业”“首布控”“首进口”等易错、易查发的指令实施科级领导与查检组下厂跟班作业，确保准确到位。成立“查检研判组”，与职能处室建立畅通的请示沟通渠道，针对表单指令、跨部门协调等问题，确定“查阅文件—集体研判—请示汇报”的解题“三步法”，强化“三应”机制在属地查检领域应用。落实“双随机”要求，科级干部派单、另一名科级干部或者业务专家定期进行结果复核，重点排查是否按照指令执行、是否严格落实作业规范、执法人员是否满足业务需求，通过融入日常、抓在经常的相互监督，提升内控水平。

【属地查检与稽核查执法联动试点】2022年，塘沽海关落实海关总署企业管理和稽查司关于探索建立属地查检与稽核查执法联动工作机制的意见（试行）》要求，开展属地查检与稽核查执法联动试点工作，属地查检科室与稽核科建立属地查检与稽查的执法联动、与核查的执法联动，稽核科对属地查检科室通报的信息进行研判及处置后，及时反馈属地查检科室有关情况及处置。建立信息互通机制，加强信息化业务管理功能的互通共享，在各自作业过程中发现异常、风险隐患或行业性风险等需要进行协同处置的，及时通报对方。建立联络员制度，及时沟通工作情况，总结经验做法，对近期执法联动工作进行研判和统筹，研究解决执法联动中遇到的问题，包括业务信息对碰、组织联合研判，汇总实施情况，通报执法结果、联动工作协调、工作成效宣传等。通过开展属地查检与稽核查执法联动，进一步优化监管职责分工，完善执法作业链条，推动外勤执法资源合理使用，提升海关整体监管效能和执法水平。全年，塘沽海关共计开展稽查20起，开展核查作业182起。

撰稿人

杨　凯

蓟州海关

【概况】蓟州海关是受天津海关直接领导，负责天津市蓟州区、宝坻区范围内海关各类管理工作的执行机构。蓟州海关为属地型海关，主要负责“一次申报、分步处置”第二步处置的执行反馈，具体职责包括：稽（核）查、企业管理、现场验估（后续）、减免税审核、加工贸易监管、业务统计和贸易统计等；进行报关单修撤、退补税、验估、稽（核）查等作业，并进行后续处置，根据工作需要，执行直属海关范围内稽查等后续管理专项任务等。下设办公室、蓟州综合业务科、宝坻综合业务科、蓟州查验科、宝坻查验科、稽核科6个科室。

2022年，蓟州海关完成进出口收发货人备案90家，同比减少9%；企业变更75家，同比减少13.3%；企业注销44家，同比减少8.3%；加工贸易手册设立215份，同比减少3.2%；接受企业申报报关单3910票，申报货值17185.6万美元，同比分别下降29%、28.4%。接受出口申报3590票，申报货值16976.9万美元，同比分别下降27.2%、30.6%；签发原产地证书2960份，签证货值12776.9万美元，同比分别增长184.34%、202.65%；检验检疫出入境货物3274批、货值1.14亿美元，同比分别减少19.7%、14.9%。

年内，蓟州海关获评“2020—2022年度全国文明单位”荣誉称号。

【基层党建】2022年，蓟州海关共召开党委会议40次、形势分析会10次，持续细化落实“第一议题”制度。抓细抓实“学查改”专项工作和政治机关专项教育活动，梳理起底全业务领域风险隐患18条，并按照“一张清单抓整改”思路，持续推进动态完善和问题整改。组织召开会议学习宣传贯彻、专题研究部署，制定12条学习宣传贯彻党的二十大精神工作措施，开展不同层次学习研讨11次。研究制定蓟州海关2022年全面从严治党重点任务分解，对6大类37项具体任务分解到责任科室，全部办结。持续开展党建品牌迭代升级，3个支部优化了品牌名称，5个支部升级品牌LOGO，6个支部进一步凝练品牌内涵。落实天津海关每轮次3人的支援任务，先后支援空港、海港等口岸疫情防控一线49人次，关员参加支援疫情防控一线人员占比达到71.8%，其中处科级领导干部支援13人，占比100%。建立服务企业项目清单，推动惠企措施落实落细，完成海关总署和天津市蓟州区东西部消费扶贫任务4.5

万余元，购置下营镇果农滞销雪花梨，开展点亮微心愿为留守儿童购买衣物等志愿活动。持续开展纪法教育和警示案例教育、观看警示教育片、清廉家风故事分享会、党委书记讲廉政党课等活动。聘请新一届9名廉政特邀监督员并召开座谈会，听取意见建议。扎实开展廉洁文化活动，该关员及58名海关协勤人员家属编写廉政寄语贺卡，4名同志、老党员带头分享优良家风故事和廉洁事迹。该关“廉洁从政”篆刻作品在海关总署期刊《金钥匙》杂志上发表，文学作品《落入深渊的“聪明人”》获海关总署“清风国门”廉洁文化创意作品征集活动二等奖。

【资质管理】2022年，蓟州海关完成进出口收发货人备案90家，同比减少9%。其中，蓟州辖区完成备案29家，同比增长93.3%；宝坻辖区完成备案61家，同比减少27.4%。企业变更75家，同比减少13.3%。其中，蓟州辖区企业变更8家，同比减少57.9%；宝坻辖区企业变更67家，同比增长1.5%。企业注销44家，同比减少8.3%。其中，蓟州辖区企业注销17家，同比增长54.5%；宝坻辖区企业注销27家，同比减少27%。加工贸易手册设立215份，同比减少3.2%。其中，蓟州辖区加工贸易手册设立38份，同比增长72.7%；宝坻辖区加工贸易手册设立177份，同比减少11.5%。加工贸易手册核销结案203份，同比减少8.6%。进口食品、化妆品企业收发货人备案3家，同比增长50%；出口食品生产企业备案6家，同比增长600%。进境粮储备库加工厂备案、延期各1家。食品原料基地备案0家，同比大幅下降。进出口收发货人备案均实现“当日办结”。辖区企业天津市广源畜禽养殖有限公司取得出口食品生产企业备案资质，为天津市首家供港鲜蛋养殖企业。

【通关业务】2022年，蓟州海关共接受企业申报报关单3910票，申报货值17185.6万美元，同比分别下降29%、28.4%。其中，接受进口申报320票，申报货值208.69万美元，同比分别下降68.6%、3.9%；接受出口申报3590票，申报货值16976.9万美元，同比分别下降27.2%、30.6%。属地企业中，宝坻辖区企业共完成进出口货物申报15569票，申报货值63167.85万美元，同比分别下降14.1%、16.3%。其中，进口申报1914票，申报货值8178.9万美元，同比分别下降16.4%、34.9%；出口申报13655票，申报货值54988.9万美元，同比分别下降13.8%、9.7%。蓟州区企业共完成进出口货物申报1396票申报货值6375万美元，同比分别下降1.1%、增长24.1%。其中，进口申报210票，申报货值946.41，同比分别增长30.4%、155.8%；出口申报1186票，申报货值5428.6万美元，同比分别下降5.2%、增长10.1%。报关单修撤54票。签发原产地证书2960份，签证货值12776.9万美元，同比分别增长184.34%、202.65%，其中，签发RCEP原产地证书589份，签证货值1998.5万美元。自助打印率75.3%，自助打印原产地证书2046份，涉及签证货值8115.4万元，同比分别增长229.5%、250.6%。全年，签发卫生证书、健康证书、植物检疫证书、兽医（卫生）证书等各类检验检疫证明合计1704份，下发电子底账数据3288份。

【保税业务】2022年，蓟州海关紧密围绕蓟州保税物流中心（B型）功能及政策优势，结合天津海关保稳提质30条措施，开展政策宣讲，建立“网格员”制度，梳理企业问题清单，提供一站式指导，便利企业运用好海关保税政策及功能；加强协调配合，做好保税展示、跨境电商网购保税进口等业务授权，梳理业务全流程及各节点，跟踪企业申报情况，为物流中心企业提供优质服务；开展“7×24小时”全天候预约通关验放机制，确保进出区货物随报随验随放；加强专业技术指导，定期对物流中心内农产品出口企业开展“会诊式”监管作业，梳理风险提出改进建议，提升企业规范化管理水平；强化数据分析，依托“云擎”、HLS2017内控平台等系统对辖区中小企业开展数据分析及摸排，动态掌握企业进出口情况；压紧压实物流中心保税监管责任，持续完善安全生产制度，查找监管漏洞和短板，建立健全存储货物风险排查处置机制；强化风险分析，发挥金关二期系统平台优势，梳理盘查蓟州保税物流中心（B型）仓储货物，制订安全生产及应急处置预案；制定巡查清单，明确安全生产要求，与物流中心运营企业、仓储企业建立联查联控机制，定期对中心内重点区域、重点商品进行检查，夯实安全生产基础，清除各类风险隐患。3月31日，蓟州保税物流中心（B型）办理首票保税展示交易业务，货值697.88元；8月10日，蓟州保税物流中心（B型）办理首票跨境电商网购保税进口业务。年内，蓟州保税物流中心（B型）首次吸引苇帘等特色农产品进入物流中心内，存储数量累计达10800张，进出区货值约60万元。蓟州保税物流中心（B型）全年安全生产工作“零事故”。

【查检业务】2022年，蓟州海关检验检疫出入境货物3274批、货值1.14亿美元，同比分别减少19.7%、14.9%。其中，入境检疫货物32批、货值775.5233万美元，同比分别减少59%、26.3%。主要检疫进口商品为医疗器械5批、货值159.5467万美元，机电产品检疫9批、货值501.3107万美元，其他商品18批、货值114.6659万美元。出境检疫货物3242批、货值1.06亿美元，同比分别减少18.9%、18.4%。主要检疫出口商品为腌渍菜501批、货值1327.4万美元，板栗232批、货值1064.4万美元，番茄酱369

▲2022年5月11日，天津海关所属蓟州海关关员开展苇帘、柳帘制品出口监管（张凯　摄）

批、货值1562.8万美元，木家具873批、货值1855.1万美元，植物源性饲料220批、货值1269.3万美元，加工食品1047批、货值3523万美元。检出进口不合格商品16批，主要包括医疗器械类货物3批、机电产品类货物6批（含禁止进境2批，分别为旧液晶电视1台、旧荧光灯管18根和旧打印机1台，已作销毁处理）、其他进口商品7批；检出出口不合格商品1批，为腌渍菜。

【稽查业务】2022年，蓟州海关办结稽查作业3起，作业数量同比减少62.5%，其中常规稽查作业2起、专项稽查作业1起。移交涉检行政案件线索1件，已对企业进行处罚。开展贸易调查4起，其中1起转为稽查作业；办结核查作业134起，其中风险类核查30起、定管类核查104起，发现问题109起；与天津市蓟州区市场监督管理局、蓟州区税务局、宝坻区市场监督管理局、宝坻区税务局开展6起联合检查作业，发现问题4起；完成首批保税货物盘库核查补税工作。对4家新备案食品生产企业开展产品出口前首次核查，企业按规定完成整改后产品顺利出口，填补了辖区输往中国澳门水产制品、输中国香港鸡蛋、输朝鲜鸡精和输韩国一级大豆油产品的空白。年内，对10家企业开展“一对一”重点培育，2家企业通过海关认证获得高级认证企业资质。

【政治机关专项教育活动】2022年，蓟州海关开展捍卫“两个确立”、做到“两个维护”、强化政治机关建设专项教育活动。成立以该关党委书记、关长任组长、党委委员任成员的蓟州海关专项教育活动领导小组，制订印发蓟州海关开展捍卫“两个确立”、做到“两个维护”、强化政治机关建设专项教育活动实施方案和蓟州海关开展捍卫“两个确立”、做到“两个维护”、强化政治机关建设专项教育活动任务分解表，明确4个环节21项工作43项任务；设立支部专项教育联络员，建立落实“周报告、月汇报”工作机制，所属6个支部围绕强化政治意识、提高政治能力集中学习16次，集体讨论13次；“一张清单抓整改”，起底分关全业务领域风险隐患18条，针对查摆出来的问题，制定针对性措施，明确牵头科室和完成时限，完善整改清单；对标《中国共产党章程》、习近平总书记重要指示批示精神、党中央重大决策部署等建立政治要求清单，先后5次进行修改完善，分关层

▲2022年6月2日，天津海关所属蓟州海关关员开展贸易调查（王德春 摄）

面梳理政治要求9条，18个岗位政治要求62条、组织要求52条、纪律要求52条。

【“海关重点项目和财物管理以权谋私”专项整治】2022年，蓟州海关开展“海关重点项目和财物管理以权谋私”专项整治。第一时间传达学习海关总署以及天津海关两级“海关重点项目和财物管理以权谋私”专项整治动员部署会议精神，制定蓟州海关关于开展“海关重点项目和财物管理以权谋私”专项整治工作重点任务分解表，在蓟州、上仓保税物流中心（B型）、宝坻3个办公场所设立举报箱3个，张贴海报6张，通过电话、微信等形式向有业务和经济往来的银行、供货商、招标单位等8家关联方发放告知书；每月进行政治教育、纪法教育和警示案例教育，通过党委理论学习中心组学习、“三会一课”、主题党日等多种形式，用好网上平台等载体进行宣传、教育；先后9次召开党委会、形势分析及督查工作例会、工作推动视频会议等对专项整治工作进行部署、推动和落实；应排尽排、不漏一人，确定18名干部职工和1名海关协勤人员纳入专项整治范围，纳入的干部职工占比50%；撰写剖析材料前组织开展专项整治违规事项个人申报，梳理制发专项整治应知应会要点提纲，组织开展考试3次，采取视频会议方式进行培训；按照下管一级原则，由支部纪检委员、科长和分管关长对剖析材料撰写内容进行三级审核把关。

【促进外贸保稳提质“10+30”条措施】2022年，蓟州海关落实海关总署以及天津海关促进外贸保稳提质“10+30”条措施。先后召开3次党委会、2次月度形势分析及督查工作例会对促进外贸保稳提质工作进行部署、要求和推动，班子成员到业务科室跟班作业15次，督导、推进、落实促进外贸保稳提质“10+30”条措施；落实“关长进百企”，该关领导先后赴辖区17家企业开展调研；梳理确定辖区进出口业务量排名靠前、高级认证以及专精特新等企业32家并动态更新；通过实地走访企业、在线宣讲会、网格群等多种形式向辖区231家进出口企业宣传海关总署以及天津海关关于促进外贸保稳提质“10+30”条措施。与天津海关关税处、动植物检疫处、企业管理和稽查处等部门合编4期海关政策解读并在“天津海关12360热线”公众号刊发，将“提前申报、两步申报、直提直装、规范申报、原产地证书办理及自助打印”等贸易便利化政策编印成册向企业发放，利用现场查验、稽核查等外勤执法机会将海关保稳提质措施带到厂房车间、田间地头，受众企业30余家；建立单证“半日查半日清”工作机制，实施“5+2”预约查验，企业急需“随约随验”，特殊情况“急约急验”。全年，协助企业解决加纳利草子涉检规则维护等问题19个，帮扶6家中小微企业实现大豆油、鱼浆、津酒、西梅等多个新产品实现首次出口，为辖区出口企业签发RCEP原产地证书431份，享惠货值0.13亿美元。

【支持农产品出口】2022年，蓟州海关助企纾困，促进辖区特色农产品出口，共出口农产品733批，金额2264.4万美元，同比分别增长5%、6.2%。有4家新备案食品生产企业实现首次出口，填补了辖区输往中国澳门水产制品、输香港鸡蛋、输朝鲜鸡

▲ 2022 年 9 月 16 日，天津海关所属蓟州海关关员开展大豆油出口业务指导（刘春英 摄）

精和输韩国一级大豆油产品的空白。对辖区 12 家企业实行“一企一策”机制，健全“网格员”服务制度，将辖区内企业划分 3 个网格设立 3 个“网格员”。开展大调研、大走访活动，共开展电话调研 5 次、实地走访 20 次，深入了解企业需求，汇总企业急难愁盼问题 5 个、发展需求 9 个，制定帮扶企业发展措施 9 项。引导企业健全出口食品安全管理体系。对企业开展风险隐患严防严管指导 12 次，帮助企业防范质量管理、农残控制、原材料验收类风险 12 个，指导 7 家企业从基地种植、生产加工、原料验收、检验控制等环节提升自我检控能力，提升产品质量。通过互联网搜集进口国（地区）有特殊要求的咨询 50 条，组织开展风险研判 10 次，通报企业 5 次，帮扶企业实施重点检验项目监测 15 次，保障出口质量安全。实施优先查验、“7×24 小时”预约查验和急特情况“随约随检”快速验放等制度，快速验放办理 5 批。开通绿色通道，在申报前监管、现场查验、抽样送检、证书拟制缮制等各环节高效衔接，提升海关监管效能，共拟制证书 1852 份，其中植物类证书 750 份、品质类证书 510 份、熏蒸类证书 112 份、卫生证书 421 份、兽医卫生证书 59 份。成立“一对一”专家小组对新备案食品生产企业进行“线上＋线下”全程辅导，企业首次出口前开展核查作业，进行全项目、全方位“体检”，指导企业进一步完善生产基础设施和提升质量管理水平。

撰稿人

王金福　王德春　陆文明　张　凯　林　健　梁丽琨

武清海关

【概况】武清海关是受天津海关直接领导，负责天津市武清区范围内（含行政管辖归属天津经济技术开发区的逸仙科学工业园）海关各类管理工作的执行机构，监管辐射面积1574平方千米。武清海关设有办公室（党委组织宣传部）、综合业务科、加工贸易保税监管科、查检一科、查检二科和稽核科6个科室。

2022年，武清海关日常监管企业3323家，其中常态化开展业务（即过去一年有进出口业务）的企业达770余家，多为生产型企业。日常工作涵盖进出口货物通关、加工贸易合同备案及核销、稽核查、企业备案及认证、原产地证管理、工业品查检、动植物检疫等主要海关业务门类。全年，武清海关共获评各级各类荣誉25项，包括集体4项、个人21项。其中，获集体三等功1个、集体嘉奖1个，推动落实跨境电商出口“9810”离境退税改革试点工作组等2个集体获天津海关表彰奖励。查检二科党支部获评天津海关先进党支部，赵刘佳、张经纬2名同志获评天津海关优秀党员，高峻获评天津海关“双优”党员。武清海关团支部获评天津海关优秀共青团组织，赵刘佳获评天津海关优秀共青团干部。

【党的建设】2022年，武清海关以“政治引领业务、党建融合发展、担当历练队伍”活动为抓手，深化“学查改”专项工作和政治机关专项教育活动，不断提高“政治判断力、政治领悟力、政治执行力”；把“政治要求我来讲”“党建工作我来讲”“支部工作我来讲”的“三讲”融入日常，全面梳理政治要求193条，“遇事先找政治要求、办事多想政治规矩”成为该关干部职工的工作自觉。开展“喜迎二十大、奋进新征程”系列活动，组织“礼赞新时代、奋进新征程”观影活动，派员参加天津关区读书分享会、红色家风分享会、演讲比赛等活动。武清海关党委班子带头深入学习党的二十大精神，研究制定武清海关“八个聚焦”贯彻落实党的二十大精神工作措施、武清海关党的二十大精神进企业宣讲方案，提出持续推动跨境电商新兴业态健康高速发展等具体落实措施。在此基础上，聚焦关系辖区企业切身利益的问题，对信义玻璃（天津）有限公司、天津金轮自行车集团有限公司、丹佛斯（天津）有限公司等龙头企业开展专项调研，出台武清海关联系服务企业重点项目清单，“一对一”帮扶15家企业，解决企业“急难愁盼”问题32个，推动党的二十大精神落地落实落细。一体推进全面从严治党，全面深化清廉海关建设。开展“海关重点项目和财物管理以权谋私”专项整治工作，梳理问题12个，及时推进整改。扎实开展警示教育月活动，统筹开展“清风国门”——弘扬海关清廉家风主题宣传教育活动，组织“树清廉正气 做人民公仆”廉政教育基地参观活动，深化家庭助廉，选树清廉家风典型，录制“书记组长谈责任”访谈视频。统筹推动巡视巡察、专项整治、审计、专项教育活动和“三类突出问题”自查自纠等发现问题“一张清单抓整改”，25项问题已全部整改完成，推动海关权力运行全领域全链条治理。

【通关业务】2022年，武清海关共接受进出口报关单2207份，监管进出口货运量2.67万吨，货运值19.22亿元人民币（2.9亿美元），实征税款3.23亿元。共审核签发出口原产地证书8449份，货值9.37亿美元，帮助企业享受进口国（地区）关税减免4685万美元。其中，签发RCEP原产地证书422份，货值2480万美元，帮助企业享受RCEP成员进口关税减免10万美元。出口原产地证书实现100%自助打印。落实“一流海关”各项指标，“提前申报”比率达到97%，“汇总征税”应用比率达到81%，均位居天津关区隶属海关前列。2022年，武清海关进口整体通关时间2.57小时，位居天津关区隶属海关前列；出口通关时长基本与天津关区出口整体通关时长持平。

【加贸业务】2022年，武清海关辖区加工贸易企业共设立电子化手册198份，结案手册176本，电子联网账册企业20家。加工贸易内销补税2.25亿元；征收风险类保证金63笔，金额1901万元；退还风险类保证金36笔，金额462万元。开展加工贸易核查21起，下厂监管加工贸易企业30余家次，进行政策宣讲20余家次。开展销毁业务13次，涉及料件3000余项。开展保税仓库巡查8次，进行安全检查5次。完成培育企业44家，其中8家企业通过AEO认证。办理企业注册登记291家，变更188家次，注销企业143家，完成定期管理类企业注册信息核对核查36家。年内，武清区首家公用型保税仓库天津畅联供应链管理有限公司公用型保税仓库顺利运营，仓库累计入库116票，价值1.82亿元，主要商品为医疗器械及其配件和镍合金平板；出库153票，价值1.76亿元，征收税款3207.15万元。创新保税仓库“预查检+分送集报”监管模式，助力保税仓库发展跑出加速度。依托天津畅联供应链管理有限公司公用型保税仓库运营的波科医疗器械（上海）有限公司医疗项目，年内进口额达0.4亿元。该创新监管模式入选天津海关2022年度第2批创新举措备案。此外，信义汽车部件（天津）有限公司作为天津海关首批3家获准试点开展企业集团加工贸易监管模式的企业之一，完成首票价值12万元料件结转。

【查检业务】2022年，武清海关完成进出境检验检疫1943批次，货值4.8亿美元。完成出境特殊物品检验检疫125批次，货值2875.53万美元。完成动植食实地查验157批次，抽样送检86批次，拟制各类检验检疫证书共计1040份。完成进境粮食出入库现场实地监管5次，木质包装标识加施监管104

批次（118529件）。

全年，武清海关办理进口商品查检业务673批次，办理出口商品查检业务1943批次。其中，退运或者销毁存在严重安全隐患商品15批、同比增加50%，指导企业整改一般项目不合格167批、同比增加7.1%，查发天津关区首例违规进口消耗臭氧层物质情事。常态化开展商品安全风险监测，发布风险预警信息52篇，占天津关区风险预警信息总数量的40%，同比增长457%。主动梳理辖区符合条件企业名单，提前介入了解企业诉求，为辖区12家企业开展“一对一”政策宣传贯彻；同时主动与地方政府部门进行对接，为企业顺利申请真空包装等高新技术货物布控查验模式试点打通绿色通道。年内，丹佛斯（天津）有限公司、光宝电子（天津）有限公司2家企业获批高新技术货物布控查验模式试点资质。

【稽核业务】2022年，武清海关共开展稽查作业7起，办结7起；接收核查指令120条，全部办结；受理企业主动披露14起，开展贸易调查2起，办结简快案件处罚2起。按照稽查改革要求，深化“全员打私”理念，以查发为导向，开展“国门利剑2022”行动，创新“稽侦联动”工作模式，加强与天津保税区海关缉私分局的联系配合，形成稽查缉私一体研判、一体查缉、一体办案合成联动工作机制，查发天津市某国际贸易有限责任公司采用虚假贸易单据逃避海关监管走私出口硫化钠案；查发某电子元件有限公司进口保税料件单耗未如实申报案，此案是近年来天津关区查发的最大一起加工贸易保税货物单耗申报不实案件。年内，武清海关“稽侦联动”稽查工作组获天津海关集体三等功。

【综合保障】2022年，武清海关持续推动暖心聚力工程，重点做好民生工作。发挥工会职能，做好心理健康服务，实施“一人一策”“一事一策”，开展谈心谈话101人次，征集干部职工意见建议3次，帮助困难职工5人次。深入推进“求实、扎实、朴实”海关文化建设。抓好榜样培树，评选“月度之星”16名。发挥文化阵地的良好效应，推动建设高素质海关基层干部队伍，打造“清心小筑”，建成“清”系列活动阵地，营造“快乐工作、快乐生活”的良好氛围。利用传统媒体、“金钥匙杂志”“天津支部生活”“悦动津关”等新媒体宣传武清海关在党建、业务等方面的经验做法。全年，中央电视台、《人民日报（海外版）》、《经济日报》、天津电视台、《天津日报》、《中国国门时报》等累计发布武清海关新闻55篇；海关总署“金钥匙杂志”、天津市委天津支部生活和天津市委市级机关工委天津机关党建、天津海关“悦动津关”等新媒体刊发武清海关新闻39篇。

【新冠病毒感染疫情防控】2022年，武清海关按照天津海关内部新冠病毒感染疫情防控工作方案要求，根据新冠病毒感染疫情形势变化及时调整防控措施，扎实做好内部新冠病毒感染疫情防控工作。做好办公区域人员管控、消杀，定期开展内部新冠病毒感染疫情防控检查，做好应急预案和应急演练，确保防控工作精准到位。从严抓好外勤查验人员个人防护，根据新冠病毒感染疫情形势及时督促、提醒辖区企业做好进口商品消杀和人员防护。做好新冠病毒感染疫情形势下的工作布置，强化在岗人员和居家办公人员的协调配合，确保各项工作有序衔接，不断不乱；做好新冠病毒感染疫情形势下对企服务，加强沟通指导，抓好应急处置，想方设法保证监管服务时效；用好科技手段，发挥海关信息化优势，让数据流动代替人员流动。克服关内自身人力资源不足的现实困难，派员支援天津滨海机场海关防控和其他兄弟海关冷链查验工作，先后派出12名同志参加支援工作，占全关实际在岗人数的30%。

【企业服务优化】2022年，武清海关持续优化营商环境。开辟RCEP惠企服务通道，高效便捷为企业办理业务。联合天津市武清区委组织部、商务局、银行等部门召开促进外贸保稳提质“线上+线下”宣讲会，解答企业重点关切问题10余个。全力做好保链、强链工作，支持天津三星视界有限公司、丹佛斯（天津）有限公司、海斯坦普汽车组件（天津）有限公司等辖区企业从丹麦、马来西亚等国转移成套生产线13条，年增产值约15亿元。加大力度压缩进口整体通关时长至2.57小时。推行“网格化”服务，建立网格群7个，涵盖辖区企业532家，网格搭建率达到70%。加强属地企业管理，全年办理报关单位注册登记相关业务628家次，其中新增注册企业295家，完成定期管理类企业注册信息核对核查36家；办理进口食品化妆品进口商备案4家；现有备案企业3463家。加强信用培育和宣讲，对区内96家企业开展专项调研56次，解决企业问题79个，帮助V1汽车利用特殊区域解决暂时进出境问题，通关时间由1个月缩短为1个工作日，节省成本100余万元。推出促外贸保稳提质“十稳十促”举措，促进武清区经济稳定发展。

【全国海关首个跨境电商出口“9810”离境退税试点成功】2022年，武清海关联合天津海关行邮监管处，在创新跨境电商B2B出口“生产企业+海外仓+电商平台”模式的基础上，协调天津市武清区商务、税务部门，推进跨境电商B2B出口新贸易业态创新发展，推动跨境电商出口“9810”模式离境退税试点落地。9月19日，天津金轮自行车集团有限公司收到天津市税务局退税，标志着全国海关首个跨境电商出口“9810”离境退税全流程试点成功，压减退税时间4～5个月。年内，天津金轮自行车

▲2022年6月10日，天津海关所属武清海关联合武清区商务局开展促进外贸保稳提质政策宣讲会（天津海关所属武清海关 供稿）

▲2022年10月13日，天津海关所属武清海关关员到天津金轮自行车集团有限公司开展跨境电商出口业务监管（天津海关所属武清海关　供稿）

集团有限公司通过该模式出口电动自行车12批次，共计2615辆，货值790万元，累计享受离境退税90万元。全年，辖区共有20家企业参与跨境电商B2B出口业务，累计出口2956票，货值16.96亿元。

【促外贸保稳提质】2022年，武清海关根据外贸形势变化，采取措施护航辖区企业发展。以海关总署以及天津海关的“10+30”条保稳提质措施为靶心，发挥属地海关“直面企业、直达快享”的优势，第一时间将相关政策措施通过网格群传达到辖区近500余家企业；联合天津市武清区委组织部、商务局、银行等部门，针对海关高级认证、专精特新等50家重点企业，召开“线上＋线下”宣讲会，“面对面”解读宣传贯彻，解答企业重点关切问题10余个。关领导牵头，组织开展企业调研50家次，电话、网格群调研数百家次，总共收集、解决问题近百个。推出促外贸保稳提质“十稳十促”举措，建立企业问题“回音壁”，实现“企企有台账、事事有着落”，累计解决企业困难27个。

【助力乡村振兴】2022年，武清海关落实国家乡村振兴发展战略，开设“鲜活易腐农食产品属地海关查检绿色通道”，对出境活动物、水产品、冰鲜肉类制品，进境蔬菜、水果等鲜活易腐农食产品开展优先查验和“5+2”预约查验模式，压缩出口通关

▲2022年5月，天津海关所属武清海关关员到某地毯公司开展RCEP政策指导（天津海关所属武清海关　供稿）

时间，实现从申报到查验放行最快4小时完结。快速验放进口农用物资13批，货值1500万元。支持天津关区唯一一家海关备案的出境水果包装企业天津宏辉果蔬有限公司发展，全年共计为该企业验放特色鲜梨等水果38批次，货值153万美元。支持6400只小花鼠出口境外，提供卫生检疫便捷服务。支持辖区种牛隔离场发展，在严密监管、做好重大动物疫情防控的基础上，主动与天津市武清区农业部门建立畅通渠道，完成2批次21000头进境种牛进场隔离检疫监管。

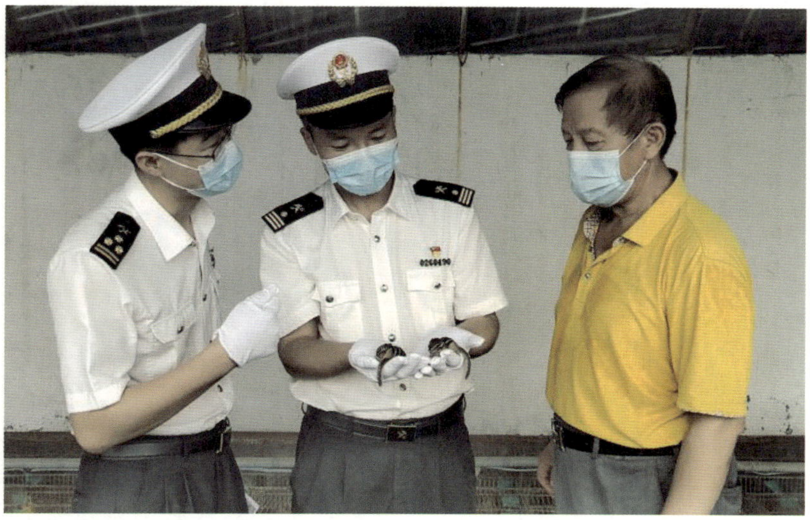

▲2022年6月25日，天津海关所属武清海关关员到天津吉田宠物有限公司开展出口小花鼠检验（天津海关所属武清海关 供稿）

撰稿单位

天津海关所属武清海关

静海海关

【概况】静海海关是受天津海关直接领导，负责静海区范围内海关各类管理工作的执行机构。主要负责党的基层组织建设和干部队伍建设；办理具体海关业务，反馈执法作业结果；完成天津海关交办的其他工作。

2022年，静海海关以习近平新时代中国特色社会主义思想为指导，树牢政治机关意识，全面学习、把握、落实党的二十大精神，强化政治统领，全面贯彻落实2022年海关总署以及天津海关重点工作要求，贯彻落实海关总署保稳提质10条措施和天津海关30条措施，结合辖区企业实际需求，出台6项内外贸一体化发展措施促外贸企业保稳提质，不断提升政治业务能力，着力防范业务风险，推进深化业务改革，持续优化海关服务。

年内，静海海关结合实际情况，树立以人民为中心理念，切实采取有效措施做好企业帮扶工作，新冠病毒感染疫情期间，除采取远程查验等措施外，年往返企业里程达3.22万千米。年内，负责监管全区海关注册企业1955家，其中，海关活跃企业434家、AEO认证企业11家、全国专精特新企业8家。与2021年相比，2022年1月至11月静海区进出口贸易增长2.4%，受12月份“一次性快速过峰”影响，全年进出口微降0.8%，仍高于天津市–1.4%的总体增长率。全年，静海区进出口总额189.3亿元，维持正增长势头。

【基层党建】2022年，静海海关党委聚焦思想教育常学常新，提升基层党组织政治引领力。全面落实“第一议题”制度，利用党委会（班子会）、党委理论学习中心组、“三会一课”等，第一时间研究、落实、见成效，贯彻习近平总书记重要指示批示精神和党中央重大决策部署，抓好党的十九届六中全会和二十大精神学习宣传贯彻。同时与静海区商务局、静海区机关事务管理中心等部门和海吉星等企业开展“关地联建”“关企联建”，形成《静海海关关于静海区2022年外贸运行情况》等3份分析报告，以党建引领，加强关、政、企联系配合。

年内，静海海关党委聚焦工作思路守正创新，提升基层党组织改革创新力。创新开展支部党建品牌“对对红”联建活动，通过书记结对、党员结对、业务结对，破解党建发展不均衡顽疾，形成党建共建的聚力优化效应。各支部结合科室工作，以《走好第一方阵我为二十大做贡献》和《强化政

▲2022 年 2 月 28 日，天津海关所属静海海关党支部开展书记“对对红”活动（刘运来　摄）

治意识切实做好意识形态工作》为题互相讲党课；开展“党史大家讲”活动、“4 本书”交流会、党员们分享读书体会；共同梳理业务条线岗位职责蕴含的政治要求，在贯彻落实习近平总书记关于优化营商环境促进贸易便利化等重要指示批示精神中取得突破性进展，全年完成对 192 家网格化管理企业的调研，服务企业 14 家，完成调研报告 2 篇。

年内，静海海关党委聚焦党风廉政强抓强管，提升基层党组织凝聚保障力。通过签订廉政责任书、开展沉浸式主题教育活动、邀请地方纪委监委进行专题讲座、制作廉洁手册和提醒卡等举措，打好“预防针”，铸牢廉政防线；开展班子成员定期跟班作业 28 次，解决业务问题 12 个，同时加强对重点岗位和关键环节进行监督的再监督，增强相互业务间的制约与监督，防范廉政风险和执法风险，筑好“防火墙”，营造风清气正的基层氛围。

【通关业务】2022 年，静海海关保畅通促发展、优化服务体系提效能，推动监管服务工作“提档加速”。通过分析属地企业进出口商品特点和航线情况，针对重点企业，通过“网格员”、专线电话与实地走访多途径“一对一”宣讲政策，“手把手”指导操作方法，引导企业用好 RCEP 各项政策、“船边直提”通关模式等；建立“出口农食产品”协调机制，快速解决企业出口时归类申报、属地查检、报关放行等困难，实现通关全链条无缝对接；加强对供港澳食品出口全过

▲2022 年 8 月 18 日，天津海关所属静海海关开展以案明纪警示教育大会（刘树新　摄）

▲2022年9月14日，天津海关所属静海海关关员为外贸企业办理通关业务（许恒 摄）

程、各环节质量安全监管，严格实施重点检验项目监测，不断提高通关便利化水平，持续压缩货物整体通关时间，全力保障通关业务正常运行。全年，静海关区进口整体通关时间为16.5小时，出口整体通关时间为0.5小时，进口提前申报率93.3%，出口提前申报率95%，汇总征税率55%，均完成“一流海关”指标目标任务值。

年内，静海海关优化业务流程，为企业带去便利的同时确保申报和签证质量。业务环节前推后移，实现质量效率双提升。将产品原产资格预审、实地核查等环节前置，创新审核方式，保障富士达体育用品有限公司、建大橡胶（天津）有限公司4项含进口成分产品及时获得原产资格确认；加强事中证书申领细节管理，督促企业合理安排申领时间，减少因船期变更引起的亚太证书无法后发、东盟后发证书境外无法清关等问题，保障企业通关；实现单证后续自查制度化，及时查漏补缺。主动提升风险意识，避免签证风险。平时对易错项目、易错点进行汇总，作为审核重点，证书签发中查发收货方国别错误3项，单复数使用错误1项，数重量错误1项等，并及时告知企业进行更改。

【查检业务】2022年，静海海关进一步结合属地查验业务改革，进一步提高查验有效性。依托属地查检“零延时、零等待、零接触”等模式大幅压缩属地查检时长，提升业务水平；探索属地查检与日常监管协作开展，实现对企业“一次查验、全面体检、综合整改”，以此提高执法效能，形成监管合力。

年内，静海海关设立进出口鲜活易腐农食产品属地查检绿色通道与供港澳农食产品绿色通道，实施优先查验和“5+2”预约查验；加强对供港澳食品出口全过程、各环节质量安全监管，严格实施重点检验项目监测。全年，静海海关完成查验出口农产品1388批、3.52万吨，货值1.49亿美元。

年内，静海海关严格按海关总署要求实施出口食品、农产品安全监督抽检，按照各产品的检测项目立项送检，全年共计送检25批次，未发现不合格；对出口货物进行审核放行，强化风险监测把好出口产品质量安全关，年内审核放行各类出口货物2298条，出具各类证书1388份，先后在出口伊朗的2批白瓜子中检出瓜类蔓枯病，3批次出口欧盟的肠衣中硝基呋喃类药残超标，均已通知企业不予出口。

【企管业务】2022年，静海海关通过对企业进行资格管理、守法管理、信用管理，实现海关企业管理职能，提高海关监管效能，促进企业发展。年内到企业实地开展各类监管工作22家次，加强属地加工贸易保税监管，调查研究撰写《加工贸易审核作业中心制下实货监管工作情况分析报告》。全年，备案加工贸易手册124本；征收保证金40笔，金额649.22万元；退还保证金27笔，金额236.94万元；辖区新增4家加工贸易企业。主动应对企业诉求，指导企业做好在政策法规的框架内不断提升管理水平，辖区共备案出口食品生产企业15家，变更8家，注销9家，对日推荐注册2家，对欧盟推荐注册1家。

年内，静海海关严格落实监管作业场地巡查“双随机、一公开”制度，分管领导跟班作业，与企业负责人座谈，强化落实安全主体责任，提醒不得存放危化品。严格落实有关监管规定，定时开展季度巡查和安全检查，年内撤销海吉星非指定监管场地和道路摄像头44个，增设不予放行库中4角云台摄像机。及时了解掌握4月2日海吉星园区内垃圾失火情况，确认对保税仓库没有影响并在第一时间整理材料上报天津海关。

年内，静海海关持续深入打击“洋垃圾”入境，对辖区4家进口再生金属企业实施专项稽查，联系口岸海关对1票再生金属进行布控实施抽样送检；采取实地稽查、微信报送以及单证报送相结合的方式，开展分析研判、单证检查，重新审查确定完税价格，4家企业全部采取补征税款的处置方式，涉及货物394吨、货值907万元。

年内，静海海关加强企业信用管理，重点对“专精特新”、创新创业联盟企业、原一般认证企业等18家开展“一对一”培育工作，帮助辖区30余家专精特新中小企业了解提升信用等级对企业发展的促进作用，全年辖区内共有3家企业通过高级认证。在对辖区高级认证企业的日常服务中发挥企业协调员作用，推送政策26条，收集并帮助企业解决问题3个，推广“安智贸”，3家高级认证企业备案13条航线，为1家高级认证企业出具信用状况证明。

【促进外贸保稳提质】2022年，静海海关立足职能定位，在海关总署以及天津海关促进外贸保稳提质“10+30”项措施基础上整合资源，结合

▲2022年7月26日，天津海关所属静海海关关员对出口货物开展查验（宋志军摄）

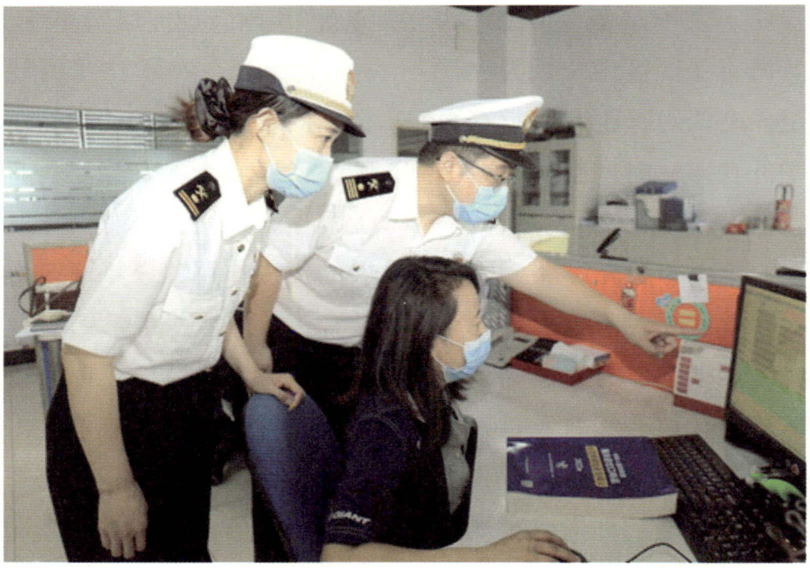

▲2022年7月26日，天津海关所属静海海关关员开展企业调查工作（宋志军 摄）

辖区企业实际需求制定并出台6项措施，送政策进企业、以创新增活力、向科技要效率，为企业发展添动能。全年，出口肠衣报检单数175票、1940.3吨，货值5630.8万美元；干坚果报检单数340票、19825.6吨，货值4296.9万美元；蔬菜制品报检单数413票、8184.8吨，货值1147.8万美元；食用醋报检单数27票、209.6吨，货值15.2万美元；蜂蜜报检单数65票、4115吨，货值654.6万美元；宠物食品283票、1006.9吨，976.9万美元；白酒报检单数4票、28.9吨，货值2.8万美元；冷冻饮品8票、42.4吨，28.5万美元；进境粮食79136吨，货值2.27亿元，援外粮食7票、4058吨；出口钢材37.2亿元，自行车7.6亿元；乐器出口产值约1亿元。

年内，静海海关发挥属地优势，分析辖区主要进出口商品的用惠空间，对相关企业进行重点宣讲，推动RCEP各项政策落实落地。对RCEP项下进口货物享惠、出口货物原产地证书签发等情况持续保持关注，开通专门窗口、专门咨询热线，随时解答企业疑问；指导与RCEP等自贸协定成员有出口业务往来的高级认证企业用好用活经核准出口商等海关便利化政策，提升企业享惠用惠的意识和能力。1月4日，天津汇来国际贸易有限公司成为天津关区首家RCEP经核准出口商。联合关税处做好RCEP政策解读，制作5篇海关12360政策解读文章。年内，共签发RCEP证书104份，享惠货

▲2022年8月12日，天津海关所属静海海关开展关企“云”对话暨政策宣讲会（刘运来 摄）

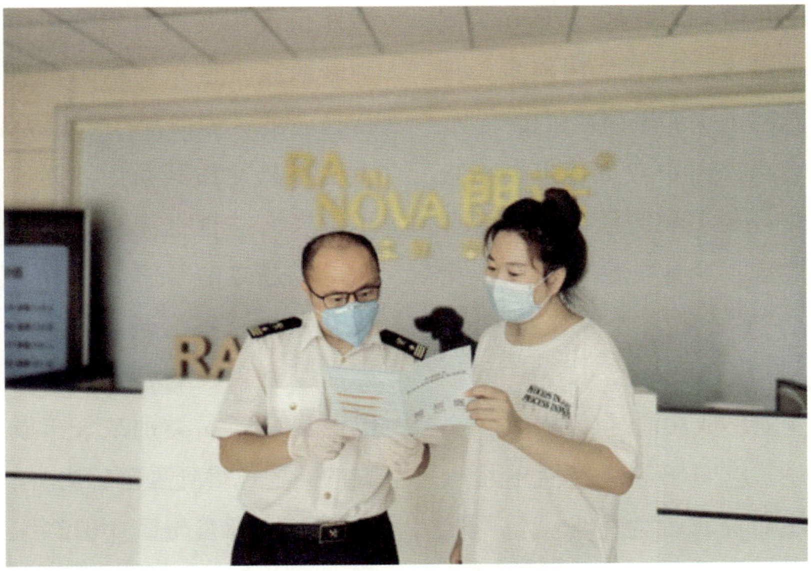

▲2022年7月17日，天津海关所属静海海关关员对企业开展政策指导工作（朱景慧 摄）

值达193.8万美元。

年内，静海海关为推动“船边直提”助力企业通关提速，深入属地企业调研进出口商品特点和航线情况，并针对重点企业，采用“网格员”、专线电话与实地走访多途径“一对一”宣讲政策“手把手”指导操作方法，引导企业采用“船边直提”通关模式提高物流速度；成立协调专班，密切联系口岸海关，合力帮助企业解决在货物通关、查验、港口物流等方面的问题。年内，静海海关“船边直提”率达31.71%。

【技术性贸易措施调查】2022年，静海海关深入企业调研，科学估算辖区企业遭遇境外国家（地区）技术性贸易措施造成的损失，并从多渠道了解境外国家（地区）技术性贸易措施的特点和影响形式，以及辖区企业应对的困难和需求，为帮扶企业开展应对工作提供数据依据和决策参考。先后制定企业调研网上问卷、发动辖区15家相关企业参与、针对重点企业开展“点对点”深入调研、上报技术性贸易措施应对典型案例等，最终形成《天津市食品企业遭遇技贸壁垒措施情况的调研报告》上报天津海关办公室。

针对欧盟2022年发布动物源性食品药残的最新限值标准，静海海关第一时间深入企业调研，推送欧盟兽药残留新规定，帮助企业及时应对法规变化；全面收集境外食品预警信息及特殊检验要求，会同天津海关动植食检测中心排查药残超标原因，对原料、加工环节及成品开展药残监测，防止出口产品被境外通报或退运，给企业造成经济损失；对RCEP、促进外贸保稳提质等海关政策进行宣传，指导企业建立和完善食品安全卫生控制体系，指导企业规避技术贸易壁垒，助企开拓国际市场。年内，静海辖区肠衣出口168批，货值4945.2万美元。

年内，静海海关报送的《对欧盟通报我国输欧蜂蜜苦参碱、氧化苦参碱的特别贸易关注》被海关总署采用并在世界贸易组织SPS委员会第83次会议上与欧盟方面进行磋商，有力维护了我国企业的合法权益。根据海关总署工作要求，静海海关派员以视频或书面检查方式，年内共参与境外食品加工企业评审91次，其中视频评审19次、书面评审62次，任组长25次，极大提升了海关总署境外食品加工企业资格准入和资格维护工作质量。

【特色企业帮扶】2022年，静海海关主动作为，结合辖区企业存在的困难需求，采取“网格化”服务、“户籍式”管理、“一对一”帮扶等方式，深入基层一线，针对企业群众反映强烈的热点、难点问题，开展调查研究，形成调研台账，不断深化认识、完善措施、创新实践，持续优化口岸营商环境，爱企助企惠企，帮助企业解决实际困难。

针对海吉星国际农产品物流园制定加强政策宣传贯彻、根据企业发展需求为其恢复保税仓库、持续推动保税展示交易业务在海吉星落地、做好“口岸＋属地”联动监管、应用“保税＋直提”模式、加大企业信用培育力度、支持企业打造进口食品完整产业链7项帮扶措施，形成《静海海关党委关于报送促进海吉星国际农产品物流园及再生金属循环加工产业发展工作计划的报告》，为静海区经济又快又好发展贡献海关力量。

针对建大橡胶（天津）有限公司加工贸易业务缴纳保证金造成财务成本压力大的问题，加工贸易保税监管科与稽核科成立联合工作专班，通过线上线下多种方式，从各自岗位职责和业务范围的角度介绍AEO认证相关规章制度，开展信用培育，把脉制约企业申请认证的难点、堵点，向企业宣传贯彻稽查法规与关税政策，解除企业疑虑，企业配合海关完成稽查执法后，于8月提交了AEO认证申请，12月中旬该企业已成功通过认证。

应对肠衣生产企业境外注册需求，为企业“量身定制”工作时间表和路线图，指导企业有效应对境外国家（地区）技术性贸易措施。针对境外注册环节多、流程长的特点，多部门密切协调，在确保审核工作质量的前提下全力提升时效性，年内已为2家肠衣生产企业办理了对欧盟、日本的注册推荐，天津市鑫华肠衣有限公司作为署级技术性贸易措施重点帮扶企业，静海海关仅用10个工作日便为其新厂区完成了直属海关审批流程。11月初，经过之前与海关总署有关专家的联系沟通，天津市静海县鑫鑫肠衣有限公司对巴西出口产品类别缺失羊肠衣的问题也得到妥善解决。

【助力援外粮食出口】2022年，静海海关针对援外粮食任务成立工作专班，联合职能处室协调解决小麦出口全流程参与部门繁多、业务要点复杂、涉及多个作业场地、工作流程长等困难；提前制订方案，畅通与生产企业、运输单位沟通渠道，通过政策咨询、技术指导工作提前宣

▲2022年6月17日，天津海关所属静海海关关员开展助力援外粮食出口工作（朱景慧 摄）

传相关质量要求和检验标准，根据企业生产计划，倒排施检计划表，规划压缩检验时间，掌握生产、仓储及运输计划，为企业预留足够物流时间；守住监管底线，从现场监管、过程取样、记录核实、实验室送检、监督熏蒸消毒等方面进行严格判定，提升查检的科学性、规范性，切实保证工作质量；做好与粮库、码头集散场地之间的联系配合，安排专班党员同志周末加班计划，保障取样和出证过程不间断，累计加班8人次，保证援外粮食工作高质量完成。年内，静海海关先后完成7批援外粮食的属地查检工作，合计完成出口4058吨。其中，萨尔瓦多小麦粉930吨，阿富汗小麦780吨，埃塞俄比亚小麦880吨，厄立特里亚小麦1204吨，索马里小麦264吨。

【推动综合保税区政策落地】2022年，静海海关聚焦推广海关创新监管方式，开展综合保税区政策宣讲与推广。以关地联建为基础，密切联系地方政府商务部门，根据产业类型、企业特点选取20家重点企业，做到政策宣讲有的放矢，同时深入开展内部学习，参加自贸处组织的业务培训，提高宣讲团成员对于政策的理解和掌握，发挥党员主观能动性，克服新冠病毒感染疫情影响运用多种方式开展“一对一”宣讲，成功动员一家企业在东疆保税港区注册子公司。

在推动保税展示交易业务落地方面，参加天津海关大调研活动，对静海区经济发展格局进行深入研究，撰写再生金属资源、水果、预包装食品调研报告。针对进口冻肉在新冠病毒感染疫情防控方面的特殊要求，应对进口企业在海吉星开展保税展示交易业务的诉求，在周密研究的基础上制订了具体工作方案，5月底完成了静海区第1票进口冻肉（约26吨冻牛肉，货值约11.9万元人民币）的保税展示交易业务，并同步运用该创新业态解决了海吉星进口肉类指定监管场地延期的问题。

在拓展保税展示交易货物品类方面，与静海区政府有关部门、子牙园区管委会成立联合工作组，推动在子牙经济技术开发区开展再生金属资源保税展示交易，天津子牙循环经济产业投资发展有限公司已在东疆保税港区注册了天津融智国际贸易有限公司，为实际开展业务做准备。结合在推广保税展示交易业务过程中发现的问题，整理报送“按照展示经营企业的信用等级对保税展示交易货物的风险类保证金进行分级管理”创新意向。

撰稿单位

天津海关所属静海海关

北辰海关

【概况】北辰海关是受天津海关直接领导，负责北辰区范围内海关各类管理工作的执行机构。主要负责党的基层组织建设和干部队伍建设；办理具体海关业务，反馈执法作业结果；完成天津海关交办的其他工作。内设科室6个，分别为：办公室（党委组织宣传部）、综合业务科、加工贸易保税监管科、查检一科、查检二科、稽核科。

2022年，北辰海关打造一站式政务公开阵地，综合运用现场公示栏、咨询窗口等方式开展主动公开工作，并结合业务实际编制并公布《北辰海关基层政务公开标准目录》和《北辰海关政府信息公开指南》；主动开展上门式公开，将政策宣传融入日常执法执勤和实地调研等活动，实现政务公开与优化营商环境、促进外贸保稳提质等工作的有效衔接，深入企业开展RCEP、知识产权海关保护和国门生物安全等方面的政策辅导，相关做法和成效先后被市级以上媒体报道6次；利用好互动式公开平台，广泛征集企业关心的政策热点问题，通过政策说明会、网格群推送、“一对一”联络员等渠道进行有针对性的政策宣讲，撰写政策解读图文稿件多篇，被海关总署门户网站、12360微信平台等载体刊发3次。

对北辰辖区企业成立网格群负责制，由各科室根据职责主动对接企业，加大对于RCEP关税政策、AEO企业认证及“10+30”条助企纾困政策等的宣传贯彻力度，帮助企业便捷快速通关。落实“核查+属地查检”作业叠加模式，稽核科与查检科室统筹开展作业叠加，加强协作配合，减少多头、多次、重复下厂。

年内，走访企业100余家次，为企业解决问题69个，对400余家网格群内企业进行政策宣讲。按照天津海关总体部署，推行“双直”（“船边直提”“抵港直装”）的通关模式。全年，辖区企业出口集装箱“抵港直装”8065个，直装率14.63%，同比提升107%；进口集装箱“船边直提”1944个，直提率29.29%，同比提升33.9%。与天津保税区海关缉私分局采取“稽侦联动”的打私模式，查证涉案硫化钠共705余吨，货值243万元。引导企业开展合规自查申报，年内开展主动披露作业5起，涉及货物总值近71.23万元。

【基层党建】2022年，北辰海关贯彻落实习近平总书记重要讲话和重要指示批示精神以及党中央重要部署，先后组织党委理论学习中心组（扩大）暨读书班4次，开展党委会学习22次，党委专题学习研讨9次，班子成员撰写重点发言材料20余篇，7个支部召开党员大会40余次，通过集中学习习近平总书记重要讲话超过100次。采用集体学习与个人自学相结合、系统学习与专题研讨相结合、理论学习与专题调研相结合等方式，专题开展党的二十大精神、党史教育等学习，班子成员参加天津关区处级干部学习贯彻党的二十大精神集中轮训班学习3人次，利用读书班、集中学习、主题党日等形式，开展党史学习教育活动20余次。利用“学习强国”“钉钉”等平台，推进全体党员干部群众学习常态化。全年，北辰海关党员干部群众“学习强国”年度人均积分13000余分。副处级领导干部及业务科室人员共计36人参加双能力提升工作，全员完成知识考试和实操实训考核，且优秀通过率100%。

年内，北辰海关贯彻落实天津海关关于专项教育活动工作部署和相关工作要求，成立北辰海关专项教育活动领导小组，做好分关党委会、党委理论学习中心组学习，以“三会一课”等形式开展“大学习、大讨论”研讨交流、举办青年“思想理论学用讲坛”、开展“青年跟党走，建功新时代——强化政治机关建设”学习交流活动。落实“一张清单抓整改”的总体要求，强化问题跟踪督办，开展大讨论活动。落实天津海关关于“学查改”总体要求，突出党委主体责任，明确5个方面28项重点任务，领导班子按分管条线带头压实责任，推进“船边直提”、“抵港直装”、进境大动物隔离检疫、规范申报等重点工作。

【通关业务】2022年，北辰海关以推动跨境贸易便利化及优化营商环境为目的，与北辰区商务局联合开展专题政策宣讲活动及“春雨行动”座谈会北辰专场，惠及辖区进出口企业。以《天津海关优化口岸营商环境促进跨境贸易便利化专项行动方案》为指引，推进报关单日清制度，设专人专岗监控当日报关单申报及审结情况，确保报关单据日清日结。建立港口联系配合机制，跟踪报关单流转轨迹，监控涉验单据。全年，进口整体通关时间5.04小时（接受乐金电子超长时长申报），实现出口秒放行。鼓励支持企业采取提前申报，指定专人每天监控提前申报情况，北辰海关现场提前申报报关单比率达到98%。推广“两步申报”，推动属地企业尝试新型申报方式，有“两步申报”需求企业可在北辰辖区现场进行辅导体验式通关，将通关便利红利释放给辖区企业。全年，北辰海关现场“两步申报”应用率达到95%以上。通过“云擎”系统和“双直”查询系统进行大数据分析，结合原产地证申办以及出口法检相关企业信息综合分析，筛选与新模式匹配度较高的企业建立重点企业清单，提高宣传推动工作的针对性。重视“规范申报”工作，本年度天津关区4次规范申报集中考核中规范申报正确率均达到99%以上。分析上一年度跨境电商企业业务运行情况，将支持出口退货、优先查验等便利化措施送到企业，帮助企业做好跨境电商换挡升级工作。全年，跨境电商B2B出口313票，货值1.79亿元。

年内，北辰海关推进汇总征税工作开展，汇总征税比率达96.64%。全年，辖区新增13家企业申请RCEP原产地证书107份，累计货值232.24万美元，享惠减免11.61万美元。强化临期手册管理工作，监控电子化手册设立122本，变更50本，结案142本，累计催报核80次，无手册逾期发生，核销率100%，手（账）册涉及保税料件及边角料内销征税3632.05万元。引导企业出口转内销，享受免征缓税利息，做好内销补税工作，达到北辰区宣讲全区覆盖，企业参与率达到90%。年内，辖区企业加工贸易货物成功实现出口转内销，内销征税4300万元。

【查检业务】2022年，北辰海关承担辖区企业进出口动植物及其产品、食品化妆品特殊物品、进出口机电产品、化矿产品、轻工产品及金属材料产品的查验、检验检疫及监督管理；受理出境动植物及其产品其他检疫物的生产、加工、存放单位注册登记和出口食品生产企业备案核准；开展供船食品企业监管等相关卫生检疫业务；承担打击假冒伪劣及进出口商品风险预警等工作。落实天津海关出台的促进外贸保稳提质措施，依据天津市工信部门提供的重点产业链供应链“白名单”，在辖区开展出口食品企业情况摸底调研，将海皇食品（天津）有限公司、太阳食品（天津）有限公司纳入重点保障企业名单，并针对其设立专报窗口和绿色通道，优先办理其出口食品审单、查验、放行等相关业务。在北辰区全区域参照防范区管理居家办公期间，建立应急工作小组，采取“提前预约+动态调整”的即时响应查检机制，通过实时掌握企业进口货物和船期动态等信息，实现随到随验、随验随放，做到让企业“零等待”。在现场查验、检疫监管工作中加大国门生物安全监管力度，保障人民生命财产安全，维护国门安全。全年，对辖区内出境食品、出境竹木草制品和动物产品及入境种牛、观赏鱼依法进行严格的检疫监管，总计检验货物841批次，货值5233.01万美元。完成进境种牛隔离检疫6968头，完成进境观赏鱼隔离检疫约180606尾。选取辖区内2个果园、20个点位开展国门生物安全监测工作，检出三点棍腹实蝇4头、橘小实蝇6头，未发现杂草。

【稽查业务】2022年，北辰海关在北辰区政府的支持下，由北辰区商务局出具保函、有限推荐的基础上，免征辖区8家企业风险保证金，年内免征企业风险保证金2300万元，减轻企业资金占压，使保持企业在疫情期间外贸出口的平稳运行。联合北辰

▲2022年12月，天津海关所属北辰海关关员对病死牛开展解剖工作（张一　摄）

区市场监管局等部门对辖区2家企业开展联合抽查，有效避免多头重复执法，减少对企业正常生产、经营活动的干预，助力企业减负增效。认真落实AEO认证企业管理措施，向辖区广大外贸企业宣讲海关AEO政策，联系专精特新企业4家，正在培育1家，政策推送4条，解答问题1个，解决困难1个。

▲2022年1月，天津海关所属北辰海关关员支援机场一线“红区”作业（逯双双　摄）

围绕加贸贸易和减免税设备使用保管情况开展贸易调查。完成专项稽查作业10起，查发问题8起，稽查查发率80%，稽查作业移交缉私部门刑事立案2起，稽查部门办理自主查发的简快案件3起。落实核查指令要求，推进核查分类改革，对管理类核查，科学制订定期管理类核查计划，加强与相关业务科室联系配合，针对重点领域进行综合分析研判，完成核查作业106起。联合北辰区市场监管局等部门对辖区2家企业开展联合抽查。

【综合保障】2022年，北辰海关落实海关总署以及天津海关关于新冠病毒感染疫情防控工作要求，制订防控工作方案。组织内部疫情排查50余次，核酸检测22次，实行AB组轮换上岗模式。做好人力资源保障，抽调人员支援疫情防控一线及相关业务现场。全年，累计派员5人支援天津滨海机场海关口岸疫情防控，参加“红区”工作40轮次；派员1人支援东疆冷链查验工作；派员3名业务骨干，支援保障天津东疆海关接单查验人员工作。

学习贯彻习近平总书记关于安全生产的重要论述，做好安全生产工作。组织全员在线观看安全事故警示教育片，就防火、灭火、疏散逃生等消防安全知识进行培训，并进行逃生、灭火演练各1次。聚焦重点领域，持续开展安全生产检查工作。聚焦动植物检疫、食品安全监管、执法作业安全、辖区保税仓库监管场地以及计算机机房、办公场所、食堂安全等重点领域进行消防安全隐患排查。落实《北辰海关安全生产专项整治三年行动细化实施方案》，开展安全防范知识宣传教育，组织开展安全自查4次，撰写自查报告4份，对自查中发现的安全隐患和问题进行及时整改。

按照天津海关关于指标总目录考核工作的要求，结合北辰海关实际，制定北辰海关指标考核办法，在跟着“指挥棒”跑上进行指标考核工作探索，设置“绩效看板”，通过公开和对比，促进各科绩效提升，同时抓实考核“后半篇文章”，与评优评先等挂钩。同时，按照《天津海关业务一线岗位绩效考核实施方案（试行）》和工作指引，对标具体业务考核指标，抓好一线岗位人员考核工作落实，调动一线人员工作积极性。

【“阳光兴辰”推进政务公开】2022年，北辰海关由办公室牵头，各科室在保证业务工作不掉队的前提下，抽调各科骨干，合理配重，成立“信息宣传队”。通过制定信息报送排班表、收集整理信息素材等方式，推进信息政研工作。全年，北辰海关政务信息被天津海关相关载体刊发70篇。宣传北辰海关“阳光兴辰”品牌见成效，相关经验做法被“天津海关12360热线”公众号刊发，并作为典型向全关推广。在新闻宣传工作中，通过把握关键节点、开发政策解读题材年内促成北辰海关在《天津日报》等媒体刊发30余次，并实现在《科技日报》《人民日报（海外版）》的首次刊发。在2022年度天津海关对天津关区19个隶属海关开展的基层政务公开示范单位评选活动中，北辰海关被评为3个基层政务公开示范单位之一，并被作为首批优秀案例和服务品牌向海关总署进行推荐。

【RCEP政策宣传指导企业享惠】2022年，北辰海关为让企业享受RCEP政策红利，加强相关宣传，开展“一对一”制度详解，向RCEP重点及新增地区进出口企业推送政策解读文章，设专岗接受企业咨询，帮助企业了解RCEP政策。年内，通过举办集中培训+线上辅导，对辖区100余家企业开展政策宣传，与地方商务部门联合宣传会2场，借力新闻媒体开展宣传，并向企业推送“天津海关12360热线”公众号刊发政策解读文章20余篇。活用便捷享惠加速器，依托地方国际贸易“单一窗口”建设RCEP政策服务平台，提供关税政策、协定税率、原产地累积规则在线计算等服务，使企业直观了解优惠幅度；推广自助打印，叠加“智能审核”便利措施，出口企业从提交电子申请到完成RCEP原产地证书自助打印，最快2分钟即可办理完成，做到不见面签证。年内，辖区新增7家企业申请RCEP原产地证书98份，累计货值219.17万美元，享惠减免10.95万美元。

【首家跨境电商海外仓注册成功】2022年，在北辰海关的帮扶下，北辰辖区首家跨境电商海外仓注册成功，填补了辖区“9810”监管方式空白。按照“讲政策、送信息、听意见”的工作模式，

▲2022年8月5日，天津海关所属北辰海关关员开展现场通关政策辅导工作（刘婷婷　摄）

▲2022 年 9 月 17 日，天津海关所属北辰海关关员协助企业办理跨境海外仓备案手续（刘婷婷　摄）

助力辖区企业打开海外仓出口新通路。依托“天津海关12360 热线”公众号发布《跨境电商出口海外仓干货盘点》等宣传稿件，绘制《跨境电商出口服务指南图解》等政策宣导内容全面梳理跨境电商政策，帮助企业按图索骥了解政策。利用“海关＋政府”监管新模式，联合地方商务部门共同开展政策宣讲和实地调研，通过信息共享、服务联动等方式共同助推相关支持政策落地。利用多种渠道收集跨境电商经验中的困难和意见，针对企业提出“9810”出口退税周期长等问题，联系地方商务及税务部门，协助申请出口即退税试点，确保企业提出的意见能够落实落地。年内，辖区出口海外仓企业业务运行平稳，累计出口 3 批次、货值超 253 万元。

【“海关重点项目和财物管理以权谋私”专项整治】2022 年，北辰海关召开党委会审议通过北辰海关关于开展“海关重点项目和财物管理以权谋私”专项整治工作实施方案，召开“海关重点项目和财物管理以权谋私”专项整治工作部署会议，成立北辰海关专项整治工作领导小组，并制作“专项整治工作明白纸”下发全体关员。通过日常监管、窗口办理业务等多种渠道，发放信访举报渠道告知书，通过快递邮寄方式向涉及专项整治的企业发送“向广大企事业单位告知书”，共回收回执单 5 份；设立举报箱 2 个，在报关大厅和各层电梯间张贴海报 8 张；制作“以权谋私”办公区域展板，提高关员思想认识和纪法知识水平。围绕北辰海关所涉及以权谋私的风险高发点，开展风险排查，共排查出 2 个风险，均已采取措施排除。

撰稿人

刘晓林　陈子路　薛树彤　李　凯　逯双双

宁河海关

【概况】天津海关所属宁河海关承担天津关区进境动物隔离场审核、隔离检疫准备、运输监管、隔离检疫和放行、后续监管等工作；负责天津市宁河区范围内进出口货物通关、征税、查验、稽核查等海关各类管理工作。2022年，宁河海关内设6个科室，分别为：办公室、综合业务科、查检科、稽核科、动检一科、动检二科。

2022年，宁河海关领导班子着眼发展与安全相互促进、监管与服务有机融合、海关与地方协作共赢，提出“一个中心、两个目标、三个强化”（即：以政治机关建设为中心；以建设高质量“一流海关”和服务地方外向型经济高质量发展为目标；强化工作能力、强化保障能力、强化监督能力）的总体工作思路。牢牢把握政治机关根本定位，统筹推进“三个专项”（捍卫“两个确立”、做到“两个维护”、强化政治机关建设专项教育活动，“海关重点项目和财物管理以权谋私”专项整治工作，“学习研讨、查摆问题、改进提高”专项工作）工作、巡察整改、审计整改等重点任务；从严从紧做好机关内部疫情防控工作；全面做好安全生产工作；支持派驻经济薄弱村帮扶工作；持续优化营商环境、扎实推进“两直”通关模式改革、全力压缩通关时长、强化属地规范申报、做好综合治税、引导企业享受RCEP优惠政策；落实落细保稳提质措施，促进辖区外贸发展；严格落实“四个最严”要求，保障进出口食品安全；强化部门联系配合，提升后续监管质效。全年，共征收税款1.36亿元，共签发原产地证书526份，其中RCEP原产地证书84份；共检疫进境大动物7258头。年内，宁河海关被宁河区委组织部评为“2022年担当奉献先进集体”。

【基层党建】2022年，宁河海关推动“子母品牌”建设模式，发挥党总支引领带动作用，面向天津海关征集分关党建总品牌，通过全员参与汇聚人心、凝聚力量。通过“树状式”党建工作体系的构建，发挥党建核心作用，强化党建引领，推动支部规范化建设。宁河海关党总支党建品牌建设成效作为优秀案例在天津海关党建品牌迭代升级工作交流会上汇报。

年内，宁河海关围绕“天津关区扩大党建与业务深度融合试点”的6项重点工作内容，研究提出宁河海关19项具体落实措施。突出宁河海关下辖4个党支部特点，提出打造“四个样板间”，即：“内控样板间”“党建与业务融合样板间”“能力样板间”“稽核样板间”。年内，综合业务科获评天津海关“内控示范科室”，查检科支部获评天津海关党建样板间和党建业务融合试点。

年内，宁河海关扎实开展专项教育活动。第一时间组织全体关员学习专项教育活动方案等学习材料，组织岗位专家、纪检委员、特约监督员等对全领域全环节进行检查，建立问题清单及整改台账，强调专项教育学习成果转化，以“服务人民、服务大局、服务发展”理念，加大服务企业力度。按要求汇总形成宁河海关总体政治要求9条，涉及14个具体工作岗位的政治要求37条，体现在组织工作中的政治要求34条，体现在纪律工作中的政治要求39条。

年内，宁河海关深入推进反腐败斗争的“5+2”工作格局的新要求新部署，通过“一张清单抓整改”，以钉钉子精神推动问题排查和解决整改到位，通过规范化、标准化、信息化推动整改成果固化到位；精准有效运用监督执纪“四种形态”，以强有力督责问责，推动全面从严治党压力传导贯通到“最后一公里”；持续加强党员纪法学习和案例警示教育，筑牢拒腐防变思想防线；发挥好纪检委员作用，延伸干部职工“八小时以外”监督管理；以“求实、扎实、朴实”的海关文化践行“三个务必”，加强干部斗争精神和斗争本领养成，打造新时代海关廉洁文化高地，为高质量“一流海关”建设涵养新风正气。

【通关业务】2022年，宁河海关发挥监管系统数据优势，全年利用大数据平台建立模型5大类27个，涵盖商品税号、异地申报、新增企业等业务类别，对照RCEP、加工贸易、B2B、海关高级认证等优惠政策，多层面分析企业进出口行为特征，全面筛选政策需求潜在企业，精准对接企业需求，通过“一对一”“点对点”的指导，确保各项优惠便利措施落地。持续优化营商环境，在天津市政府发布的《2022年第一季度营商环境建设情况常态化监测结果的通报》中，由宁河海关开展的4个专项工作为宁河区营商环境考评贡献加分，为全年优化营商环境工作开好头、起好步。年内，宁河海关企业满意度调查成绩位列隶属海关第3名。

年内，宁河海关推进“两直”通关模式改革，成立“两直”帮扶小组，全流程跟踪保障让企业放心用、主动用；利用宁河融媒、公众号推送政策解读，扩大政策知晓面；“一对一”送方案、送流程到企业，让企业轻松体验分享红利；建立属地、口岸海关和码头、船务公司“四方配合机制”，及时解决“两直”工作中的堵点难点问题。辖区参与“两直”通关模式企业同比增长46%，全力压缩通关时长，落实通关责任制，对符合条件的报关单做到“半日清”“半日结”；全力推进“提前申报”“两步申报”等改革事项，不断扩大提前申报比例。截至12月，进、出口通关时长分别为5.55小时和0.18小时。其中，进口提前申报率94.4%、两步申报率72.7%、汇总率征税76.7%；出口提前申报率98.3%。强化属地规范申报，指定专人落实属地企业申报涉税数据核查，强化对属地企业管理，切实做到核查一次、规范一家，逐步提升分关规范申报质量。做好综合治税，强化属地纳税人管理，持续做好辖区重点税收企业信息收集、分析，着力优化属地通关服务，不断涵养税源，保持存量，扩大增量，完成全年税收征管任务。在国务院关税税则委员会发布的《2023年关税调整方案》中，宁河海关在2022年税政调研工作中提出的“再生纸”关税税率调整建议被采纳，进口关税率从之前的6%下降至0%，预计为辖区造纸企业每年节约税款5000万元。引导企业享受RCEP优惠政策，培育经核准出口商1家；全面推行自助打印，让企业少跑路，关区自助打印率99.5%。

【动物检疫】2022年，宁河海关坚持问题导向和目标导向，以规范化、标准化、信息化构建系统完备、科学规范、运用有效的监管机制，加快实现海关动物检疫治理体系和治理能力现代化；发挥专家组和技术工作组作用，不断提高动物检疫科学化水平。

11月7日，天津海关党委研究决定，宁河海关承担天津关区进境动物隔离场审核、隔离检疫准备、运输监管、隔离检疫和放行、后续监管等工作，其他隶属海关不再承担相应职责。增设动检一科，主要职责以承担天津关区进境种用大中家畜隔离场审核、隔离检疫准备、运输监管、隔离检疫和放行、后续监管等工作为主，配合动检二科开展相关动物检疫工作；增设宁河海关动检二科，主要职责以承担天津关区进境观赏用陆生和水生动物隔离场审核、隔离检疫准备、运输监管、隔离检疫和放行、后续监管等工作为主，配合动检一科开展相关动物检疫工作。

【食品监管】2022年，宁河海关参与海关总署进境食品国际会议和境外肉类、水产品企业合规性审查工作，首次受海关总署委派参加国际SPS例会。对周边国家和地区共8家水产品企业进行合规性审查并向境外官方机构进行了通报。加强供港农产品全过程、各环节质量安全监管，对供港农产品进行风险研判，实施重点检验项目监测，保障质量安全。通过“网格化”管理对食品企业开展分类管理，加大“入企送政策”力度，组建食品领域专家对点帮扶辖区龙头食品企业，引导企业优化生产工艺对标国际标准。开展“出口蔬菜制品企业和方便面企业的专项风险核查”，重点核查辖区内食品企业食品安全卫生控制体系有效性等关键要素，2家企业申请注销出口食品生产加工企业备案。加强对援外粮食的底账式监管，全力保障援外粮食快速通关，确保援助非洲国家共计2000吨的粮食快速放行。

【核查业务】2022年，宁河海关强化风险研判，提升核查有效率，全年共办结核查作业91起，100%按时办结。加强企业注册信息核查工作，全年累计核查企业注册信息33家次，查发问题并通报企管部门30家次，集中清理宁河海关企业库中“僵尸企业”39家。组织参与年内稽查岗位练兵，全体人员平均分达到90分以上。创新核查方式，通过远程视频方式对位于云南、四川等地的蜂养殖基地企业开展核查，在严格落实核查工作要求的前提下，保障出口蜂产品来源安全可控。在全面提升核查工作的基础上，稽核科总结出“一查三到”的工作方法，即：开展一次核查工作，就要将党建交流互动到那里，将海关政策宣讲带到那里，将安全风险排查到那里。

【综合保障】2022年，宁河海关把好疫情防控“十五道关口”，明确各关口责任人，着重对进口关、快递关、监督关、物资管理关强化管理，严格按照天津海关疫情防控工作方案检查内部工作人员上岗“三件套”（扫场所码、测温、佩戴口罩），做好每日人员健康台账登记，要求全员严格执行“两点一线”要求。做好办公楼内部消杀工作，在天津海关开展的消毒效果评价中，宁河海关各点位自然菌平均杀灭率均超过95%，成效位列天津关区前列。

年内，宁河海关高度重视安全生产工作，落实“一把手”第一责任人责任，召开党委会、安全生产工作领导小组会议、分关工作例会18次，部署推进各项工作。建立重要时间节点、特殊场所部位、基础责任落实的“三必查”制度，运用实地检查、视频回放、定期通报等方式，突出检查效果，共发现问题15个并全部及时解决。建立“全员对全域”安全责任划片包干制度，划定宁河海关办公大楼安全责任区，对应全体29名关员，网格化履行安全生产管理职责。组织开展《海关属地查检作业安全指引》学习，针对查检前、查检中两段安全要求逐条逐项抓好落实，开展外勤查检、核查作业人员疫情防控业务培训共计8次。

【保稳提质】2022年，宁河海关细化措施，推动政策落地生效。根据保稳提质“10+30”条措施，制定宁河海关5项行动，细化18项具体落实措施，关领导带队调研30次，先后帮助辖区企业解决“两直”、RCEP政策适用、农产品出口等问题58个，建立健全通关应急处置等机制6个，有效提升外贸企业获得感。优化外贸功能，首家跨境电商海外仓模式出口企业顺利备案，宁河海关提出的“B2B出口海外仓+综合保税区监管模式”改革方案通过天津海关第2批自贸创新举措评审；联合宁河区商务局召开“宁河区开拓国际市场培训会”，牵线辖区电商企业与辖区出口企业合作，全年宁河辖区跨境电商B2B出口货值达到5.91亿元；指导首家进口保税仓意向申请企业顺利签约；推动建立“宁河海关、唐山海关、飞地”三地通关协作机制，推动京津冀一体化协同发展；现场设立“鲜活易腐农产品出口绿色通道”，为企业优先办理原产地签发、出口前监管、申报通关等手续，支持企业快速通关。全年，宁河海关监管出口蜂蜜597吨，货值868.4万元；验放出口活鱼113批次，货值976.3.万元。相关做法被天津海关作为典型案例推荐至海关总署保稳提质相关工作总结中。

【“海关重点项目和财物管理以权谋私”专项整治】2022年，宁河海关以高度的政治责任感推动落实“海关重点项目和财物管理以权谋私”专项整治工作，不断强化队伍纪律作风建设，在覆盖范围上本着“一次专项整治、全员教育警示”的出发点，根据分关实际情况，将全体关员及协勤人员纳入专项整治工作范围；组织全体人员观看警示教育片，根据关区工作组“码上学”相关内容，梳理编写“明白纸”“一图通”便于学习掌握，随机开展抽查26人次；成立工作专班，设计撰写材料审核表单，在落实“下管一级”要求的基础上，做到材料逐份检查、签字确认、留痕批改；发挥分关内部管理机制优势效能，以制度化、精准化来识别、评定、消除风险隐患，本次专项整治中纳入3项风险条目、通过谈话和个人剖析材料分别梳理9项和8项风险点，并确定应对处置举措。

【教育培训品牌】2022年，宁河海关为解决政策宣传力度欠缺、人力资源短缺、青年关员缺乏学习交流平台等问题，形成3个定位清晰、主题明确的精品教育培训品牌，分别为："学研一点通"内部培训平台，以政治、业务素质能力提升为核心面向关员开展培训；"宁关大讲堂"宣讲平台，以道德、文化、艺术、社科等综合性主题开展多元化知识讲座；"海关开讲了"外宣平台，以最新最快最精准的模式面向企业开展海关政策宣讲。全年，累计对内开展各类培训、讲座25次。联合宁河区政府、宁河区商务局、宁河区经济开发区管委会等部门，通过线上视频等方式开讲8期，参与企业近300家次。通过搭建宣讲培训平台，分关青年有效提升业务水平，在稽核查岗位练兵、技能比武等工作中，获得良好成绩；政策宣传更加深入辖区企业百姓当中，通过"海关开讲了"平台，精选出2期海关政策宣讲被宁河融媒《有请发言人》栏目报道播出。

【帮扶经济薄弱村】2022年，宁河海关做好驻村工作队车辆、中转用餐等后勤保障工作，通过开展支部共建、捐赠图书、帮扶上一轮结对帮扶引进企业等措施持续巩固结对帮扶成果，以"宁河海关+驻村工作队"开展招商引资、扶弱帮困等工作；宁河海关与天津海关缉私局联合在帮扶经济薄弱村开展联合禁毒宣传活动；青年理论业务学研小组与驻村工作队共同开展"红火乡村直播助农活动"，通过在腾讯会议平台建立直播间组织开展团购活动，帮助经济薄弱村村民推介水果、番茄、玉米等经济作物；宁河海关发挥动物检疫中心资源信息优势大力推进招商引资，年内已引进2家涉农企业到地方投资落户，为经济薄弱村产业发展发挥"造血"效应，促进地方经济发展和乡村振兴"双飞跃"。

撰稿人

杨海岩　裴　磊

西青海关

【概况】西青海关是受天津海关直接领导，负责西青区、津南区范围内海关各类管理工作的执行机构；同时承担关区海关特殊监管区域外加工贸易、保税仓库、出口监管仓库业务的集中审核（行政许可审批事项除外）等工作；负责党的基层组织建设和干部队伍建设；办理具体海关业务，反馈执法作业结果；完成天津海关交办的其他工作。

2022年，西青海关落实“国门利剑2022”专项行动，保持打击夹带、伪报“洋垃圾”进境的高压态势不放松，在进口货物属地查验工作中首次查获禁止进口“废塑料”等固体废物。动态更新《西青海关安全生产专项整治三年行动突出问题隐患清单》《西青海关安全生产专项整治三年行动制度措施清单》两个清单，发动干部职工争当“吹哨人”，全力做好新冠病毒感染疫情防控，抓严抓实各道防控“关口”，将各项要求有效落实到位。全年，征收税款1.74亿元，审核进出口报关单4443票；出具“征免税确认通知书”1935份，减免税款3446万元；监管保税仓库入库货物2506吨，货值4183万美元；审核原产地证书7817份，签发原产地证书270份；检验检疫货物3965批次，检出不合格77批次，进境动物隔离检疫32次；办结核查作业138个。

【基层党建】2022年，西青海关贯彻落实习近平总书记重要指示批示精神，把高标准高质量学习贯彻落实党的二十大精神作为重大政治任务，制定西青海关学习宣传贯彻党的二十大精神任务分工，细化学习任务25项，采取每日一学、精读研讨、自学等相结合的形式，组织党员领导干部学原文、悟原理，撰写心得体会；细化制定4版《西青海关党史学习教育工作具体措施》，举办“党的二十大精神大家谈”活动，邀请老党员、青年党员、入党积极分子同聚座谈，进一步推动党的二十大精神学习贯彻走深走实、入脑入心。推动促进外贸保稳提质措施落实，建立《西青海关贯彻落实海关总署促进外贸保稳提质十条天津海关30项措施任务分工台账》《西青海关“促进外贸保稳提质”收集及解决企业问题统计表》，以为民服务实际行动践行党的二十大精神。深化党建与业务融合，组织开展基层党支部书记和党务干部党建能力和业务能力的“双能力”提升工作，按照“强化政治属性、体现工作特点、反映支部特色、展现党员特长”党建品牌创建工作要求，推动

12个支部完成党建品牌迭代升级。

【加贸保税集中审核】2022年，西青海关研究落实海关总署署长俞建华在全国海关学习宣传贯彻党的二十大精神会议上提出的“深入思考如何促进提升贸易质量，推动加工贸易提档升级”要求，迅速组织调研天津关区加工贸易企业，深入分析天津市加工贸易发展现状，针对影响天津市加工贸易健康发展的主要问题提出对策建议。加强数据应用风险分析，建立并完善天津关区非生产型加工贸易企业联网监管监控分析模型，受到海关总署风险管理司的肯定并向全国推广应用。推进企业集团加工贸易监管新模式改革，开展重点企业调研工作，引导企业享受到海关监管制度改革降本增效的红利。支持保税维修新业态发展，主动协调天津海关企业管理和稽查处及属地海关为天津海特飞机工程有限公司顺利切换主管海关。帮助加贸企业应对疫情不利影响，设置专人指导企业完成保税备案及核销工作，保障加贸企业在疫情期间业务不断、正常通关。全年，共办理电子化手册设立1499票，变更1624票，征收风险类保证金（保函）10.79亿元；电子化手册报核1612本，结案1610本。设立电子账册15本，电子账册底账变更3657次，全工序外发加工备案（变更）13份，完成108家加工贸易电子账册企业（含资质性账册）核销周期211个，其中完成保税维修电子账册周期核销7个，手账册核销及时率均为100%。

【企管业务】2022年，西青海关借助搭建关企网格群、依托12360微信公众号，向企业宣传注册、注销便利化措施及办理方法、引导企业注销手续全程网办；通过“国家企业信用信息公示系统”调取辖区企业吊销、注销及破产清算信息，主动联系企业，办理海关备案注销手续；优化作业流程，压缩办理时限，有效缓解企业注册繁、注销难的问题。对辖区企业进出口情况进行分析，联系属地两个行政区的管委会、商务局等地方主管部门，挖掘属地企业，了解各个企业的生产经营情况和对海关政策的诉求，分门别类确定重点企业；开展AEO企业认证培育工作，拓展实体制造企业范围，邀请东丽海关认证中心专家赴企业实地，针对企业在申请认证过程中存在的难点、堵点，开展精准帮扶，助力企业在内部控制、守法规范和贸易安全等方面实现全面提升；开展AEO企业认证回访，强化“一企一策”，针对企业的实际情况，量身定制通关优惠政策包，助力企业惠享各项便利措施；推介“智慧企管辅助应用系统”，通过科技手段提高信用培育效率。全年先后对50余家企业开展信用培育，对3家企业开展“一对一”认证培育；同时加强对高级认证企业的信用修复，引导高级认证企业涉及违规情事适用“主动披露”政策，避免企业因降级造成影响。

【通关业务】2022年，西青海关贯彻党中央稳外贸稳外资、稳住经济大盘部署要求，落实海关总署党委“10+7+6”各项措施和天津海关党委细化30条帮扶举措，落实天津海关大调研、大帮扶活动要求，搜集并上报解决企业关切的问题30余个。加强RCEP政策宣讲，促进企业享受关税减让优惠，累计出具RCEP原产地证书651份，货值3142万美元，为辖区5

家企业办理经核准的出口商资质，极大便利企业出口。每月审核辖区企业申报单据，确保问题单据及时发现整改，“一对一”辅导提高企业申报正确率，避免企业因申报错误给货物通关造成影响。全年，共审核报关单据1.2万余条，发现整改问题400余条；原产地证企业备案及备案变更112家；缮制出入境检验检疫证书1028份，签发出入境检验检疫证书871份。

【查检业务】2022年，西青海关支持辖区企业成功引进境外优质种质资源13批，隔离检疫11批进境水生动物，2批陆生动物。面对新冠病毒感染疫情和检疫监管的双重压力，首次承担13695头种牛隔离检疫工作，检出二类动物传染病牛地方流行性白血病1头、牛病毒性腹泻13头，对阳性动物进行扑杀处理，有效防范重大疫病传入。分析研判辖区高风险进口产品如旧机电、医疗器械、压力容器等检验情况，不断提升监管能力和水平；完成辖区进出口工业品检验2209批次，涉及金额14232万美元，其中包括进口成套设备17批、旧机电544批、金属材料18批。建立属地查检绿色通道，做好出入境特殊物品检疫监管，实施“5+2”预约查验，满足企业在周末、节假日等休息时间的通关需求。助力种苗企业拓展国际市场，对企业新增出口的农作物种子协助做好出口申报前监管；与实验室提前沟通联系，加快检疫查验速度，减少企业等待检测报告时间。全年，监管出口种子65批次，同比增长20%；货值132.84万美元，同比增长8%。

【稽查业务】2022年，西青海关做好对重点企业、重点行业、重点商品的风险研判，加强与各职能部门、相关政府部门的“业务联动”“协同作战”，在疫情期间创新稽核查作业模式，利用视频检查、“互联网＋海关”等方式，最大限度降低疫情对海关后续监管工作的影响，有效提高稽核查效能，减少对企业正常生产经营干扰。进一步释放“主动披露”政策红利，以“属地企业网格化”精准服务活动为载体，加大主动披露合规引导政策宣讲力度，鼓励企业开展合规自查并主动纠错，覆盖辖区300余家重点企业。全年，开展主动披露作业7起，为企业免予相关罚款5.44万元。落实天津市2022年打击走私综合治理工作会议精神，把打击“洋垃圾”入境、涉疫物资非法出境以及涉枪涉毒、重点涉税商品农产品走私作为稽核查工作重中之重，扎实开展“国门利剑2022”专项行动，开展打击走私综合治理业务培训和风险研判，及时移交相关案件线索。全年，办结核查作业138个，接收企业主动披露7起。

【采购贸易】2022年，西青海关组织业务骨干成立工作专班，与天津海关口岸监管处、西青区商务局等内外部门加强联系配合，与海关总署指定帮扶对象宜昌海关开展视频交流，赴湖北宜昌三峡物流园市场、武汉汉口北市场开展实地调研，同时与广州花都、保定、临沂等海关加强联系，学习市场采购的监管服务经验。加强与地方政府的联系配合，召开联席会议5次，与地方商务、税务、外汇、市场监督等部门建立联系配合机制，参加天津市组织的各类工作推动会、研讨会10余次，分别就市场采购试点综合管理办法、工作实施方案以及各类配套监管政策等制度性文件答复意见20余条，厘清海关关于商品

▲2022 年 12 月 16 日，天津海关所属西青海关关员完成对天津市首票以市场采购贸易方式试点出口货物的监管（闫润泽　摄）

质量、检验检疫、价格、企业管理等方面的职责定位，从制度层面防范监管风险。12 月 16 日，成功完成天津市首票以市场采购贸易方式试点出口货物的监管，标志着以市场采购贸易方式出口的外贸新业态新模式在天津市正式启动，为天津市外贸高质量发展增添新动能。

【服务集成电路重点企业】 2022 年，西青海关辖区重点龙头企业中芯国际与天津西青区经济技术开发区管委会签订《中芯国际天津 12 英寸晶圆代工生产线项目合作框架协议》。规划建设产能为 10 万片 / 月的 12 英寸晶圆代工生产线，可提供 28 ~ 180 纳米不同技术节点的晶圆代工与技术服务。为更好地助力中芯国际从生产 8 英寸晶圆向 12 英寸晶圆升级，西青海关主动宣讲国家最新进口税收优惠政策措施，将政策发力点前移，发挥政策协同效应，从减免税、信用培育、直提直装等方面主动为企业开展政策讲解及业务规程培训。为重点项目落地提供“一对一帮扶”服务。由专员对接新建生产线项目，为企业量身定做“减免税智能审核”模式，审核确认时长从 1 天压缩到 1 分钟；推动该企业参与“快速审核 +ERP 联网”改革，为企业压缩录入时间 85% 以上，基于集成电路企业 24 小时不间断生产的特点，为确保企业 24 小时不间断持续生产需求，确保设备正常运行，西青海关为中芯国际天津公司附近的保税仓库增加寄售维修功能，满足设备供货商维修用零件的存储需求，维修备件由北京转存至离企业 1 千米的保税仓库内，并可“零等待”办理海关出库手续，极大缩短了维修供料时间，最大限度降低企业因长时间停机待修造成的损失，实现设备维修零部件即用即换。

【跨境贸易新业态】 2022 年，西青海关推动跨境电商 B2B 出口提量增效。结合辖区企业出口特色开展数据分析，调研企业线上营销的需求，引导玻璃器皿、服装、番茄酱等出口企业利用网站、电商平台、海外仓展示等方式拓展业务。辖区跨境电商 B2B 出口企业达到 18 家，较上年同期增加 10 家。完善企业集团加工贸易海关监管新模式，综合考虑集团项下不同地区的生产厂家在生产工艺、环境气候等方面存在的差异，协助企业核定单损耗数据；顺利为天津关区首家“企业集团”模式企业海洋石油工程股份有限公司办理加工贸易电子账册核销手续，理顺海关管理链条，确保相关措施有效落实。参与推动天津市航空产业发展，参与拟定天津海关飞机“保税维修+租赁”业务操作流程，解决飞机“维修”+“租赁”业务遇到的账册、通关和实货监管难题。就天津海特飞机工程有限公司保税维修业务切换属地主管海关，新港船舶、中舟船舶保税维修账册核销等问题与职能部门、属地海关加强联系配合，在强化保税货物实货监管、降低违规违法风险的前提下尽最大努力为企业提供帮扶。

【“两直”工作】2022年，西青海关不断推动“直提直装”上规模上水平，以改革创新为抓手持续优化营商环境，通过成立推进改革工作专班、走访调研重点企业、召开关企座谈会、与地方商务部门联合推介等方式，不断向辖区广大进出口企业推广“船边直提”“抵港直装”等政策措施，加强与职能部门和口岸海关协作，调取通关全流程业务数据的同时开展实地调研，深入分析企业在“两直”工作中所遇症结，研究属地型海关在推进改革工作中的定位和工作着力点，精准发力“两直”工作攻关要点，持续推动“船边直提”“抵港直装”等改革任务落地见效，通过网格群、电话等方式向辖区900余家企业推送政策，走访调研重点企业40余家，解决问题10余个，每周定期通报直提直装进度情况，在帮助企业加快物流周转时效的同时提升通关效率。

【真空包装等高新技术货物布控查验新模式】2022年，西青海关针对高新技术企业提出的进口零部件需无尘环境验货问题，为防止口岸普通环境下拆箱查验影响高新技术货物的性能品质，西青海关对辖区重点高新技术企业开展生产摸底调研，因企施策为企业申请试点真空包装、防光包装、恒温储存、防尘包装等高新技术货物查验模式，与职能部门联合试点对符合条件的企业进口的真空包装、防光包装、恒温储存、防尘包装等货物的部分口岸查验要求调整至目的地实施查验。并设立关企专管员，手把手指导企业及时将口岸查验调整至目的地查验，将查验现场直抵工厂一线，针对货物要求细化查验步骤，对企业生产急需的进口机器设备、原材料，提供卸货过程中查验、“门到门”查验、设备安装中查验，确保开箱环境符合企业质量标准。

撰稿人

田　彬　闫润泽

东丽海关

【概况】天津海关所属东丽海关负责东丽区范围内海关各类管理工作，同时承担天津海关关区稽查、企业认证等工作，主要职责是海关稽查、企业认证以及辖区检验检疫和监督管理等。

2022年是东丽海关成立的第4年，是稽查改革和新的企业认证管理制度改革的开局年，东丽海关以党的二十大精神为指引，围绕业务特色，推动“头雁领航雁阵齐飞”党建品牌持续发力，贯彻落实习近平总书记重要指示批示精神。围绕“树牢政治机关意识 锐意进取 深化改革 防范风险 务求实效 坚定不移朝着高质量‘一流海关’目标奋勇前行”的天津海关年度工作主题，持续强化政治机关的建设力度，推进东丽海关年内各项工作高质量发展。按照“集中化、扁平化、专业化”的管理思路，着力夯基础、强业务、防风险、促发展，助推稽查和认证工作高质量发展，以项目化管理为抓手，探索建立“稽查+”工作机制，加强多部门协同配合、内外联动集中力量攻坚克难；以“职能+中心+属地”联合培育认证模式为抓手，对接指导各属地海关认证培育工作，建立联合认证队伍，推动天津海关企业认证工作量质齐升。全力激发外贸保稳提质的崭新活力，着力构建中心—属地“两轮驱动”新格局，大力推广“船边直提”“抵港直装”业务模式，在瞄准辖区重点企业的基础上，持续扩大企业参与度，年内实现进口船边直提1492箱，占比40.4%，企业参与度62.4%，抵港直装比率14.83%；聚焦新业态发展，壮大外贸发展新动能，大力扶持跨境电商海外仓业务，帮扶辖区1家重点企业申请备案5个海外仓，年内助力企业跨境电商B2B累计出口货值17.09亿元；聚焦属地查检与稽查执法联动，全年共实施出入境查检1577批次，检出入境不合格产品354批次，实现监管效能最大化。

【基层党建】2022年，东丽海关把深入学习宣传贯彻党的二十大精神作为首要政治任务，先后召开4次党委会、中心组学习班，以“三会一课”“工前一刻钟”“大家谈”等为抓手，学报告原文、谈思想认识、讲学习体会、说现实问题。大力弘扬“三实”海关文化，组织“三实文化大家谈”“踔厉奋发新征程手抄金句表初心”“光影新时代一起向未来”“我与二十大摄影比赛”等活动，撰写心得体会30余篇，营造学习宣传贯彻党的二十大精神的浓厚氛围。

突出从严从实，扎实开展“海关重点项目和财物管理以权谋私”专项整治。把政治教育、纪法学习和警示教育贯穿始终，灵活运用多种形式载体提升学习效果，开展违纪违法典型案例剖析。组织开展个人违规事项申报，撰写个人剖析材料，加强与纪检部门沟通配合，对22条检查项目开展督查检查。扎实推进强化政治机关建设专项教育活动，聚焦每项工作、每个岗位所蕴含的政治要求，共梳理40个业务岗位、119条工作要求、114条组织要求、110条纪律要求。形成18项重点问题的“一张清单抓整改”明细表，一体推进整改落实。

年内，东丽海关持续推进党建工作、业务工作深度融合。开展“党员亮承诺”活动，就涉税涉检高风险问题以及专家型人才培养、队伍能力提升、强化执法监督等9个方向“承诺、践诺”，以实践效果体现使命担当，以业务工作成效提升党建工作实际效果，检验党建工作深度和广度，做到相互促进，相互提高。构建“党建共建、业务共建、服务共建”一体化模式，通过开展党建联建共建活动，内部、外部双结合，形成党建业务的互促力、部门间的协作力、海关与企业间的互信力。

【稽查业务】2022年，东丽海关树立“大稽查”理念，以查发为导向，纵深推进稽查业务改革见成效。牢牢树立以查发为导向的稽查理念，紧盯税收安全和国门安全两个重点，聚焦查发率、追补税和查发大要案三大目标，以智慧稽查、精准稽查、协同稽查为抓手，推进项目管理，聚焦中央关注、社会关切、群众关心的重大事项，瞄准一般贸易、加工贸易、减免税、检验检疫、跨境电商等领域突出风险组建突击队，集中力量攻坚重点专项行动，推进稽查改革落地见效。聚焦重点商品，以贸易调查为先导，综合运用市场调研、大数据分析等方法，结合“云擎”系统，绘制重点行业企业画像，开展进口再生金属、出口危化品等专项行动，推广打击出口钢铁制品伪报归类骗取出口退税、再生硅钢片伪报用途等专项行动，集中力量对22家进口再生金属企业开展稽查，在稽查北部协作区发挥重要作用。聚焦重大案件，以协同配合系统作战机制为抓手，通过“稽侦联动”提升打私效能，相继查发跨境电商走私、出口两用物项伪报走私等重大案件。聚焦专家培养，建强涉检处罚办案队伍，以项目化管理为引领组建业务攻坚小组，结合海关总署稽查岗位练兵推进“战练结合”，培养稽查“尖兵”，以点带面提高作战水平。

【企业认证】2022年，东丽海关以信用管理为抓手，以企业高质量发展为目标，推动信用管理改革落地生效。聚焦政策宣传贯彻，把信用培育作为促进外贸保稳提质的重要措施，采取“线上+线下”“一企一策”等方式广泛开展政策宣传，第一时间组织认证人员学习新旧标准的变化及相关配套制度，做好面向企业的AEO政策宣讲工作，确保新旧标准过渡期间企业不犯难、不疑惑，切实提高海关公信力，年内开展AEO政策宣讲22次。聚焦重点企业，主动对接属地海关，成立信用培育工作专班，通过数据分析评估、电话寻访+实地调研的形式开展双重筛选，重点关注专精特新“小巨人”企业实施精准培育、靶向辅导，帮扶重点企业提高国际竞争力，对辖区重点龙头企业、优质生产型企业精准培育，年内开展属地AEO信用培育21家次。聚焦量质并举，发挥专家团队作用，创新企业信用培育手段，依托“海关AEO认证企业孵化室”、天津关区信用培育片区协作机制等模式和企业信用信息调查子系统等信息化载体，通过提供前置认证辅导，为企业量身定制个性化培育方案，帮助企业完善内部管理、贴近海关认证企业标准，提高企业认证通过率。年内，新增高级认证企业57家，天津关区高级认证企业达327家，增量居全国前列。

【监管业务】2022年，东丽海关聚焦促进外贸保稳提质，聚力新业态发展，发挥属地查检作用，不断提升企业获得感，实现监管效能最大化。大力推广“船边直提”“抵港直装”业务模式，有效提高口岸通关效率。创新“视频远程监督+抽查监督”国储棉属地查验模式，压缩查检时间40%以上。优化原产地证签证服务，引导辖区企业运用智能审单、自助打印、就近领证等便利化措施，年内共审核签发原产地证书5778份，预计为企业减免税款约8051万元。推进企业开展集团保税业务，确定辖区天津中车唐车轨道车辆有限公司为企业集团加工贸易监管新模式改革重点推动企业，指导企业详细了解政策优势，制订落实方案。大力扶持跨境电商海外仓业务，帮扶辖区1家重点企业申请备案5个海外仓，助力企业跨境电商出口模式转型升级。抽调业务骨干对援外粮食制订查验监装方案，从小麦灌装、堆场监装、检疫熏蒸处理、证书出具等实施全过程监管，实施现场查检监管14人次，及时协调解决出口通关问题6个，全力保障援助乍得、厄立特里亚、尼加拉瓜、叙利亚等国小麦共1500余吨按时顺利通关。紧盯属地查检查发的不合格问题和疑点，强化稽查查检信息互通、资源共享，及时通过贸易调查、稽查开展后续监管，实现执法联动的成果转化，年内检出入境不合格产品354批次，通过执法联动移交涉检案件线索2起。

▲2022年4月20日，天津海关所属东丽海关关员对天津海顺印业包装有限公司开展信用培育（杨金霞　摄）

【综合保障】2022年，东丽海关规范文电办理，制发各类文件81份，如期完成文书档案归档工作。按照要求开展保密培训和检查，未发生泄密事件。参与中国海关学会征文，入选中国海关学会天津分会论文3篇。有4篇论

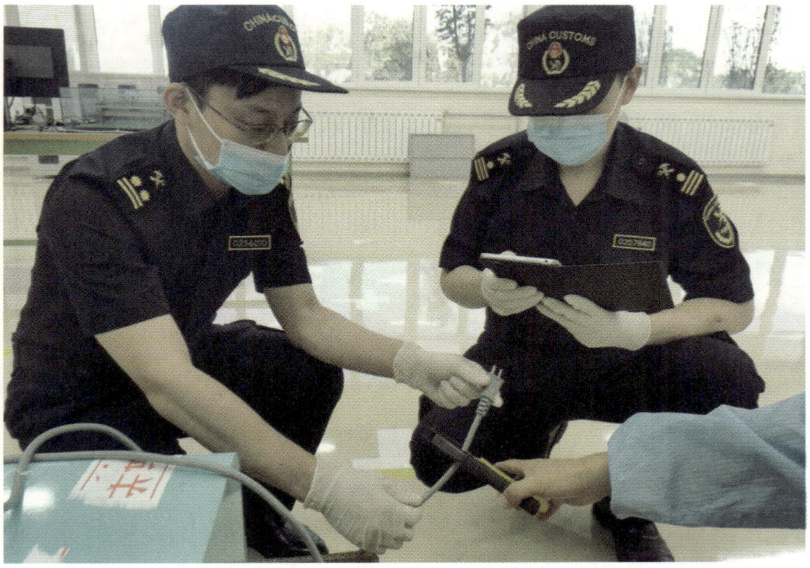

▲2022年7月25日，天津海关所属东丽海关关员对进口医疗器械不合格产品实施监督销毁（于波 摄）

文在天津海关学会征文中获奖，其中一等奖1篇、二等奖1篇、三等奖2篇。发挥专业优势，主动作为，牵头关级课题1个，参与关级课题2个，年内宣传稿件共被各级媒体采用30余篇，撰写的24篇政策解读、特色亮点工作被“天津海关12360热线”公众号采用，其中4篇被海关总署“12360服务”公众号同步采用，先后有4篇信息被署内信息快报采用、186篇信息被总关采用、5篇要情分别被海关总署和天津市采用。

年内，东丽海关统筹抓好新冠病毒感染疫情防控和安全生产工作。统一思想、提高认识，毫不动摇贯彻“外防输入、内防反弹”总策略，强化科学精准防控措施，守牢国门关口。严格落实干部离津审批、来津人员申报、“应检尽检”、健康监测等工作制度。从严从细抓好内部新冠病毒感染疫情防控，给一线人员按时配发新冠病毒感染防疫物资，从严就高做好个人防护。建立健全落实安全生产责任制，成立安全生产工作小组，压紧压实安全责任。定期召开物业、食堂联席会议，强化公务用车、水电使用等安全管理。每月开展安全检查，全国两会、节假日等重点时期开展专项安全生产隐患排查，加强对辖区保税仓库的安全管理，筑牢安全屏障。

【开展“口岸危险品综合治理”百日专项行动】2022年，东丽海关贯彻习近平总书记关于安全生产工作的重要指示批示精神，认真落实党中央、国务院关于安全生产相关决策部署，开展“口岸危险品综合治理”百日专项行动。建立辖区危险品企业底账，专人负责通过微信网格群、现场走访、电话告知等方式，开展政策宣传贯彻，了解危险货物进出口情况，更新企业信息库，督促落实安全生产责任，做到底账清晰、心中有数。建立周报制度，每周反馈工作开展情况和查发问题情况，确保各项工作落实见效。发挥属地海关安全监管优势，通过监管环节及时发现伪瞒报情事，一旦发现风险隐患第一时间反馈报告。加大后续稽核查力度，稽查人员以电子底账为索引，通过“云擎”系统将报关数据和报检数据相关联，建立危化品漏检风险分析模型，对危化品报关数据进行筛选，对没有电子底账的进行重点分析，对存在逃检、伪瞒报嫌疑的企业开展稽核查作业，严厉打击危险品伪瞒报行为。重点关注保税仓库安全问题，加强日常管理，强化保税监管场所相关企业安全生产主体责任意识和企业自查，开展危险品存储情况摸排。专项行动期间，对3家企业出口危化品情况开展专项稽查，查发出口危化品未报检案2起并移交立案处置。

年内，东丽海关在加强现场验核、加强日常管理、强化主体责任3个方面下实功、出实招，了解辖区主要涉危产品进出口企业每周贸易动态，做好对申报为非涉危产品危险属性的鉴别，做到及时联系、及时检验、及时抽样、及时反馈，对涉危产品实现有效排查监管，确保辖区涉危产品“零漏报、零瞒报”。在做好宣传法规政策要求，强化企业安全责任意识的同时，发挥“直提直装”政策优势，向企业宣传贯彻涉危产品“船边直提”“抵港直装”政策，指导企业梳理办理流程，协调解决港口相关作业单位，压缩危险品在港时间，将涉危产品风险因子对口岸安全的影响降至最低。

【跨境电商B2B出口模式推广】2022年，东丽海关做好政策宣传，推广跨境电商B2B出口监管模式。搭建“网格化”关企沟通交流平台，举办面对面政策宣讲会和线上直播答疑，覆盖辖区75家企业，通过微信服务群推送政策服务企业400余家。对辖区自行车传统制造企业，结合生产经营实际，展开政策精准推送和优势解读，协调解决企业入网、申报等环节的实际问题，为企业顺利转型、成功开通跨境电商B2B出口提供坚实保障。年内，辖区已有13家企业完成申请跨境电商出口申报资质，7家企业开展实际业务。新增佰信达（天津）进出口有限公司开展跨境电商出口业务，出口额超300万元。全年，辖区跨境电商B2B出口17.09亿元。落实支持跨境电商海外仓发展的具体要求，持续抓好、抓实辖区外贸保稳提质工作，以企业需求为导向，加强政策宣讲，指派专人对接企业，全程指导企业备案，“一对一”与企业沟通，解决前期注册跨境电商申报资质和备案海外仓遇到的问题，将辖区海外仓集团（天津）国际物流有限公司的波兰、德国、美国、西班牙、吉尔吉斯斯坦5个海外仓备案成功，并推荐企业成为跨境电商出口海外仓“9810”离境退税白名单企业。

【进口国家储备棉属地查检模式创新】2022年，东丽海关针对国家储备棉进口数量大、到货集中、亟须快速入库等特点，克服新冠病毒感染疫情影响和人力紧缺困难，畅流程与防风险并举，探索创新与合规相统一的查检新思路。在对“有布控指令的集装箱”（约占总量的30%）严格按照现行规定派员实施现场查检的基础上，对其余“依企业申请出证的集装箱”（约占总量的70%），在集装箱鉴重环节创新开展“视频远程监督+抽查监督”属地查检作业模式。即，由天津中储棉建立集装箱过磅全程视频监控系统并向海关开放授权，在集装箱过磅时，查检人员同步通过互联网开展视频远程监督鉴重，保障国储棉到厂后即时过磅、即时入库，与此同时，随机抽取一定比例派员实施现场鉴重，并定期对企业视频资料以及过磅单据进行检查，确保数据真实准确。该作业模式畅通了大量的“依企业申请出证的集装箱”鉴重入库瓶颈，切实提升了查检作业效率，同时解决了监管人力不足的问题。全年进口储备棉较往年整体压缩查检时间40%以上。

【服务东丽区外贸经济保稳提质】2022年，东丽海关深入贯彻落实海关总署以及天津海关促进外贸保稳提质各项举措，不断优化营商环境。推行“网格化”管理模式，将辖区400余家有实际进出口业务的企业全部纳入网格体系，构建起“纵到底、横到边、全覆盖”的网格管理机制，将认证、稽查、关税、查检等业务专家纳入网格，通过资源整合、协同合作、精细服务，实现全方位的政企互动管理模式。紧密结合“我为群众办实事”活动，结合企业实际需求，制定措施47条，服务企业103家。探索以信用培育带动企业管理水平提档升级，助力企业高质量发展。组建信用培育工作专班，筛选出RCEP重点帮扶企业、专精特新“小巨人”企业等，在信用培育精准度上发力；运用门户网站、“天津海关12360热线”公众号等载体宣讲保稳提质30条措施和AEO相关政策等；建立企业服务台账，对企业持续保持跟踪问效，在企业关切的单证控制、内部审计以及商业伙伴安全等方面耐心细致辅导；实地走访纳通医用防护器材（天津）有限公司、天津三五汽车部件有限公司等企业，详细了解企业生产流程、工艺和实际经营状况，针对性开展AEO政策宣讲和信用培育，解答企业AEO申请、进出口业务等方面的困惑，鼓励和引导企业申请成为高级认证企业。

【承办天津海关涉检行政处罚一般案件】2022年，东丽海关依托稽查中心牵头办理天津海关涉检行政处罚一般案件。第一时间组建工作专班。抽调5名稽查实战能力突出的业务骨干承担案件调查工作、2名既有稽查工作经历又具备公职律师资格的专家型人员承担案件审理工作，组建一支专业强、素质硬、能力优的工作专班，集中梳理学习涉检行政处罚案件相关法律法规及案件办理流程，弄懂吃透执法依据，协助职能管理部门制订工作总体方案、设计优化办案流程设计，确保涉检案件转交工作衔接顺畅。做好线索移交前的研判工作，重点事项提前介入，主动联系线索移交单位共同开展风险分析和调查取证工作，提高办案效率。立足立案审批、呈保申请、保证金收据填写、担保凭单文书制作等，借鉴以往案例，制定案卷模板，保障执法统一性。

撰稿人

王月光　王永峰　邓　宏　曲艳涛　刘　维
刘　缘　许振忠　许　维　李　昕　张　剑
张锦亮　陈希梅　陈　卓　曹　楠　曹　锦
董向前　舒　悦　谢　壮

南开海关

【概况】南开海关是受天津海关直接领导，负责天津市和平区、河东区、南开区、河北区、红桥区、滨海高新技术产业开发区范围内海关各类管理工作的执行机构，监管辐射面积约240平方千米，业务范围涵盖通关、查验、企管、加贸、稽核等方面。

2022年，南开海关以习近平新时代中国特色社会主义思想为指导，在天津海关党委的坚强领导下，围绕“铸忠诚、担使命、守国门、促发展、齐奋斗”的工作目标，不断强化监管优化服务，全年实征税收0.22亿元，汇总征税率93.99%。全年进口整体通关时间2.19小时，出口整体通关时间0.02小时。出口申报前监管210批，查验334批，查获各类货物不合格111批。出入境检验检疫证书缮制及签发510份，原产地证书电子审核及签发11129份，产品备案94份。办理新注册备案企业441家，变更359家，注销303家；政务服务事项注册35个、变更41个。

【基层党建】2022年，南开海关深入学习宣传贯彻党的二十大精神，党委委员带头深入各党支部宣讲交流，共同研讨，开设学习专栏、重新布置初心室和支部党建园地，营造浓厚学习氛围；贯彻落实习近平总书记重要指示批示精神和党中央重大决策部署，抓实“第一议题”制度落实，在新冠病毒感染疫情防控以及促进外贸保稳提质等重点工作中担当作为，取得实效；认真组织学习《习近平谈治国理政》第四卷，从讲政治的高度为属地海关改革发展谋划新思路、新举措；扎实推进政治机关专项教育活动，梳理政治要

▲2022年11月23日，天津海关所属南开海关关员参观南开海关党建阵地建设展板（冀尉廷 供稿）

▲2022年12月20日，天津海关所属南开海关关员进行原产地业务研讨（邹薇供稿）

求清单，涉及7个科室24个岗位共计269项政治要求；完成党建品牌迭代升级和品牌LOGO设计，申报“书记项目”课题2个；南开海关人事政工科党支部获评天津海关“党建培育品牌”，加工贸易保税监管科党支部获评天津海关“先进党支部”，刘蕊同志获评天津海关“优秀党务工作者”，李欣毅同志获评天津海关“双优书记”、刘斌同志获评天津海关“双优委员”。

【通关业务】2022年，南开海关持续压缩口岸整体通关时间，设置专岗及时办理通关监管、税收征免等手续，保障新冠病毒感染疫情防控物资“零延时”通关；加大通关系统数据读取频次，实施报关单“日清”机制，全力以赴缩减可控时间；统筹通关业务对外咨询联系，合理调配人力，方便企业预约通关和开展应急处置；强化对企政策宣传贯彻，推广“提前申报”“两步申报”等改革措施，专人对接，瞄准重点，确保企业了解业务流程，享受政策红利。将“汇总征税”作为推进贸易便利化、提高通关效率的重要举措，纳入属地纳税人管理，锁定重点发展企业，进一步加大“汇总征税”推广力度，指导企业用好用足海关政策；指定专人进行“汇总征税”进度跟踪，及时跟进“汇总征税”报关单放行情况，督促企业按时足额缴纳税款。深入企业实地调研，结合辖区产业特点和企业诉求，帮助企业做好选题工作；利用地方政府、行业协会宣传平台开展税则调研工作宣传，及时掌握全行业商品和进出口企业相关信息，筑牢课题调研基础。

【监管业务】2022年，南开海关发挥属地海关优势，不断提升实货监管成效。推动“监管产装、抵港直装”试点改革，结合运输方式、产装条件等确定10余家企业参与改革。详细了解参与企业货物订舱、提箱、预配舱单、途中运输、集港等环节时间节点，“量身定制”解决企业在监管产装、途中监管、口岸验放等细节操作问题。设立“集港时间内监装”和“截关前24小时内运抵”两个工作准则，提供“7×24小时”预约监装服务措施，探索运用“视频监装”。实行监装货物“提前集港”，属地海关监管产装完毕，集装箱货物即可直接集送码头，存放在码头内监管产装专用集装箱储存场地，实现出口货物从工厂直达码头，促进“监管产装、抵港直装”上量上规模。重点关注加工贸易保税货物长期进口未出企业，在实地验核、监管货物基础之上，了解企业困难，有效

▲2022年4月21日，天津海关所属南开海关关员开展属地监装工作（宋君 供稿）

帮扶2家企业的6本电子化手册顺利执行完毕；做好保税仓库日常管理，将日常巡查、抽查、盘查等工作与安全检查统筹开展，提升工作效能，对辖区保税仓库开展安全检查12次，未见异常；严密与加贸保税业务审核作业现场的联系配合，提升保税核查工作实效。对加贸企业开展保税核查5次。实施“以查发为重点”的稽查改革，设定查发率目标值，深入开展风险研判、贸易调查，加强查发针对性，提升查发率；贯彻落实海关总署关于加强主动披露监督工作、防范执法风险的指示要求，认真开展自查，全面梳理问题，建立科室管理台账；强化核查力度，全面梳理辖区进口肉类企业核查重点和风险点，对企业的备案资质、进口通关单证、进口销售记录等进行全方位核查。

【企管业务】2022年，南开海关贯彻落实国家“放管服”改革决策部署，大力推动企业资质备案“全程网办”，推行“不见面”办理，全年累计全程网办备案432家、变更355家，受理纸质备案9家、变更4家；持续推进注销便利化，常态化做好“僵尸”企业清理，网办注销企业294家，受理办结纸质注销9家；完善“多证合一”模式，推动75家企业办理市场主体注册登记同步取得海关备案资质；受理办结进口食品进口商备案等政务服务事项42个；受理企业现场纸质备案9家、变更4家、注销9家；临时承担西青海关、静海海关的资质备案业务，共办理备案10个、变更2个，注销1个。发布微信宣传稿《实用贴：报关单位备案变更、注销》，确保企业网上办理“有路可循”；压缩

▲2022年10月21日，天津海关所属南开海关关员对辖区企业开展日常监管（肖华 供稿）

出口食品生产企业备案办理时限，全部实现当日办结备案申请；全年实现对企服务、解答咨询、业务办理“零”投诉。

【综合保障】2022年，南开海关持续做好常态化新冠病毒感染疫情防控工作，及时传达习近平总书记关于新冠病毒感染疫情防控的重要指示精神以及海关总署、天津市和天津海关部署要求，严把内部新冠病毒感染疫情防控关键节点，加强干部队伍管理；组织开展跨关区核酸检测13批次，涉及1500余人次。在新冠病毒感染疫情突发，西青海关、静海海关所在地封控不能开展正常业务时，南开海关及时承接西青海关、静海海关相关工作，共计办理各类业务2400余笔，收到企业感谢信1封，保障新冠病毒感染疫情期间天津关区整体业务不断不乱。

年内，南开海关持续抓好安全生产工作。定期召开会议研究安全生产问题，开展安全生产大检查，结合安全生产专项整治3年行动，聚焦危险品检验、保税仓库安全、公务车辆安全以及办公场所安全等重点领域开展自查，并针对风险隐患台账清单，做好隐患问题整改，落实到位。开展“口岸危险品综合治理”百日专项行动，摸清辖区危险品生产及上下游企业底数，建立底账，做好日常工作中查发疑似危化品、危险货物的移交工作。

【首个企业集团加工贸易监管新模式项目】2022年，南开海关结合辖区实际推行企业集团加工贸易监管模式。围绕辖区企业现状和发展需要，组织业务骨干开展研究，为符合条件企业出谋划策，研究与其相适应的便利化措施；开展风险研判，在深入宣讲相关政策的前提下，按照文件要求科学、规范指导，协助解决企业面临的问题；高效办结手续，通过“线上沟通＋上门服务”方式，及时指导企业完善申请材料。9月，“天津力神电池”企业集团顺利获批成为南开海关辖区首家实施企业集团加工贸易监管模式的企业，同时也是年内天津海关的首例。该集团以天津力神电池股份有限公司为牵头企业，以天津力神超电科技有限公司和天津聚元新能源科技有限公司为成员企业。该集团内2家成员企业相继设立电子账册。全年，天津力神电池集团保税项下进出口货值7.95亿元，同比增长5.13%。企业集团加工贸易监管模式是海关总署推进“放管服”改革、优化加工贸易监管的一项重要举措。实施企业集团加工贸易监管模式的企业在生产管理、物流优化、成本控制等方面的统筹调度更具竞争

▲2022年3月24日，天津海关所属南开海关关员对司机开展安全教育（张铭　供稿）

力。加工贸易保税料件可在集团内企业之间流转使用；保税料件符合料件串换监管要求的，集团内企业可根据生产实际自行串换、处置；集团内企业间开展外发加工业务不再向海关办理备案手续，其中全部工序外发加工的，不再向海关提供担保；企业进口的尚处于监管期内的不作价设备可以办理设备结转手续，在集团内企业间调配使用。

【高新技术货物布控查验模式试点】2022年，南开海关组织推动落实高新技术货物布控查验模式试点工作，全面梳理辖区符合条件企业名单，提前介入了解企业诉求，累计为辖区27家企业开展“一对一”政策宣传贯彻，通过电话、微信、邮箱等形式为企业推送“政策明白纸”、讲解政策实施细则；同时主动与地方政府部门进行对接，向当地商务部门解释政策对企业的利好，帮助企业顺利获取地方政府推荐，为企业申请模式试点打通绿色通道。年内，辖区西门子电气传动有限公司、天津三安光电有限公司2家企业参与“真空包装等高新技术货物布控查验模式”试点，获得海关总署批准，相关商品已完成备案，企业后续进口备案商品可按照“真空包装”货物进行申报，如有查验指令可转至南开海关进行目的地查验，其口岸查验比例将进一步降低。为进一步支持集成电路、生物医药等高新技术企业创新发展，推动促进国内国际双循环新发展格局，海关总署创新推行真空包装等高新技术货物布控查验模式试点，对进出口真空、恒温、防光、防尘包装等普通环境下拆箱会影响性能品质的高新技术货物，将口岸查验指令调整至目的地实施。

【企业信用培育】2022年，南开海关持续开展进出口企业信用培育工作。贯彻落实党中央、国务院关于支持中小微企业纾困解难健康发展的决策部署，全面梳理、科学分析，筛选专精特新、人才创新创业联盟、“小巨人”等95家中小微企业纳入“重点培育企业库”，安排业务骨干开展信用培育与精准辅导。组织人员深入研究高级认证企业触发降级规则，编写高级认证企业注意事项实用指南，通过邮箱、微信、电话等多种渠道向高级认证企业宣传相关规定，逐个联系，反复提醒，避免高级认证企业因不了解政策而导致降级。发布《企业信用管理政策解读》《海关AEO为企业“走出去”添动能》等，开展媒体政策宣讲。联合天津市南开区、天津滨海高新区管委会、商务部门召开AEO认证政策宣讲会；协调天津滨海高新区管委会，支持企业提高管理信用等级，对当年通过海关高级认证标准的企业给予5万元奖励。年内，开展政策宣讲43次、“一对一”重点培育20余家，新增3家AEO认证企业，2家企业提交申请，主动帮扶1家符合修复条件的企业进行信用修复。全年，南开海关辖区内高级认证企业34家。

【进出口食品安全监管】2022年，南开海关加强进出口食品安全监管，强化进出口食品目的地检验、监督抽检，查获进境食品安全项目不合格1批，监督企业进行销毁；报送搜集、整理并向海关总署报送境外食品不合格召回信息、境外通报中国产品信息、境外食品安全事件、技术法规变更情况等，被海关总署采用234篇，列天津关区隶属海关首位；牵头完成天津海关关级课题“加强国外不合格食品通报研判应对贸易摩擦研究”；参与撰写《法国食品安全治理体系研究及启示》，被海关总署相关载体采用；开展入境蜂产品动物疫病监测工作，严格按照监测技术指标项目及标准进行取样送检，切实保障国门生物安全；在“天津海关12360热线”平台向公众宣传贯彻含金银箔粉食品、进境中药材、黄曲霉毒素等相关监管要求及食品常识。派员参加海关总署进口冷链食品境外生产企业检查工作。

▲2022年5月18日，天津海关所属南开海关关员深入企业开展进口医疗器械检验监管政策宣讲（宋君 供稿）

【不合格医疗器械监管】2022年，南开海关加大进口医疗器械安全监管工作力度，禁止违法违规进口医疗器械进入中国境内。组织进口医疗器械检验监管培训，提升查验人员查发能力，防止明显不合格项目关注不到、发现不了的问题。严格依指令开展现场查验，严查进口医疗器械以旧充新、未获注册备案等违法违规行为；查验标签及说明书的合规性；检查是否存在污染、破损、超出保质期以及是否属于掺杂掺假、以假充真、以次充好和以不合格冒充合格等。全年，共查验进口医疗器械188批、货值近3000万美元，其中检出各类不合格进口医疗器械48批，主要不合格原因涉及电气安全、警告标识、中文标签及说明书等。结合日常监管情况，扩宽风险信息采集渠道，广泛搜集海关系统内外各方查发案件信息，关注相关产品的热点事件，及时开展重点分析研判，报送风险监测报告，其中1份被海关总署采用；监测发现1批进口彩超设备存在质量安全隐患并进行有效处置。派员参与研究制定“未经联网核查进口医疗器械风险防控京津冀协同新模式”创新举措，解决异地开展核查不便的问题，形成监管闭环，防止未经联网核查医疗器械流入国内市场。

撰稿人

刘玥 刘蕊 刘硕琦 乔鑫 张若曦 邹薇 肖华 宋君 胡小清 昝学鑫 冀尉廷

天津河西海关

【概况】天津海关所属天津河西海关负责天津市河西区范围内各类海关业务工作，同时承担天津海关各类行政许可审批、审核、备案、登记中办理工作，完成天津海关交办的其他工作。内设科室6个，分别为：办公室（党委组织宣传部）、综合业务科、审批备案一科、审批备案二科、审批备案三科、审批备案四科。

2022年，天津河西海关领导班子以习近平新时代中国特色社会主义思想和党的二十大精神为指导，贯彻习近平总书记重要指示批示精神和党中央重大决策部署，认真落实全国海关和天津海关工作会议及全面从严治党工作会议要求，按照“固本强基、稳中求进”工作思路，锚定建设高质量“一流海关”目标，不断深化改革、强化监管、优化服务。弘扬“求实、扎实、朴实”海关文化，以法治政府建设督察反馈问题整改为抓手，重点加强审批服务窗口作风建设。发挥天津关区集中审批审核中心职能，进一步畅通“职能＋中心＋现场”审批服务网络，压缩审批时限。提升服务效能，优化口岸营商环境，作为关区唯一派驻市政务服务中心窗口单位，主动推进综合窗口改革，推动审核业务“一窗”通办、“一窗”综办，12项进驻事项集中到单一窗口办理。激发主体活力，促进外贸保稳提质，落实“放管服”改革要求，持续简政放权，降低市场主体准入门槛。增进民生福祉，提升企业群众获得感，建立检疫审批工作专班，持续压缩进口水产品、肉类等重点民生物资检疫审批时限；把人民至上、生命至上理念融入工作中，开辟临床急需药物审批“绿色通道”。

【基层党建】2022年，天津河西海关把学习习近平新时代中国特色社会主义思想作为首要政治任务，年内组织党委理论学习中心组（扩大）学习4次、党委会集中学习24次，围绕党的二十大精神、强化政治机关建设、习近平经济思想、党的十九届六中全会精神等主题进行专题学习，建立“重点发言＋普遍交流”研讨机制提升学习实效。创新形式开展党的二十大精神“大家谈”“每日金句”领学领读等特色活动，引导干部职工逐字逐句学习党的二十大报告，努力做到学而信、学而用、学而行。做到学以致用、身体力行，把理论学习与调查研究、与中心工作结合起来，聚焦海关总署党委提出的“12个必”和“38个深入思考”问题开展课题研究，班子成员撰写的政研文章获“津关政研”采用2篇；带头参与学会“双循环”主题征文活动，报送论文10篇。为确保习近平总书记重要指示批示精神和党中央重大决策部署在天津河西海关第一时间研究、第一时间落实、第一时间见效，开展由“一把手”负责的“第一议题”书记项目课题研究，对安全生产、国门生物安全等8项“第一议题”事项研究制定29条贯彻落实举措，形成《“第一议题”事项清单》并实行台账式动态管理，每月更新事项落实进展，年内通过形势分析及工作督查例会、外贸形势分析会议研究“第一议题”事项33次，打造学习传达、研究落实、跟踪问效、持续改进的闭环链条。建立全面推进、全员参与、全域查摆的“三全机制”，建立年度党建重要工作任务清单，以政治机关专项教育活动统领“学查改”“双提升”“海关重点项目和财务管理以权谋私”专项整治等各项重点工作落实。班子成员下沉到分管科室和基层联系点参加“讲政治、防风险、有作为”大讨论活动9次，创新“每周一岗”“三看”标准等排查风险经验做法。立足天津关区集中审批审核中心和属地海关管理“双职责”，开展4轮次政治要求清单梳理排查工作，经“六上六下”完善至关、岗两级，38个具体岗位共262条政治要求，达到干工作、办事情首先考虑国家大局、考虑政治纪律和政治规矩的效果。常态化长效化推进“支部联系企业、党员服务群众”活动，建立服务企业“问题清零”机制，6个基层党支部联系企业129家，解决问题160个。

【通关业务】2022年，天津河西海关积极落实减税降费措施。服务辖区出口企业“应享尽享”RCEP成员关税优惠。采取“线上+线下”相结合方式开展政策宣讲和业务培训，对30余家重点企业开展RCEP政策宣传贯彻。年内，共签发出口原产地证书2439份，企业可享受关税减让3254.31万元。收集企业税政问题及建议，加强相关进口货物的研究，积极开展税则调研工作，年内向天津海关报送3个税则调研课题，引导进出口企业用足用好政策，提高进出口企业享惠水平。积极鼓励、引导企业参与海关业务改革，梳理辖区重点进出口企业，加大宣传力度，将海关政策、举措、服务送到企业，进一步落实改革成果、释放政策红利，积极推动辖区企业参与“船边直提”业务持续增量，船边直提率稳步提升，年内船边直提率29.87%。

【查检业务】2022年，天津河西海关属地查验共检出不合格商品4批次，监督销毁1批次。加强企业后续监管职能，落实核查属地管理，年内共完成核查作业61个，包括定期管理类作业48个、风险类核查作业13个。推动核查带动稽查工作，依托“云擎”大数据平台，强化风险分析，依托定管类核查覆盖面广的优势，以企业内部控制、账册规范、申报行为和货物管理为重点，查找企业申报中的违规行为，进而通过稽查进行全面检查，全年已办结稽查3起，在办2起，稽查有效率为66.7%。按照天津海关属地纳税人管理工作指南要求，落实各项管理制度，探索有天津关区特色的属地纳税人管理措施，采集企业基本信息、行业发展信息和进出口、纳税、补税等信息，建立纳税遵从度评估指标体系，打牢属地纳税人管理基础，推进属地纳税人管理。

【企管业务】2022年，天津河西海关推进“片警式”监管服务方式，对活跃度企业开展精准画像，梳理辖区进出口活跃度企业共计462家，建立涵盖企业信用等级、进出口业务量、主要进出口商品、贸易国别（地区）、企业工商信息等多维度的企业底账，针对企业进出口特点进行研判、精准施策。鼓励、引导企业参与海关业务改革。聚焦“海关AEO信用认证”、跨境电商新业态等海关便利化措施，为企业提供“一企一策”个性化服务方案。年内，开展信用培育6家，先后帮助2家外贸企业递交高级认证申请。持续推进跨境电商B2B出口业务发展，做好辖区出口企业政策宣讲，引导企业积极应用“9710”“9810”监管模式出口，推动“9710”白名单企业1家。强化技术性贸易措施帮扶工作，帮助辖区企业开拓国际市场，与辖区出口量较大的7家重点企业建立“一对一”联系，梳理企业主要出口国家（地区）、商品等信息，征集企业对技术性贸易措施服务的需求，建立服务底账；加强对家具、食品等辖区重点出口商品技术性贸易措施的监测，对与国标差异较大的美国木制品甲醛标准、黄曲霉毒素 B_1 和黄曲霉毒素总量限量标准等及时提醒相关出口企业重点关注，年内辖区重点企业出口家具、食品等商品1403批次，货值达2.23亿元。

【行政许可业务】2022年，天津河西海关建立3项机制保障进境粮食、肉类、中药材等重点商品检疫审批高效顺畅，提升重点民生物资产品审批工作质效，满足新冠病毒感染疫情期间人民群众生产生活需求。建立风险控制机制，按照“切块管理”原则推动集中审批审核中心内部流程优化，严格执行3级审批制度，强化对审批权力的制约，确保审批依法、规范；建立预警研判机制，通过网盘共享国际动植物疫病动态信息，定期召开高风险产品评估研讨会，运用海关HLS2017内控平台超期警示功能做到预警提示、重点关注，严防审批超期风险；建立服务保障机制，通过“线上＋线下”渠道指导企业使用“互联网＋海关”线上提交申请，开设审批“绿色通道”，对高风险产品指定专人对接跟进，实现进口粮食、肉类产品检疫审批即来即办，审批时效时长较法定时限压缩超90%。

【政务服务业务】2022年，天津河西海关贯彻落实习近平总书记关于总体国家安全观的重要论述，以防范化解重大风险隐患为重点，筑防线、建机制，扎实做好通用资质备案工作。该关深化“放管服”改革，聚焦营商环境“需求侧”，积极营造法治化、标准化营商环境，严格执行天津海关提高“多证合一”备案应用率的要求。对企业提交备案材料齐全有效，符合备案要求的，在3个工作日内办结；对提交材料不齐全或信息不完整的，主动联系企业。建立“多证合一”备案处理台账，跟踪“多证合一”备案申请的办理情况。联系配合天津海关职能部门建立“多证合一”系统数据推送情况监控点对系统推送数据量进行日常监控，遇有数据异常情形，及时联系企管处联系人，筛查原因。加强对“多证合一”政策宣讲和沟通解释，畅通业务咨询渠道，加大对“多证合一”申办方式推广力度，依法依规办理备案，提高“多证合一”申办方式应用率。

【综合保障】2022年，天津河西海关全力推进“一流海关”建设，持续运用“三个三分之一”理念开展内部考核，建立牵头责任到人、职能对接到人、任务分解到人、加分落实到人的“四个到人”考核机制，对93项二级指标逐项落实到科到人。定期通报科室得分和个人得分“两张榜单”，为考核成绩突出的科室及个人，采取增加平时考核优秀名额、申请及时奖励等方式予以激励，明确个人考核成绩“后三分之一”不能评优要求，压实了考核责任、激发了内生动力。关心关爱干部职工，建立天津河西海关困难职工清单，年内开展慰问7人次。关心关注关员“八小时以外”生活，开展丰富多彩的文体活动，组织参与“悦动津关”公众号标志设计、开展“哥哥姐姐向前冲”视频大赛、举办职业女性妆容技巧讲座、组织“悠悠艾草香，浓浓端午情”活动。加强干部队伍建设，开展科级领导干部选任和职级晋升工作，10名干部进行了工作交流，干部资源进一步盘活；1人获评天津海关“双优书记”，1人获评天津海关优秀共产党员。深化“双能力、双素质”评估成效，开展干部队伍“能力提升工程”，持续提高干部政治、业务与综合素质能力，积极提升资质储备数量，年内新增资质89人次，同比增长107%。深耕教育人才培养，派员承担新关员初任培训带班工作，4名关员被聘为天津海关兼职教师，1门课程获评天津海关优秀课程。

【特殊物品检疫审批】2022年，天津河西海关以新冠病毒感染疫情防控为关键，扛起政治职责，全力服务新冠病毒感染疫情防控工作大局。发挥特殊物品检疫审批职责，持续强化新冠病毒感染疫情相关特殊物品检疫审批内控管理，全部在24小时内办结；组建审批专班，开通检疫审批“绿色通道”，推进信息化申报，指导企业应用审批系统在线提交申请，实现100%网上办理；聚焦企业群众急难愁盼问题，以先期预诊、云端出诊、联合会诊、定期复诊的“四诊法”服务创新药物进口，实现精准帮扶、高效审批，累计帮扶进口罕见病药物9批次；优化线上风险评估，推进多部门联动，审批、查验、监管多环节无缝链接，为特殊药物及检测试剂等顺利通关创新海关一站式通道，从严把好特殊物品进出境许可关，严守国门生物安全防线，护佑人民平安，为企业发展保驾护航。

【防范境外疫病疫情传入】2022年，天津河西海关以强化监管为基石，筑牢国门安全屏障，把牢国门生物安全关口。发挥检疫审批处于海关监管链条最前端的优势，严把国门生物安全关口。以FSI信息收集、境外体系评估等为抓手强化境外动植物疫病疫情信息收集和风险预警，筑牢非洲猪瘟、高致病性禽流感等重大疫病疫情防线。抽调业务专家2名参与海关总署进境观赏和种用水生动物外来物种入侵风险评估工作。建立业务研讨、风险共享和内控检查机制，着力加强对境外重大种植物疫病疫情风险的检测评估，筑牢国门生物安全“第一道防线”。年内，共对349批次进境动植物及其产品入境申请予以否决，对2275批次申请进行退回补正，整体否决率和补正率分别达到4.9%、19.2%。落实食品安全“四个最严”要求，积极配合海关总署开展进口食品境外体系评估、境外生产企业注册检查工作，强化境外源头管控。克服人员紧张、时差影响，派员参与境外输华水产品、乳制品、蜂蜜生产企业视频检查45人次，文件审查25人次，完成柬埔寨输华巴沙鱼检验检疫体系评估。

【“一事项三系统”下放更新】2022年，天津河西海关积极应对“一事项三系统”［进境（过境）动植物及其产品检疫审批事项、海关特殊物品出入境卫生检疫审批与分析系统、智慧动植检检疫审批系统动植部分、智慧动植检检疫审批系统食品部分］下放更新工作。发挥集中审批审核机制优势承接动植检审批事权下放和保障新版审批新系统运行，实现“放得更开、管得更严、服务更准”。联合天津海关动植物检疫处成立工作组，畅通“隶属海关—直属海关—海关总署”3级问题反馈途径，及时解决系统试运行期间遇到问题20余项。年内派员7人次参与海关总署新系统开发、测试及培训工作，联系23家企业参加系统运行测试，开展内部培训与实操演练，确保系统管理人员熟练掌握，指导超过1000家进口企业完成操作流程，新老系统切换率达到100%，无审批超期、企业负面评价情况发生。年内，通过新平台受理审批业务13737批次，签发许可证10727单，完成新下放动植物及其产品审批终审2357批次，业务量居全国前4位水平且稳步提升，帮助天津口岸首批进境地龙取得检疫许可。

【审批审核效能提升】2022年，天津河西海关以深化改革为动力，持续提升审批服务效能。落实“放管服”改革要求，激发企业主体活力，立足天津关区集中审批审核中心职能，进一步畅通“职能+中心+现场”审批服务网络，压缩审批时限。建立检疫审批工作专班，为进口粮食、肉类、水产品等重点民生物资提供“即来即办”服务，持续巩固压缩进口冻品审批时限成果。释放减免税政策红利，重点抓好海陆石油、科技创新、内外资鼓励项目、重大技术装备等项目的税收优惠政策落实，年内共出具“征免税证明”1339份，累计为企事业单位减免税款2.55亿元。严格落实海关总署精简审批要件要求，进一步压缩出口食品生产企业、出口农产品企业资质备案时限，持续降低市场主体准入门槛，年内共完成出口食品生产企业备案134家、出口食品原料种植场备案3家，帮扶长城冬菜、鲜禽蛋等一系列优质农产品、特色食品走出国门。

【“综窗改革”】2022年，天津河西海关把派驻天津市政务服务中心窗口工作作为中心业务和最大亮点，落实天津市人民政府政务服务办公室“一窗”

▲2022年8月10日，天津海关所属天津河西海关关员开展企业备案现场评审工作（张广斌 摄）

▲2022年5月16日，天津海关所属天津河西海关驻天津市政务服务中心关员解答群众咨询（刘彩艳 摄）

分类综合受理要求，建立“前店后厂”模式和前后台快速沟通反馈机制，将12项进驻事项集中到单一窗口办理。创新推出“大堂经理”服务模式，逐事项制定“咨询事项告知书”“补正告知书”，有效提高窗口业务的一次性办结率。进一步推行“一制三化”，鼓励办事群众通过网上办理，平均审核时长较法定时长缩短50%以上，较“综窗改革”（天津市政务服务中心综合窗口改革）前缩短15%以上。针对航材减免等重点业务推出了快审模式，达到了“秒过”效果。年内，在天津市政务服务办月度综合考评中持续保持第1位序列；在海关“好差评”系统收到相对人评价206次，五星好评率和应评尽评率均为100%。

【惠企服务品牌打造】2022年，天津河西海关以服务发展为抓手，全力推动稳外贸稳外资。落实海关总署以及天津海关保稳提质“10+30”项措施，以“三个聚焦”为抓手打造惠企服务品牌，相关工作方法获天津海关相关载体采用。持续深化“强基提质工程”，巩固拓展“基层组织建设年”活动成果，推动党建品牌迭代升级。召开党建品牌迭代升级交流会，推动开展2轮次迭代升级，打造新版“e审e批 金章放彩”党建品牌体系，推动业务工作再上新台阶。立足辖区中小微企业多、贸易服务型企业多、出口贸易企业多“三多”特点，创新服务方式，聚焦精准画像，“因地制宜”摸清企业家底，聚焦精准推送，“量体裁衣”开展政策宣传贯彻，聚焦“精准服务”，“对症下药”解决企业问题，制定细化措施18项，逐项推动落实。班子成员带队走访调研企业16家，通过上门宣传贯彻、线上培训、关地协同座谈等方式对311家企业开展5轮次政策宣传贯彻，解决企业问题41个。联合地方商务部门成立外贸企业帮扶专班，全力帮扶专精特新、中小微企业、“白名单”企业享受海关政策红利。年内，共推动15家辖区企业开展跨境电商B2B业务，累计出口额1.82亿元；推动“9810”申报模式“离境即退税”试点落地，有效缓解企业资金压力。

撰稿人

于 鹏 马 欣 王 璐 冯基刚 孙 浩
李 娜 张永胜 周培君

天津保税区海关

【概况】天津保税区海关下辖天津港综合保税区、滨海新区综合保税区两个海关特殊监管区域，另空港经济区为开放型区域，监管区域总面积79.237平方千米，业务门类齐全，包括通关综合业务、保税监管、物流监控、跨境电商监管、稽核查等。截至2022年年底，天津保税区海关共设27个科室。

2022年，天津保税区海关把学习宣传贯彻党的二十大精神作为最重要政治任务抓紧抓实，严格落实"第一议题"制度，贯彻落实习近平总书记对海关工作的重要指示批示精神，推动内部新冠病毒感染疫情防控、危险品集中监管、安全生产等工作取得良好成效；认真落实海关总署以及天津海关促进外贸保稳提质"10+30"条措施，进一步压缩整体通关时长，立足区域发展实际，履职尽责、主动作为，全年共接受进出口货物申报12.05万票、监管进出口货物466.73万吨、货值1548.1亿元，口岸营商环境不断优化。

【基层党建】2022年，天津保税区海关深入学习贯彻党的二十大精神，以习近平新时代中国特色社会主义思想为指导，认真落实新时代党的建设总要求，全面履行管党治党政治责任，分关党委班子成员、各党支部书记开展党课宣讲35次，运用"一廊一屏一角"宣传教育平台，营造浓厚学习氛围；推动完成28个党支部党建品牌迭代升级，危险品集中监管中心党支部"子母品牌"在关区作经验交流，形成1个署级示范品牌、1个关级示范品牌、2个关级培育品牌、7个"四强"党支部的品牌创建体系；开展党建业务深度融合课题研究，2个党支部被确定为关区党建与业务深度融合试点党组织；以解决问题、落实任务、实现目标为导向，以"支部联系企业、党员服务群众"活动为抓手，开展与职能部门、地方单位和辖区企业的党建联建共建活动80余次、解决问题160个，"我为群众办实事"实践活动成果进一步巩固深化。

【企管业务】2022年，天津保税区海关加大信用培育力度，开展申请海关AEO认证意向摸底调研工作，制定高级认证企业重点培育名单，运用"互联网+"思维，通过客户端、微信等多种线上形式拓宽海关政策宣讲渠道，提高培育精准度，全年受理高级认证申请5家，通过高级认证8家，开展信用培育42家，分关高级认证企业存量50家；优化"网格宣传服务"工作机制，结合"专项教育活动"、帮扶中小企业纾困解难等工作，着力践行“人民海关为人民”，广泛收集企业意见建议，不断推动AEO企业优先办理等优惠管理措施落地见效，提升企业获得感；完善属地纳税人企业管理，形成通过线上“直通车”、线下走访调研、编写通关业务“明白卡”等多种形式对属地纳税人企业进行管理和服务的长效机制。

▲2022年7月21日，天津海关所属天津保税区海关关员在利民调料公司进行知识产权海关保护政策宣讲 （许浩淼 供稿）

【通关业务】2022年，天津保税区海关利用关企座谈会、“通关小喇叭”关企交流群等了解企业端通关节点、及时推送政策解读；确保单据“日清日结”，在节假日期间通过预约加班模式及时为企业办理中规车、平行进口汽车集中结关、出证业务；发挥专家作用，开展综合业务条线专家跟班作业工作，统一尺度、查找不足，进一步提升综合业务岗位人员业务水平；多措并举开展知识产权海关保护宣传工作，对辖区内企业开展知识产权情况调研，了解辖区内拥有自主知识产权企业的知识产权状况，“一对一”指导企业进行知识产权海关保护备案，成功在海关总署完成9条备案；进一步压缩货物整体通关时长，及时梳理异常单据情况，压实代理企业责任，加大“提前申报”等政策宣传力度，鼓励企业享受政策红利的同时有效压缩通关时长。全年，天津保税区海关进口整体通关时间18.65小时，同比压缩13.2%；出口整体通关时间0.46小时，同比压缩30.3%。

【税收征管】2022年，天津保税区海关有效涵养税源，优化培育机制，对汽车等区域传统优势税源产业进行专项调研，查找通关瓶颈，通过调整科室职责、优化通关流程，提升进口汽车通关效率；关注区域注册企业存量变化，尤其是重点项目企业落户情况以及实际进出口企业比重，及时体现区域发展动态，做好定向服务；聚焦国家战略开展税政调研，帮助企业解决“卡脖子”难题，发挥海关总署归类技术专家优势，牵头撰写税政调研报告，7项课题降税建议被海关总署关税征管司采纳，1项降税建议被国务院关税税则委员会采纳；完善审核制度，提升税收担保操作准确性和及时性，确保税收征管无差错；深入研究落实主动披露政策，准确把握文件精神，设立主动披露业务服务专岗，鼓励企业自查自纠，实现守法便利，全年共办结主动披露5件。全年，实征税款209.83亿元，同比增长64.42%。

【监管业务】2022年，天津保税区海关认真落实“四个最严”要求，严防食品安全输入风险，筑牢食品安全防线，全年检出不合格进口食品及相关产品3批；强化区域监管，加强一线入区集装箱开箱监督力度，通过金关二期与“新海廉”系统，对敏感商品进行提前研判，提高监督开箱比例，强化源头监管；聚焦航空产业特色需求，进一步完善航空产业全链条集群监管模式，采取“提前沟通＋实时跟进”的方式，以及确保飞机从大到小各种类型零部件通关“零等待”；发挥稽核查作用，对大宗化工产品、平行进口汽车、无乳糖奶粉、旧采棉机、滚针轴承等商品开展专项稽查，加强与缉私部门联系配合，有效构建“稽侦联动”机制，查发走私旧采棉机案件，完成关区稽查作业刑事立案零的突破。

【综合保障】2022年，天津保税区海关从严从实推动内部新冠病毒感染疫情防控，贯彻落实习近平总书记重要指示批示精神，严把内部防控重点“十五道关口”，在新冠病毒感染疫情防控新十条发布前成功守住内部“零感染”的安全底线；严格预算资金执行，中央财政拨款预算执行率100%；对行政经费支出审批、非政府采购比价等多个重点环节加强制度建设，严防廉政风险；群团工作成效明显，干部职工幸福感、归属感进一步增强；信息政研作用有效发挥，发挥信息第一渠道和统计政研参谋辅政作用，被海关总署采用综合信息呈报5篇，采用外事参阅15篇，共报送中国海关学会主题征文51篇，2篇论文获评中国海关学会奖项；法治和内控机制建设持续深化，1科室获评天津海关“内控示范科室”，报送天津市立法项目1项，为天津海关近年来首次提交有关立法项目；海港办公大楼维修改造项目顺利完成，干部职工工作环境得到进一步优化。

▲2022年10月12日，天津海关所属天津保税区海关关员开展属地查检工作（苏菁　供稿）

【促进外贸保稳提质】2022年，天津保税区海关落实海关总署以及天津海关促进外贸保稳提质“10+30”条措施，推广“提前申报”通关模式，推动进口货物“船边直提”和出口货物“抵港直装”上规模、上水平，建立重点急需物资“专报窗口”和“绿色通道”，提升通关效能；打造航空产业链“件中件”维修监管、“租赁＋维修”、“航空件便捷入区”、“保税维修＋区块链”4项创新举措，使创新红利辐射区内20余家生产、加工、物流企业，带动区外相关配套及上下游关联企业百余家，进一步推动综合保税区航空产业集群联动发展；立足区域发展实际，持续优化作业流程，不断夯实特色产业基础，扩大区域传统优势，加强自贸创新工作，7项创新举措在天津海关备案，其中4项

▲2022 年 6 月 1 日，天津海关所属天津保税区海关关员对天猫国际“6·18”大促商品进行监管（宋海峰　供稿）

在天津关区成功复制推广，“属地查检与稽核查联动作业新模式”入选海关总署自贸创新备案候选项目。

【新兴业态监管】2022 年，天津保税区海关助力天津关区首家保税研发项目落地，落实海关总署以及天津海关相关部署要求，协调相关职能部门、地方政府开展联合调研，提前介入，宣讲海关监管政策、专人跟进保税研发项目落地进展情况、组建专家小组疏通业务堵点，顺利完成天津口岸首家保税研发账册备案；针对企业特点，主动宣讲政策，提高验收效率，完成天津关区首个跨境电商退货中心仓验收；做深做细保税维修业务，支持保税维修创新措施的复制推广，定期评估措施效果，不断改进、完善监管模式，统筹区内外航空保税维修联动监管，准确把握切换时机、系统对接、业务数据切换等关键节点，顺利承接区外航空保税维修业务，统筹“两区”发展，努力打造航空维修产业新集群，催生区域新的增长点。

【“两区”整合】2022 年，天津保税区海关为服务区域发展，助力原天津港综合保税区、天津港保税区顺利整合升级为新的天津港综合保税区，成立“两区”整合工作小组，加强组织领导，研究梳理区域整合准备工作，从满足验收标准和利于区域长期发展两个维度，抓牢关键、抓紧重点，制订整合优化工作方案和任务表；完成海港片区通关、查检科室职责优化调整，由原有以关区代码为基础“扁平化”职责划分调整为按照业务流程、关键节点进行“纵深化”职责划分，进一步厘清权责、提升效率；进一步科学规划物流路线，优化调整 3 个货运卡口功能，加强区域物流联动管理；与地方政府对接，及时通报相关工作任务，共同对海空港围网、卡口等基础和监管设施进行检查，督促解决围网、视频监控、海关监管用房等 26 个问题，保障天津港综合保税区顺利通过联合验收组验收。

【进口汽车监管】2022 年，天津保税区海关持续聚焦传统优势产业抓提升，优化作业流程，以“两区”整合为契机，应用“一口对外、顺势监管”思维，为企业提供一站式通关服务，统一出证节点和时间，保障进口汽车高效通关；畅通关企沟通交流渠道，主动靠前服务，通过“网格员 + 业务群”等方式，搭建关企互动平台，多渠道收集企业需求建议，及时了解企业申报动态和查验业务需求，采取电子信息预约、“5+2”的查验模式，保障进口汽车高效通关；构建多部门协同合力，建立与地方政府、平行进口汽车行业协会定期研商机制，实时跟进行业发展动态，形成海关、管委会主管部门、行业协会联动配合机制，巩固天津港综合保税区平行进口汽车全国龙头地位。全年，共查检平行车 3.3 万台，货值 28.39 亿美元，同比分别增长 73% 和 1 倍；查检中规车 2.7 万台，货值 19.61 亿美元，同比分别增长 29.3% 和 22.3%。

▲2022 年 4 月 11 日，天津海关所属天津保税区海关关员查验进口汽车（池明磊 供稿）

【危化品监管】2022 年，天津保税区海关发挥危险品集中查检优势，筑牢进出口危险品安全防线。严防思想懈怠、严守安全底线、严格落实责任，推动开展“口岸危险品综合治理”百日专项行动，采取“快速检验 + 后续检查 + 强化惩处”联动方式，持续化解口岸危险品治理中存在的风险和隐患；参与海关总署商品检验司智慧危化改革项目，聚焦危险品“滞”的根源和“瞒”的内因，从产品生产、包装鉴定、货物运输、口岸申报、码头装卸等对天津口岸危险品产、销、运全流程梳理，为信息化系统改造和智能装备应用提供基础；全年多次查发伪瞒报、高危低报等各类不合格情事，查发天津口岸首起走私出口有毒化学品金属汞情事，再次查发伪瞒报烟花爆竹情事，充分展现危险品集中查检工作优势；根据天津海关对打击危险品的要求，加强与地方政府和相关单位的联系配合，全年共向应急、港航、海事、公安等部门发送通报函 90 份，形成进出口危险品监管领域联合惩戒合力。

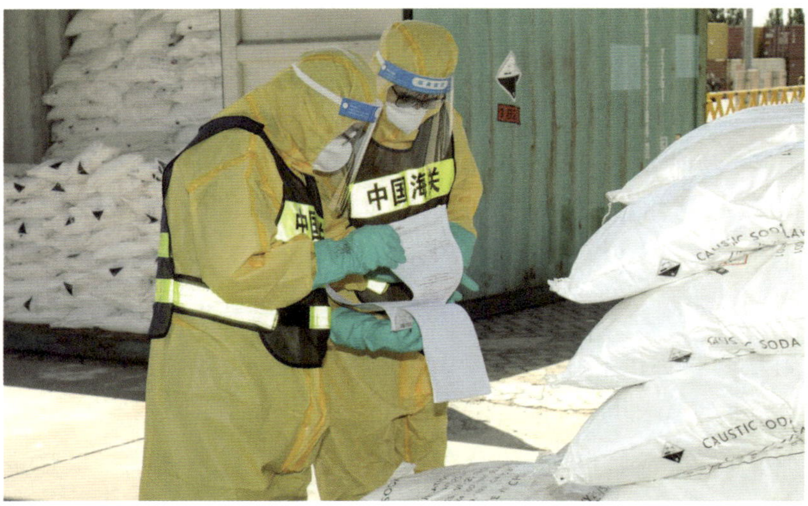

▲2022 年 8 月 26 日，天津海关所属天津保税区海关关员开展危险品查检业务（苏菁 供稿）

撰稿人

张昕明　徐　博

天津东疆海关

【概况】天津海关所属天津东疆海关主要从事口岸通关、保税监管、物流监控、稽查、跨境电商、融资租赁、旅检等多项海关业务，基本涵盖了除快件以外的海关各业务领域。天津东疆海关目前共有内设科室26个，分别为：办公室、人事政工科、统计科、法规科、财务装备科、运行监控科、企业管理科、保税监管科、后续监管科、稽核科、综合业务一科、综合业务二科、新兴贸易监管科、跨境电商监管科、查验一科、查验二科、查验三科、查验四科、查验五科、物流监控一科、物流监控二科、船舶监管一科、船舶监管二科、旅检一科、旅检二科、卫生监督科。

2022年，天津东疆海关先后获评天津市新时代文明实践基地、天津市工人先锋号、全国青年文明号、全国海关系统抗击新冠病毒感染疫情先进集体等多项荣誉。获评集体三等功3个、集体嘉奖2个、个人三等功3个、个人嘉奖2个。1人获评天津市优秀共青团干部，1人获评全国海关系统抗击新冠病毒感染疫情先进个人。全年，监管货运量2509.48万吨，货值606.22亿美元。实征税款388.3亿元，同比增长38.09%，约占天津海关的22.75%。天津东疆综合保税区进出口总值1253.09亿元，同比增长5.2%。5项创新举措通过中国（天津）自由贸易试验区海关监管创新举措备案。

【基层党建】2022年，天津东疆海关围绕新时代党的建设总要求，提出“配强队伍带头人、发挥优秀品牌作用、升级党建平台阵地、融合党建业务成效”新思路，着力促进党建品牌迭代升级。聚焦辖区内高端制造业基础薄弱等问题短板，通过党建联建共建机制加强与地方政府和重点企业的联系，推动区内高新技术企业中铁工程装备集团（天津）有限公司的“保税维修”项目获批落地。党的二十大召开后，第一时间做好组织学习宣传贯彻，先后组织3次党委会集体学习，1次中心组（扩大）专题学习，组织27个党支部开展学习党的二十大报告相关内容，利用“三会一课”、集体学习、主题党日活动等学习81次，200余名党员干部以“线上+线下”“班前+班后”等形式参与。邀请海关党的二十大代表开展“‘踔厉奋发担使命、勇毅前行向未来’——我与党的二十大代表面对面”主题活动，组织开展“党的二十大报告金句每日学”“先进典型上讲台”“老中青三代党员共话党的二十大精神座谈会”等活动，引导广大党员干部进一步牢记初心使命，坚定理想信念。围绕“加快建设贸易强国”“实行高水平对外开放”等深入开展学习讨论，推动学习宣传贯彻工作走深走实。全面抓党员干部政治素质，各党支部纪检委员日常督促全体党员、干部运用“学习强国”“钉钉”平台开展学习，每月公布分数及完成情况。关键抓科级党支部书记党建能力，开展党支部书记和党务干部党建基础工作培训，结合“四个清零”工作和巡察反馈问题，解决基层党支部存在的具体问题。要求支部书记严格履行“第一责任人”职责，争创“四强”党支部和党建示范培育品牌。持续抓好党员干部队伍业务能力建设，天津东疆海关106人具备动植检、危包、食品、卫生、稽查等岗位资质共计209项。推动党建带动工青妇工作同频共振、同向发力，着眼新冠病毒感染疫情防控一线干部职工身体、心理和精神3个层次需求，开展32轮次“党建引领、心理护航”新冠病毒感染疫情防控一线人员专项慰问，发放关心关爱“十件套”，惠及干部职工300余人。

【通关业务】2022年，天津东疆海关推动“船边直提”“抵港直装”工作上规模、上水平。与南开海关共同召开“南开—企业—码头”线上联席会，实现腹地企业与码头的直通畅联。重点关注在东疆口岸办理进口业务但尚未参与船边直提的企业，精准对点调研，拓展参与直提企业增量。进一步加强关港联动，对船边直提“容量”“预约量”“实际量”进行规划分解，通过进一步开放直提预约容量，实现12小时内最大量提离。全年，船边直提11.28万个自然箱，直提率为34.39%。抓好统筹，敦促码头提升作业效率，紧盯单船作业，协调码头、船公司、出口企业、承运车队，明确大型船舶抵港直装操作细节，采取提前预约模式，精准定位抵港直装货物，码头入闸环节开辟绿色通道、装船环节优先安排机力，海关在接单、查验等环节做好通关保障。全年，抵港直装4.99万个自然箱，直装率9.28%。提升规范申报水平。每周开展日常核查，确保问题数据能够及时发现、及时通报、及时整改。提高日常核查数据比例，增加非天津关区通关数据的核查比例。对于差错率高的企业实行重点治理，进行约谈督促，加强培训指导，提高从业人员业务水平，从源头提升规范申报正确率。针对辖区企业多为贸易型企业、其通关业务大多在其他关区开展的特点，重点提升相关企业对规范申报工作的重视程度。全年，规范申报正确率始终保持在99%以上，在完成考核指标的基础上保持排名靠前。

【查检业务】2022年，天津东疆海关完善船舶登临预约机制，精准研判船舶风险，“7×24小时”保障登临快速、安全、及时。定期组织开展全流程、全要素演练，时刻保持船舶登临“热备”状态。全年，实施船舶登临检查470艘次。联合东疆出入境边检站设立首批“边关驿站”，以不接触方式转运船员所需物品，进一步满足国际航行船舶船员的生活需求。冷链监管方面，进一步优化查验、核酸采集、预防性消毒的作业流程，动态监测、动态分流，合理分配东疆冷库场地作业量。全年，冷链货物核酸采样4931票5251

箱，采集样本10.92万个。应用科技装备提升查检质效，在全国首次使用“集成嗅探机器人”，实现对集装箱内有害气体的快速筛查，提升固体废物鉴别能力。全年，完成对256个自然箱的检测。应用全维有害生物智能鉴别仪对截获的有害生物快速鉴别，实现检出率和通关效率双提升，全年检出一般性有害生物6307种次，同比增长587.35%，其中截获的欧洲林蛙是天津口岸首次在一般贸易货物中截获的蛙科动物。全年，检疫性有害生物检出321种次，同比下降44.08%。

【业务创新】2022年，天津东疆海关深入推动新业态发展，支持国家租赁创新示范区建设，出台全国首个针对飞机租赁行业抵押融资的监管办法，先后完成保税租赁飞机退租再租赁、境外飞机境内改装再租赁等多项全国首单业务。支持国产海工装备去库存，累计盘活海工装备价值390亿元，助力东疆成为全国唯一海工租赁聚集区。实现飞机发动机异地监管新突破，进一步拓展异地监管标的物范围。完成全国首票船舶跨境租赁资产交易。全年，累计监管218个租赁标的物，货值757.71亿元，同比分别增长21.79%、16.91%。推进保税展示交易扩围增量。率先推动冻品、跨境电商商品和老爷车等保税展示交易业务创新模式落地，完成天津海关首票大宗散货保税展示交易业务，支持经典车依托保税展示政策走进上海第五届中国国际进口博览会，助力天津市完成首票艺术品保税展示拍卖业务。全年，开展保税展示交易业务86票，货值共计约16.11亿元，货值同比增长超26倍，货值占天津关区的68.85%。

【综合保障】2022年，天津东疆海关高效完成业务督办事项、“一流海关”指标、促进外贸保稳提质、危险品综合治理、商品风险效能、12360等公告督办事项1800余件，完成天津海关任务管理平台天津海关关级任务72件（主办13件、协办59件）无逾期，工作日即时流转海关综合业务管理平台、海关风险管理HF2020系统联系单无迟滞，没有出现影响业务工作开展情事。依法依规做好政务公开。制定《天津东疆海关政府信息公开指南》《天津东疆海关政府信息公开工作规程》，细化和完善海关基层政务公开标准目录共7大类23项，完成海关政务公开“创优”指标14项。办理海关政府信息公开31件，作出海关信息公开申请答复书21件，实现信息公开申请答复工作零复议、零诉讼。优化科技装备管理，完成关区

▲2022年11月25日，天津海关所属天津东疆海关助力完成天津市首票艺术品保税展示拍卖业务（天津海关所属天津东疆海关　供稿）

物联网卡重新开卡申请30余次，完成102台微机国产化系统替换。落实“过紧日子”要求，统筹预算资金支出，全年累计支出财政预算资金183万元，在确保预算执行率达到100%、预算资金较2021年调减23%情况下，有效保障各项工作有序开展。持续强化公务用车管理，制定《东疆海关公务用车使用管理手册》，建立“一车一账”，年内维修GPS故障信息11次，开展安全教育14次。结合通勤改革，优化站点配置，重新规划班车线路3条，核减班车线路1条，交回租赁大型客车2辆。以消防、燃气安全为重点组织做好应急演练和定期检查，邀请专业消防安全公司开展培训1次，组织应急疏散演练1次，开展办公场所消防、燃气安全检查12次，发现并整改问题10个，确保机关安全生产。

▲2022年12月28日，天津海关所属天津东疆海关关员在港区码头进行监管作业（天津海关所属天津东疆海关　供稿）

【促进外贸保稳提质】2022年，天津东疆海关全力压缩通关时长，进一步完善进口通关效率齐抓共管综合治理机制，建立“365”工作制，全年在岗，周六日、节假日均加班办理通关业务。全年，进口整体通关时间35.24小时，较2021年缩短3.54小时，同比压缩9.13%；出口整体通关时间0.51小时，较2021年缩短0.22小时，同比压缩30.41%；出口边境合规时间62.68小时，较2021年缩短16.4小时，同比压缩20.74%；进口提前申报率83.27%，出口提前申报率92.46%。持续推进“东疆港区太平洋码头智慧管控平台”开发建设及全流程验证测试工作，实现对港区装卸、存储、运输、卡口等环节的“全链条”管控，取消“一船一议”审批手续，进一步推动内外贸同船运输业务开展。全年，监管内贸船舶作业930航次，103.59万标箱。通过新增沿海捎带转关方式、测试改进业务系统、设立沿海捎带专岗等措施，支持沿海捎带新政策落地。6月，天津港太平洋国际集装箱码头完成全国首票境外集装箱班轮沿海捎带业务，作业外贸货物接卸27标箱。

【优化营商环境】2022年，天津东疆海关利用信息化手段打通通关堵点，在肉类、汽车等出证环节，针对高峰期日均处理报关单多、出证效率极难保证的情况，为方便企业随时掌握拟证、复核、打印、拟证完成进度，在开发上线“验了么”小程序基础上，又先后开发上线“发了么”“退了么”通关小程序，有效减少企业“跑腿”次数，降低关企沟通成本，压缩查验及出证时长。全年，共有1189家企业注册使用上述小程序办理海关业务，总计处理报关单3.7万余票。特别是新冠病毒感染疫情管控期间，通关小程序帮助企业居家即可进行业务办理，有力保证进口货物特别是肉类等民生保障物资顺利通关。依托网格群、进企业等方式，提前了解企业进口冷链食品申报计划，开展政策宣传10余次，惠及企业近400家。出台完善进口冻品保税展示交易操作指引，使保税展示交易进口冻品的抽验比率由100%降低到10%。助力考拉海购启用新的跨购保税进口商品仓库，推进“京东国际”落地东疆综合保税区项目。全年，受理跨境电商零售进口清单580.87万单，征收税款9986.77万元，同比分别增长39.56%、12.97%。大力推进跨境电商B2B出口业务，与天津东疆综合保税区管理委员会联合搭建电商公共服务平台，便利企业申报录入。全年，B2B出口业务量142.92亿元。

【综合保税区建设】2022年，天津东疆海关创新综合保税区监管模式，制订中欧班列货物进出综合保税区监管预案，协同地方政府、班列运营企业、出口代理企业等单位共同研究“中欧班列+保税专列”货物通关常态化，丰富保税仓储货物出口路径，全年出口发运2班次，货值2400余万元。创新中规车进口监管模式，引导企业提前申报、两步申报，在货物抵港前完成审核，平均压缩物流时间2天；将原本的申报缴税和上线检测“串联”模式改为“并联”，满足企业分批出区的多样性需求。全年，中规车申报入区3.99万辆，同比增长2.8倍；货值213.95亿元，同比增长3倍。加速二手车出口业务发展，建立随报随检工作机制，对辖区内试点企业报关单优先办理审单、查验、放行等业务，进一步提升服务能力。全年，辖区试点企业在天津东疆海关申报二手车出口1379辆，货值2.05亿元，同比均增长近百倍。

【危化品监管】2022年，天津东疆海关深入贯彻落实总体国家安全观，根据党中央、国务院关于安全生产监管“全覆盖、零容忍、严监管、重实效”的系列重大决策部署，加强进出口危化品全链条监管，加大运用海关机检设备智能审图力度，对存在伪瞒报及夹藏风险的货物加强查验，取得工作成效。1月7日，义乌某公司申报出口至伊拉克一批货物，品名申报为：塑料玩具、玻璃壶、塑料衣架、塑料椅子、纸杯、牙刷。该票货物被布控查验，经机检查验发现图像异常，转人工查验。经开箱实施查

▲2022年10月26日，天津海关所属天津东疆海关关员对进入天津东疆综合保税区货物进行监管作业（天津海关所属天津东疆海关 供稿）

验，发现集装箱内前两批货物为纸箱装塑料玩具车，其后为纸箱外套绿色编织袋包装的烟花。天津东疆海关按照相关工作要求密切与缉私、监管、保税区海关等部门的联系沟通，综合研判对相关出口货物的风险分析，梳理出5票高风险报关单并对相关集装箱进行开箱查验。经查验，5票报关单涉及的集装箱内均为伪瞒报的烟花等危险品。此次查获烟花爆竹涉及6个集装箱共计145吨，为近年来天津口岸查获的最大一起违规出口烟花爆竹情事。

撰稿人

吴洁健　柳　聪

北塘海关

【概况】北塘海关受天津海关直接领导，负责天津港北塘港区（中心渔港）和中新天津生态城范围内的海关各类管理工作，承担天津关区海运集装箱货物机检审像工作。主要职责包括负责党的基层组织建设和干部队伍建设；办理具体海关业务，反馈执法作业结果；完成天津海关交办的其他工作。下设办公室（党委办公室）、人事政工科（党委组织宣传部）、审像一科、审像二科、综合业务科、查验一科、查验二科等7个科（室）。

2022年，北塘海关以习近平新时代中国特色社会主义思想为指导，学习宣传贯彻党的二十大精神，认真落实海关总署以及天津海关工作部署，对标高质量建设“一流海关”目标要求，各项工作科学稳步推进。全年，机检审像审核报关单34515票，图像52170幅；接受申报报关单1146票，出具纸质“入境货物检验检疫证明”4253份；进口冻品查验3608票报关单、4228自然箱，消杀898票报关单、911自然箱；开展食品出口申报前监管574票；特殊物品出口申报前监管293票，属地查检35票，进口后续监管1票，特殊物品企业日常监管10家次；开展管理类核查作业54项；开展稽查作业1项；开展主动披露作业1项。

【基层党建】2022年，北塘海关将政治建设摆在首位，把学习宣传贯彻党的二十大精神作为首要政治任务，制定6个方面21条具体措施落实党的二十大精神，组织学习交流20余次；加强基层党建规范化、标准化建设，推动8个党支部党建品牌迭代升级，严格落实组织制度，各党支部累计组织“三会一课”90余次。年内，审像二科党支部和查验一科党支部被复核认定为天津海关“四强”党支部，审像一科党支部被授予天津海关“四强”党支部；发展预备党员1名，1名预备党员转正；1名党员获天津海关“双优委员”荣誉称号；22人立功受奖。“上善暖塘”志愿服务队参加“单车回家—共享文明”“万人环境大清整”等志愿服务活动10余次，在帮扶结对村购买葡萄50余箱，开展妇女节插花、端午节线上观影、清明节“线上祭英烈”以及“生物安全、食品安全进校园”等活动。2022年，北塘海关通过天津市市级文明单位年度审核，查验一科获评天津市“青年文明号”。

【机检审像】2022年，北塘海关发挥“智能审图+集中审像”优势，以承担海关总署智能审图算法分类部署试点为契机，不断优化智能审图系统算法，提升审图精准度。全年，共完成图像标注7212幅，查发的3个案例入选2022年上半年全国海关货运监管领域智能审图查获典型案例；推动智能审图融入智慧港口建设，在天津港北疆港区智能化无人码头物流通道部署大型机检设备，打造智慧协同作业模式，货物顺势接受海关机检查验，实现全程无感通关，机检查验时长比原模式压缩两成。该关统筹机检审像人员配置，提高大型机检设备使用效能，做到365天不间断审图，周末、节假日值班315人次，紧急通关加班90人次，确保春耕物资、冷冻鲜活等民生物资快速通关；在天津海关六纬路办公区和北塘海关中心渔港办公区各建立1个应急审图备用工作站，确保突发状况下机检审像工作能够及时、准确、不间断开展；将冻品、水果、汽车零部件等天津口岸重要进口商品纳入智能审图识别商品清单，实现审图快速识别、快速通关，以实际行动保障产业链供应链稳定畅通。年内，北塘海关机检审像工作获企业赠送锦旗4面、天津海关关长信箱收到企业感谢信3封。推进“智能审图＋风险分析”审图模式，落实人工初审、专家复审、科长复核“三级流程”控制，通过大数据分析实现对风险货物多维甄别与预警拦截；加强与天津海关缉私、口岸监管、风控等部门协同联动，对查获案件进行深挖扩线，形成打私合力。全年，共查发伪报、夹藏、申报不实等走私违规查获情事1309起，涉及固体废物324.6吨、危化品147吨，查获侵权情事12起，经机检审像转人工查验后立案情事52起。

【通关业务】2022年，北塘海关进口货物整体通关时长13.07小时，同比压缩36.47%。强化进出口申报“源头管理”意识，规范企业进出口申报行为，不断督促企业提高报关数据质量，持续推动提升通关效率，年度规范申报率达到100%。加强“提前申报”通关模式政策宣讲，提升企业提前申报率，为压缩整体通关时长提供重要保障，年度进口提前申报率达到90.66%；在引导企业做好提前申报的基础上，进一步提高审单效率，做到无问题单据“日清日结”。依法科学做好税收征管，宣传贯彻落实以企业为单元的多元化税收担保等改革措施，推广汇总征税应用，年度汇总征税报关单比率达到61.78%。推广“船边直提”“抵港直装”等便利措施，年度“船边直提”比率达33.2%、“抵港直

▲2022年4月12日，待检货物通过海关大型机检设备，天津海关所属北塘海关关员在集中审像中心随即完成机检查验作业（秦超　摄）

装”比率达19.02%。重点提升冻品进口“船边直提”比率，不断向冻品进口企业宣传“船边直提”优势，对辖区进口冻品企业进行数据分析，详细掌握属地企业进口情况，加强与口岸海关、码头、冷库、物流车队的沟通，指导企业用好关港集疏港智慧平台，同时推进进口冻品“保税+直提”工作，进口冻品年度“船边直提”比率达到51.07%。

【进出口食品监管】2022年，北塘海关严格进口冻品审单，对每批次进口肉类和水产品均实施人工审单，重点做好卫生证书电子信息核查和检疫许可证核销；查验环节严格执行查验指令，提高一线查验关员不合格货物查发能力。全年，共查发不合格进口冷链食品21批次、重量119吨。按照天津海关工作部署，落实“智能分流”冻品监管模式，全年共查验进口冻品4228自然箱，同比增长78.4%，同时承担天津口岸近八成的进口冷链乳品目的地查验工作。参与对境外18家生产企业的视频检查，涉及水产品及肉类加工、远洋捕捞等，为海关总署开展安全风险评估提供翔实资料。加强出口食品监管，全年未发现不合格情事，出口企业未被国外通报。建立线上预约机制，开通预约查验通道，安排专人与企业对接，实现随产随验、随验随走，持续推广“抵港直装”，提升通关效能；指导企业完善质量管理体系，提升自检自控能力，助力三尚行（天津）食品股份有限公司产品远销欧盟、美国等多个国家和地区。

【稽核查业务】2022年，北塘海关以查发问题为导向，科学制订年度稽核查计划，依托风险分析实现精准查发，促进企业规范经营，提高企业诚信度和市场竞争力。共开展稽查作业1项，开展主动披露作业1项；开展企业注册信息核查、进口食品（化妆品）进口商核查、出口备案食品生产企业核查等管理类核查业务54项，涉及辖区36家企业，按时办结率100%；开展线上核查19次，查发问题19起，并通过叠加作业、合并检查方式等减少下厂14次，尽量减少对企业经营干扰；会同天津市滨海新区市场监管局、中新天津生态城税务局等地方政府部门开展“双随机、一公开”抽查作业，对辖区内企业开展出口备案食品生产企业核查、市场主体登记事项及公示信息监督检查、税务登记及发票情况等检查，未发现异常情况。

【综合保障】2022年，北塘海关报送的信息、宣传、政研和统计等稿件被海关总署相

▲2022年11月8日，天津海关所属北塘海关关员对出口坚果实施查验（李哲摄）

关载体采用18篇，被中央电视台、《科技日报》、“海关发布”等中央和省部级新闻媒体采用42篇次，被天津海关相关载体采用6篇，获得天津海关统计分析专报、津关统计分析、宏观经济分析、业务统计专报等第一作者采用80篇次，参与海关总署和天津海关课题7项。撰写《天津海关关于促进口岸进口冻品产业发展升级的调研报告》，为推动天津口岸进口冻品产业发展由“通道型”向“产业型”升级建言献策。按照海关总署工作部署，开展“海关重点项目和财物管理以权谋私”专项整治，按照程序将相关业务人员纳入专项整治领域人员名单，将相关政策要求传达至每名干部职工；运用谈心谈话、问卷调查、实地走访调研等方式，排查出2个问题和5个风险点，问题均整改完毕，风险点均制定防范措施。将安全生产工作作为形势分析和工作督查例会的常设议题，建立《北塘海关领导班子成员安全生产“两个清单”》《北塘海关安全生产重点措施、风险点及管控措施清单》，明确领导班子成员安全生产责任以及安全生产领域、风险点、管控措施、责任人，排查出14个细分领域的50项重点关注风险点，并动态更新；每周开展指定监管场地巡查，全年共巡查52次，累计发现问题6个，均按要求完成整改；在节假日及重要时间节点前开展办公场所安全检查，及时排查风险隐患，开展消防安全演练和培训3次。

【政治机关专项教育活动】2022年，北塘海关认真落实“第一议题”制度，党委、党支部及青年理论学习小组经常性开展政治理论学习研讨，确立重点研究课题3项；深入开展“书记项目”课题研究，报送的“新时代以党建带团建，加强青年工作的实践与思考”课题被推荐上报至中共天津市委市级机关工作委员，获评2022年度机关党建优秀调研报告三等奖；海关总署政工办网站共刊载该关政治机关专项教育活动工作简报和图片新闻7篇次，相关信息获得天津海关专题网站采用100篇。对照“没有离开政治的业务，也没有离开业务的政治”要求，结合“学查改”专项工作，落实“一张清单抓整改”，讨论研究梳理政治要求200余条，查找整合各类问题和风险点80个，并按要求、时限完成问题整改，制定针对性防范措施，建立相关工作机制16项。

【新冠病毒感染疫情防控】2022年，北塘海关做到“人、物、环境”同防，制定“北塘海关口岸核酸采样明白纸”“人员及环境核酸采样工作提示”“冻品查验操作规程‘更新升级包’”等文件，根据政策调整优化进口冷链食品新冠病毒感染疫情防控工作流程。按照不同时期的不同要求做好冷链查验人员安全防护，落实“岗前检查、工作巡查、全程督查”和“双人作业、相互监督”的安全防护监督制度。加强对查验现场企业人员个人防护提醒督促，利用视频监督发现企业问题54项，均完成立行立改；将企业人员违反新冠病毒感染疫情防控要求的14类典型问题整理汇编，推送至企业开展专题培训。辖区内两个进口肉类指定监管场地企业全年完成培训学习52人次，相关人员防护意识显著提升，视频检查发现问题同比下降三成。全年，按照天津海关要求，组织职工落实核酸筛查23次、采样

1326人次，新冠病毒感染疫情期间海关业务运行正常。

【促进外贸保稳提质“10+30”条措施】2022年，北塘海关制订《北塘海关推动落实促进外贸保稳提质工作方案》，搭建关企交流平台，通过线上调研、发放宣传册、召开座谈会等方式，线上线下同步宣讲促进外贸保稳提质措施，宣讲企业覆盖1200余家，重点对企业关心的RCEP、知识产权海关保护等政策进行宣传解读，指导企业用足用好减税降费政策，及时解决企业在机检审像工作中遇到的困难。建立企业需求和问题督办台账，助力企业解决各类难题44项；指导专精特新“小巨人”企业丹娜（天津）生物科技股份有限公司申请知识产权海关保护备案13项，应企业需求将电子底账申报和属地查检业务转至辖区内开展，并设立出口生物医药试剂“7×24小时”预约绿色通道；精准帮扶三尚行（天津）食品股份有限公司，推出上门宣讲关税政策和原产地规则、梳理享惠国家（地区）及商品信息、原产地证快速审核等便利措施，助力该企业产品打入土耳其市场。

▲2022年4月28日，天津海关所属北塘海关关员向企业人员讲解RCEP政策（刘常豪　摄）

【中心渔港国家骨干冷链物流基地】2022年，北塘海关采取“班组轮换+预约加班”查验模式，建立待查验货物催办、单据日清日结等机制，做到进口冻品随到随检、快速验放，无问题货物4小时查验完毕，当天出具检验检疫合格证书；取消“离场通知书”和取样送检合格货物“启封通知书”，大幅减少纸质单据填写、存档需求。按照《天津海关推进海运进口冻品“保税+直提”模式工作方案（试行）》要求，制订《北塘海关对冻品保税仓库及所存货物的监管工作方案（试行）》《关于冻品“保税+直提”货物查验细化实施方案》，安排专人与冷库企业对接，落实政策指导和帮扶工作，并主动帮助进口商协调解决冻品“入库难”问题，推动辖区内进口冻品上规模、上水平。10月，辖区内的中心渔港冷链物流基地入选国家骨干冷链物流基地建设名单，系天津市首个，也是该年度唯一一个。

【进口冻品保税展示交易】2022年，北塘海关加强进口冻品保税展示交易调查研究，参与撰写《天津海关保税展示交易专题调研报告》《冻肉保税展示交易调研报告》，制定《进口冻品保税展示交易监管操作指引（试行）》，加强对《海关总署关于推广企业集团财务公司担保的公告》（海关总署公告2022年第56号）的政策宣传，帮助企业掌握政策优势，熟悉业务操作流程。对辖区内有意愿设立保税仓库的企业给予指导，跟进中农批（天津）国际冻品交易市场有限公司保税仓库项目和优合集团智能云仓冷链一体化基地项目，按照海关监管要求，明确冻品保税仓库设立的规划标准、管理系统和注意事项等内容，并指导帮助企业完善相关申请材料。全年，共开展进口冻品保税展示交易业务21票，货值2066.39万元，分别占天津口岸进口冻品保税展示交易业务的91.3%和96.4%。

撰稿人

刘常豪　孙　琳　李亚静　运　童　张　晟
周亚东　黄　杰

第八篇

事业单位

天津海关后勤管理中心

【概况】天津海关后勤管理中心是天津海关所属事业单位，实行财务独立核算；主要承担天津海关机关办公区卫生保洁、秩序维护、绿化养护、设施设备维护、安全保卫、职工食堂、公务用车、职工体检、重大活动等综合服务保障工作，承担天津海关机关固定资产和房产实物管理，资产和服装仓储管理，招标采购管理等工作；内设15个部（室）。

2022年，天津海关后勤管理中心学习宣传党的二十大精神，落实2022年全国海关、天津海关工作会议以及全国海关年中工作会议精神。全面从严治党，推进基层党建工作。统筹新冠病毒感染疫情防控保障，服务天津海关发展大局。开发“隔离酒店订餐小程序”，用科技保障集中封闭管理酒店“无接触”配餐。优化物业项目管理，助力绿色机关建设。申报获得“天津市节水型单位”称号。抓实做细后勤服务，提升职工满意度。强化安全综合治理，保卫天津海关平稳运行。全年，组织开展天津海关消防演练1次，义务消防应急队员培训2次。加强政府采购管理，规范档案存储调阅程序。

【基层党建】2022年，天津海关后勤管理中心全面从严治党，扎实推进基层党建工作走深走实。推动所属9个党支部党建品牌迭代升级，完成5个党支部换届选举、3个党支部新增成立和所在党支部书记选举，发展2名预备党员。分别成立工作组落实书记项目1项、党风廉政建设实践项目1项，党建与业务融合试点党支部1个，培养获得“双优党员”称号1人、“两优一先”称号2人。在政府采购、生活服务、车辆管理、资产调配等方面深化“我为群众办实事”成效，落实以人民为中心的发展思想，促进党建与业务深度融合。落实“第一议题”制度，将习近平总书记重要讲话和重要指示批示精神及时纳入党委学习内容，党委成员带头学，示范带动各支部书记和全体党员共同学。组织全体干部职工认真学习习近平新时代中国特色社会主义思想和党的十九届六中全会精神、党的二十大精神以及习近平总书记重要指示批示精神，全年共开展天津海关后勤管理中心党委集中学习30次，组织党委理论学习中心组（扩大）会议专题学习4次，开展各类学习研讨26次，撰写研讨体会文章15篇。所属9个党支部严格落实“三会一课”制度，集中学习99次、讲党课42次。

【物业管理】2022年，天津海

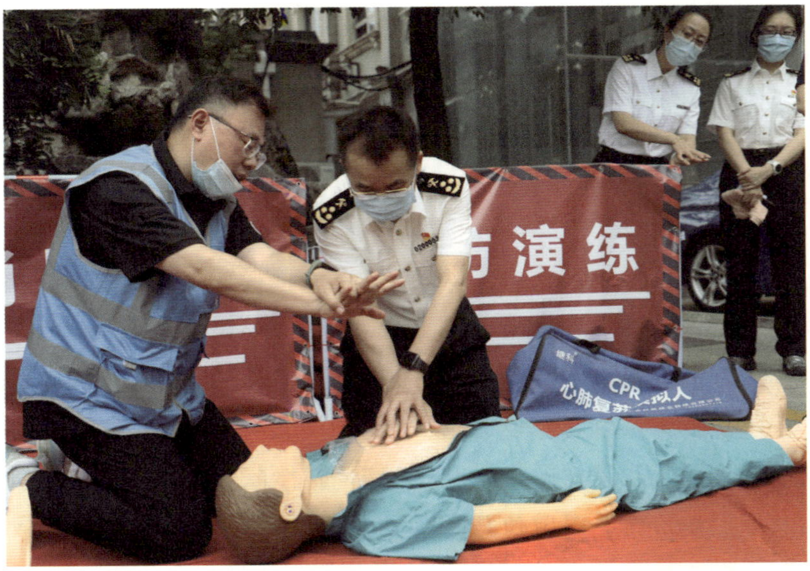

▲2022年6月14日，天津海关后勤管理中心组织天津海关应急演练及微型消防站拉动演练（魏宁　摄）

关后勤管理中心优化办公区物业项目管理，做好能源节约工作。完成各类维修、抢修、碎修1500余次。全面推进新关公寓物业社会化和单身宿舍规范化管理，年内组织退租9间闲置宿舍。组织开展天津海关爱国卫生运动70周年、第35个世界无烟日、世界环境日、全国低碳日等主题宣传活动，发布“爱国卫生运动倡议书”等，印刷并张贴“加强塑料污染治理”“烟草威胁环境”“绿色低碳，节能先行”等主题海报，对天津海关机关办公区卫生死角进行全面清理和消杀，明确办公区域内禁止吸烟，设置室外吸烟点位，多种形式宣传传统烟草、电子烟和二手烟对健康和环境的严重危害，倡导节约粮食、绿色出行、节水节电等节能措施。天津海关机关3个办公区全年用纸、水、电、气等能源消耗均有所下降。

【安全保卫】2022年，天津海关后勤管理中心提升安全保卫能力，保障办公区域平稳运行。组织完成《天津海关安全责任书》签署，对天津海关57处办公场所及空置楼宇进行梳理，落实安全管理责任。制订天津海关火灾事故应急预案、天津海关燃气安全排查整改实施方案等11项安全生产相关制度和方案。督导所属企业落实企业安全生产主体责任。对16个隶属海关、事业单位等办公场所进行消防安全检查，发现隐患问题68项，全部完成整改。开展节日抽查、专项检查40余次，发现安全隐患33项、燃气隐患5项并全部完成整改。对所属企业共计

▲2022年11月9日，天津海关后勤管理中心开展天津海关义务消防应急队员实操培训（魏宁　摄）

7处办公区域进行安全检查，排查隐患问题40余项并全部完成整改。引进“外脑”（安全隐患排查专业第三方）强化监督管理，完成天津海关机关3个办公区消防完善工程14项。开展天津海关消防演练1次，义务消防应急队员培训2次。开展天津海关车辆安全检查2次，对20辆老旧车辆提出处置建议，报废天津海关后勤管理中心事业权属老旧车辆2辆。加强安全驾驶督导，完成办公区车辆年检130辆次，对驾驶员开展安全教育培训20余次，全面检查天津海关后勤管理中心所辖车辆安全隐患10余次。

▲2022年8月11日，天津海关后勤管理中心开展准军事化列队训练（魏宁　摄）

【生活服务】2022年，天津海关后勤管理中心做好餐饮、通勤车辆、职工体检等各项生活服务保障。引入技术管理团队，标准化供餐近30万人次。以食品健康为第一要务，检查购进食材质量700余次，发现解决质量问题22项。召开“伙食委员会”收集职工意见建议17条，逐一整改反馈。制定天津海关制止餐饮浪费管理办法。升级公务派车系统，保障天津海关机关和后勤管理中心事业用车派遣。优化调整办公区电动汽车、自行车充电设施，保障员工日常通勤需求。从办文、交通等方面，为2021年、2022年天津海关干部职工体检提供后勤保障。为2022年天津海关公务员面试提供物业、安保、用餐等保障。全年，调配、修理家器具1300余件。为单身干部职工提供单身宿舍153间、264个床位，全年调剂入住240余人次。提供天津海关制服装备仓储服务7300余件（套），发放服务5800余人次。

【综合保障】2022年，天津海关后勤管理中心全面担当主责主业，做好后勤综合服务保障工作。为海关总署专项整治（“海关重点项目和财物管理以权谋私”专项整治工作）督导组、海关总署疫情防控督导组、天津海关履行监管职责和税收征管等情况审计工作组的临时工作提供办公和用餐保障。开展天津海关房产存量排查、安全检查，查询、整理867套房改购房纸质档案并建立电子档案，对查发的风险隐患及时整改。保障精品库入库货物340件，出库4516件。建立采购需求部门和执行部门有效沟通机制，完成政府采购92项次，非政府采购275项次。制发天津海关劳务派遣员工管理办法、天津海关劳务派遣员工薪酬管理办法，加强天津海关劳务派遣员工管理。制定后勤管理中心工作人员假期管理办法。修订完善后勤管理中心准军事化纪律部队建设日常管理办法，全年开展准军事化纪律部队队列训练6次，内部督导检查12次。增设6类29个专业技术岗位，促进天津海关后勤管理中心专业技术人才队伍建设。

【天津市节水型单位】2022年，天津海关后勤管理中心负责管理的天津海关和平区营口道2号楼院被天津市水务局、天津市工业和信息化局、天津市教育委员会授予“天津市节水型单位”称号。成立“天津海关节水领导小组”，负责天津海关节约用水统一管理工作。制定天津海关用水管理制度、天津海关节水计划、天津海关节水宣传教育计划、天津海关节水管理员岗位责任制、天津海关节约用水考核制度、天津海关节约用水奖励制度、天津海关用水设施巡回检查制度等节水制度。改造天津海关营口道办公区内陈旧老化的管道、节门、控制柜。天津海关机关食堂加装二级水表，制定用水计划指标，设置专人负责记录每月用水量。开展物业保洁员用水培训，了解负责区域管道节门位置，掌握供水节门应急关闭技能及听看用水异常声音技能，监督用水器具正常出水量确保正常使用，发现问题及时汇报抢修。完善各层级检查监督机制，留存检查记录，形成“各部门定期开展用水器具全面自查、工程技术人员每周专项检查，物业安保人员巡楼检查、天津海关后勤管理中心督查的模式”，发现问题及时上报、解决。定期召开能源管控会，研究、讨论节水问题，对比分析各办公楼区域能源使用情况。利用办公区大屏幕宣传节水方法、知识，在卫生间、淋浴室、饮水机等处张贴“温馨提示”，提倡节约用水光荣。

【党的二十大期间安全生产】2022年，天津海关后勤管理中心以习近平新时代中国特色社会主义思想为指导，深入贯彻落实习近平总书记关于安全生产重要指示批示精神，开展天津海关机关办公区安全生产综合整治工作，确保党的二十大期间安全稳定。落实《天津市安委会关于印发〈防风险除隐患保安全排查整治方案〉的通知》《天津市安委会关于开展安全生产攻坚行动 全力确保党的二十大期间安全稳定的通知》要求。部署开展安全生产专题会议，明确安全生产重点排查整治内容、责任人、完成时限等内容。制订安全生产综合整治工作方案。对天津海关机关办公区安全隐患进行全面排查，排查内容涉

▲2022年10月11日，天津海关后勤管理中心开展机关办公区党的二十大前安全检查（李战 摄）

及消防设备设施、消防器材、电梯、燃气使用安全、变电运行、直燃机运行、人员值守等22项，以“四不两直”（不发通知、不打招呼、不听汇报、不用陪同和接待，直奔基层、直插现场）、不分节假日等形式对天津海关机关4个办公区开展综合整治排查，累计开展7次隐患排查、安全抽查，发现隐患问题13项并已完成整改。督导物业服务企业自10月10日起至党的二十大结束每周开展1次微型消防站拉动演练。指导所属企业做好党的二十大期间安全生产工作。

【新冠病毒感染疫情防控】 2022年，天津海关后勤管理中心强化机关办公场所新冠病毒感染疫情防控管理。办公区域累计消杀6000余次，机关食堂消杀2000余次。新冠病毒感染疫情防控监督员全年开展巡查检查27次，发布内部新冠病毒感染疫情防控巡查、检查情况报告4次。督导所属企业落实主体责任，严格执行新冠病毒感染疫情防控规定。组织开展天津海关六纬路办公区会议室突发新冠病毒感染疫情应急演练桌面推演1次。为天津海关各办公区配备新型人脸识别信息采集测温仪37台。为全体干部职工发放个人防护用品10批次。

年内，天津海关后勤管理中心严格做好新冠病毒感染疫情物资管理工作。对物资库设专人管理且“7×24小时”待命接收、发放物资，建立临近物资、长期不领用物资提示制度。全年，累计入库物资约689万件、出库约793万件，其中接收天津市防疫指挥部下拨物资45万余件，接收天津市疾控中心提供的保障试剂耗材368万余份，为天津新港海关、天津滨海机场海关、天津国际旅行卫生保健中心等一线单位发放物资403批次。

年内，天津海关后勤管理中心做好支援一线后勤保障工作。加强集中封闭隔离酒店管理，全年累计服务2670人次，上线“隔离酒店订餐小程序”保障集中封闭隔离酒店“无接触”式供餐。开展集中封闭管理场所后勤保障领域新冠病毒感染疫情防控措施落实情况自主督察，发现17项问题全部完成整改。约谈3家闭环管理车辆租赁企业，加强对驾驶员、车辆消杀的管控，签订“疫情防控责任承诺书”6份，下达“整改通知书”1份，累计处罚相关企业3次。督促指导2个集中封闭管理酒店制订服务工作方案。

【采购档案管理】 2022年，天津海关后勤管理中心持续完

▲2022年1月14日，天津海关后勤管理中心代表天津海关接收天津市滨海新区口罩产业商会和纳通医用防护器材（天津）有限公司的物资捐赠（张德明 摄）

善采购档案管理工作。按照天津海关关于加强采购档案管理的通知要求，开展采购档案整理，对分散存放在8个地点的10年来的政府采购项目档案开展起底清查、全面核实，梳理完成包含2012—2020年度198项货物类、服务类、工程类重点项目的《采购工作档案名录清单》，将历史档案分明时段、统一标准后，逐步移交档案管理服务外包单位统一存档。制定后勤管理中心采购工作档案调阅规范，明确管理程序和职责，降低因采购档案调阅规则缺失产生的管理风险，建立专班团队和“8小时+8小时以外”“工作日+双休日”工作机制，加班加点开展采购工作档案调阅服务，为“海关重点项目和财物管理以权谋私”专项整治工作提供调阅服务1050余项次，未出现档案丢失、损坏等情况。

撰稿人

邹雅静　宋立业　贾瑜轩　黄彦博　霍祥云

天津海关动植物与食品检测中心

【**概况**】天津海关动植物与食品检测中心（以下简称“动植食中心”）主要承担天津海关涉税检测、进出境动植物及其产品、食品、化妆品、一次性卫生用品、食品接触性材料等法定检验检疫任务，承担动物疫病、植物检疫有害生物风险评估，为海关监管执法提供技术支持，为国门生物安全及应对国际贸易壁垒提供科技保障。2022年，动植食中心共完成法检业务2.54万批、174.3万项目次，占动植食中心总业务量的97%，同比分别增长43.5%、74.1%。全年，制修订绩效工资管理办法及非在编人员工资管理办法等管理制度17项；完成内设机构领导干部选任1次；完成专业技术岗位竞聘2次。落实关心爱护疫情防控一线人员工作要求，为5名参加疫情防控工作累计满12个月的专业技术人员顶格聘任到相应岗位。低聘率由2021年4月的34.2%下降至16.7%。

突出绩效正向激励作用，对获得年度考核优秀嘉奖16人及获得及时奖励记功2人、嘉奖2人进行表彰奖励，对违反动植食中心内部管理措施进行通报批评23人次，对表现突出人员通报表扬共计40人次。在服务外贸主战场、实验室检测一线等急难险重工作中让年轻干部强历练、显担当。年内，马兴同志获评第21届“全国青年岗位能手”称号，为天津海关首次。完成团支部换届改选，推进工会换届改选，进一步发挥青年干部生力军作用。

加强成本核算，结合动植食中心法检业务量大、试剂耗材采购量大的特点，大幅压缩检验检测试剂耗材支出。年内，在法检业务量同比增长74.1%的情况下，动植食中心通过优化检测方法、持续推进试剂耗材国产化、不断完善和提升质量管理等措施，试剂耗材采购支出费用较2021年减少436万元，同比压缩31.4%。

采取多种形式、通过多种渠道（公共媒体、公众号、大屏幕、展板）将动植食中心亮点工作及时进行宣传报道。年内，在“海关发布”、《中国国门时报》、天津电视台、《天津日报》等媒体报道12次；在天津关区“图片新闻”刊发信息1篇，在专项教育活动专栏刊发信息23篇；在海关总署公众号“金钥匙杂志”“中国口岸科学技术”、天津关区公众号“天津海关12360热线”“悦动津关”刊发信息20篇，每日信息刊发40余篇，动植食中心公众号发布信息46篇。

【**基层党建**】2022年，动植食中心党委在学习贯彻党的二十大精神和习近平新时代中国特色社会主义思想方面下真功、见实效。动植食中心党委书记、主任围绕学习贯彻党的二十大精神、“清风国门”、廉洁家风等主题讲授党课3次，党委委员、各党支部书记专题宣讲党的二十大精神12次、集中领学11次，举办民主党派座谈交流会、青年读书分享会3次，组织开展“书记项目”课题攻关1项，打造天津关区“样板间”1个，入选天津关区“党建优服务”典型案例1个。食品安全实验二室党支部获批天津关区党建示范品牌，为天津关区唯一一个获批事业单位党支部；获得天津关区“优秀党支部”1个、“优秀党务工作者”1名、“双优委员”1名。

年内，动植食中心召开全面从严治党工作会议2次，针对“四风”问题隐形变异新表现，每月定期开展“主任接待日”，广泛听取干部职工意见。综合运用“第一种形态”先后对失职失责党员干部职工通报批评26人次，持续压紧压实管党治党工作责任。组织制订动植食中心关于开展“清廉家风”——弘扬海关清廉家风主题宣传教育活动方案，举办家庭座谈会、故事分享会和推选“最美家庭”活动共18次。

在“海关重点项目和财物管理以权谋私”专项整治工作中，做到早谋划、早部署、早行动，主动向监察室移送相关问题线索，有效教育引导1名同志主动投案、主动交代问题。通过落实一案一改、警示教育，强化对关键领域和重要岗位的管理，扎实做好财物管理、招标采购等重要领域监督，切实将以案促改工作作为化解风险、完善制度、加强内控、促进治理的工作抓手。

【科研管理】2022年，动植食中心再次获批国家“十四五”重点研发计划课题，获批国家“十四五”“外来病虫害高效检测关键技术与装备研发”课题1项、“跨境食品口岸现场智慧检测技术与装备研究”课题1项，获批子课题共3项。获得省部级科技进步奖2项，完成海关总署科研项目验收5项、关级科研项目15项。获得海关总署科研项目立项3项、天津市重点研发项目1项。成立4个科研攻关小组，解决关键技术难题，填补天津海关在维护国门生物安全、动植物检疫、保障国门食品安全等领域的技术空白，最终成功获批天津关区“揭榜挂帅”项目4项，占天津关区总揭榜挂帅项目总数的三分之二。年内，动植食中心先后获得海关总

▲2022年3月2日，天津海关动植物与食品检测中心实验人员正在进行木质包装材料加热处理设备技术研发 （崔颖　摄）

署科技成果二等奖1项、天津海关“先进科技工作者”称号1名；食品安全实验一室获得天津海关“先进科技集体”称号。

将科研成果与动植食中心重点业务领域融合，将科研成果转化为促进动植食中心事业发展的生产力，年内实现科研专项收入873万元；在增加动植食中心收入的同时，有效提升事业发展保障能力，进一步增强执法支撑能力。

【安全生产】2022年，动植食中心通过召开安全会议和逐级签订安全管理承诺书等形式，强化全员抓安全生产的政治敏锐性；逐个办公室、实验室实行安全责任人、安全风险点“双上墙”；制定发布安全管理制度5项，动态更新问题隐患和整改措施“两个清单”，建立66种常用危化品安全知识表单；建立安全管理“吹哨人”机制，营造全员关注安全生产的氛围。

以35周岁以下业务骨干为主体组成的“天津海关动植物与食品检测中心青年安全生产专班组”，在年内工作中苦练安全技能、规范安全作业、参与管理监督，经过专家评审和现场答辩等环节，被团市委和天津市应急管理局联合认定为2022年度天津市青年安全生产示范岗。

为天津关区消毒效果评价工作做好技术支持和服务保障；在海关系统内率先完成进口冷链食品农产品实验室新冠病毒防护的软硬件改造，配合科技处制订天津海关进口冷链食品农产品检测新冠病毒防护工作方案。牵头组织各单位研究制定天津科技大楼消毒管理制度等制度3项，及时堵塞管理漏洞；组织开展科技大楼疫情防控应急处置演练1次，梳理完善应急处置措施57项。

【动植物检疫】2022年，动植食中心在动物检疫工作方面，法检实现进境业务量、阳性检出双增长。年内，共完成12.3万头种牛动物疫病检测任务，超过2021年任务量的80%，检出牛病毒性腹泻、赤羽病、牛副结核等二类动物疫病189头份，均为历史最高水平，保持进境种牛单一口岸第1位。在不断强化疫情防控规范落实前提下，完善冷链动物疫病快速反应机制，保障通关时效和阳性检出同向发力，检出核酸阳性36批次，其中白斑综合征病毒核酸阳性9批次、传染性皮下和造血器官坏死病毒核酸阳性10批次，天津关区首次在进口冻猪蹄中检出猪圆环病毒2型核酸阳性6批次，在进口冻猪头中检出塞内卡病毒11批次。

植物检疫工作方面，年内总计完成进出境产品检疫3423批次、311475项目次，同比分别增加17%、98%。其中，进口3271批次、310936项目次；出口152批次、539项目次。检出有害生物3051票，检出进境植物检疫性有害生物32种，检出率83.6%。

转基因检测工作方面，完成检验转基因黄大豆、苜蓿草等401批次、2088项目次，同比分别减少29.2%、11.2%。检出美国进口苜蓿草非法转基因成分3批次，大豆中检出非法转基因成分1批次，其中美国进口苜蓿草中检出KK179品系为系统内首次检出。

濒危、外来物种鉴定工作方面，完成鉴定共328批次、375个样品（含贸易渠道和非贸渠道）。其中，贸易渠道64批次、108个样品中，发现濒危物种黄檀属植物2批次、非洲李1批次。非贸渠道，从天津邮局海关

▲2022年12月31日，天津海关动植物与食品检测中心动检室AB岗不间断作业完成隶属海关集中送检的3.2万头进境牛血清样品（张海滨　摄）

送检的170批次、177个样品中，发现七星玉座、螳螂、蝴蝶等154种次外来物种，其中2批次蝴蝶中发现9种37头属濒危物种；从天津滨海机场海关送检的80批次、81个样品中，发现藜麦、奇亚籽外来物种75种次。

圆满完成2022年度天津关区外来有害生物监测和外来物种普查任务。其中，在监测过程中，发现我国外来入侵杂草新记录种1种，天津口岸首次发现3种，其他检疫性杂草13种，此外还发现多种检疫性害虫。普查工作中，发现杂草242种（含外来入侵杂草69种），包括检疫性杂草13种。

【食品安全】2022年，动植食中心共完成法检业务12236批次、72618项目次，同比分别增长27.4%、21.3%。检出进口食品不合格46批次、46项目次，涉及细菌总数、大肠菌群、霉菌、酵母菌、二氧化硫、蛋白质含量、黄曲霉毒素B_1等项目，以过硬的检测能力和技术水平为天津口岸进出境食品安全执法监管提供强有力的技术支撑。完成进出境产品检疫17283批次、885125项目次，同比分别增加69%、135%；检出不合格项目73项，在进境冻牛百叶中检出莱克多巴胺，获得海关总署进出口食品安全局和天津海关党委的肯定。

年内，动植食中心承担天津市市场监管委、天津市各区县市场监管部门、农业部门、教育系统等天津市地方食品安全检测任务，按时保质保量完成相关工作，检出不合格34批次、34项目

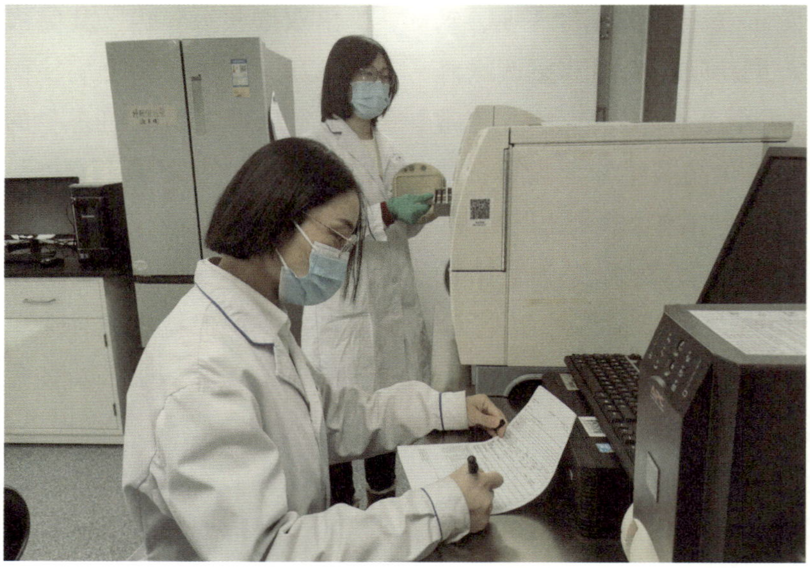

▲2022年5月30日，天津海关动植物与食品检测中心实验人员对食品中单增李斯特氏菌进行VITEK鉴定试验（赵良娟　摄）

▲2022 年 9 月 19 日，天津海关动植物与食品检测中心实验人员对肉类样品中兽药残留检测进行探讨（俞子萱　摄）

次，包括蜂蜜嗜渗酵母计数、细菌总数、大肠菌群、镉等项目，为地方食品安全执法监管提供了有力的技术支撑。

1 月，顺利通过迁址评审；11 月，通过天津市农业农村委的食用农业农村产品检测机构扩项评审。

【压缩进口冷链食品农产品检测时长】2022 年，动植食中心为切实保障进口冻品通关，与食安处、天津新港海关、天津海关工业品中心等部门协同沟通，实行冻品检测“7×24 小时”不间断作业，各检测环节实行周末及节假日全年无休，随到随检；缩减隶属海关冻品送样量，由（6+3）千克调整为 5 千克；研究制定《进境法检冻品中农、兽药残留高通量定性检测技术规范》，前处理环节实行五合一合样，进一步缩短样品前处理时间；前处理后无间断移交通用仪器分析平台，收到平台反馈结果后 24 小时内汇总出具完整检测报告；对于包括高级认证企业及重点标识的法检样品、流程即将到期样品，时时跟踪，设立检测流程监督预警提示。

全年，动植食中心完成进口冷链食品农产品检测 1.34 万批次、92.5 万项目次，同比分别增长 110%、134%。在进口冷链食品农产品检测量任务量同比增长 134% 的情况下，通过优化实验室检测流程、设立检测流程监督预警机制等工作手段，进口冷链食品农产品实验室检测平均时长由 187 小时缩减至 128.2 小时，压缩比率 31.4%，口岸事中冷链食品农产品能够保证在 144 小时内完成检测并出具报告。

▲2022 年 3 月 15 日，天津海关动植物与食品检测中心冷链专项工作组成员通过视频监控系统对冷链食品农产品实验室检测环节的人员防护和消毒情况进行实时检查（崔颖　摄）

【国门生物安全重大检出】2022年，动植食中心从自美国进口苜蓿草中检出转基因J101、J163、KK179三种品系，其中转基因KK179品系为全国口岸首次检出。从荷兰进境大丽花根茎中检出波斯茎线虫，为全国口岸首次检出。从进口圣诞切枝中鉴定出林蛙属欧洲林蛙，为天津口岸首次检出。开展国门生物安全监测工作，共发现蒜芥茄、垂序商陆、扁穗雀麦3种外来入侵杂草，均为天津口岸首次检出。

9月，动植食中心从自美国进口冷冻牛百叶中检出莱克多巴胺（瘦肉精），是2018年4月以来天津口岸首次检出。从自美国进口冷冻猪蹄中检出猪圆环病毒2型核酸阳性，从自美国进口冷冻猪头中检出塞内卡病毒核酸阳性，均为天津口岸首次检出，并获得海关总署通报表扬。

年内，动植食中心与各隶属海关密切配合，在送检的173件样品中，鉴定出象牙制品152件，检出率达88%。与天津新港海关、天津东疆海关密切配合，从贸易渠道检出3批次濒危木材，分别是黄檀属筷子、黄檀属家具和桃花心木家具。

【检测市场开拓】2022年，动植食中心通过检测能力提升、农产品检测机构认证、大数据分析市场需求、精准挖掘潜在客户群体，多维度开发市场，市场开拓实现“四大突破”：首次承揽天津市农业农村委农产品质量安全抽检项目；首次承揽天津市市场委食品安全乳品专项抽检任务、宁河区农产品抽检检测服务项目和应急食品安全监督抽检服务项目；首次承揽天津市19家冷库消毒效果评价业务；首次承揽天津市疾病预防控制中心食物成分检测项目。形成以服务市场监管系统的食品安全国、市、区三级抽检任务，服务教育、体育、农业系统的政府业务，服务其他兄弟海关补充其法检能力不足的检测业务，服务企业的检测业务4个板块；形成消毒效果评价、海关系统风险检测与监督抽检疑难检测两个新的龙头带动。

全年，动植食中心共完成委托检测业务7105批、44807项目次，占动植食中心总业务量的3%。

【助企服务】2022年，动植食中心落实海关总署促进外贸保稳提质10条措施及天津海关30条措施，主动为企业量身打造“一对一”培训、“面对面”支招、“手把手”指导机制，满足外贸企业个性化检测需求，助力企业应对非关税贸易壁垒。年内，动植

▲2022年8月26日，天津海关动植物与食品检测中心实验人员在检验进口原木树皮上携带的害虫（康芬芬　摄）

食中心收关长信箱转发企业感谢信5封。

动植食中心作为日本厚生劳动省官方承认实验室，针对日本标准建立检测方法，出具第1份中、日、英3种语言对照检测报告，助力企业输日产品顺利完成检测通关；畅通进口大宗散装粮食“现场边查验边送样—实验室边检疫—码头边卸货”无缝衔接机制，提供24小时服务，为企业节省240余小时卸货等待时间，节约成本70余万元；为进口预包装食品标签送审企业推出“进口预包装食品标签送审材料企业明白纸”，指导企业提前做好送审材料准备，督促进口企业建立境外出口商、境外生产企业审核制度，将进口预包装食品标签法检审核平均周期压缩至2.5个工作日，标签审核周期压缩64%。

撰稿人

张宇含　崔　颖

天津海关化矿金属材料检测中心

【**概况**】天津海关化矿金属材料检测中心（以下简称“化矿金中心”）主要承担天津口岸固体废物属性鉴别、归类化验、矿产品、金属材料、化工品工业原料的检验检测，开展有关检验技术方法及标准的制修订和研发工作，承担委托检验、鉴定、实验室检测，提供相关技术咨询与培训服务。

2022年，化矿金中心严格贯彻落实习近平总书记系列重要讲话和重要指示批示精神，围绕党的二十大精神，认真落实天津海关工作要求，统筹推进各项重点工作，持续深化党建与业务的深度融合，着力提升执法支撑能力、事业发展保障能力、市场开拓能力和廉洁自律能力，聚焦主责主业夯实基础，用实际行动践行“两个维护”。化矿金中心把落实“第一议题”作为重要政治任务来抓，把贯彻和落实习近平总书记重要指示批示精神作为重中之重，深刻理解“两个确立”的决定性意义，围绕“疫情要防住、经济要稳住、发展要安全”的工作要求不断提高政治判断力、政治领悟力、政治执行力，以饱满的工作热情和高质量的工作成效贯彻落实天津海关党委重要工作部署，创新增效、强基提质，为“一流海关”建设添砖加瓦，为实现中国式现代化贡献力量。

【**业务数据**】2022年，化矿金中心共计受理样品11129个，同比增长10.11%，其中受理固体废物属性鉴别样品共942个，同比减少21.76%；受理归类化验样品859个，同比增长6.18%；受理品质检验样品8027个，同比增长17.11%。对天津口岸进口的原油、铁矿等重要大宗战略资源性商品中的有毒有害元素累计开展风险监测工作，共计完成监测1301批。为有效落实海关总署以及天津海关促进外贸保稳提质措施的相关要求，化矿金中心从提升实验室检测效能和提升服务水平出发制定多项措施，确保实验室能够“检得出、检得快、检得准”，为海关监管执法提供技术服务。

【**政治建设**】2022年，化矿金中心以学出政治忠诚、学出使命担当、学出实干作风推进专项教育活动。通过党委会、党支部“三会一课”等载体，化矿金中心领导带头，以集中学习和自学相结合的方式，深入探讨推动政治业务深度融合机制，开展学习研讨23次。全员“钉钉”平台专项教育考试8次平均成绩99.39分。“学习强国”化矿金中心全员平均分达到15872分，通过学习，做到内化于心，外化于行。发挥

▲2022年11月18日，天津海关化矿金属材料检测中心人员进行趣味运动会“合力建塔”比赛 （莫宇清 摄）

支部战斗堡垒作用和党员先锋模范作用，勇于接受挑战、勇于技术创新、勇于迎难而上，梳理总体政治要求8条，梳理具体岗位政治要求162条。化矿金中心将学习、查摆、整改相贯通，深挖根源，解决实际困难。根据专项教育整改清单，细化整改措施12项。开展大讨论，形成讨论成果7篇。化矿金中心统筹推进专项教育活动、“政治引领业务、党建融合发展、担当历练队伍”专项活动、“六对照、六看、六查”活动、基层党建“双提升”等系列行动，加强党建与业务深入融合，将各项工作真正落实到实际工作中。

化矿金中心持续推动党的二十大学习不断深化。组织所有干部职工认真学习党的二十大报告内容和精神，围绕“五个牢牢把握”，快速行动，全面动员，把学习贯彻党的二十大精神当成头等政治任务，持续发力，不断把学习活动推向高潮。领导班子带头写心得、谈体会，7个支部全面开展大讨论，每个党员撰写心得体会，互相交流、讨论、提升。每个支部至少完成了两轮次的学习讨论，大家结合实际工作查找差距找不足，在党的二十大报告中汲取营养，获取力量。各支部在学习中凝聚共识，积聚力量，对于化矿金中心在锲而不舍打击“洋垃圾”、保障国际产业链、供应链安全中肩负的使命再认识、再动员、再提高。

【廉政建设】2022年，化矿金中心通过“三聚焦（聚焦政策支持力度大、资金密集、资源集中的领域和环节）、五关注（关注工程建设、信息化建设、实验室建设、装备构建、新冠病毒感染疫情防控保障等问题易发多发高发的重点项目和财物管理方面以权谋私问题）、三个层次（责任部门自查、剖析材料自查、工作小组自查）”层层传导、务实开展专项整治工作。化矿金中心成立领导小组，制发实施方案。主要负责人亲自抓、带头干，全面梳理化矿金中心人员情况，确定申报人员78名；畅通举报渠道，加强与第四派驻纪检组建立报告沟通机制；制发“明白纸”、设计“问卷星”答卷，让应知应会内容入脑入心；通过案例学习，主题大讨论、“三会一课”、电话问询等形式，深化警示教育和纪法学习，持续释放“自查从宽、被查从严”的政策信号。地毯式梳理2012年以来5个重点领域中涉及的30万元以上项目的原始档案，排查出52个重点项目、77台仪器设备上报对应业务条线职能处室。通过梳理个人剖析材料、谈心谈话、企业调研等方式，梳理廉政风险点和问题13项，提出整改措施13条，通过完善制度，信息化建设等手段落实整改工作。做好非执法领域专项整治后半篇文章，开展“检测业务领域再规范专项督察工作”，整治检测工作中存在的自由主义和经验主义，引导同志们对照新海关、新形势、新职能的要求，深入剖析，查找差距，补齐短板，在数据安全保障方面形成长效机制。

化矿金中心紧密结合政务、业务、职工生活，利用“三会一课”、集中学习、主题党日、廉政党课、兴趣小组活动等方式组织开展警示教育月活动，以“求实、扎实、朴实”的理念推动构建新时代海关廉洁文化建设的政治氛围，推进化矿金中心“三不腐”一体纵深发展。认真组织学习《关于加强新时代廉洁文化建设的意见》《关于加强新时代海关廉洁文化建设的实施意见》《关于做实以案促改推进清廉海关建设的工作办法（试行）》文件。组织全体纪检委员学习《信访工作条例》，提升信访工作能力水平。结合天津海关政治部关于进一步强化纪律作风建设的通知相关要求，认真学习《天津海关“有令不行、有禁不止”问题处理规定（试行）》。及时传达全国海关加强新时代廉洁文化建设暨警示教育大会及关区警示教育大会精神，组织观看《国门卫士岂容违纪破法之二——党的十九大以来海关系统部分违纪违法典型案例剖析》警示教育片3轮次，确保全员覆盖、以案为鉴。强化纪检干部履职尽责能力，通过跟班作业等形式，压实纪检书记和纪检委员在业务工作上的责任，参与工作质量检查，进行责任分析，在问题整改中进行跟踪。就“如何提高一体推进‘三不腐’能力和水平”课题开展研讨，重点研讨方向为“围绕加强新时代海关廉洁文化建设，强化党性党风党纪教育，着力从思想上固本培元，树正气、遏邪气、易俗气，营造清廉氛围、树立清廉形象研究”。各支部以多种形式开展研讨，化矿金中心完成《关属事业单位如何加强新时代海关廉洁文化建设的思考》课题研究报告上报关区。廉政党课《加强新时代廉洁文化建设 严防海关以权谋私职务犯罪》视频上报关区。化矿金中心书法学习小组主动参与天津海关廉政文化作品征集活动，择优上报3幅以“廉洁自律、清廉家风、清廉

▲2022年10月19日，天津海关化矿金属材料检测中心开展书法作品评比展示活动（莫宇清　摄）

海关”为主题的书法作品至机关党委。

【实验室能力提升】2022年，化矿金中心获批国家级课题1项（课题名称为“入境煤炭快速检测技术研究及应用示范”），天津海关“揭榜挂帅”课题1项，SN标准7项［如《进出口纺织品甲基异噻唑啉酮（MIT）的测定气相色谱—质谱法》等］，获授权专利14项，其中发明专利6项（如一种矿产品制样缩分机用的出料口接料装置），发表论文10篇。验收海关总署课题1项、天津关课题9项、海关技术规范8项。在研国家级课题1项、海关总署课题1项、天津海关课题1项、海关技术规范16项。为应对法检目录调整，分析化肥类商品影子商品特征，优化涉税化验程序，检验96批样品，其中28批经鉴定品名与申报不符。农业氯化铵、复合肥伪报瞒报出口等典型案例被海关总署编录。制定进出口化肥的快速检验监管方法，参与天津关关级研究课题，申请海关行业标准，助力化肥检测检得出、检得准、检得快。

【风险监测】2022年，化矿金中心作为首批海关总署和天津海关两级“进出口商品质量安全风险监测点”，共监测并采集风险信息共计448条，编写《进出口资源性商品风险监测信息简讯》22期；上报《2022年上半年进口锰矿质量安全风险分析报告》《进口水泥种类多，检验监管执行难》《进口多晶硅引发的入境固体废物风险需关注》《天津海关查发一批鉴定为固废的“废人发”》等风险监测报告、分析报告共7篇，其中1篇在海关总署《进出口商品质量安全信息2022年第14期》发布；对天津口岸进口铁矿开展质量安全监测859批，汇总全国数据报送铁矿监测报告11篇；与风控部门建立常态化“点对点”联合研判机制，有效将监测结果应用于商品检验实际工作，助力人工精准布控18批。

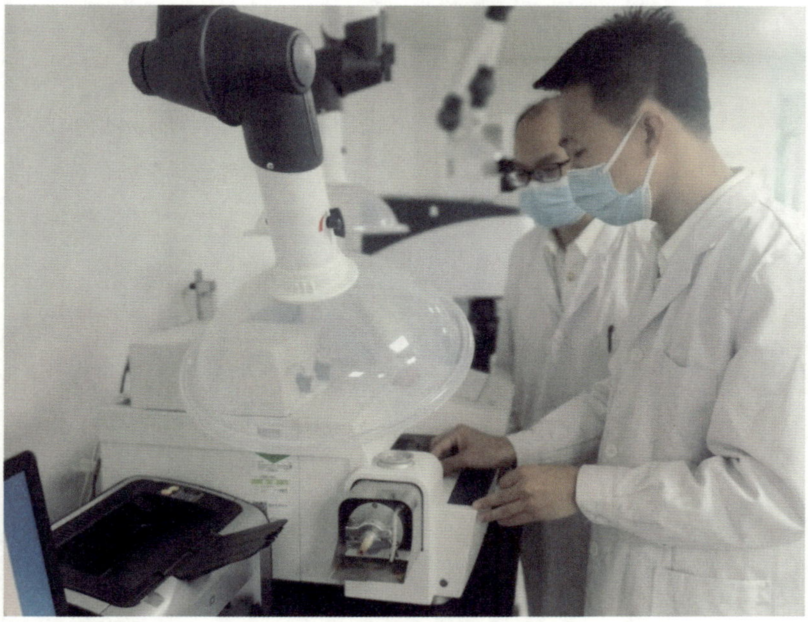

▲2022年5月16日，天津海关化矿金属材料检测中心人员采用同步热分析仪对样品进行检测 （朱锦波 摄）

【检测技术支撑能力提升】2022年，化矿金中心通过CNAS搬迁变更现场和远程评审。评审涉及固体废物鉴别、矿产品、纺织品、化工品、油品等12大类1643个检测项目，原认可的项目全部获得推荐。通过中国国家认证认可监督管理委员会（CNCA）复评审，以及CNAS检测及检验机构复评审。化矿金中心全部能力和要素，涉及矿产品、化工品、石油及其产品、纸张及纸制品、金属及合金等 18 个领域，申请扩项 99 项，均全部推荐，涉及固体废物鉴别、矿产品、化工品等领域。

化矿金中心高度重视海关总署对出口粗钢实施批批检验的决定及其发布的生铁和钢坯等 4 个出口检验规程，组织人员收集整理粗钢检测方法，并进行系统培训，及时进行能力扩项，完成天津海关、唐山海关、临汾海关、连云港海关、晋城海关送检的钢坯和生铁检测 16 批次，起到了执法技术支撑作用。

【业务开拓】2022 年，化矿金中心委托业务继续实行规模化运营的“板块”体系和布局，对于年营业额达到 300 万元以上的委托业务成立“板块”，继续聚集化矿金中心人员和技术资源，确保各原有“板块”业务稳定增收；持续、精准培养化矿金中心规模以上委托业务的新板块，依托化矿金中心对新板块在人、财、物上的统筹保障，确保新“板块”的茁壮成长。通过走访客户、调研天津口岸业务现状和检测需求，找准化矿金中心市场开发方向、补足化矿金中心检验检测技术短板，增加多渠道宣传举措，扩大化矿金中心品牌影响力。

年内，化矿金中心持续发挥检验技术优势，陆续与黄埔海关技术中心、大连海关技术中心、重庆海关技术中心等多家系统内技术中心签订战略合作协议，在固废鉴别、归类化验、品质检验、金属材料检验等多个领域为合作方提供技术支撑服务；化矿金中心成功竞标继续成为国家能源集团在天津港进港和下水内贸煤炭的第三方检验机构，年内检验煤

▲2022 年 1 月 7 日，天津海关化矿金属材料检测中心人员收到国能集团送来的感谢锦旗 （程亮 摄）

炭1967.01万余吨，实现检验收入670余万元；在天津海关关领导的关心和支持下建成矿产品制样间，2022年度制样间收回建设成本开始创造效益，年内制备涉检矿产品9706批，增加委托业务制样收入20.53万元，节省制样费用支出1034.48万余元，扣除首年成本530万元，年内实现效益525万元；开拓大宗矿产品委托检验业务，对接中检天津公司，实现优势互补，为客户提供矿产品检测取样、制样、检测全链条服务，做大做强传统业务；开拓纸浆检验业务，成为上海期货交易所纸浆期货指定检验机构，扩大化妆品检测市场份额，打造新的经济增长点。

【打击“洋垃圾”】2022年，化矿金中心继续在落实习近平生态文明思想，维护国家生态安全、锲而不舍打击“洋垃圾”上凝心聚力。年内，增加检测项目28项，组织2项海关技术规范攻关，通过了海关总署审定。24小时全天候响应各隶属关要求，做好散装矿产品固体废物卸船前排查工作，完善矿产品固体废物鉴别案例库，成功应对异常样品筛查3批次。完成检验疑似固体废物样品917批，1196个样品，检出固体废物79批，检出率8.62%，着力提升固体废物鉴别能力。持续压缩再生金属类商品的固体废物属性鉴别流程，同比缩短10%；编写海关总署培训教材，有效提升了一线关员实操能力，着力化解再生金属类商品监管压力。开展线索研判41批次，判定固体废物13批次，协助查获“牛皮革碎料”固体废物207.98吨、空箱夹带废旧汽车切割件固体废物11.8吨等。联合举办固体废物专题培训，助力现场精准查发固体废物，着力强化部门间联勤联动能力。

【安全生产】2022年，化矿金中心严格落实安全生产责任制，逐级签署责任书，压实安全主体责任“横向到边、纵向到底”。把安全生产作为例会“第一议题”进行通报点评部署，把安全生产工作和绩效考核结合起来纳入每月自主督查内容，对于出现重大生产安全隐患的或者多次提醒整改不到位的，引入纪委督查机制。新迁入的科技大楼综合生产安全、实验室安全、生物安全等因素，是海关安全管理的重中之重。化矿金中心作为安委会牵头单位，定期召开会议专题研究安全工作，接受外部检查5次，发布规章制度10余项，组织内部检查通报20余次。结合重要时间节点和节假日前夕，开展专项检查，及时消除安全隐患。组织开展应急演练，加强全员安全意识。识别关键场所、关键节点，督查检查制度，做到排查“零盲区”、隐患“零容忍”。面对不断变化的新冠病毒感染疫情形势，化矿金中心动态清零不动摇，认真贯彻海关总署、天津市及天津海关有关新冠病毒感染疫情防控工作的最新要求，提高政治站位，统一思想，加强内部管理。确保新冠病毒感染疫情防控不走样、安全生产不放松、业务工作不打折。

【矿产品科研攻坚能力】2022年，水泥法检项目新增品质检验条款，化矿金中心认真梳理原有检测能力，及时启动扩项工作，增加水泥的两项检测能力。同时，完成铝矾土、工业硅、红土镍矿等商品的10个标准的扩项工作，拓展离子色谱、ICP-OES、荧光光谱仪的应用领域。发表论文《熔融制样—

单波长激发能量色散X射线荧光光谱法测定铁矿石中主、次量成分》，积累新型设备在矿产品检测领域的经验，提高中心的矿产品的检测能力。天津海关科研项目“进口矿产品及其固废样品便携式前处理制样装置的研发及应用”顺利结题，为矿产品现场快速筛查提供了便携式设备。化矿金中心牵头研制的SN标准《锰矿化学分析方法 氟和氯含量的测定离子色谱法》已经完成征求意见。获批两项SN标准《矿灰、矿渣及矿灰中的灼烧减量的测定热重分析法》《进出口初级钢铁产品化学成分快速检测方法便携式激光诱导发射光谱法》，化矿金中心均为牵头起草单位。《进口大宗资源矿产品质量与安全控制关键技术研究与应用》获得海关总署海关科技成果评定三级成果。GB/T 36144《铁矿石中铅、砷、镉、汞、氟和氯含量的限量》获得全国铁矿石与直接还原铁标准化技术委员会技术标准优秀奖一等奖。

撰稿人

王振坤　冯　爽　朱锦波　刘青山　孙　鑫
赵江勇　莫宇清　崔　昕　程　亮　蒲　锋
臧世阳

天津海关工业产品安全技术中心

【概况】 天津海关工业产品安全技术中心（以下简称“工业品中心”）是隶属于天津海关的独立事业法人单位，主要负责天津地区进出口工业产品的检测工作。中心下设8个内设机构，分别为：办公室、综合业务室、财务部、持久性有机污染物与毒理学实验室、危险化学品安全实验室、技术与装备评价实验室、区块链及信息化应用实验室和通用分析仪器实验室。实验室面积1.7万平方米，仪器设备1070余台套，价值1.8亿元；拥有海关总署检测重点实验室4个、区域中心实验室4个，天津市重点实验室1个。

2022年，工业品中心完成全面进驻科技大楼的搬迁后，整体办公环境和实验室条件都有大幅改善，干部职工精神面貌焕然一新，通过整合实验室检测资源，发挥仪器设备集约化优势，进一步激发生产力，中心在检测效能上有大的提升，为做好法检技术保障和委托业务开拓奠定了良好的硬件基础。中心在实验室认可扩项、拓展新的实验室资质、参加能力验证计划、提高检验流程效率、科研工作等方面均取得长足进步。

【基层党建】 2022年，工业品中心加强党建引领，提高“政治三力”，坚决落实“第一议题”制度，将学习贯彻落实习近平总书记重要指示批示精神作为首要政治任务，利用党委会、中心形势分析例会开展学习研讨，研究推动加强疫情防控、安全生产工作措施并监督落实见效。班子成员带头开展调查研究，明确调研课题，全年班子成员开展调查研究20次，召开3次专题会议听取调研情况报告。通过党委会、党政联席会、党支部“三会一课”、集中学习等方式，组织干部职工深研开展捍卫“两个确立”、做到“两个维护”、强化政治机关建设专项教育活动的学习材料，组织学习14次，交流讨论8次，开展“书香润心”读书活动，推动政治学习入脑入心。班子结合民主生活会、巡察整改工作、“学查改”专项活动实际情况，梳理中心“一张清单抓整改”台账，通过专项教育活动强化政治意识，增强干部职工坚决捍卫“两个确立”、做到“两个维护”的政治自觉。为落实“政治引领业务、党建融合发展、担当历练队伍”活动要求，注重党支部书记、支部委员党建能力的培养，组织开展支部书记抓党建述职考核工作，监督各支部书记落实党建工作责任。制定工业品中心党建品牌换挡升级工作要求，组织开展工业品中心党委母品牌创建活动；制定中心落实“我为群众办实事”常态化工作机制，提升执法保障技术能力。

【检测业务】2022年，工业品中心共承接法定检验业务4219批，计费1261.75万元，对于法检样品全部进行盲样管理；全年承接委托检测业务10519批，实现收入4408.93万元。在检测流程上，克服疫情影响优化法检业务检测流程，其中危险货物类法检样品检测周期从5天压缩至2.6天，有效提升天津口岸通关效率。在涂料、儿童用品、机电、防疫物资、汽车零部件、竹木草制品、食品接触材料等法检领域，多次检出可挥发性有机物（VOC）、单丝弯曲强度、邻苯二甲酸酯类、标签标识、甲醛释放量等不合格项目，有效维护天津口岸进出口法检商品的质量安全，其中在防疫物资领域口罩类商品过滤效率、挂耳拉力、标签标识等不合格项目检出率达到18.7%，防疫物资出口质量把关成效显著。工业品中心激发干部职工市场开拓积极性，设立“业务开发专班”、建立“业务开发奖励绩效发放规则”，鼓励有能力的同志走入市场，推动业务开发工作。加强与各职能部门及隶属海关密切配合，广开业务渠道，与天津海关口岸监管处、天津海关缉私局、中国检验认证集团天津有限公司等部门单位签订多项技术服务合同，使工业品中心检测技术服务进一步融入海关业务之中。

【认证认可】2022年，工业品中心继续推进实验室检验检测资质能力扩项工作，进一步扩增检测领域。结合海关监管需求和经济发展趋势，确立“进军环保与健康领域”的目标，力争提升对涉及环保、医疗器械等关系人民健康的进口产品的检测能力。截至年底，已经获得相关领域技术能力383项。全年，工业品中心共计开展4次外审、1次内审和1次管理评审；对体系文件进行4次修订。其中，CNAS和CMA二合一资质能力扩项范围延伸至化学药品、传统中药、医疗器械、药品包装材料和容器等检测领域。全年，通过扩项共新增29个检测对象、183个检测项目，新获得223个检测标准的能力认可。以年内扩项为契机，从严落实好检测质量管理，不断提升技术能力，为进出口医疗器械质量把关提供技术支撑。

【科研管理】2022年，工业品中心发挥技术中心科研骨干作用，申报承办国家级和海关总署等各级科研项目，推动天津口岸智慧海关建设。聚焦口岸入境集装箱与货物堆场快速通关需求下藏匿危险物质精准查发的问题，联合其他单位共同申请“口岸危险物质快速检测设备及移动实验室项目”并成功获科技部立项批复；聚焦快速检测仪器设备口岸现场应用的环境适用性问题，参与科技部“口岸智能化快检仪器应用示范”专项项目，获科技部立项批复；聚焦天津口岸海关智能化监管领域改革的技术需求，联合其他单位共同申请“一体式全方位辐射检测智能机器人的研制”项目，获批天津市2022年度重点研发计划。为保证上述科研项目输出的技术与装备落地应用，同期申报6项有关快检装备与快筛设备的行业技术规范，已获海关总署综合业务司立项批复，为之后相关科研项目输出和科研成果转化提供规范性保障。

【安全生产】2022年，工业品中心修订并发布实施实验室安全管理制度、消防安全管理规定，全面规范实验室安全管理；制定易制毒易制暴化学品安全管理制度、危险化学样品转运操作规范，加强各实验室化学试剂安全管理和危化品样品转运的安全管理。班子要求各内设机构定期对办公区域和实验室内部开展全面安全检查，检查结果在中心每月的形势分析工作例会上通报，对安全隐患整改不力的内设机构和相关负责人进行通报，并视情况启动纪律问责。通过强化中心安全生产管理，更高效地完成法检技术保障的各项工作。各内设机构自上而下统一思想，全体干部职工将安全生产工作作为一项重要任务，全年中心实施安全检查16次，完成整改安全隐患8项，其中重点检查实验室在化学品试剂、样品、实验气体、压力容器、化学危险废弃物的使用、储存、处置、管理以及设备、电源等电子电气安全管理是否符合要求；全年完成实验室消防安全培训2次并组织实验室一线人员参加天津海关科技处组织的安全生产法讲座。全年，工业品中心无安全生产事故发生。

【大型通用仪器平台】2022年，为实现天津海关党委提出的“仪器整合、提高效能”的目标，工业品中心筹建大型通用分析仪器平台，通过仪器整合和方法梳理，实现天津海关各技术中心共计86台（套）、总价值约1.5亿元的大型通用分析仪器的集中管理，目前平台检测能力涵盖海关实验室管理Elab系统和实验室质量体系监控系统中的285项检测标准、2462个检测项目、116种仪器方法。6月至12月，平台通过环境改造和智慧网络，实现平台管理升级，全年完成天津海关三大技术中心法检样品进样124264针次、486054项目次，有力支持了天津口岸通关业务的顺畅进行。平台还通过对于同类设备的检测能力复制，实现原子吸收、原子荧光、ICP-OES、ICP-MS等仪器的能力开发和复制，确保每个项目同时有2～3台仪器能够完成检测；再结合平台内仪器检测数据集中处理与共享，整体压缩仪器检测时间30%。以天津口岸进口冻品食品法检样品检测为例，年内在同期样品量增长4.5倍的情况下，通用仪器平台采用满负荷“7×24小时”的检测服务模式，有效保障了天津海关党委“六天内冻品快速通关”的政治要求。

【口岸监管装备研发】2022年，工业品中心技术与装备评价实验室深挖实验室在口岸监管装备研发与应用领域的优势，持续为天津口岸打击固体废物走私提供技术服务。截至11月底，实验室研制开发的H-物质鉴别多模谱仪在天津新港海关东突堤码头累计完成800余批次再生塑料颗粒固体废物属性鉴别。实验室研制开发的矿产品固体废物现场拓展排查仪在天津南疆海关进口铁矿和天津东疆海关进口有色矿的固体废物排查中广泛应用，截至11月底，已累计完成1100余批次进口铁矿和300余批次进口锰矿的固体废物属性排查任务，其中铁矿预警9次、锰矿预警1次。工业品中心技术与装备评价实验室为落实海关总署10项跨境贸易便利化工作任务和天津海关2022年贸易便利化行动任务，在探索建设口岸智慧查检平台、构建无人码头智能监管模式方面加快科技转化。实验室联合天津港集团探索共享共用港口非传统安全智慧查检平台，创新应用智能机器人和智能算法，主动识别分析进境有害物质，成功推动口岸非传统安全移动技术平台在天津港东疆太平洋国际集装箱码头和北疆C段自动化码头的应用。

【风险评估中心】2022年，工业品中心作为国家级进出口商品质量安全风险评估中心（天津）（以下简称“风险评估中心”）建设的依托单位，承接海关总署风险评估工作，有效优化海关执法监管效能，全年完成海关总署及各类交办风险评估、国内外网络舆情监测等任务29项。海关总署依据天津风险评估中心出具的风险评估报告发布了预警通告10起。风险评估中心对照海关总署调减法检目录的风险评估项目需求，依据海关法检目录监管数据，在对2020—2022年测试数据统计分析基础上，对108种商品编码的商品开展风险评估，筛选出91种商品编码的商品法检目录评估监管建议，其中87种商品编码的法检商品目录调整建议获海关总署采纳。评估结论及监管建议为海关总署发布《关于调整必须实施检验的进出口商品目录的公告》（海关总署公告2022年第79号）提供有力支持，评估成果直接应用于海关执法一线，有力提升口岸贸易便利化水平。风险评估中心通过调研论证为海关总署商品检验司优化汽车类商品监管方面提供数据统计分析与技术支持，在广泛征求行业意见，分析监管风险点基础上，推动形成新版进出口汽车检验监管办法，为优化汽车进出口提供技术支撑。

【科技支持专项行动】2022年，工业品中心按照海关总署科技发展司和天津海关的指示要求，牵头建立科技大楼基因测序专项工作组，建立全基因组测序工作流程，使天津海关具备开展病毒测序的工作环境和技术能力。截至年底，测序专项工作组在入境人员、货物表面携带新冠病毒的测序工作中，首次在新冠病毒基因测序样本中测得世界卫生组织密切关注的Omicron变异毒株BA.2.12.1及BA.5全基因组序列（与天津市疾控中心测序结果一致）；在海关系统首先测得Omicron变异株BA.2.3.1及高非冷样本病毒全基因组序列。科技大楼基因测序专项工作组面对测序工作中“软硬件”零基础的状况以及阳性样本短时间内难以获取等问题迎难而上，经过技术探讨和论证，开展病毒全基因组测序工作的技术方案，短时间内突破了基因测序方面若干技术难题，测试的原始数据已上传海关总署病原体分析平台，增加了天津口岸上传数据量，丰富了平台数据库，间接证明了天津海关坚实的基因测序技术能力及良好的基因测序工作质量，也为天津口岸重点进出口商品潜在的病毒风险提供了数据支持与技术指导。

撰稿人

于艳军　于燕燕　王静瑶　李方方　李宁涛
李　晶　李　斌　何红建　张　彬　曹丽静
靳　宏

天津国际旅行卫生保健中心

【概况】2022年，天津国际旅行卫生保健中心（以下简称“保健中心”）完成100余万管新冠病毒核酸检测任务，严格落实多病同防常态化、开展入境人员猴痘病毒检测；完成体检2.4万人次，预防接种1.1万余人次；面向社会开发核酸检测委托业务，实现委托业务收入1872余万元；开展病媒生物样本鉴定2082只，在天津口岸首次截获长角血蜱、全国首次截获阿拉善伏翼，有效发挥守卫国门生物安全的作用。

天津口岸出入境人员健康咨询、健康检查、预防接种、传染病监测及口岸病媒生物防控等职责由保健中心负责，同时保健中心还是一个集旅行卫生保健、健康体检评估、免疫预防接种、国际旅行健康咨询、国际医疗救助为一体，并拥有领先的医疗诊察手段、先进的检测设备和雄厚技术实力基础的综合性医疗保健机构。保健中心是世界卫生组织国际旅行卫生合作中心分中心、中国国际旅行卫生保健协会（CITHA）会员单位、国际旅行者医疗救助协会（IAMAT）会员单位、挪威船级社定点体检机构、天津海事局指定的“海船船员健康证书”办理机构、美国皇家加勒比邮轮有限公司定点体检机构。保健中心通过ISO9001质量管理体系认证及ISO/IEC17025认可。保健中心现有11个科室，其中行政类科室3个、业务类科室8个；有3个实验室，分别为临床检验实验室、卫生检疫实验室、病媒生物实验室。

【基层党建】2022年，在天津海关党委的正确领导下，保健中心始终以习近平新时代中国特色社会主义思想为指导，深入学习贯彻党的二十大精神。全面落实“第一议题”制度，坚定捍卫“两个确立”、做到“两个维护”，利用电子荧屏、展板等各类宣传载体，广泛宣传党的二十大精神；定期召开意识形态工作会议，分析研判意识形态领域情况；组织推动党支部建设，将原有4个支部合理划分为7个党支部，同时将2名外聘员工党员共同纳入组织生活管理；精心打造支部党建特色品牌，完成7个支部党建品牌迭代升级工作，其中“医路相伴”品牌成为关区培育品牌；扎实开展“我为群众办实事”实践活动，开展心理团辅和线上心理讲座活动6次，有效缓解一线职工心理压力；扎实组织开展“海关重点项目和财物管理以权谋私”专项整治活动，深入排查风险隐患17个，已制定廉政风险防控措施4条，修订规章制度3项，建立规章制度6项，风险点均已整改；全面推进以案促改工作，组织开展纪法警示教育会2次、纪法廉政知识考试1次、以案促改主题党日活动7次、专题民主生活会1次，开展领导干部职工在企业兼职（任职）及投资风险排查1次。

【口岸传染病防控】2022年，保健中心完成新冠病毒核酸样本检测100万余样次。在承接的国家法定检测及社会面委托服务过程中，累计完成5万余人次体检，共检出主要传染病及异常情况129例，其中艾滋病病毒感染者3例、梅毒抗体阳性56例、现症梅毒7例、陈旧性肺结核12例、乙肝病毒表面抗原阳性31例、丙型病毒性肝炎20例。保健中心构建多病共防安全风险监测体系，严格落实多病同防常态化入境人员猴痘病毒检测。成立口岸卫生检测工作组，密切关注国际和国内疫情发展、病毒变异毒株、世界卫生组织的疫情评估和风险研判、重点国家和地区防控措施等信息和数据，经过整合、分析并与本单位业务实际相结合，适时调整环境设施、仪器设备、试剂耗材和技术能力储备。

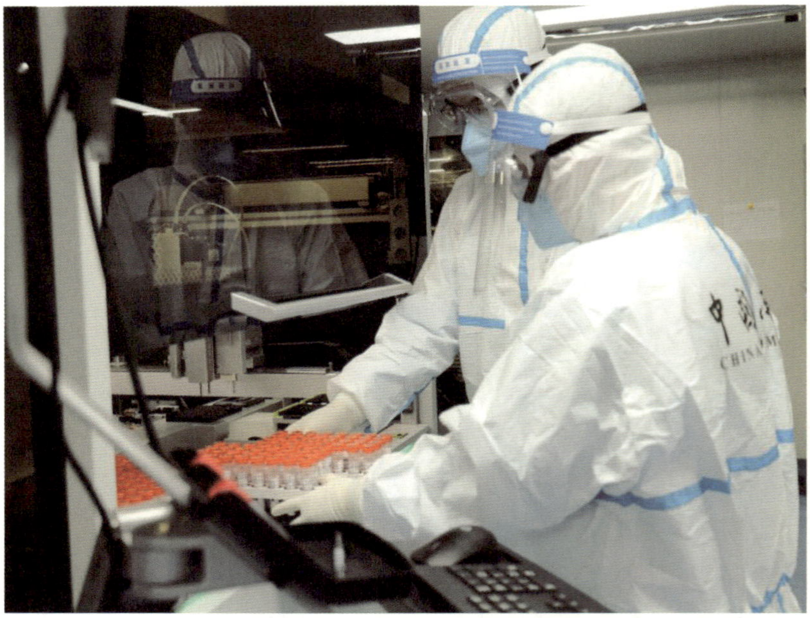

▲2022年3月8日，天津国际旅行卫生保健中心卫生检疫实验室人员开展出入境人员新冠病毒核酸检测（王万骞 摄）

保健中心按照工作计划完成ISO9001质量管理体系再认证评审，顺利通过了实验室ISO17025评审，并增加了血糖血脂、肾功能、蛋白及肿瘤标志物等15个项目的扩项评审；临床检验实验室全年新增检测项目30项，进一步提升了中心实验室检测能力。

【口岸媒介生物监测】2022年，保健中心承担对天津口岸病媒生物种属鉴定、标本制作、病原体检测及样本处理等工作，能够开展鼠、蚊、蝇、蜚蠊四类共计16项种属鉴定项目。对天津口岸入出境交通工具、旅客、集装箱、货物等携带的病媒生物和本地调查样本进行分类鉴定并出具报告，为严防外来有害生物入境、控制口岸病媒生物传播疫病及“筑牢口岸检疫防线”提供技术支持。全年，收到样品137批次，共计2081份病媒生物样本。其中，从出入境交通工具、集装箱中截获的外来媒介生物共30批次80只、蝇类2批次10只1种、蜚蠊类27批次69只2种、其他1批次1只1种（阿拉善伏翼）。全年，共进行病媒生物本底调查108批次，检出病媒生物2004只，其中鼠类7批次8只2种、蚊类95批次1989只5种、蝇类4批次5只2

种、游离蜱1批次1只1种（长角血蜱）、其他1批次1只1种（鼩鼱）。在天津口岸首次截获长角血蜱、全国口岸首次截获阿拉善伏翼，有效阻止了入境有害病媒生物入侵，避免了鼠疫、流行性出血热、疟疾、登革热等有害病原体在天津境内传播的风险。

【医疗服务】2022年，保健中心共完成24695人次体检工作，签发各种外文表格493份，境外人员体格检查记录验证625人次，其中验证补项70人次。发放“国际旅行健康检查证明书”8728份，发放“境外人员体格检查记录验证证明”4392份。在对24695人次体检中，有1286人次享受法定传染病监测体检免征费用，共计免征体检费用62万余元。共检出主要传染病及异常情况82例，其中艾滋病病毒感染者2例、梅毒抗体阳性38例、现症梅毒6例、陈旧性肺结核12例、乙肝病毒表面抗原阳性10例、病毒性肝炎14例。

年内，保健中心开展预防接种11113人次，其中黄热病疫苗2687人次、霍乱疫苗5129人次、麻腮风疫苗611人次、四价流脑疫苗1314人次、戊肝疫苗21人次、乙肝疫苗9人次、水痘疫苗272人次、四价HPV疫苗242人次、九价HPV疫苗828人次；发放“疫苗接种或预防措施国际证书”6244本、“接种记录翻译转录”2220份、“禁忌证明书”12份、“疫苗接种或预防措施国际证书”发放量较2021年同期7195本相比下降13.22%。

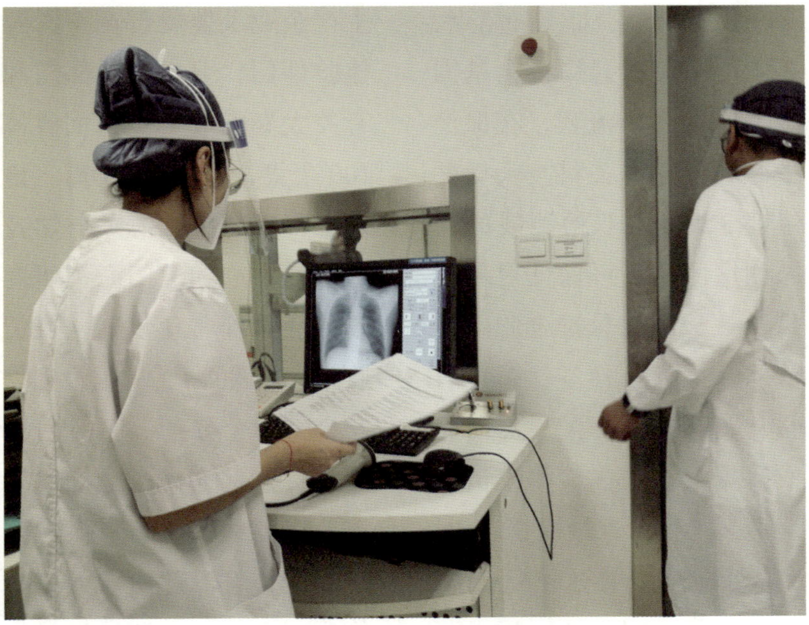

▲2022年7月8日，天津国际旅行卫生保健中心体检部医生为出入境人员开展健康体检工作（王万骞　摄）

【应急保障】2022年1月至3月，保健中心承揽了天津滨海机场抵津旅客落地核酸检测业务，保健中心全体同志参与，每天从早上6时工作到次日凌晨2时，克服了暴雪、机场突发疫情等紧急情况，即使春节期间也坚守岗位，不仅锻炼了队伍，更凝聚了人心、锤炼了全体同志敢于打硬仗的锐气和骨气，有力地保障了机场抵津旅客顺利获得核酸阴性证明。

受疫情影响，9月底至10月初滨海新区部分地区处于封控管理状态。保健中心“一把手”带头组织必要保障人员逆行进入办公楼保障基本运行，一直坚守到解除封控。其间通过动员和心理疏导、加强物资保障、持续监督检查等多项举措，使实验专班人员克服了身心疲惫等困难延长工作周期，没有因区域封控影响样本移送、实验室检测等疫情防控任务。

对于因突发封控原因造成无法收到健康证、疫苗接种证等证书的顾客，安排专人应急处置寄递并专线解答咨询，未发现负面舆情产生。主动帮助天津新港海关、天津南疆海关等风险区内的兄弟部门职工进行每日的核酸样本采集，累计完成773人次，避免其人员与社会面接触，降低感染风险。

【委托服务】2022年，保健中心新增客户近百家，其中长期服务客户超过50家，先后为进口冻品、海洋工程、电子信息、食品加工、港口交通等近百家企业提供核酸检测服务，其中包括天津博迈科海洋工程技术有限公司、天津港集团、中国海洋石油服务有限公司、中国石油有限公司天津分公司、中国海洋石油工程技术有限公司、天津三星视界有限公司、天津金佰利公司等多家央企、世界500强企业，为天津市疫情期间企业运营、经济发展、民生保障作出应有贡献。依托严格的防疫管理、技术措施，保障健康体检业务持续发展。除原有出入境体检、出海船员体检业务以外，全力开拓社会委托业务，并先后为中国海洋石油服务有限公司、中国海洋石油海洋工程有限公司、天津纳通医疗器械有限公司、天津捷嘉物流有限公司、天津正天医疗设备有限公司、天津金兴达科技有限公司、广东南油有限公司等企业提供体检服务，全年体检服务人员超过3万人。

【新冠病毒基因测序】2022年，保健中心启用新冠病毒基因测序工作，不仅需解决Ion PGM测序仪出厂早、数据处理量低、耗时长的基础设备问题，还需自行掌握并解决部分基因测序服务器故障、维修经费高昂等维保问题。成立测序工作小组，开展基因测序的生物分析培训，因地制宜配套相关耗材试剂，逐一攻破一个个难点和堵点，在4月完成新冠病毒全基因组测序及分析流程，在保健中心和天津海关科技大楼共组建3组6人双检测线的基因测序团队，可保证对新冠病毒核酸阳性且符合测序要求的入境人员样本，第一时间开展测序，力争72小时完成数据上报。在检测人员连续不断工作下，最快32小时完成了测序及数据分析工作。年内，成功完成新冠病毒基因测序83例。5月4日，首次对冷链样本核酸进行测序，获得病毒全基因组序列（天津关区），在海关总署系统是少数几个对冷链样本携带的新冠病毒完成全基因组测序的关区之一。5月29日，在天津关区首次测序获得世界卫生组织关注的新冠病毒变异株BA.2.12.1全基因组序列；6月14日，在海关总署系统首先测得新冠病毒奥密克戎变异株BA.2.3.1。

【《口岸卫生控制》杂志】《口岸卫生控制》杂志由保健中心主办。2022年，保健中心针对中国国境口岸地区及相关延伸后续管理方面卫生工作的性质和特点，围绕公共卫生、食品安全、医学检验等重点业务领域，面向食品生产企业及监管部门、医院检验部门、卫生防疫部门和有关大专院校全年征稿收稿100余篇，发文共91篇。该杂志分别与中国海关科学技术研究中心和厦门海关研究会分会合作常年设有《疫情监测和风险评估》《国门生物安全》两个分栏，10月份为全面贯彻落实海关总署“筑牢口岸防线”战略，保障国门安全，编辑部面向天津海关各部门征稿并评选出优秀论文8篇，使预防医学等相关理论的研究在实践中得以不断发展和提高，更好地指导、促进天津口岸卫生工作发展。截至12月31日，中国知网显示《口岸卫生控制》累计共出版文献3521篇、总下载210529次、总被引5327次，2022年复合影响因子为0.201。

撰稿人

王万骞　王景轩　刘振宇　郭　强　封官正
王　馨　王　蕾　潘　娟　孟　静

中国电子口岸数据中心天津分中心

【概况】中国电子口岸数据中心天津分中心（以下简称“数据分中心”），是天津海关直属具有独立法人资格的事业单位，也是中国电子口岸数据中心的分支机构。数据分中心设综合部、业务部、技术部3个内设机构。主要职责包括：承接天津地区电子口岸系统运行、维护管理工作；协助做好天津地区中国国际贸易单一窗口标准版推广运维工作，参与天津市地方电子口岸应用项目建设；做好天津海关信息系统项目开发、运行维护。此外，数据分中心负责全面管理所属企业天津易泰科技发展有限公司。

2022年，数据分中心深入学习宣传贯彻党的二十大精神，贯彻落实习近平总书记重要指示批示精神，围绕智慧海关建设理念和“三化”（规范化、标准化、信息化）工作要求，持续深化“业务科技一体化”建设，不断发挥信息化引领和保障作用。配合天津海关各职能处和隶属海关单位，通过建设海运口岸“智慧管控”，探索形成了全景感知、全程监控、实时预警的“智慧监管”模式；并将“智慧管控”理念创新应用到危化品监管、旅检监管等多个业务领域，以智慧海关建设有力支撑天津口岸海关监管效能提升。通过谋划危化品“智慧管控”，探索构建源头管理、多点管控、智慧查检的专项商品全流程智慧监管模式。通过实践空运“智慧旅检”，探索无纸化、无接触、自助式旅客通关模式。

▲2022年5月18日，中国电子口岸数据中心天津分中心开展政治机关建设大讨论（张弛　摄）

【基层党建】2022年，数据分中心始终把学习贯彻习近平新时代中国特色社会主义思想作为首要政治任务，严格落实“第一议题”制度，深入学习宣传贯彻党的二十大精神，及时传达学习习近平总书记重要讲话和重要指示批示精神。持续强化政治机关建设，组织党员干部围绕“没有离开政治的业务，也没有离开业务的政治”开展研讨交流，梳理岗位政治要求，准确把握本部门工作的政治方向。数据分中心党支部书记带头为党员干部讲授党的二十大专题党课，引导广大党员干部深刻领悟捍卫“两个确立”、做到“两个维护”的决定性意义；深入践行“人民海关为人民”理念，扎实推进“我为群众办实事”常态化开展案例警示教育，组织观看《国门卫士岂容违纪破法之二——党的十九大以来海关系统部分违纪违法典型案例剖析》警示教育片、学习海关总署在专项整治工作期间通报的典型案例，以案说法，防微杜渐。配合天津海关党委巡察审计工作，结合工作实际制订整改落实方案，推动整改落实工作走深走实。年内，被评为天津海关先进党支部。

【电子口岸】2022年，数据分中心落实海关总署中国电子口岸数据中心关于电子口岸业务工作部署，切实做好电子口岸制发卡业务工作，进一步提升对企服务效率和业务管理水平，多措并举持续推进制发卡服务改革，不断优化申办流程，着力提升服务质效。依托电子口岸身份认证管理系统，全面推行不见面线上申请、无纸化自主操作、近距离快速制卡等一系列便企举措，深化“关银一Key通”应用，上线运行21家银行合作制卡代理点，实现全市区域服务覆盖，便利企业网上申领、就近制卡，保障企业通过身份认证应用“单一窗口”各项便利服务功能，进一步提升办事效率，节省时间成本。年内，办理电子口岸企业入网达3100家，制发电子口岸安全产品8000余件，受理企业咨询超过1.7万次。

【网络安全】2022年，数据分中心加强信息化网络安全保障工作，成立网络安全工作专班，精心制订安全保障方案和应急预案，第一时间响应配合海关总署和天津关区的实时应急信息，实施重大时间节点的24小时值班制度，通过优化和完善自主研发的服务器和系统自动监控和预警模块，对海关重大业

▲2022年1月12日，中国电子口岸数据中心天津分中心组织开展信息化网络安全保障工作（张弛 摄）

务系统和网络进行监测、预警、处置，定期进行系统漏洞排查和安全加固，加强应用系统的数据安全的审计功能研究和实现，避免敏感信息外泄，每月进行安全态势分析，进一步提高安全保障的自动化水平，不断提高天津电子口岸专网的日常运维和安全保障能力，做好数据分节点的数据安全落地和冗余备份，先后完成2022年度全国海关网络攻防演习、党的二十大会议期间安全保障、跨境电商“6·18”和“双十一”等重要电商节点保障任务。

【单一窗口】2022年，数据分中心按照国家口岸管理办公室办关于“单一窗口”建设工作部署，配合主管部门天津市商务局，做好“单一窗口”服务功能推广应用、培训指导及客户服务等相关技术保障工作，持续巩固主要功能应用率、覆盖率，均继续保持100%。联合开展“单一窗口”功能宣讲培训，进一步宣传推广监管证件申领、口岸收费及服务信息发布系统、原产地证申领及打印、出口退税系统、掌上“单一窗口”小程序等服务功能；配合在地方版门户集成上线进口配额管理、海关通知查询、减免税快捷查询等新增功能，发布通知公告及操作手册，协同做好企业应用技术支持；依托“单一窗口”金融服务功能，推广小微企业风险保障平台政策，协助指导800家符合条件企业通过“单一窗口”免费领取出口风险保障。

【天津市单一窗口特色项目】2022年，数据分中心发挥“单一窗口”技术支撑作用，支持参与地方拓展特色服务。在海关总署“单一窗口”中新（加坡）合作框架下，进一步深化天津试点工作，结合本地特色需求及政务服务，拓展延伸“单一窗口”便利化服务，联合天津市商务局开发建设“国际贸易通关数据服务中新示范平台”，为助力提升通关服务效率、促进跨境贸易便利化提供“天津方案”；联合天津市商务局建设上线“天津市RCEP关税政策查询公共服务平台”，实现RCEP关税税率查询、原产地累积规则适用查询、政策法规查询等多项功能，为天津市企业享受RCEP关税政策红利提供一站式查询服务；支持地方建设“京津通关物流协同服务平台”，按照“单一窗口”标准规范配合做好技术实施工作，对项目开发建设提供有关技术指导和支持。该平台涵盖通关状态、标准品查询、时效分析、查验指令、集装箱管理等多项便利企业服务功能，已在天津地方版“单一窗口”正式上线运行。

【海关信息化项目】2022年，数据分中心共承接开发类项目11个、海关总署级运维项目23个、天津海关级运维项目36个。在天津海关口岸监管处、天津东疆海关配合下，完成海运口岸“智慧管控”系统的开发建设工作，并在天津东疆海关日常监管业务中实现应用。该系统通过构建三维视觉识别网络，实现对码头内装卸、堆存、运输、卡口等作业环节的全景展示、全盘感知，实现智能监管、主动管控；通过升级个性化AI智能算法并加载梳理的100余项业务分析逻辑，通过和海关数据的实时对碰，及时对异常作业情况进行报警，有效提升海关风险防控能力。通过国际贸易通关数据服务中新（加坡）示范平台，为“中方（天津）出口、新方进口”和“新方出口、中方（天津）进口”正反两

▲2022年8月10日，中国电子口岸数据中心天津分中心参与天津海关组织的智慧口岸关键技术与装备鉴定会（张弛 摄）

种模式下的货物通关提供申报服务，减少企业申报录入内容，实现申报信息一次录入、双方互认的“一单两报”通关模式，提高中新贸易企业通关效率。配合天津海关商品检验处处完成“智慧危化品监管”项目开发工作，通过建设“一中心、两平台、三库”（危化品智慧监管中心；智能检测平台、智慧管控平台；企业信息库、检测报告库、法律法规标准库），探索构建源头管理、多点管控、智慧查检的专项商品全流程智慧监管模式，有效降低危化品“瞒”的隐患、防范化解危化品“滞”的风险。协助天津海关行邮监管处和天津滨海机场海关打造“一码到底”无接触式自助通关的“智慧旅检”新模式，减少机场“红区”一线人员感染风险和工作负荷，大幅提升入境旅客通关效率。在天津海关企业管理和稽查处指导下，完成“智慧海关企业辅助应用”项目开发，提高天津关区企业AEO资质申请的效率。按照天津海关科技处要求，完成实验室质量体系运行监控系统和天津海关科技公共服务平台两个板块的部署上线及业务培训工作。

撰稿人

边　涛　吕哲楠　张　弛　张　程

第九篇

荣誉·名录

2022年度获评国家级荣誉称号名录

天津滨海机场海关　全国五一劳动奖状

2022 年度获评省部级荣誉称号名录

集体

天津东疆海关查验一科　“天津市工人先锋号”（天津市总工会）

天津滨海机场海关团总支　“全国五四红旗团组织”（共青团中央）

个人

天津海关卫生检疫处　杨　博　“全国消除疟疾工作先进个人”（国家卫生健康委　海关总署　国家中医药管理局）

天津保税区海关　张　旭　2021 年度“百名优秀执法一线科长”（中共海关总署委员会）

天津新港海关　程学琴　2021 年度“百名优秀执法一线科长”（中共海关总署委员会）

天津新港海关　周宏亮　2021 年度“百名优秀执法一线科长”（中共海关总署委员会）

天津东疆海关　王世魁　2021 年度“百名优秀执法一线科长”（中共海关总署委员会）

天津滨海机场海关　舒　明　2021 年度“百名优秀执法一线科长”（中共海关总署委员会）

天津海关风险防控分局　任叔为　2021 年度“百名优秀执法一线科长”（中共海关总署委员会）

天津临港海关　郑晓民　“天津市五一劳动奖章”（天津市总工会）

天津滨海机场海关　李艳强　“天津市五一劳动奖章”（天津市总工会）

天津新港海关　高子岳　“天津市五一劳动奖章”（天津市总工会）

天津国际旅行卫生保健中心　孙婧乔　“天津市五一劳动奖章”（天津市总工会）

天津海关动植物与食品检测中心　马　兴　“全国青年岗位能手”（共青团中央　人力资源社会保障部）

天津海关总检验师　魏红兵　“天津市优秀科技工作者标兵”（中共天津市委组织部、天津市人力资源和社会保障部、天津市科学技术局、天津市科学技术协会）

天津国际旅行卫生保健中心　董志珍　“天津市优秀科技工作者”（中共天津市委组织部、天津市人力资源和社会保障部、天津市科学技术局、天津市科学技术协会）

2022年度获评关区“两优一先”荣誉称号名录

优秀共产党员（50名）

刘永胜　综合处副处长、二级调研员
王建锴　自贸处特殊区域发展科二级主任科员
沈　诣　关税处归类科二级主管
刘光旭　卫生处检疫管理科科长
马　健　动植处动植二科二级主管
窦珊珊　食品处综合科科长、一级主任科员
黄　鹏　商检处商品检验一科科长、一级主任科员
肖超伟　监管处场所监管科三级主任科员
卫丽玲　行邮处监管二科副科长、二级主任科员
王　瑀　统计处统计调查科科长、一级主任科员
孟庆燕　企管处综合科四级调研员
孙书博　督审处审计科二级主任科员
李　迪　教育处综合科科长、一级主任科员
魏　鹏　机关党委宣传科二级主任科员
孙文志　巡察办巡察科科长、一级主任科员
曹　玮　新港海关综合业务一处运行管理科科长、一级主办
毛　勇　新港海关查验二处监管核放科科长
秦　洁　新港海关办公室信息宣传科二级主办
储　鑫　新港海关综合业务二处进口二科副科长、二级主办
张立群　新港海关人事政工处教育培训科科长
姜春宇　新港海关物流监控处物流管理三科四级主办
尚艳娇　新港海关查验三处监管核放科三级主办
李元广　机场海关综合业务二科三级主办

王　岩　机场海关快件三科三级主办
姚　策　机场海关人事政工科三级主办
于　跃　机场海关查验二科二级主办
王道明　大港海关办公室副主任、二级主办
杨礼现　大港海关稽核科副科长、二级主办
孟宪婷　邮局海关办公室主任
李国春　南疆海关船舶监管二科四级高级主办
冯志敏　塘沽海关保税物流中心审核科副科长、二级主办
齐　伟　塘沽海关查检二科副科长、二级主办
王月香　蓟州海关宝坻综合业务科一级主办
赵刘佳　武清海关办公室三级主办
张经纬　武清海关加工贸易保税监管科二级主办
宋志军　静海海关加工贸易保税监管科科长
高　鹏　宁河海关副关长
冯基刚　河西海关综合业务科科长、一级主办
褚　晓　保税区海关跨境电商监管科二级主办
高耿明　保税区海关综合保税区业务科副科长、二级主办
赵媛媛　保税区海关海港稽核科二级主办
李志鹏　东疆海关卫生监督科四级主办
李　东　东疆海关物流监控二科副科长、三级主办
邵华峰　东疆海关法规科三级主办
周亚东　北塘海关查验一科科长
颜昊博　风控分局评估监控科二级主管
张洪英　后勤中心物业管理部副部长（八级职员）
朱锦波　化矿金中心固废属性鉴别实验室主任（七级职员）
丁　宇　工业品中心综合业务室主任（七级职员）
冯庆倩　保健中心办公室助理工程师（专业技术十一级）

优秀党务工作者（25 名）

畅　琦　办公室文秘科二级主任科员
褚庆宏　法规处综合科科长、一级主任科员
孟欣欣　关税处综合科二级主管
赵　亮　商检处商品检验三科科长

项　禹　监管处场所监管科二级主任科员
张伯玥　财务处综合科副科长、二级主任科员
蔡　林　督审处督察科副科长、二级主任科员
李友俊　离退办保障科科长、一级主任科员
赵春艳　新港海关人事政工处组织科二级主办
杨　明　新港海关查验二处进口查验三科科长、一级主办
徐晓楠　机场海关旅检四科二级主办
杨　慧　临港海关人事政工科二级主办
宋晓薇　邮局海关邮件监管三科二级主办
王卿卿　南疆海关人事政工科科长
周恩泽　塘沽海关人事政工科二级主办
柳韶华　第六派驻纪检组二级主任科员
陈希梅　东丽海关人事政工科副科长、二级主办
刘　蕊　南开海关人事政工科科长、一级主办
郑　洁　保税区海关人事政工科四级主办
卢立强　保税区海关统计科副科长、二级主办
韩　冰　东疆海关人事政工科四级主办
张丽丽　风控分局人事政工科二级主管
康芬芬　动植食中心植物检验检疫实验室主任（七级职员）
张　弛　数据分中心综合部部长（七级职员）
卢毅男　退休干部

2022年度获评三等功以上荣誉称号名录

个人

臧艳飞	三等功	杜连莹	三等功	霍　辰	三等功	李亚静	三等功
周明娜	三等功	赵广通	三等功	李　昊	三等功	邓　宏	三等功
魏亚东	记　功	周　磊	记　功	韩　伟	记　功	董志珍	记　功
曾家昊	三等功	邢方洲	三等功	周楠彭	三等功	李海港	三等功
王　乾	三等功	郑熙雄	三等功	程　浩	三等功	苏岩旭	三等功
刘宇轩	三等功	张　希	三等功	金洪峰	三等功	李玉宁	三等功
张琦亮	三等功	李鸿玮	三等功	杨　禹	三等功	韩　超	三等功
许允峥	三等功	刘　坤	三等功	张岳刚	三等功	赵　悦	三等功
孙婧乔	记　功	吕　萌	三等功	乔　露	三等功	桂　莉	记　功
胡政泽	记　功	刘　洋	三等功	栾慧馨	三等功	郑晓民	三等功
李钦科	三等功	秦坤伟	三等功	付文彬	三等功	倪　松	记　功
马鑫淼	记　功	方　志	三等功	王利军	三等功	赵广通	三等功
张　晔	三等功	温胜杰	三等功	刘　萌	三等功	刘敬瑞	三等功
郑　琛	三等功	张起东	三等功	段婉玉	三等功	朱思德	三等功
于艳军	记　功	潘　超	三等功	王　翯	三等功	王业臣	三等功
王德泉	三等功	郑东顺	三等功	孙　羽	三等功	郭金波	三等功
刘　滨	三等功	卢俊贤	三等功	卢忠锴	三等功	张　松	三等功
张　淏	三等功	卢　冬	三等功	董文拓	三等功	杨柏楠	三等功
高子岳	三等功	李　哲	三等功	刘长柱	三等功	赵　乐	三等功
朱慧洁	三等功	王　菲	三等功	王　伟	三等功	王　鹏	三等功
蒋文来	三等功	张　乙	三等功	杨　菲	记　功		

集体

天津海关“硫铁矿渣”固废工作专班 一等功

机场海关口岸疫情防控工作集体 二等功

“提升口岸通关效率新模式”创新举措工作组 三等功

天津海关规范申报工作组 三等功

税收重大风险专项核查小组 三等功

天津海关进出口商品质量安全风险预警和快速反应监管体系工作领导小组和工作推动组 三等功

农产品出口情况研究课题组 三等功

“现场监管与外勤执法权力寻租”专项整治工作组 三等功

新港海关“两直”工作组 三等功

新港海关进口白虾二氧化硫项目强化监管工作组 三等功

天津海关“压减外聘员工”专项工作组 记功

天津海关处置南非输华柑橘货船滞港工作组 三等功

天津海关“保税租赁海关监管新模式”工作组 三等功

天津海关庆祝建党百年强化政治保卫工作专班 三等功

天津海关跨境电商 B2B 出口工作组 三等功

天津海关特殊区域发展工作组 三等功

天津海关应对海航破产重整专项工作组 三等功

天津海关迎接国家审计工作组 三等功

南开海关业务对接应急工作组 三等功

天津海关进口冻品“智能分流”专项工作组 三等功

基因测序专项工作组 三等功

临港海关自主风险分析研判小组 三等功

保税区海关有毒化学品伪瞒报查发工作组 三等功

新港海关破获假烟走私大案工作组 三等功

临港海关中规汽车审价专项小组 三等功

塘沽海关加工贸易内销综合治税专项行动小组 三等功

武清海关推动落实跨境电商出口“9810”模式离境退税改革试点工作组 三等功

东丽海关出口硫化钠专项稽查工作组 三等功

促进外贸保稳提质专项工作组 三等功

进口医疗器械风险防控京津冀协同新模式工作组 三等功

天津海关税收强制工作组 三等功

天津海关促进口岸进口冻品产业发展升级调研工作组　三等功

天津海关创建关港综合智慧平台全面实现基于“三智”理念的“船边直提、抵港直装”物流监管新模式改革工作组　三等功

天津海关东疆港区智慧管控改革工作组　三等功

天津海关“海关重点项目和财物管理以权谋私”专项整治工作组　三等功

国庆假期应对滨海新区突发疫情保障业务正常运转封闭驻守工作集体　三等功

2022 年度军转干部获省部级以上荣誉称号名录

舒　明　2021 年度“百名优秀执法一线科长”

（已在上方省部级奖励名录中体现）

2022 年海关总署“授衔令”

授予三级关务监督关衔

赵　诚　天津海关卫生检疫处副处长、二级高级主管
冯　力　天津海关商品检验处副处长、二级调研员
刘岩芳　天津海关财务处处长、一级调研员
王　晶　天津海关科技处副处长、二级高级主管
刘宇澄　天津海关所属天津新港海关综合业务二处副处长、二级高级主办
竺建伟　天津海关所属天津新港海关综合业务三处处长
马振智　天津海关所属天津新港海关查验三处二级高级主办
柯忠哲　天津海关所属天津新港海关查验三处二级高级主办
张　涛　天津海关所属静海海关副关长、二级高级主办
刘　倩　天津海关所属北辰海关副关长、二级高级主办
张健敏　天津海关所属东丽海关二级高级主办
周　勇　天津海关所属东丽海关二级高级主办
李奎军　天津海关所属东丽海关二级高级主办
郑天麟　天津海关所属天津新港海关查验三处副处长、二级高级主办
彭晓明　天津海关党委第四派驻纪检组组长、一级调研员
周振勇　天津海关党委第五派驻纪检组组长、一级调研员
王焕伟　天津海关党委第十二派驻纪检组组长、一级调研员

选升为三级关务监督关衔

陈亚洁　天津海关办公室二级调研员
冷连松　天津海关综合业务处副处长、二级调研员
魏小军　天津海关行邮监管处处长

兰玉光 天津海关党委第九派驻纪检组二级调研员
杜青岩 天津海关所属天津新港海关查验二处副处长、二级高级主办
刘观洪 天津海关所属天津新港海关物流监控处二级高级主办
刘 军 天津海关所属西青海关二级高级主办
陈嘉亮 天津海关所属北塘海关副关长、二级高级主办
薛树彤 天津海关风险防控分局副局长、二级高级主管
张 晖 天津海关关税处副处长、二级高级主管
姚 伟 天津海关督察内审处副处长、二级调研员
殷宝明 天津海关教育处处长
史 强 天津海关党委巡察工作办公室主任（正处级）
吴汉国 天津海关所属天津新港海关查验一处副处长、二级高级主办
李承春 天津海关所属南开海关关长，一级高级主办
巩海洋 天津海关党委第十二派驻纪检组副组长、二级调研员

授予一级关务督察关衔

王润生 天津海关进出口食品安全处四级调研员
葛 莉 天津海关离退休干部办公室四级调研员
王淑秀 天津海关所属天津新港海关财务装备处四级高级主办
高 伟 天津海关所属天津新港海关财务装备处四级高级主办
魏振晓 天津海关所属天津新港海关综合业务一处副处长、二级高级主办
宋起平 天津海关所属天津新港海关综合业务二处四级高级主办
孙立桩 天津海关所属天津新港海关查验一处科长、四级高级主办
陈小兵 天津海关所属天津新港海关查验一处科长、四级高级主办
陈建宏 天津海关所属天津新港海关查验一处科长、四级高级主办
侯振清 天津海关所属天津新港海关物流监控处四级高级主办
谷 蓓 天津海关所属天津滨海机场海关四级高级主办
王洪民 天津海关所属天津滨海机场海关四级高级主办
李 峥 天津海关所属天津滨海机场海关科长、四级高级主办
任 伟 天津海关所属天津滨海机场海关科长、四级高级主办
王 岚 天津海关所属天津临港海关四级高级主办
王志宾 天津海关所属天津南疆海关副关长
张 玮 天津海关所属天津南疆海关四级高级主办
张 弢 天津海关所属天津南疆海关四级高级主办

陈晓峰　天津海关所属东丽海关四级高级主办
华维勇　天津海关所属天津保税区海关四级高级主办
孙　伟　天津海关所属天津东疆海关四级高级主办
马丽娜　天津海关机关党委副主任、二级调研员
于立新　天津海关所属天津新港海关综合业务一处四级高级主办
刘学锋　天津海关所属天津新港海关查验二处四级高级主办
于丽丽　天津海关所属天津新港海关查验二处四级高级主办
郝学江　天津海关所属天津河西海关四级高级主办
温洪涛　天津海关所属天津保税区海关四级高级主办
廖　芳　天津海关科技处副处长

晋升为一级关务督察关衔

唐　斌　天津海关办公室副主任、三级调研员
姚书媛　天津海关办公室四级调研员
高　维　天津海关办公室四级调研员
李永利　天津海关行邮监管处副处长
张志梅　天津海关统计分析处四级调研员
郁　菲　天津海关企业管理和稽查处副处长
张雪梅　天津海关离退休干部办公室四级调研员
杜　斌　天津海关党委第一派驻纪检组副组长
王　威　天津海关所属天津新港海关办公室副主任
王　军　天津海关所属天津新港海关财务装备处四级高级主办
邢洁松　天津海关所属天津新港海关综合业务一处四级高级主办
于文东　天津海关所属天津新港海关综合业务一处四级高级主办
顾郁红　天津海关所属天津新港海关综合业务二处四级高级主办
高　河　天津海关所属天津新港海关综合业务二处四级高级主办
王永来　天津海关所属天津新港海关综合业务三处四级高级主办
张春生　天津海关所属天津新港海关综合业务三处四级高级主办
陈洪英　天津海关所属天津新港海关查验一处四级高级主办
王奎军　天津海关所属天津新港海关查验一处四级高级主办
张金良　天津海关所属天津新港海关查验三处四级高级主办
吴　宏　天津海关所属天津新港海关查验三处四级高级主办
张鸣林　天津海关所属天津新港海关查验三处四级高级主办

赵　健　天津海关所属天津新港海关物流监控处四级高级主办
邢承健　天津海关所属天津新港海关物流监控处科长、四级高级主办
孙志刚　天津海关所属天津新港海关物流监控处四级高级主办
张建有　天津海关所属天津新港海关物流监控处四级高级主办
王世纲　天津海关所属天津新港海关物流监控处四级高级主办
崔三强　天津海关所属天津滨海机场海关副关长
訾力宏　天津海关所属天津滨海机场海关四级高级主办
刘　奎　天津海关所属天津滨海机场海关四级高级主办
秦毅媚　天津海关所属天津滨海机场海关科长、四级高级主办
刘　彤　天津海关所属天津滨海机场海关四级高级主办
曹东辉　天津海关所属天津滨海机场海关四级高级主办
白　莹　天津海关所属天津滨海机场海关四级高级主办
刘劲松　天津海关所属天津滨海机场海关四级高级主办
秦丰五　天津海关所属天津滨海机场海关四级高级主办
贾海伟　天津海关所属天津滨海机场海关科长、四级高级主办
张　岚　天津海关所属天津滨海机场海关四级高级主办
王珊珊　天津海关所属天津滨海机场海关四级高级主办
李冲锋　天津海关所属天津大港海关办公室主任、四级高级主办
崔天明　天津海关所属天津南疆海关四级高级主办
于　波　天津海关所属武清海关四级高级主办
王　春　天津海关所属宁河海关四级高级主办
张庆惺　天津海关所属西青海关副关长
陈　昊　天津海关所属东丽海关副关长
刘茂斌　天津海关所属天津保税区海关副关长
王　伟　天津海关所属天津保税区海关四级高级主办
王　胜　天津海关所属天津保税区海关四级高级主办
李　迅　天津海关所属天津保税区海关四级高级主办
赵向红　天津海关所属天津保税区海关四级高级主办
曹湉湉　天津海关所属天津保税区海关四级高级主办
韩　伟　天津海关所属天津东疆海关副关长
郑兆昆　天津海关所属天津东疆海关四级高级主办
杨小东　天津海关所属天津东疆海关四级高级主办
高凤福　天津海关所属天津东疆海关四级高级主办
付宝军　天津海关所属天津东疆海关四级高级主办

邸　泉　天津海关所属天津东疆海关四级高级主办
叶先东　天津海关所属天津东疆海关四级高级主办
庄　甦　天津海关所属北塘海关四级高级主办
王　伟　天津海关风险防控分局四级高级主管
陈　海　天津海关风险防控分局四级高级主管
鞠海东　天津海关财务处副处长
刘熙治　天津海关科技处四级高级主管
周　亚　天津海关督察内审处科长、四级调研员
王　欣　天津海关教育处科长、四级调研员
白德永　天津海关党委第五派驻纪检组四级调研员
张校凤　天津海关所属天津新港海关办公室四级高级主办
李　娜　天津海关所属天津新港海关人事政工处四级高级主办
崔红兰　天津海关所属天津新港海关综合业务一处四级高级主办
徐　琨　天津海关所属天津新港海关综合业务二处科长、四级高级主办
王志娟　天津海关所属天津新港海关综合业务三处四级高级主办
高　翔　天津海关所属天津新港海关综合业务三处四级高级主办
肖国武　天津海关所属天津新港海关查验二处四级高级主办
张　芃　天津海关所属天津新港海关查验二处四级高级主办
陈　虹　天津海关所属天津新港海关物流监控处四级高级主办
何敏琦　天津海关所属天津新港海关物流监控处四级高级主办
田小辉　天津海关所属天津新港海关物流监控处四级高级主办
张红军　天津海关所属天津滨海机场海关四级高级主办
曹洪涛　天津海关所属天津滨海机场海关四级高级主办
高玉侠　天津海关所属天津滨海机场海关四级高级主办
冯广军　天津海关所属天津临港海关四级高级主办
廉育红　天津海关所属天津临港海关四级高级主办
王　光　天津海关所属天津南疆海关四级高级主办
王秀云　天津海关所属塘沽海关四级高级主办
王月香　天津海关所属蓟州海关四级高级主办
田晓晖　天津海关所属宁河海关四级高级主办
贾　岚　天津海关所属东丽海关四级高级主办
刘　刚　天津海关所属东丽海关四级高级主办
贾皓熠　天津海关所属东丽海关科长、四级高级主办
杨　钢　天津海关所属东丽海关四级高级主办

曹　红　天津海关所属天津保税区海关四级高级主办
徐广忠　天津海关所属天津东疆海关四级高级主办
李丕珩　天津海关所属天津东疆海关四级高级主办
刘守利　天津海关所属天津东疆海关四级高级主办
孙　岩　天津海关风险防控分局四级高级主管
韦　嘉　天津海关风险防控分局四级高级主管

授予二级关务督察关衔

潘佃安　天津海关办公室科长、一级主任科员
顾建柱　天津海关办公室科长、一级主任科员
高　鹏　天津海关关税处科长、一级主管
蒋赛赛　天津海关进出口食品安全处副处长
郑　石　天津海关进出口食品安全处二级主任科员
王　瑀　天津海关统计分析处科长、一级主任科员
韩玉茜　天津海关企业管理和稽查处科长、一级主任科员
王　婧　天津海关企业管理和稽查处一级主任科员
李　兰　天津海关人事处科长、一级主任科员
李恩斗　天津海关监察室科长、一级主任科员
刘晓辰　天津海关离退休干部办公室科长
李友俊　天津海关离退休干部办公室科长、一级主任科员
刘　冉　天津海关所属天津新港海关财务装备处副处长
张　一　天津海关所属天津新港海关查验一处科长、一级主办
宋晓光　天津海关所属天津新港海关查验一处科长、一级主办
周　强　天津海关所属天津新港海关查验二处科长、一级主办
王松柏　天津海关所属天津滨海机场海关二级主办
刘　栋　天津海关所属天津临港海关科长、一级主办
肖　瑾　天津海关所属天津邮局海关副科长、二级主办
胡广粗　天津海关所属天津南疆海关副科长、二级主办
汪　琳　天津海关所属天津南疆海关副科长、二级主办
王远景　天津海关所属天津南疆海关二级主办
曹颖烁　天津海关所属塘沽海关科长、一级主办
赵　华　天津海关所属塘沽海关科长
刘　鹏　天津海关所属塘沽海关二级主办

赵　琴　天津海关所属蓟州海关二级主办
张　良　天津海关所属武清海关副关长
韩　利　天津海关所属武清海关二级主办
赵振林　天津海关所属北辰海关办公室副主任、二级主办
杨　艳　天津海关所属西青海关二级主办
马喜妹　天津海关所属西青海关二级主办
马　磊　天津海关所属东丽海关科长
扈新萍　天津海关所属东丽海关副科长、二级主办
张　璇　天津海关所属南开海关二级主办
滕　楠　天津海关所属天津保税区海关二级主办
董建伟　天津海关所属天津保税区海关科长
郭少波　天津海关所属天津保税区海关二级主办
尤　玮　天津海关所属天津东疆海关科长
任振声　天津海关所属天津东疆海关科长、一级主办
侯志勇　天津海关所属天津南疆海关二级主办
李付刚　天津海关所属蓟州海关二级主办
宁代锋　天津海关所属天津河西海关副关长

晋升为二级关务督察关衔

张　彤　天津海关办公室四级调研员
马导君　天津海关所属天津新港海关物流监控处副科长、二级主办
周冬梅　天津海关所属天津滨海机场海关科长、一级主办
杨江华　天津海关所属天津滨海机场海关二级主办
许　毅　天津海关关税处一级主任科员
王天威　天津海关动植物检疫处科长、一级主管
王小范　天津海关统计分析处科长、一级主任科员
任　恺　天津海关统计分析处二级主任科员
尤　磊　天津海关企业管理和稽查处副科长、二级主任科员
景玉伶　天津海关财务处科长、一级主任科员
季茂贵　天津海关科技处一级主管
刘　鑫　天津海关科技处一级主管
王鹏飞　天津海关人事处科长、一级主任科员
张学瑞　天津海关党委第四派驻纪检组副组长

吕同周 天津海关所属天津新港海关综合业务二处科长
陆　跃 天津海关所属天津新港海关综合业务二处副科长、二级主办
程　艳 天津海关所属天津新港海关综合业务三处一级主办
赵子健 天津海关所属天津新港海关查验二处二级主办
李　铁 天津海关所属天津滨海机场海关副科长、二级主办
姜丽茹 天津海关所属天津滨海机场海关二级主办
张典林 天津海关所属天津滨海机场海关科长
刘　明 天津海关所属天津滨海机场海关二级主办
肖　艳 天津海关所属天津滨海机场海关二级主办
李　敏 天津海关所属天津临港海关副科长、二级主办
王仲祺 天津海关所属天津临港海关二级主办
史晓姗 天津海关所属天津邮局海关二级主办
李贵勇 天津海关所属天津邮局海关科长
徐　丹 天津海关所属天津邮局海关二级主办
程　斌 天津海关所属天津南疆海关二级主办
刘　霞 天津海关所属塘沽海关副科长、二级主办
杜　宇 天津海关所属塘沽海关二级主办
于大龙 天津海关所属武清海关二级主办
杨巨明 天津海关所属北辰海关科长
吴　颖 天津海关所属北辰海关二级主办
郝　楠 天津海关所属西青海关二级主办
韩大强 天津海关所属西青海关科长
黄　亮 天津海关所属西青海关副科长、二级主办
谭　泓 天津海关所属东丽海关二级主办
陈熠喆 天津海关所属东丽海关二级主办
许　维 天津海关所属东丽海关科长
杨金霞 天津海关所属东丽海关二级主办
刘丽莎 天津海关所属南开海关二级主办
李虹亭 天津海关所属南开海关二级主办
王雅洁 天津海关所属天津河西海关二级主办
刘　宇 天津海关所属天津河西海关二级主办
常　宇 天津海关所属天津保税区海关科长
张　伟 天津海关所属天津保税区海关科长
刘欣扬 天津海关所属天津保税区海关二级主办

陈国群　天津海关所属天津保税区海关副科长、二级主办
王　康　天津海关所属天津东疆海关副科长、二级主办
王晓康　天津海关所属天津东疆海关科长
王言射　天津海关所属天津东疆海关二级主办
黄　杰　天津海关所属北塘海关科长、一级主办
吴丽颖　天津海关风险防控分局副科长、一级主管
刘　栋　天津海关风险防控分局二级主管
葛　辉　天津海关风险防控分局二级主管
颜昊博　天津海关风险防控分局一级主管

授予三级关务督察关衔

李仕哲　天津海关所属天津新港海关查验一处二级主办
樊志伟　天津海关所属天津新港海关查验三处二级主办

晋升为三级关务督察关衔

张萍萍　天津海关所属天津滨海机场海关二级主办
郭良亚　天津海关所属东丽海关副科长、二级主办
姜艳峰　天津海关所属南开海关二级主办
刘　袁　天津海关所属南开海关科长
张　涛　天津海关所属天津保税区海关二级主办
阎　君　天津海关办公室科长
李和平　天津海关口岸监管处科长
任　维　天津海关行邮监管处副科长、二级主任科员
赵　鑫　天津海关企业管理和稽查处二级主任科员
杨媛媛　天津海关财务处二级主任科员
张永欣　天津海关科技处二级主管
魏　鹏　天津海关机关党委二级主任科员
杨学军　天津海关机关党委副科长、二级主任科员
杨大昕　天津海关所属天津新港海关办公室副科长、二级主办
李　超　天津海关所属天津新港海关人事政工处二级主办
马国山　天津海关所属天津新港海关综合业务二处副科长、二级主办
屈　晨　天津海关所属天津新港海关综合业务二处副科长、二级主办

崔大鹏 天津海关所属天津新港海关综合业务二处科长
朱　婧 天津海关所属天津新港海关综合业务二处副科长、二级主办
温珊珊 天津海关所属天津新港海关综合业务二处副科长、二级主办
孙　倩 天津海关所属天津新港海关综合业务二处二级主办
宋立涛 天津海关所属天津新港海关综合业务三处副科长、二级主办
刘　博 天津海关所属天津新港海关综合业务三处二级主办
孙国富 天津海关所属天津新港海关综合业务三处一级主办
姜文雯 天津海关所属天津新港海关综合业务三处二级主办
刘　毅 天津海关所属天津新港海关查验一处二级主办
马鸿志 天津海关所属天津新港海关查验一处副科长、二级主办
周　磊 天津海关所属天津新港海关查验一处二级主办
张　蒙 天津海关所属天津新港海关查验二处副科长、二级主办
于鲁闽 天津海关所属天津新港海关查验三处副科长、二级主办
臧艳飞 天津海关所属天津新港海关查验三处副科长、二级主办
郝继东 天津海关所属天津新港海关查验三处副科长、二级主办
李　旦 天津海关所属天津新港海关物流监控处二级主办
杨刚强 天津海关所属天津新港海关物流监控处副科长、二级主办
魏　唯 天津海关所属天津新港海关物流监控处二级主办
张玉娟 天津海关所属天津滨海机场海关科长
陈伟平 天津海关所属天津滨海机场海关二级主办
孟　倩 天津海关所属天津滨海机场海关二级主办
胡　昊 天津海关所属天津滨海机场海关科长
陈文涛 天津海关所属天津滨海机场海关副科长、二级主办
陈　瑶 天津海关所属天津滨海机场海关二级主办
李增辉 天津海关所属天津滨海机场海关二级主办
张　彤 天津海关所属天津大港海关副科长、二级主办
王　立 天津海关所属天津临港海关科长
刘　旭 天津海关所属天津邮局海关副科长、二级主办
张丹丹 天津海关所属天津邮局海关二级主办
张　力 天津海关所属天津邮局海关副科长、二级主办
刘秀增 天津海关所属天津邮局海关副科长、二级主办
代　鹏 天津海关所属天津南疆海关副科长、二级主办
王洪涛 天津海关所属天津南疆海关科长
邵晓光 天津海关所属天津南疆海关二级主办

潘　力　天津海关所属塘沽海关副科长、二级主办
房士平　天津海关所属塘沽海关二级主办
梁丽琨　天津海关所属蓟州海关二级主办
张　凯　天津海关所属蓟州海关科长
王英娣　天津海关所属武清海关二级主办
王　旺　天津海关所属武清海关二级主办
王　辉　天津海关所属武清海关二级主办
杨海岩　天津海关所属宁河海关办公室副主任、二级主办
徐晓珺　天津海关所属西青海关副科长、二级主办
董向前　天津海关所属东丽海关二级主办
郑　超　天津海关所属东丽海关副科长、二级主办
戚　侠　天津海关所属东丽海关二级主办
张振华　天津海关所属东丽海关副科长、二级主办
张　铭　天津海关所属南开海关二级主办
李　琳　天津海关所属南开海关二级主办
武美怡　天津海关所属南开海关二级主办
姚欣然　天津海关所属天津河西海关二级主办
袁　斌　天津海关所属天津保税区海关副科长、二级主办
崔　琰　天津海关所属天津保税区海关二级主办
王　闯　天津海关所属天津保税区海关科长
高　斌　天津海关所属天津保税区海关科长
黄丽婕　天津海关所属天津保税区海关二级主办
于　亮　天津海关所属天津保税区海关副科长、二级主办
徐颖范　天津海关所属天津保税区海关副科长、二级主办
张克禹　天津海关所属天津保税区海关二级主办
张莹莹　天津海关所属天津东疆海关二级主办
郑　然　天津海关所属天津东疆海关副科长、二级主办
高　月　天津海关所属天津东疆海关副科长、二级主办
董玲浩　天津海关所属天津东疆海关二级主办
徐少博　天津海关所属天津东疆海关副科长、二级主办
付文鹏　天津海关所属天津东疆海关二级主办
王剑泳　天津海关所属北塘海关副科长、二级主办
张　明　天津海关所属北塘海关二级主办
苑静宇　天津海关所属北塘海关副科长、二级主办

刘常豪　天津海关所属北塘海关科长

梁中磊　天津海关风险防控分局二级主管

方　志　天津海关风险防控分局副科长、二级主管

马凯旋　天津海关风险防控分局科长

降级为三级关务督察

周嘉权　天津海关风险防控分局副科长、一级主管

降级为一级关务督办

赵　津　天津海关所属天津滨海机场海关二级主办

第十篇

海关统计资料

2022 年天津市分月度进出口情况表

月份	进出口		出口		进口	
	人民币（亿元）	同比（%）	人民币（亿元）	同比（%）	人民币（亿元）	同比（%）
合计	84485159.2672	−1.3911	38035852.4299	−1.8640	46449306.8373	−1.0005
01	7285586.0165	8.9756	3357883.0167	24.3255	3927702.9998	−1.4289
02	5672173.1214	5.7756	2710246.2764	8.2419	2961926.8450	3.6153
03	6785103.5735	5.0248	2972771.0521	6.6201	3812332.5214	3.8136
04	6826797.1532	2.7570	3114813.4930	5.0014	3711983.6602	0.9465
05	7098842.7774	−5.6523	3174826.2035	0.5061	3924016.5739	−10.1087
06	7045347.6195	−6.2691	3245135.3594	−0.8400	3800212.2601	−10.4556
07	7176362.1621	−5.3303	3487343.5656	9.3696	3689018.5965	−16.0028
08	7091028.0053	−3.9591	3354251.1678	−1.0927	3736776.8375	−6.3942
09	7497973.6531	−3.1938	3616294.0394	−5.1385	3881679.6137	−1.3089
10	7056039.9868	−0.5966	3120739.9825	−12.4509	3935300.0043	11.3609
11	7244875.8085	−4.9352	2890621.1266	−14.5657	4354254.6819	2.7543
12	7705029.3899	−4.3539	2990927.1469	−25.7351	4714102.2430	17.0218

2022 年天津市分运输方式进出口情况表

运输方式		进出口		出口		进口	
代码	中文	人民币（万元）	同比（%）	人民币（万元）	同比（%）	人民币（万元）	同比（%）
合计		84485159.2672	−1.3911	38035852.4299	−1.8640	46449306.8373	−1.0005
2	水路运输	59718114.6962	2.5401	28048090.1475	3.0692	31670024.5487	2.0761
3	铁路运输	1042476.6308	−18.4334	634145.4012	−18.3809	408331.2296	−18.5149
4	公路运输	1919547.1837	−50.3539	1083516.0268	−59.3087	836031.1569	−30.5440
5	航空运输	18809729.3124	−2.5781	6314026.4346	2.8045	12495702.8778	−5.0891
6	邮件运输	21440.6340	−31.2359	5645.9898	−49.4102	15794.6442	−21.1043
9	其他运输	2973850.8101	0.6358	1950428.4300	−0.1206	1023422.3801	2.1095

2022年天津市分贸易方式进出口情况表

贸易方式	进出口		出口		进口	
	人民币（万元）	同比（%）	人民币（万元）	同比（%）	人民币（万元）	同比（%）
合计	84485159.2672	−1.3911	38035852.4299	−1.8640	46449306.8373	−1.0005
总值	84485159.2672	−1.3911	38035852.4299	−1.8640	46449306.8373	−1.0005
一般贸易	48141432.3848	−0.2313	22739960.3058	1.5197	25401472.0790	−1.7484
国家间、国际组织无偿援助和赠送的物资	71.9174	−99.0319	71.9174	−99.0319	0.0000	—
其他捐赠物资	987.9870	292.4745	987.9870	292.4745	0.0000	—
加工贸易	18966815.6308	−14.5056	11265895.7872	−4.6645	7700919.8436	−25.7224
来料加工贸易	2414216.3653	−28.7405	245696.3914	−14.3727	2168519.9739	−30.0700
进料加工贸易	16552599.2655	−11.9399	11020199.3958	−4.4229	5532399.8697	−23.8671
寄售代销贸易	601.1738	—	186.2630	—	414.9108	—
加工贸易进口设备	70.4181	−90.4084	0.0000	—	70.4181	−90.4084
对外承包工程出口货物	442590.5398	−56.3398	442590.5398	−56.3398	0.0000	—
租赁贸易	224147.4365	−34.6352	10423.5244	182.9574	213723.9121	−36.9981
外商投资企业作为投资进口的设备、物品	40581.9053	−51.5689	0.0000	—	40581.9053	−51.5689
出料加工贸易	5565.6745	−81.3890	3028.0009	−77.7635	2537.6736	−84.4200
易货贸易	56.8086	4635.2338	56.8086	4635.2338	0.0000	—

续表

贸易方式	进出口		出口		进口	
	人民币（万元）	同比（%）	人民币（万元）	同比（%）	人民币（万元）	同比（%）
保税物流	16360411.2025	21.6834	3516630.7393	2.3277	12843780.4632	28.3297
海关保税监管场所进出境货物	2080140.2858	2.5886	741334.8822	40.0143	1338805.4036	−10.6380
海关特殊监管区域物流货物	14280270.9167	25.0745	2775295.8571	−4.5361	11504975.0596	35.1897
海关特殊监管区域进口设备	34344.2009	−29.7786	0.0000	—	34344.2009	−29.7786
其他贸易	267481.9872	0.3941	56020.5565	−15.5476	211461.4307	5.6789

2022 年天津市分企业性质进出口情况表

企业性质	进出口		出口		进口	
	人民币（万元）	同比（%）	人民币（万元）	同比（%）	人民币（万元）	同比（%）
合计	84485159.2672	–1.3911	38035852.4299	–1.8640	46449306.8373	–1.0005
总值	84485159.2672	–1.3911	38035852.4299	–1.8640	46449306.8373	–1.0005
国有企业	8276839.6567	–17.3373	3912186.2136	–23.8702	4364653.4431	–10.4494
外商投资企业	39575373.6763	–8.2598	16443879.4936	–6.5568	23131494.1827	–9.4332
中外合作企业	103370.8675	3.8049	14145.3434	–14.4590	89225.5241	7.4417
中外合资企业	13546075.3393	–17.8797	5811919.8190	–15.3833	7734155.5203	–19.6608
外商独资企业	25925927.4695	–2.3268	10617814.3312	–0.8854	15308113.1383	–3.3022
民营企业	36455160.4894	12.7305	17673821.7820	10.3880	18781338.7074	15.0274
集体企业	277182.3859	–17.3075	257711.6277	–17.3172	19470.7582	–17.1796
私营企业	36176593.2237	13.0446	17414729.4309	10.9369	18761863.7928	15.0739
个体工商户	1384.8798	28.7346	1380.7234	29.0680	4.1564	–30.7151
其他	177785.4448	–5.1199	5964.9407	–46.3907	171820.5041	–2.5145

2022 年天津市分国别（地区）进出口情况表

进口原产国（地） 出口最终目的国（地）	进出口		出口		进口	
	人民币（万元）	同比（%）	人民币（万元）	同比（%）	人民币（万元）	同比（%）
合计	84485159.2672	−1.3911	38035852.4299	−1.8640	46449306.8373	−1.0005
总计	84485159.2672	−1.3911	38035852.4299	−1.8640	46449306.8373	−1.0005
亚洲	36748785.3701	−4.4416	18380932.9565	−1.6312	18367852.4136	−7.0976
非洲	2187252.6732	−11.6794	1595497.5654	−13.1367	591755.1078	−7.4948
欧洲	23193450.2753	1.2504	8722397.1146	0.5656	14471053.1607	1.6676
拉丁美洲	7196350.6497	−9.6945	3064137.2508	−17.9033	4132213.3989	−2.4626
北美洲	11334089.6953	9.4173	5103017.4496	3.1281	6231072.2457	15.1693
大洋洲	3809480.8529	9.1520	1169869.5446	32.6575	2639611.3083	1.2044
其他	15749.2571	−17.5162	0.0548	−60.0583	15749.2023	−17.5159
阿富汗	8549.1229	238.5943	6987.0654	633.7861	1562.0575	−0.6763
巴林	8687.9914	−78.4106	6992.9446	−82.0178	1695.0468	25.2020
孟加拉国	172147.8814	−14.1776	170335.8945	−8.6310	1811.9869	−87.2033
不丹	11.5688	−53.6981	11.5508	−53.6933	0.0180	−56.6265
文莱	5966.3516	−75.3957	2944.9045	−65.2386	3021.4471	−80.8496
缅甸	166713.3133	86.1099	102025.6017	23.7514	64687.7116	806.7674
柬埔寨	119654.1508	54.2433	76019.7003	39.5803	43634.4505	88.7967
塞浦路斯	12075.0306	2.8584	10551.0452	22.3444	1523.9854	−51.0824
朝鲜	456.1422	−16.3337	456.1259	−16.3367	0.0163	—
中国香港	2174241.2631	−35.7047	2148484.1165	−35.5158	25757.1466	−48.3334
印度	1533111.6024	1.4394	1171149.4584	0.7963	361962.1440	3.5777
印度尼西亚	2018401.2892	14.5917	1196806.0743	11.8723	821595.2149	18.7981

续表 1

进口原产国（地） 出口最终目的国（地）	进出口		出口		进口	
	人民币（万元）	同比（%）	人民币（万元）	同比（%）	人民币（万元）	同比（%）
伊朗	315195.1287	–17.5551	70130.2959	24.6939	245064.8328	–24.8424
伊拉克	331008.4457	84.0946	330986.7665	114.4450	21.6792	–99.9148
以色列	218606.9256	–21.7405	133829.1466	–43.0487	84777.7790	91.1687
日本	6723931.9531	4.1983	2286579.4912	–0.2361	4437352.4619	6.6409
约旦	83038.9494	121.0792	82375.5141	123.5472	663.4353	–6.7495
科威特	112273.3178	120.5967	109156.5557	122.4199	3116.7621	71.3943
老挝	25338.5559	–21.5215	15674.3970	134.4281	9664.1589	–62.2509
黎巴嫩	15981.9410	44.9090	15695.9827	46.9208	285.9583	–17.2699
中国澳门	40731.7081	760.7484	38117.3584	711.7071	2614.3497	7126.5719
马来西亚	2520772.8591	6.8746	1116654.5305	28.9275	1404118.3286	–5.9227
马尔代夫	8241.3235	189.0286	8241.3235	189.5786	0.0000	–100.0000
蒙古国	230585.1515	7.8214	90491.9626	61.2488	140093.1889	–11.1866
尼泊尔联邦民主共和国	7590.2662	–11.2862	7571.8721	–10.7315	18.3941	–75.0662
阿曼	218807.6969	–40.2360	96588.6691	13.7350	122219.0278	–56.5359
巴基斯坦	193297.8903	–44.3730	170152.5787	–47.0930	23145.3116	–10.5749
巴勒斯坦	148.1626	–71.3400	148.1626	–71.3400	0.0000	—
菲律宾	808922.9610	–29.1348	414206.2655	–20.9244	394716.6955	–36.0974
卡塔尔	79205.5520	–59.4079	31850.2197	–23.8374	47355.3323	–69.1107
沙特阿拉伯	571408.9872	41.8719	499936.0399	46.2136	71472.9473	17.4721
新加坡	2265565.5250	65.3156	1258347.8126	56.5505	1007217.7124	77.7490
韩国	7500008.1385	–3.4484	2511021.8484	11.7901	4988986.2901	–9.6473
斯里兰卡	60322.6209	–21.5985	58113.9131	–15.9663	2208.7078	–71.6293
叙利亚	4580.9513	84.6566	3862.6044	56.0478	718.3469	12904.3429
泰国	1269796.7767	–2.7125	776599.2480	0.9644	493197.5287	–7.9889
土耳其	439407.9596	–1.9208	316144.8870	2.4367	123263.0726	–11.5690
阿联酋	701175.1540	–11.6515	561981.4394	14.7291	139193.7146	–54.1845
也门	22138.4618	–10.9265	22138.4618	–10.9265	0.0000	—

续表 2

进口原产国（地） 出口最终目的国（地）	进出口		出口		进口	
	人民币（万元）	同比（%）	人民币（万元）	同比（%）	人民币（万元）	同比（%）
越南	2022054.7081	−19.5134	1363072.4017	−28.0240	658982.3064	6.5454
中国	998479.3732	−46.0340	0.0000	—	998479.3732	−46.0340
中国台湾	2327157.0418	2.0954	777571.6733	19.0774	1549585.3685	−4.7229
东帝汶	264.7047	−57.8890	233.6817	−62.8244	31.0230	—
哈萨克斯坦	131122.8492	9.0657	90158.9511	−18.3187	40963.8981	316.0978
吉尔吉斯斯坦	119229.6458	−39.7288	119134.2200	−39.7661	95.4258	167.2370
塔吉克斯坦	25392.3461	63.9695	14244.1963	29.2671	11148.1498	149.5771
土库曼斯坦	7305.9757	−18.2265	5861.7682	−13.0981	1444.2075	−34.0283
乌兹别克斯坦	129679.6544	15.1616	91294.2351	51.5745	38385.4193	−26.7119
阿尔及利亚	41165.7503	−57.0767	40903.5992	−57.1481	262.1511	−42.0171
安哥拉	47307.9516	2.5596	46784.0663	90.8675	523.8853	−97.5764
贝宁	31182.1571	−28.7672	24893.8337	−12.3349	6288.3234	−59.1095
博茨瓦纳	492.7167	−61.2125	492.7167	−61.2125	0.0000	—
布隆迪	1842.4622	−77.6182	1796.1278	−77.8488	46.3344	−62.4689
喀麦隆	33447.0696	−52.1732	33425.4237	9.6429	21.6459	−99.9451
加那利群岛	4.6166	59087.1795	4.6166	59087.1795	0.0000	—
佛得角	149.8639	−83.0386	149.8639	−83.0386	0.0000	—
中非	2935.3545	−68.6195	2933.9707	−68.6330	1.3838	252.0224
塞卜泰（休达）	0.1000	−91.2664	0.0000	−100.0000	0.1000	—
乍得	4723.1979	21.2681	4722.4073	23.1272	0.7906	−98.6701
科摩罗	135.2348	54.7059	135.2348	54.8074	0.0000	−100.0000
刚果（布）	4320.6606	−61.8471	3675.7615	−0.5991	644.8991	−91.5442
吉布提	33653.0187	−34.9467	33653.0187	−34.9467	0.0000	—
埃及	169085.2950	−20.5529	154758.8346	−23.7767	14326.4604	46.2763
赤道几内亚	23946.7776	5964.3883	23946.7776	5964.3883	0.0000	—
埃塞俄比亚	31939.0717	−51.7332	24446.9722	−55.3092	7492.0995	−34.6772
加蓬	33205.9849	57.6152	6266.7427	30.9155	26939.2422	65.4654
冈比亚	3852.7495	−49.7512	3852.6997	−49.7503	0.0498	−78.3572

续表 3

进口原产国（地） 出口最终目的国（地）	进出口		出口		进口	
	人民币（万元）	同比（%）	人民币（万元）	同比（%）	人民币（万元）	同比（%）
加纳	93931.6487	-32.5847	79917.0652	-42.0701	14014.5835	916.8676
几内亚	44778.7544	40.5413	18614.0048	-41.5786	26164.7496	—
几内亚比绍	969.9137	313.8498	969.9137	313.8498	0.0000	—
科特迪瓦	37669.8167	-25.7100	32491.4341	-35.6454	5178.3826	2272.1448
肯尼亚	83099.3831	-2.5707	81823.8940	-2.8319	1275.4891	17.7331
利比里亚	112578.2797	93.6036	112578.2797	93.6147	0.0000	-100.0000
利比亚	8363.2486	-18.1506	8363.2246	-18.1508	0.0240	—
马达加斯加	13582.3929	-3.6453	10639.6577	-23.0028	2942.7352	958.5519
马拉维	9482.5969	-45.2069	9482.5969	-45.2046	0.0000	-100.0000
马里	11455.7979	150.5681	8296.3623	178.9301	3159.4356	97.7641
毛里塔尼亚	25807.7203	13.6247	5998.4276	77.0167	19809.2927	2.5086
毛里求斯	9241.2973	-23.0995	9227.1178	-21.0357	14.1795	-95.7296
摩洛哥	35221.0849	14.5722	30958.4910	14.4311	4262.5939	15.6078
莫桑比克	40617.6590	-6.4918	34754.4621	7.2005	5863.1969	-46.7828
纳米比亚	6841.3519	26.9947	4937.9095	64.2386	1903.4424	-20.0425
尼日尔	71962.1057	129.4014	57569.1363	131.7694	14392.9694	120.3950
尼日利亚	179259.3254	-33.9886	151783.9524	-34.6194	27475.3730	-30.2725
留尼汪	1995.5979	-38.8463	1995.5979	-38.8463	0.0000	—
卢旺达	2879.4265	-9.9714	2879.2487	-9.9733	0.1778	38.0435
圣多美和普林西比	68.4373	137.5660	68.4373	139.6432	0.0000	-100.0000
塞内加尔	34066.5466	-8.5010	19721.4374	-42.6108	14345.1092	400.3103
塞舌尔	14056.2822	492.7561	14056.2822	492.7561	0.0000	—
塞拉利昂	12397.0299	44.3237	12328.4240	43.5255	68.6059	243183.3333
索马里	9775.1957	-3.2520	9631.9988	-0.4858	143.1969	-66.2875
南非	493763.6523	-10.5986	239279.3872	-13.4659	254484.2651	-7.7237
西撒哈拉	197.7376	-15.5754	197.7376	-15.5754	0.0000	—
苏丹	73265.1257	84.5282	29649.2315	0.4183	43615.8942	328.5190
坦桑尼亚	92521.6381	-13.4752	79014.3348	-13.0796	13507.3033	-15.7194

续表 4

进口原产国（地） 出口最终目的国（地）	进出口		出口		进口	
	人民币（万元）	同比（%）	人民币（万元）	同比（%）	人民币（万元）	同比（%）
多哥	25738.0947	-13.3994	19182.0905	-6.1515	6556.0042	-29.3614
突尼斯	20752.0276	-40.2474	18104.2597	-37.3906	2647.7679	-54.4566
乌干达	19831.4065	265.9477	18815.6252	264.5653	1015.7813	293.5926
布基纳法索	10872.8304	94.3953	10536.9654	112.4682	335.8650	-47.0112
刚果（金）	65115.6367	-34.6445	28683.0515	37.9893	36432.5852	-53.7931
赞比亚	38088.9083	-15.1715	8431.0178	-54.4880	29657.8905	12.4417
津巴布韦	9921.0043	47.3427	3986.6256	32.1227	5934.3787	59.7015
莱索托	110.5232	17.1412	110.5232	17.1611	0.0000	-100.0000
斯威士兰	37.5664	38.1280	32.9043	46.0239	4.6621	-0.0257
厄立特里亚	1267.0075	528.9380	1267.0075	528.9380	0.0000	—
马约特	451.2034	-27.4684	449.3958	-27.5209	1.8076	-11.5569
南苏丹共和国	11827.3571	129.3795	11827.3571	129.3829	0.0000	-100.0000
非洲其他国家（地区）	0.0270	-99.9566	0.0270	-99.9566	0.0000	—
比利时	396796.0958	27.0079	334985.7355	47.6075	61810.3603	-27.6859
丹麦	2224728.5636	-8.8780	652775.7308	-15.2791	1571952.8328	-5.9265
英国	1643767.2534	2.2985	552001.0815	21.7929	1091766.1719	-5.3604
德国	6844193.3415	14.7671	1414553.3550	-8.0494	5429639.9865	22.6991
法国	3514941.0557	-2.6788	799054.3980	43.0958	2715886.6577	-11.0504
爱尔兰	697498.6102	6.5233	602571.2032	6.1152	94927.4070	9.1891
意大利	1053538.2737	-7.9742	514570.3970	8.0344	538967.8767	-19.3798
卢森堡	6199.3386	-9.0380	4536.3977	-3.0045	1662.9409	-22.2341
荷兰	765235.8003	-6.2122	581117.0327	-1.0404	184118.7676	-19.4919
希腊	94124.8664	-41.4516	91329.5881	-41.2762	2795.2783	-46.6574
葡萄牙	98001.3926	-1.5907	73999.2366	-0.0692	24002.1560	-6.0030
西班牙	605615.2510	-14.0215	273646.0534	12.5386	331969.1976	-28.0240
阿尔巴尼亚	3782.0518	-48.8693	2662.7302	-34.2444	1119.3216	-66.5614
安道尔	403.7206	-22.5611	382.7984	-20.0243	20.9222	-50.9993

续表 5

进口原产国（地） 出口最终目的国（地）	进出口		出口		进口	
	人民币（万元）	同比（%）	人民币（万元）	同比（%）	人民币（万元）	同比（%）
奥地利	474051.6768	26.4852	42978.4976	5.6976	431073.1792	29.0150
保加利亚	34897.7253	–21.3734	28599.5469	2.6116	6298.1784	–61.8580
芬兰	199027.1795	176.3362	157783.6493	383.4931	41243.5302	4.7070
直布罗陀	290.2695	172.6444	290.2695	172.6444	0.0000	—
匈牙利	320431.7312	72.6949	220255.7809	81.0324	100175.9503	56.8155
冰岛	3119.2036	–7.0231	1033.7472	–22.5444	2085.4564	3.2310
列支敦士登	1106.7281	47.6989	34.6319	–77.2230	1072.0962	79.5006
马耳他	26470.6065	–0.6475	17723.3206	19.3957	8747.2859	–25.8638
摩纳哥	210.7790	–30.1416	3.0647	130.4806	207.7143	–30.8526
挪威	97437.6060	–25.6779	37155.1321	–42.7696	60282.4739	–8.9111
波兰	582116.3589	2.4173	496075.2056	4.4768	86041.1533	–8.0349
罗马尼亚	132397.4259	17.7621	100721.1770	19.2175	31676.2489	13.3616
圣马力诺	512.4382	311.4730	512.4382	311.4730	0.0000	—
瑞典	348320.5673	–9.2733	202972.8933	–10.3993	145347.6740	–7.6528
瑞士	313626.4258	36.7713	128133.4146	26.4052	185493.0112	44.9845
爱沙尼亚	22210.0975	47.1869	14984.7585	136.4532	7225.3390	–17.4475
拉脱维亚	7195.5285	–15.5773	6172.6817	–20.1499	1022.8468	29.0046
立陶宛	40232.0755	9.2103	34783.6378	34.4907	5448.4377	–50.3598
格鲁吉亚	11364.5447	32.9731	11028.4597	42.7503	336.0850	–59.0539
亚美尼亚	1940.7033	–79.4067	1787.1395	–75.3910	153.5638	–92.8965
阿塞拜疆	14014.7545	125.3249	5295.3274	–6.1798	8719.4271	1414.6475
白俄罗斯	30354.3074	47.1617	18452.6842	29.9394	11901.6232	85.2246
摩尔多瓦	1711.7837	93.9635	1282.7313	121.9354	429.0524	40.8790
俄罗斯联邦	1180198.6332	–29.6371	848667.9894	–30.7240	331530.6438	–26.6931
乌克兰	46734.6663	–64.8195	33317.1419	–66.1432	13417.5244	–61.0367
斯洛文尼亚	33192.6892	–3.6727	24979.1592	10.0916	8213.5300	–30.2092
克罗地亚	19660.8703	–82.4635	17989.2861	50.6403	1671.5842	–98.3313
捷克	300309.7389	–5.7532	206167.6268	2.6646	94142.1121	–20.1002

续表 6

进口原产国（地） 出口最终目的国（地）	进出口		出口		进口	
	人民币（万元）	同比（%）	人民币（万元）	同比（%）	人民币（万元）	同比（%）
斯洛伐克	920781.0307	16.6493	98125.3883	-22.1840	822655.6424	24.0323
北马其顿共和国	5494.6280	-10.9323	4377.3960	-16.2213	1117.2320	18.3392
波黑	1473.3184	-39.1622	1112.4638	206.6276	360.8546	-82.4735
梵蒂冈城国	0.0039	—	0.0039	—	0.0000	—
法罗群岛	380.4713	-46.5881	0.0039	-99.9497	380.4674	-46.0014
塞尔维亚	72995.3976	17.0245	61138.6446	11.4077	11856.7530	58.1349
黑山	329.0016	-4.3755	242.3891	8.4999	86.6125	-28.2151
欧洲其他国家（地区）	33.6940	15118.6089	33.6940	—	0.0000	-100.0000
安提瓜和巴布达	4543.0973	219.2610	4543.0973	219.2610	0.0000	—
阿根廷	509894.8959	31.0889	147863.8477	15.0358	362031.0482	39.0120
阿鲁巴	153.0498	93.9035	153.0498	93.9035	0.0000	—
巴哈马	7726.6615	-54.8439	7725.7953	29.6832	0.8662	-99.9922
巴巴多斯	6751.8701	-35.6582	6751.8701	-35.6582	0.0000	—
伯利兹	1793.9874	-33.0149	1793.9874	-33.0149	0.0000	—
多民族玻利维亚国	19619.5182	-9.1793	4840.6342	-57.2097	14778.8840	43.6236
巴西	3184225.2242	-16.5932	861523.1776	-6.5989	2322702.0466	-19.7772
开曼群岛	878.4581	55.6050	878.4581	55.6050	0.0000	—
智利	486447.8731	-22.3769	191319.3487	-54.5173	295128.5244	43.2406
哥伦比亚	205514.3503	-29.3883	197792.6695	-30.0901	7721.6808	-4.9441
多米尼克	64.8409	-73.2096	64.8409	-73.2096	0.0000	—
哥斯达黎加	106844.9690	58.9312	25997.6330	-54.5757	80847.3360	708.9312
古巴	12925.2674	-18.4039	7394.1571	-53.1913	5531.1103	12475.3352
库腊索岛	417.7855	51.4555	417.7855	51.4555	0.0000	—
多米尼加共和国	36918.5854	-51.2950	36751.4448	-50.9758	167.1406	-79.9718
厄瓜多尔	612393.1495	35.9721	55863.8737	-44.0268	556529.2758	58.7468
法属圭亚那	191.0210	12.2856	191.0210	12.2856	0.0000	—
格林纳达	1.4665	-96.3496	1.4665	-96.3496	0.0000	—

续表7

进口原产国（地） 出口最终目的国（地）	进出口		出口		进口	
	人民币（万元）	同比（%）	人民币（万元）	同比（%）	人民币（万元）	同比（%）
瓜德罗普	57.0805	−56.3386	57.0805	−56.3386	0.0000	—
危地马拉	48098.7141	−23.4621	47172.6032	−22.4502	926.1109	−54.0199
圭亚那	3802.2375	−36.6628	3692.7453	−24.2121	109.4922	−90.3163
海地	5522.2799	−39.0498	5520.2585	−39.0396	2.0214	−58.1465
洪都拉斯	57988.0001	−12.2526	57984.3261	−12.2556	3.6740	94.2271
牙买加	4937.9564	8.3061	4892.9064	8.3361	45.0500	5.1371
马提尼克	134.4029	55.8994	134.4029	55.8994	0.0000	—
墨西哥	1197980.4579	−0.7560	994210.5436	−7.1848	203769.9143	49.9041
尼加拉瓜	4884.0276	−51.6967	4882.9457	−51.7026	1.0819	9.2497
巴拿马	169479.4846	21.9518	164705.1720	19.6353	4774.3126	267.3088
巴拉圭	9554.1191	−42.4296	9384.6820	−43.3695	169.4371	612.7711
秘鲁	222355.5330	−31.8011	167744.8554	−31.8239	54610.6776	−31.7310
波多黎各	4208.8598	−55.5585	4195.6060	−50.5545	13.2538	−98.6548
圣卢西亚	36.3392	−57.8962	36.3392	−57.8206	0.0000	−100.0000
圣马丁岛	0.0000	−100.0000	0.0000	−100.0000	0.0000	—
圣文森特和格林纳丁斯	5.2664	−89.8311	5.2664	−89.8311	0.0000	—
萨尔瓦多	13650.6922	−44.6835	13414.5792	−44.9648	236.1130	−22.0476
苏里南	4940.1503	125.4502	4654.5089	157.9397	285.6414	−26.1417
特立尼达和多巴哥	5419.4019	−87.5110	5407.5705	29.5915	11.8314	−99.9698
特克斯和凯科斯群岛	24.5769	−17.9106	24.5769	−17.9106	0.0000	—
乌拉圭	230119.9755	−4.1480	12740.7060	−44.6463	217379.2695	0.1464
委内瑞拉	15036.7969	25.8677	10959.9251	57.2365	4076.8718	−18.0720
英属维尔京群岛	248.1721	−40.7469	248.1721	−40.7469	0.0000	—
圣其茨和尼维斯	373.2321	−1.9248	12.4990	−19.9608	360.7331	−1.1531
圣皮埃尔和密克隆	0.0000	−100.0000	0.0000	−100.0000	0.0000	—
荷属安地列斯	167.8090	−20.6431	167.8090	−20.6431	0.0000	—
拉丁美洲其他国家（地区）	19.0127	24.5208	19.0127	25.7229	0.0000	−100.0000

续表 8

进口原产国（地） 出口最终目的国（地）	进出口		出口		进口	
	人民币（万元）	同比（%）	人民币（万元）	同比（%）	人民币（万元）	同比（%）
加拿大	1006706.9182	1.3083	533367.9674	21.4803	473338.9508	-14.6597
美国	10304190.3190	10.1659	4553257.7276	1.0725	5750932.5914	18.6152
格陵兰	6800.7347	-7.0330	0.0312	-81.6901	6800.7035	-7.0313
百慕大	16391.1600	287.2597	16391.1600	287.2597	0.0000	—
北美洲其他国家（地区）	0.5634	111.4865	0.5634	111.4865	0.0000	—
澳大利亚	2620017.0439	8.9626	981409.7231	36.2883	1638607.3208	-2.7193
库克群岛	68.8767	-59.6619	68.8767	-59.6619	0.0000	—
斐济	4791.7789	9.3313	4725.4766	8.8784	66.3023	55.4017
瑙鲁	0.0000	-100.0000	0.0000	-100.0000	0.0000	—
新喀里多尼亚	2813.2945	-20.8443	2813.2945	-20.8443	0.0000	—
瓦努阿图	1071.2852	35.4233	1071.2852	35.4233	0.0000	—
新西兰	1091554.1844	7.6345	95234.8900	0.3443	996319.2944	8.3872
诺福克岛	17.2095	61143.7722	17.2095	61143.7722	0.0000	—
巴布亚新几内亚	21394.6882	9.6272	16776.2974	11.8634	4618.3908	2.2057
社会群岛	5.0471	21.5934	5.0471	21.5934	0.0000	—
所罗门群岛	777.9927	-60.9458	777.9927	-60.9458	0.0000	—
汤加	317.3057	-41.9021	317.3057	-41.9021	0.0000	—
萨摩亚	791.1405	-28.8822	791.1405	-28.8822	0.0000	—
基里巴斯	68.6935	64.7298	68.6935	64.7298	0.0000	—
图瓦卢	426.2772	-72.1211	426.2772	-72.1211	0.0000	—
密克罗尼西亚联邦	123.2923	261.2125	123.2923	261.2125	0.0000	—
马绍尔群岛	58323.8792	68.0403	58323.8792	68.0403	0.0000	—
帕劳	146.7764	-58.4588	146.7764	-58.4588	0.0000	—
法属波利尼西亚	5394.7978	191.1352	5394.7978	191.1352	0.0000	—
瓦利斯和浮图纳	55.3491	26.9958	55.3491	26.9958	0.0000	—
大洋洲其他国家（地区）	1321.9401	65.7312	1321.9401	66.3544	0.0000	-100.0000

续表 9

进口原产国（地） 出口最终目的国（地）	进出口		出口		进口	
	人民币（万元）	同比（%）	人民币（万元）	同比（%）	人民币（万元）	同比（%）
国别（地区）不详	15749.2571	-17.5162	0.0548	-60.0583	15749.2023	-17.5159
RCEP	29158697.8106	2.9882	12196596.8888	6.6907	16962100.9218	0.4809
APEC	48766143.8913	-2.1313	22234277.7091	-4.1413	26531866.1822	-0.3809
东盟（10 国）	11223186.4907	5.1536	6322350.9361	4.0109	4900835.5546	6.6654
北美自由贸易区	12508877.6951	8.2631	6080836.2386	1.0916	6428041.4565	16.0511
欧盟（27 国，不含英国）	19774242.9220	4.0142	7024002.7828	5.8368	12750240.1392	3.0366
中东（17 国）	3302825.9506	-3.9671	2447127.5698	17.2164	855698.3808	-36.6883
其他上合成员国	3312032.6214	-16.8309	2504801.6290	-18.8852	807230.9924	-9.7376
“一带一路”蒙俄及中亚等 7 国	1823514.2559	-22.2791	1259853.3227	-24.4390	563660.9332	-16.9746
“一带一路”东南亚 11 国	11223451.1954	5.1499	6322584.6178	4.0040	4900866.5776	6.6661
“一带一路”南亚 8 国	1983272.2764	-7.7689	1592563.6565	-9.0687	390708.6199	-2.0631
“一带一路”中东欧 16 国	2497499.6693	8.3764	1318387.8725	12.1976	1179111.7968	4.4007
“一带一路”其他独联体 6 国	106120.7599	-40.5625	71163.4840	-46.8203	34957.2759	-21.8390
“一带一路”西亚北非 16 国	3290750.9200	-3.9905	2436576.5246	17.1951	854174.3954	-36.6550
共建“一带一路”国家（64 国）	20924609.0769	-0.7412	13001129.4781	0.8946	7923479.5988	-3.3134
其他金砖国家（4 国）	6391299.1121	-15.4441	3120620.0126	-12.9742	3270679.0995	-17.6734
中亚 5 国	412730.4712	-9.3045	320693.3707	-16.9533	92037.1005	33.5564

2022 年天津口岸分月度进出口情况表

月份	进出口		出口		进口	
	人民币（万元）	同比（%）	人民币（万元）	同比（%）	人民币（万元）	同比（%）
合计	201063503.2091	21.0960	106060431.7336	28.0323	95003071.4755	14.1896
01	14774205.6107	16.2187	6877826.3567	19.2993	7896379.2540	13.6623
02	11190562.9290	11.5140	5251885.5002	16.5765	5938677.4288	7.3897
03	14204567.8674	18.0842	7213385.8474	23.9875	6991182.0200	12.5549
04	16365991.1264	23.0668	7782227.0495	22.0287	8583764.0769	24.0233
05	18341999.8704	26.5283	9943367.1555	49.2090	8398632.7149	7.2306
06	18703253.7045	31.2036	10836490.5693	59.2174	7866763.1352	5.6077
07	18934186.0373	32.3692	10784400.2061	52.5262	8149785.8312	12.6664
08	18088117.7967	29.5801	10348035.5330	45.9581	7740082.2637	12.6766
09	17617913.3568	20.0517	9592714.8048	22.6659	8025198.5520	17.0694
10	16928680.5050	28.6369	8681003.7823	22.0416	8247676.7227	36.3951
11	17537730.7804	10.6004	9282750.6609	11.7459	8254980.1195	9.3400
12	18376293.6245	6.5016	9466344.2679	–0.3810	8909949.3566	14.9384

2022年天津口岸分运输方式进出口情况表

运输方式		进出口		出口		进口	
代码	中文	人民币（万元）	同比（%）	人民币（万元）	同比（%）	人民币（万元）	同比（%）
合计		201063503.2091	21.0960	106060431.7336	28.0323	95003071.4755	14.1896
2	水路运输	181323198.5986	23.7016	99273366.6977	29.9522	82049831.9009	16.8987
3	铁路运输	600150.4576	106.7790	356535.2536	105.8386	243615.2040	108.1709
4	公路运输	884325.4732	−16.0426	185464.8161	−26.0247	698860.6571	−12.9244
5	航空运输	15422119.0042	0.5713	4240422.8855	−0.9022	11181696.1187	1.1416
6	邮件运输	21535.0246	−30.8291	5595.0455	−49.0666	15939.9791	−20.8857
9	其他运输	2812174.6509	2.4036	1999047.0352	15.3757	813127.6157	−19.7725

2022 年天津口岸分贸易方式进出口情况表

贸易方式	进出口		出口		进口	
	人民币（万元）	同比（%）	人民币（万元）	同比（%）	人民币（万元）	同比（%）
合计	201063503.2091	21.0960	106060431.7336	28.0323	95003071.4755	14.1896
总值	201063503.2091	21.0960	106060431.7336	28.0323	95003071.4755	14.1896
一般贸易	165280488.9150	24.9920	90716203.4235	35.0863	74564285.4915	14.5758
国家间、国际组织无偿援助和赠送的物资	59495.5121	-30.0271	59495.5121	-30.0271	0.0000	—
其他捐赠物资	1330.7744	336.3352	1330.7744	336.3352	0.0000	—
加工贸易	16484294.8946	-8.5258	10001355.9371	-4.9045	6482938.9575	-13.6016
来料加工贸易	2856240.4613	-23.3645	360325.8690	-4.7840	2495914.5923	-25.4643
进料加工贸易	13628054.4333	-4.6567	9641030.0681	-4.9090	3987024.3652	-4.0409
寄售代销贸易	186.2630	—	186.2630	—	0.0000	—
加工贸易进口设备	70.4181	-90.8319	0.0000	—	70.4181	-90.8319
对外承包工程出口货物	1366468.2221	8.6055	1366468.2221	8.6055	0.0000	—
租赁贸易	111217.9115	-62.9170	10095.2927	-28.5833	101122.6188	-64.6152
外商投资企业作为投资进口的设备、物品	42788.4028	-49.3588	0.0000	—	42788.4028	-49.3588
出料加工贸易	9432.4889	-71.3586	4754.9089	-66.7990	4677.5800	-74.8673
易货贸易	56.8086	—	56.8086	—	0.0000	—

续表

贸易方式	进出口		出口		进口	
	人民币（万元）	同比（%）	人民币（万元）	同比（%）	人民币（万元）	同比（%）
保税物流	17413447.1936	27.1073	3863574.1534	3.1042	13549873.0402	36.1447
海关保税监管场所进出境货物	2965407.6635	33.1081	1064226.3519	39.1607	1901181.3116	29.9444
海关特殊监管区域物流货物	14448039.5301	25.9420	2799347.8015	−6.1411	11648691.7286	37.2133
海关特殊监管区域进口设备	34196.7841	−30.0460	0.0000	—	34196.7841	−30.0460
其他贸易	260028.6203	−4.6057	36910.4378	−23.3385	223118.1825	−0.5871

2022年天津口岸分企业性质进出口情况表

企业性质	进出口		出口		进口	
	人民币（万元）	同比（%）	人民币（万元）	同比（%）	人民币（万元）	同比（%）
合计	201063503.2091	21.0960	106060431.7336	28.0323	95003071.4755	14.1896
总值	201063503.2091	21.0960	106060431.7336	28.0323	95003071.4755	14.1896
国有企业	43792482.8959	17.0176	13395553.1765	6.2419	30396929.7194	22.4926
外商投资企业	49401416.3945	1.9733	20071465.7410	7.7787	29329950.6535	−1.6519
中外合作企业	136039.9291	−2.8654	43451.0167	−22.5277	92588.9124	10.2681
中外合资企业	14983603.4041	−2.0660	8134935.2711	10.7264	6848668.1330	−13.8838
外商独资企业	34281773.0613	3.8663	11893079.4532	6.0000	22388693.6081	2.7674
民营企业	107590154.1723	35.5330	72512248.3979	42.0698	35077905.7744	23.7616
集体企业	1618118.4121	5.0463	960969.8021	−1.1558	657148.6100	15.6586
私营企业	105904095.9618	36.1647	71484156.0880	42.9595	34419939.8738	23.9313
个体工商户	67939.7984	2.7068	67122.5078	3.9088	817.2906	−47.3310
其他	279449.7464	−64.3619	81164.4182	−85.6985	198285.3282	−8.4594

2022年天津口岸分国别（地区）进出口情况表

进口原产国（地） 出口最终目的国（地）	进出口		出口		进口	
	人民币（万元）	同比（%）	人民币（万元）	同比（%）	人民币（万元）	同比（%）
合计	201063503.2091	21.0960	106060431.7336	28.0323	95003071.4755	14.1896
总计	201063503.2091	21.0960	106060431.7336	28.0323	95003071.4755	14.1896
亚洲	82557581.9265	29.2168	53428494.5621	36.2820	29129087.3644	17.9965
非洲	16967653.8072	48.6737	11000612.9012	57.7209	5967040.9060	34.4550
欧洲	41663263.9880	10.5103	16974631.9060	12.0981	24688632.0820	9.4445
拉丁美洲	24365359.1907	25.4935	11560393.9746	21.5656	12804965.2161	29.2641
北美洲	22506336.3899	8.7940	10332285.9917	6.1739	12174050.3982	11.1214
大洋洲	12988805.4811	0.6026	2764011.8496	21.4424	10224793.6315	−3.8573
其他	14501.9321	−21.4023	0.0548	−60.0583	14501.8773	−21.4020
阿富汗	16842.3615	−0.4230	15795.4946	2.3792	1046.8669	−29.5270
巴林	219244.0087	41.1637	196275.7756	27.8523	22968.2331	1180.1204
孟加拉国	998160.5444	52.2680	989043.6587	52.3141	9116.8857	47.4273
不丹	341.1583	31.9498	341.1403	31.9640	0.0180	−56.6265
文莱	46275.6372	32.6551	43254.1901	124.6755	3021.4471	−80.6718
缅甸	1181193.8528	114.9499	1024998.6573	134.7392	156195.1955	38.3894
柬埔寨	244159.8413	36.7324	203460.2001	34.3827	40699.6412	49.8287
塞浦路斯	33894.0239	30.6473	31831.9468	43.4657	2062.0771	−45.0889
朝鲜	0.0163	—	0.0000	—	0.0163	—
中国香港	1135650.6864	−15.5363	1107492.0154	−15.5010	28158.6710	−16.8999
印度	4676987.4451	14.0149	4136429.1866	27.2726	540558.2585	−36.5565
印度尼西亚	5529331.5213	46.3814	3562279.6488	54.6404	1967051.8725	33.4719

续表 1

进口原产国（地） 出口最终目的国（地）	进出口		出口		进口	
	人民币（万元）	同比（%）	人民币（万元）	同比（%）	人民币（万元）	同比（%）
伊朗	1086817.1178	78.9784	972476.7800	94.9889	114340.3378	5.3835
伊拉克	2332147.4993	95.5903	1320758.2730	87.3481	1011389.2263	107.5120
以色列	853596.8738	17.5874	743657.8538	15.3972	109939.0200	34.9067
日本	11238499.6098	7.8379	4443894.7901	8.4222	6794604.8197	7.4591
约旦	223233.8959	121.4756	223038.2901	121.7170	195.6058	-1.1883
科威特	593798.8703	50.0213	361047.5812	60.6833	232751.2891	36.0208
老挝	30083.2102	5.7917	14295.1199	-19.4400	15788.0903	47.6685
黎巴嫩	92702.1859	158.7507	92701.5676	160.6336	0.6183	-99.7613
中国澳门	32095.0693	1024.5815	32082.2854	1031.4083	12.7839	-30.3341
马来西亚	6280598.1869	61.5723	3004376.0259	58.9897	3276222.1610	64.0156
马尔代夫	42898.5145	122.7941	42898.5145	122.8284	0.0000	-100.0000
蒙古国	517771.5898	126.4326	254165.0159	128.4152	263606.5739	124.5533
尼泊尔联邦民主共和国	52189.6426	48.6285	52142.4570	49.7336	47.1856	-83.7661
阿曼	2113435.7243	52.4778	401523.2257	69.8841	1711912.4986	48.8995
巴基斯坦	894676.1508	0.6535	808953.8868	-1.0953	85722.2640	20.8128
巴勒斯坦	2925.1099	62.3020	2925.1099	62.3020	0.0000	—
菲律宾	5539937.3218	57.6859	5244479.1210	62.0198	295458.2008	6.9201
卡塔尔	1060410.6739	166.6626	285373.8295	36.5942	775036.8444	310.6391
沙特阿拉伯	2562052.7779	63.1552	2247184.7280	76.2674	314868.0499	6.5746
新加坡	3269417.0256	49.5471	2292898.8301	49.7060	976518.1955	49.1755
韩国	9564332.8940	6.9165	5846160.2079	18.2974	3718172.6861	-7.1314
斯里兰卡	177814.6251	-21.6574	171479.2430	-19.8500	6335.3821	-51.3503
叙利亚	37329.0822	172.6850	37329.0822	172.7951	0.0000	-100.0000
泰国	4268669.7706	21.4928	3403078.1983	34.1548	865591.5723	-11.3882
土耳其	2331889.1802	31.7454	2028693.7246	38.1325	303195.4556	0.6162
阿联酋	4061132.9827	64.6673	2235511.9126	49.7370	1825621.0701	87.5689
也门	161414.0309	80.6098	161414.0309	80.6564	0.0000	-100.0000

续表2

进口原产国（地） 出口最终目的国（地）	进出口		出口		进口	
	人民币（万元）	同比（%）	人民币（万元）	同比（%）	人民币（万元）	同比（%）
越南	4676548.4185	25.2530	3820106.1321	23.4217	856442.2864	34.1305
中国	709092.3495	–45.0367	0.0000	—	709092.3495	–45.0367
中国台湾	2933850.0120	14.5162	1439289.7853	16.2831	1494560.2267	12.8647
东帝汶	44492.2400	136.5454	44461.2170	136.3805	31.0230	—
哈萨克斯坦	621973.0198	–13.1345	28029.2560	19.1905	593943.7638	–14.2322
吉尔吉斯斯坦	2361.2509	–82.2295	2131.0758	–83.7352	230.1751	24.3987
塔吉克斯坦	1074.3987	–2.5523	1045.9609	4.9486	28.4378	–73.1460
土库曼斯坦	33675.6667	25.7435	30731.4279	51.2910	2944.2388	–54.4831
乌兹别克斯坦	30563.8572	–18.2386	26958.1079	–19.4564	3605.7493	–7.8179
阿尔及利亚	372171.5431	28.8010	370843.1471	28.9091	1328.3960	4.3658
安哥拉	863148.5454	26.4089	368562.8860	173.0961	494585.6594	–9.7249
贝宁	173182.8655	33.1510	156921.7321	59.7635	16261.1334	–48.9346
博茨瓦纳	14042.4100	16.3190	14042.4100	16.3190	0.0000	—
布隆迪	5010.2360	–59.0294	4964.1281	–58.5866	46.1079	–80.9544
喀麦隆	226669.5188	58.0948	226485.3055	95.9004	184.2133	–99.3365
加那利群岛	271.4182	3318.5805	271.4182	3318.5805	0.0000	—
佛得角	10245.8215	13.4259	10245.8215	13.4259	0.0000	—
中非	5938.2006	12.5735	5936.8168	12.5557	1.3838	252.0224
塞卜泰（休达）	0.0055	–99.5197	0.0055	–99.5197	0.0000	—
乍得	615085.9523	1730.3621	49751.7102	48.3086	565334.2421	965880.4152
科摩罗	8937.3140	231.5882	8937.3140	231.5882	0.0000	—
刚果（布）	702724.5179	40.9584	52345.5501	63.6836	650378.9678	39.4008
吉布提	331068.6207	103.3728	331068.6207	103.3728	0.0000	—
埃及	774646.9397	20.5245	683621.8359	22.0003	91025.1038	10.4870
赤道几内亚	64919.7928	257.3367	31545.3051	810.6478	33374.4877	126.9813
埃塞俄比亚	126099.1943	–23.5644	118937.8366	–18.9161	7161.3577	–60.8449
加蓬	611109.1832	77.8577	52995.3778	173.5425	558113.8054	72.1401
冈比亚	42862.1343	44.8737	42862.1343	44.8870	0.0000	–100.0000

续表 3

进口原产国（地） 出口最终目的国（地）	进出口		出口		进口	
	人民币（万元）	同比（%）	人民币（万元）	同比（%）	人民币（万元）	同比（%）
加纳	1035047.2066	41.3282	913607.3458	37.5974	121439.8608	77.5429
几内亚	140019.9378	56.2500	111959.5693	31.6461	28060.3685	514.4277
几内亚比绍	2862.5614	134.1371	2862.5614	134.1371	0.0000	—
科特迪瓦	335067.2348	18.6555	297314.1568	23.4228	37753.0780	-9.0194
肯尼亚	481137.5745	47.4314	467436.9503	46.1577	13700.6242	109.8189
利比里亚	216851.2826	89.3824	216808.9683	89.3509	42.3143	1171.3105
利比亚	124290.1635	120.8745	124290.1635	120.8745	0.0000	—
马达加斯加	131187.6049	58.3551	126758.0728	55.3156	4429.5321	259.9135
马拉维	32092.9601	-3.5151	30460.4884	-8.2901	1632.4717	3287.9040
马里	36682.8526	1.7165	30223.1698	19.0991	6459.6828	-39.5575
毛里塔尼亚	63003.0747	43.4093	52141.9416	88.6260	10861.1331	-33.3236
毛里求斯	83888.7369	43.9104	82818.4057	45.0042	1070.3312	-9.1270
摩洛哥	218357.3104	42.8266	212035.7909	44.2425	6321.5195	7.4482
莫桑比克	333033.7472	84.5035	304645.4902	83.1108	28388.2570	100.9011
纳米比亚	72728.0099	102.6318	66752.6665	115.7202	5975.3434	20.7723
尼日尔	188610.7143	153.3926	176309.7610	199.7557	12300.9533	-21.2304
尼日利亚	1418979.5205	37.3558	1382233.1203	51.6165	36746.4002	-69.7321
留尼汪	34325.9422	123.9139	34292.7862	123.6976	33.1560	—
卢旺达	32908.8367	19.1870	32713.5510	19.3809	195.2857	-6.3040
圣多美和普林西比	807.2053	135.1362	807.2053	135.1362	0.0000	—
塞内加尔	368010.1682	51.0471	319792.7227	91.8512	48217.4455	-37.3404
塞舌尔	16222.7918	816.9790	16222.7918	816.9790	0.0000	—
塞拉利昂	71906.4576	63.8742	59489.1252	94.4254	12417.3324	-6.5078
索马里	116625.9591	79.9609	116203.7391	80.7301	422.2200	-17.1248
南非	4010024.6736	34.0241	1290658.6132	36.6899	2719366.0604	32.7949
西撒哈拉	197.7376	-11.1977	197.7376	-11.1977	0.0000	—
苏丹	221644.1062	-16.1166	188814.9895	73.2465	32829.1167	-78.8530
坦桑尼亚	674891.1125	71.2704	656295.4326	70.9853	18595.6799	81.9774

续表4

进口原产国（地） 出口最终目的国（地）	进出口		出口		进口	
	人民币（万元）	同比（%）	人民币（万元）	同比（%）	人民币（万元）	同比（%）
多哥	177105.4359	100.6164	172014.9645	117.5229	5090.4714	−44.6784
突尼斯	89867.5228	19.0351	86143.3478	23.0336	3724.1750	−32.0467
乌干达	74106.3019	25.1811	73476.4021	25.8983	629.8998	−24.7934
布基纳法索	39304.8495	23.6856	36515.6945	16.0840	2789.1550	766.8778
刚果（金）	688914.6497	164.1423	537398.2031	203.0439	151516.4466	81.5036
赞比亚	110966.4661	47.1721	78286.4815	42.6638	32679.9846	59.2256
津巴布韦	272841.3587	41.0984	120822.3200	187.2711	152019.0387	0.4680
莱索托	438.4700	−69.9037	438.4700	−65.0797	0.0000	−100.0000
斯威士兰	1295.7872	−6.0932	1293.9876	−5.7457	1.7996	−74.2815
厄立特里亚	59284.6473	43.6610	5749.5446	−11.6068	53535.1027	54.0023
马约特	12435.3459	184.3673	12433.5383	184.4589	1.8076	−11.5569
南苏丹共和国	31406.1373	79.5448	31406.1373	79.5456	0.0000	−100.0000
非洲其他国家（地区）	147.1376	77.2738	147.1376	77.2738	0.0000	—
比利时	989710.4365	35.6364	807676.4408	49.6538	182033.9957	−4.1839
丹麦	2435943.0803	−8.1919	748171.1690	−13.2449	1687771.9113	−5.7587
英国	2900764.6389	0.2151	1256191.1310	15.6092	1644573.5079	−9.0368
德国	11211569.9564	12.6773	2264403.2652	7.4470	8947166.6912	14.0827
法国	4192035.4850	1.7934	1078952.7792	31.0502	3113082.7058	−5.5173
爱尔兰	807366.1555	6.4181	652020.4600	6.9600	155345.6955	4.2021
意大利	2092478.6457	2.5960	1406574.5896	12.3506	685904.0561	−12.9100
卢森堡	12867.1255	50.3264	8617.8878	61.8617	4249.2377	31.3426
荷兰	2680985.0565	10.1328	2165814.3551	17.2012	515170.7014	−12.1430
希腊	308399.8310	16.3210	289305.8746	13.7665	19093.9564	76.2995
葡萄牙	272162.7308	11.9129	182979.8022	35.8104	89182.9286	−17.7733
西班牙	1457921.2714	−1.9118	856184.6002	24.8539	601736.6712	−24.8381
阿尔巴尼亚	86075.1276	80.2102	39720.7612	153.5515	46354.3664	44.4152
安道尔	397.4069	−18.9164	378.5048	−16.8802	18.9021	−45.6011

续表 5

进口原产国（地） 出口最终目的国（地）	进出口		出口		进口	
	人民币（万元）	同比（%）	人民币（万元）	同比（%）	人民币（万元）	同比（%）
奥地利	820501.8820	-1.0524	113742.5668	35.9369	706759.3152	-5.2037
保加利亚	158938.8518	13.4338	90096.3457	25.7397	68842.5061	0.5546
芬兰	380932.1723	70.1387	198680.2263	231.6743	182251.9460	11.1340
直布罗陀	911.9383	761.3495	911.8431	761.2596	0.0952	—
匈牙利	378421.2334	24.3050	196631.1944	31.4647	181790.0390	17.3899
冰岛	54601.4583	174.6541	51930.1263	188.2717	2671.3320	43.1749
列支敦士登	130.8654	-76.7947	62.7460	1.8632	68.1194	-86.4398
马耳他	45918.7463	45.7943	38320.0764	77.9203	7598.6699	-23.6913
摩纳哥	235.6937	-47.7107	2.3073	-98.3447	233.3864	-25.0434
挪威	452097.8887	-7.3224	126492.1050	-11.7597	325605.7837	-5.4758
波兰	1248135.9298	44.8877	905885.6249	28.0678	342250.3049	122.0936
罗马尼亚	359035.3757	45.0319	287788.8218	56.7307	71246.5539	11.4339
圣马力诺	778.5815	53.4700	544.9107	312.0517	233.6708	-37.7003
瑞典	718974.4880	13.6400	344970.9005	5.5519	374003.5875	22.2828
瑞士	429157.7355	30.6511	174513.1247	30.8677	254644.6108	30.5031
爱沙尼亚	41898.4913	44.1065	26439.8281	90.2423	15458.6632	1.8579
拉脱维亚	42314.7675	52.1114	20940.8347	10.6459	21373.9328	140.3649
立陶宛	69983.5885	-2.2729	64538.8124	15.5199	5444.7761	-65.4149
格鲁吉亚	66101.2966	24.0458	63836.7359	43.4597	2264.5607	-74.2365
亚美尼亚	64903.5707	70.7660	9796.5415	-24.4112	55107.0292	120.0144
阿塞拜疆	54370.4482	58.1237	37438.0008	23.5478	16932.4474	314.7777
白俄罗斯	116644.4137	12.1375	29743.2950	51.3669	86901.1187	3.0009
摩尔多瓦	4704.1096	18.6780	3699.6483	65.7730	1004.4613	-42.0058
俄罗斯联邦	4202915.6343	38.8180	1702297.0792	-13.8181	2500618.5551	137.6090
乌克兰	191711.1849	-64.2448	73860.0919	-74.6821	117851.0930	-51.7884
斯洛文尼亚	156280.6338	0.2428	120969.8797	1.1096	35310.7541	-2.6173
克罗地亚	79528.1852	-47.3197	74291.6684	57.4508	5236.5168	-94.9542
捷克	431184.6665	10.4378	233866.5578	45.0083	197318.1087	-13.8928

续表6

进口原产国（地） 出口最终目的国（地）	进出口		出口		进口	
	人民币（万元）	同比（%）	人民币（万元）	同比（%）	人民币（万元）	同比（%）
斯洛伐克	1509613.2287	27.5072	111543.2435	32.9412	1398069.9852	27.0927
北马其顿共和国	13526.9656	87.7567	3667.1273	−7.9647	9859.8383	206.2026
波黑	3390.8539	13.3697	2915.5711	84.4511	475.2828	−66.2991
梵蒂冈城国	0.0039	−99.9970	0.0039	−99.9970	0.0000	—
法罗群岛	899.8137	−60.8124	0.0039	−99.9541	899.8098	−60.6669
塞尔维亚	110448.2022	−21.2080	102102.3900	−23.3863	8345.8122	20.8184
黑山	5360.4465	137.9723	5086.3580	164.2756	274.0885	−16.4134
欧洲其他国家（地区）	33.6940	—	33.6940	—	0.0000	—
安提瓜和巴布达	6853.6471	36.0040	6853.6471	36.0040	0.0000	—
阿根廷	1245793.3124	41.1835	396486.8750	37.0439	849306.4374	43.2029
阿鲁巴	1198.7468	−93.9368	1198.7468	−93.9368	0.0000	—
巴哈马	14289.9864	−32.3812	14287.6460	43.1685	2.3404	−99.9790
巴巴多斯	16958.2140	15.9064	16945.7381	15.8975	12.4759	29.3697
伯利兹	6760.9183	12.5223	6760.9183	12.5426	0.0000	−100.0000
多民族玻利维亚国	163104.2735	52.7915	96802.4555	8.7903	66301.8180	273.1365
巴西	10681814.3405	17.6756	2689660.2901	12.4792	7992154.0504	19.5341
开曼群岛	2461.8352	35.9474	2461.8352	35.9474	0.0000	—
智利	1453038.7192	−10.4730	1107416.8713	−11.3381	345621.8479	−7.5835
哥伦比亚	1115614.1640	36.6172	973538.6410	28.3881	142075.5230	143.6117
多米尼克	1438.9065	−53.3461	1438.9065	−53.3043	0.0000	−100.0000
哥斯达黎加	251938.6543	29.6641	158455.9224	−11.4944	93482.7319	512.3561
古巴	72985.2990	52.8443	23659.4131	33.2113	49325.8859	64.4713
库腊索岛	682.2484	15.8051	682.2484	15.8051	0.0000	—
多米尼加共和国	489692.3476	84.0243	435234.7356	63.9966	54457.6120	7575.9762
厄瓜多尔	2339565.4887	79.4587	549562.9336	37.0522	1790002.5551	98.2962
法属圭亚那	907.5922	−8.7134	907.5922	−8.7134	0.0000	—
格林纳达	1333.2717	−70.1362	1333.2717	−70.1362	0.0000	—

续表 7

进口原产国（地） 出口最终目的国（地）	进出口		出口		进口	
	人民币（万元）	同比（%）	人民币（万元）	同比（%）	人民币（万元）	同比（%）
瓜德罗普	1618.3422	146.2923	1618.2729	146.2818	0.0693	—
危地马拉	375685.4614	55.0932	278922.7014	18.5473	96762.7600	1292.6592
圭亚那	97493.0673	197.3381	97418.4566	206.3206	74.6107	-92.4318
海地	56402.3321	26.9487	56402.2161	26.9493	0.1160	-62.1904
洪都拉斯	245865.7435	-2.1718	245813.0704	-2.1712	52.6731	-5.2576
牙买加	63006.2644	74.1974	62899.4155	73.9020	106.8489	—
马提尼克	644.2276	12.3444	644.2276	12.3444	0.0000	—
墨西哥	2485373.9357	38.0754	2230901.8037	40.9506	254472.1320	17.1292
蒙特塞拉特	2.3217	—	0.0000	—	2.3217	—
尼加拉瓜	26547.4299	-19.4135	25551.7782	-21.4195	995.6517	133.6839
巴拿马	425780.3473	44.0824	420247.0207	43.5511	5533.3266	100.4282
巴拉圭	64228.0072	13.1624	63938.5053	12.7807	289.5019	348.2668
秘鲁	1349734.0890	11.9571	1158956.6508	20.1894	190777.4382	-20.9399
波多黎各	19230.7920	-3.3566	19215.9586	1.0065	14.8334	-98.3033
圣卢西亚	1310.3498	141.3058	1310.3498	141.3058	0.0000	—
圣马丁岛	56.8028	-2.1915	56.8028	-2.1915	0.0000	—
圣文森特和格林纳丁斯	405.5547	-9.8926	405.5547	-9.8926	0.0000	—
萨尔瓦多	128720.6999	74.7594	128595.5638	75.0641	125.1361	-37.3338
苏里南	27779.2847	27.7336	27484.4202	28.3392	294.8645	-11.2858
特立尼达和多巴哥	66571.8951	-51.0838	39100.3463	83.3461	27471.5488	-76.0634
特克斯和凯科斯群岛	506.3814	196.2611	506.3814	196.2611	0.0000	—
乌拉圭	970357.4669	35.5081	135489.5613	50.9082	834867.9056	33.3004
委内瑞拉	89131.3316	75.7687	79112.3443	70.5852	10018.9873	131.2565
英属维尔京群岛	422.7544	-40.9303	422.7544	-40.9303	0.0000	—
圣其茨和尼维斯	1171.6725	73.2203	810.4601	160.4865	361.2124	-1.1116
荷属安地列斯	511.7902	102.8276	511.7902	102.8276	0.0000	—
拉丁美洲其他国家（地区）	368.8796	157.9293	368.8796	158.1928	0.0000	-100.0000

续表 8

进口原产国（地） 出口最终目的国（地）	进出口		出口		进口	
	人民币（万元）	同比（%）	人民币（万元）	同比（%）	人民币（万元）	同比（%）
加拿大	2637193.3120	13.0880	1619978.3904	11.1315	1017214.9216	16.3502
美国	19749512.7003	7.8371	8695502.1433	5.1528	11054010.5570	10.0470
格陵兰	102824.9508	181.2800	0.0312	−81.6901	102824.9196	181.2812
百慕大	16805.4268	284.4532	16805.4268	284.4532	0.0000	—
北美洲其他国家（地区）	0.0000	−100.0000	0.0000	−100.0000	0.0000	—
澳大利亚	10014463.8277	−6.7264	2164920.6446	18.3846	7849543.1831	−11.8815
库克群岛	269.8278	17.7555	269.8278	18.0531	0.0000	−100.0000
斐济	40797.8165	55.5043	40471.8307	57.5293	325.9858	−40.0976
瑙鲁	0.0000	−100.0000	0.0000	−100.0000	0.0000	—
新喀里多尼亚	233693.8339	986.4937	17103.8409	27.0831	216589.9930	2590.4884
瓦努阿图	8985.1187	44.1949	6216.7722	16.5003	2768.3465	209.3260
新西兰	2333221.1331	27.1572	289404.4557	23.8136	2043816.6774	27.6453
诺福克岛	0.0000	−100.0000	0.0000	−100.0000	0.0000	—
巴布亚新几内亚	210193.3682	10.4344	98443.9225	33.1852	111749.4457	−4.0103
社会群岛	52.7465	−69.9752	52.7465	−69.9752	0.0000	—
所罗门群岛	13635.1675	49.6060	13635.1675	49.6060	0.0000	—
汤加	3968.9574	−44.4770	3968.9574	−44.4770	0.0000	—
萨摩亚	8303.0317	105.4448	8303.0317	105.4448	0.0000	—
基里巴斯	1271.0608	72.0149	1271.0608	72.0149	0.0000	—
图瓦卢	731.0099	−63.0582	731.0099	−63.0582	0.0000	—
密克罗尼西亚联邦	748.4620	5.1694	748.4620	5.1694	0.0000	—
马绍尔群岛	92971.2580	56.2313	92971.2580	56.2313	0.0000	—
帕劳	2342.5888	236.5990	2342.5888	236.5990	0.0000	—
法属波利尼西亚	18298.3381	131.2073	18298.3381	131.2073	0.0000	—
瓦利斯和浮图纳	72.1488	−7.7795	72.1488	−7.7795	0.0000	—
大洋洲其他国家（地区）	4785.7857	71.6342	4785.7857	71.6509	0.0000	−100.0000

续表 9

进口原产国（地） 出口最终目的国（地）	进出口		出口		进口	
	人民币（万元）	同比（%）	人民币（万元）	同比（%）	人民币（万元）	同比（%）
国别（地区）不详	14501.9321	-21.4023	0.0548	-60.0583	14501.8773	-21.4020
RCEP	64216732.2508	20.3880	35357606.2219	34.3284	28859126.0289	6.8078
APEC	99627850.1531	15.4780	53275130.9065	21.5309	46352719.2466	9.2255
东盟（10 国）	31066214.7862	45.1515	22613226.1236	48.5884	8452988.6626	36.6932
北美自由贸易区	24872079.9480	10.8075	12546382.3374	10.9331	12325697.6106	10.6800
欧盟（27 国，不含英国）	32936996.0393	9.8134	13321239.7519	18.4165	19615756.2874	4.6502
中东（17 国）	18540670.9773	60.1495	12025365.5474	55.5343	6515305.4299	69.4288
其他上合成员国	10430551.7568	18.7126	6705844.5532	9.6750	3724707.2036	39.3926
“一带一路”蒙俄及中亚等 7 国	5410335.4174	33.5595	2045357.9236	-6.0861	3364977.4938	79.6596
“一带一路”东南亚 11 国	31110707.0262	45.2318	22657687.3406	48.6968	8453019.6856	36.6937
“一带一路”南亚 8 国	6859910.4423	15.3897	6217083.5815	24.3162	642826.8608	-31.9018
“一带一路”中东欧 16 国	4694136.5480	24.7218	2286485.0190	29.2298	2407651.5290	20.7224
“一带一路”其他独联体 6 国	498435.0237	-35.2547	218374.3134	-45.5932	280060.7103	-23.9928
“一带一路”西亚北非 16 国	18506776.9534	60.2158	11993533.6006	55.5690	6513243.3528	69.5408
共建“一带一路”国家（64 国）	67080301.4110	41.2158	45418521.7787	40.6295	21661779.6323	42.4612
其他金砖国家（4 国）	23571742.0935	22.7753	9819045.1691	14.6982	13752696.9244	29.2751
中亚 5 国	689648.1933	-13.2050	88895.8285	-2.7381	600752.3648	-14.5655

附 录

2022 年天津海关科研成果目录

2022 年，天津海关验收了共计 48 个科研项目，均顺利通过验收，通过率 100%。其中，2019 年天津海关立项的项目有 1 项；2020 年海关总署立项的项目有 9 项，天津海关立项的项目有 12 项；2021 年海关总署立项的项目有 6 项，天津海关立项的项目有 20 项。详细情况见下表。

2022 年天津海关科研成果目录

序号	项目编号	项目名称	项目负责人
1	2019THK008	进出口动物源食品中兽药残留高通量快速检测关键技术的研究及其安全风险评估	娄婷婷
2	2020HK129	适合高突变 RNA 病毒快速检测新技术方法的开发	祁　军
3	2020HK171	大豆新发病害 *Diaporthe novem* 的风险评估、精准检测及处理技术研究	张　莹
4	2020HK172	两种熏蒸剂在进境原木中的穿透规律比较研究	康芬芬
5	2020HK173	伴侣动物 COVID-19 现场快速检测试剂研发	董志珍
6	2020HK218	一种智能环保型消解装置的研发及其在食品元素前处理中的应用	肖亚兵
7	2020HK219	食品中重金属（铅、镉、砷、锡、镍、铬）单波长 X 射线荧光光谱与基本参数法快速检测技术研究	马　兴
8	2020HK258	进口汽车及零部件质量安全风险识别与评估技术研究	杨　雪
9	2020HK259	基于快检技术和机器学习的进口固体废物属性智慧判别方法的研究	严　莎
10	2020HK286	基于 AR 技术的可视化指挥中心应用研究	王　晶
11	2020THK001	法规差异性生物有害物的“免疫磁珠吸附 - 质谱检测”方法与国外现行方法的等效性研究	赵　宏
12	2020THK002	植物源性食品中禁限用有害残留物的质谱检测关键技术研究及应用示范	陈其勇
13	2020THK003	船舶废弃物中持久性有机污染物检测与废弃物无害化处理体系评价研究	熊中强
14	2020THK004	基于数字微流控芯片的对虾病毒病筛查系统的研制及应用	刘　洋

续表 1

序号	项目编号	项目名称	项目负责人
15	2020THK005	新型圆环病毒检测技术研究	赵 丹
16	2020THK006	出口柑橘类水果冷处理技术研究	方 焱
17	2020THK007	两种致病菌荧光 PCR 检测方法的建立	高旗利
18	2020THK008	基于微服务架构的跨境企业服务模型的研究	边 涛
19	2020THK009	基于液相色谱的双系统多重处理快速检测平台研发及检测技术研究	章 骅
20	2020THK010	大宗工业原料环境评价因子无标定量技术研究及应用	苏明跃
21	2020THK011	绿色溶剂 - 低共熔溶剂应用于食品化妆品中有害物质的分离技术研究	杨永超
22	2020THK012	基于质量安全风险因素的进出口玩具量化风险评估模式研究	张晓红
23	2021HK151	海关动植检智能装备信息化应用研究	魏亚东
24	2021HK184	食品中化学性有害物质的质谱检测关键技术研究及应用示范	陈其勇
25	2021HK218	口岸进口再生原料固体废物属性初筛关键技术研究	苏明跃
26	2021HK262	海关动植物基因组数据库的分类管理和数据分析方式研究	董志珍
27	2021HK263	区块链技术在进口乳制品安全溯源的应用研究	牟 华
28	2021HK282	海关科技成果转化基地布局、建设与管理研究	刘绍从
29	2021THK001	海关实验室高效能涉税化验技术研究	王海仙
30	2021THK002	基于关键特征指标的进口固体废物属性鉴别标准化工作程序研究	孙 鑫
31	2021THK003	出口防疫物资防护类商品风险识别及检测关键技术研究	刘姗姗
32	2021THK004	智慧水尺计重—船舶衡相关技术和方法研究	杨卫星
33	2021THK005	基于大数据的进口新能源汽车风险监测及评价分析研究	田 恺
34	2021THK006	基于热分析法快速鉴别检测纺织品成分技术研究	王芷若
35	2021THK007	进出口涂料产品快速检测技术研究	张 闯
36	2021THK008	再生铜和再生黄铜水分含量检测中自动清洗漂洗装置的研发	马 辉
37	2021THK009	一种次氯酸钙快检试剂盒的研制	何 成
38	2021THK010	进口矿产品及其固废样品便携式前处理制样装置的研发及应用	杨金坤
39	2021THK011	基于进出境动物源性食品法定检验的多种兽药残留合理化分类检测技术研究及应用	王 飞
40	2021THK012	转基因大豆品系 MON87712 实时荧光 PCR 定性检测方法研究	王仲敏
41	2021THK013	基于数字 PCR 技术对进口乳及乳制品中产肠毒素金黄色葡萄球菌的快速筛查和定量检测技术研究	王 飞
42	2021THK014	鲨鱼制品物种鉴定技术研究	张俊哲

续表2

序号	项目编号	项目名称	项目负责人
43	2021THK015	化学修饰电极的制备及溶出伏安法快速检测高盐食品中铅、汞、镉的研究	崔 颖
44	2021THK016	铅离子印迹材料及其在食品添加剂中重金属检测的应用研究	张 静
45	2021THK017	木材蒸热处理轴向和径向传热速率比较研究	杨 菲
46	2021THK018	金属硅系列产品固体废物属性鉴别研究	武素茹
47	2021THK019	热裂解联用技术在橡胶塑料固废鉴别中的应用研究	严 莎
48	2021THK020	X射线衍射在铅矿物相定量检测中的应用	王 斌

天津海关各部门单位行政简称对照表

序号	名称	简称
各部门		
1	办公室（党委办公室）	办公室
2	法规处	法规处
3	综合业务处	综合处
4	自贸区和特殊区域发展处	自贸处
5	关税处	关税处
6	卫生检疫处	卫检处
7	动植物检疫处	动植检处
8	进出口食品安全处	食安处
9	商品检验处	商检处
10	口岸监管处	监管处
11	行邮监管处	行邮处
12	统计分析处	统计处
13	企业管理和稽查处	稽查处
14	缉私局	缉私局
15	财务处	财务处
16	科技处	科技处
17	督察内审处	督审处
18	人事处（党委组织部）	人事处
19	教育处	教育处
20	机关党委（思想政治工作办公室、党委宣传部）	机关党委
21	监察室（党委纪检组）	监察室

续表 1

序号	名称	简称
22	离退休干部办公室	离退办
	天津海关党委巡察工作办公室	巡察办
各隶属海关、风险防控分局		
1	天津新港海关	新港海关
2	天津滨海机场海关	机场海关
3	天津大港海关	大港海关
4	天津临港海关	临港海关
5	天津邮局海关	邮局海关
6	天津南疆海关	南疆海关
7	塘沽海关	塘沽海关
8	蓟州海关	蓟州海关
9	武清海关	武清海关
10	静海海关	静海海关
11	北辰海关	北辰海关
12	宁河海关	宁河海关
13	西青海关	西青海关
14	东丽海关	东丽海关
15	南开海关	南开海关
16	天津河西海关	河西海关
17	天津保税区海关	保税区海关
18	天津东疆海关	东疆海关
19	北塘海关	北塘海关
20	天津海关风险防控分局	风控分局
党委派驻纪检组		
1	天津海关党委第一派驻纪检组	第一派驻纪检组
2	天津海关党委第二派驻纪检组	第二派驻纪检组
3	天津海关党委第三派驻纪检组	第三派驻纪检组

续表 2

序号	名称	简称
4	天津海关党委第四派驻纪检组	第四派驻纪检组
5	天津海关党委第五派驻纪检组	第五派驻纪检组
6	天津海关党委第六派驻纪检组	第六派驻纪检组
7	天津海关党委第七派驻纪检组	第七派驻纪检组
8	天津海关党委第八派驻纪检组	第八派驻纪检组
9	天津海关党委第九派驻纪检组	第九派驻纪检组
10	天津海关党委第十派驻纪检组	第十派驻纪检组
11	天津海关党委第十一派驻纪检组	第十一派驻纪检组
12	天津海关党委第十二派驻纪检组	第十二派驻纪检组
13	天津海关党委第十三派驻纪检组	第十三派驻纪检组
事业单位、学会		
1	后勤管理中心	后勤中心
2	动植物与食品检测中心	动植食中心
3	化矿金属材料检测中心	化矿金中心
4	工业产品安全技术中心	工业品中心
5	天津国际旅行卫生保健中心（天津海关口岸门诊部）	保健中心
6	中国电子口岸数据中心天津分中心	数据分中心
7	海关总署天津教育培训基地	武清基地
8	天津海关学会	津关学会

年度热词

1.“两步申报”：企业不需要一次性填报所有申报项目，可分为“概要申报”及“完整申报”两步进行申报。

2.“船边直提”：进口货物不卸入码头仓库，在船边直接交给收货人。

3.“抵港直装”：出口货物运抵场站前完成申报，运抵后直接装船。

4. RCEP：Regional Comprehensive Economic Partnership，《区域全面经济伙伴关系协定》。

5.“单一窗口”：参与国际贸易和运输的各方，通过单一的平台提交标准化的信息和单证以满足相关法律法规及管理。

6. AEO：Authorized Economic Operator，经认证的经营者。

7.“三个三分之一”：为天津海关开展干部队伍考核工作的主要理念，即将考核对象按考核成绩划分为三个梯次，并对三个梯次的考核结果进行差异化应用，切实激励先进、鞭策后进，充分发挥考核“指挥棒”作用。

8.“三智”：智慧海关、智能边境、智享联通。

9.“四不两直”：不发通知、不打招呼、不听汇报、不用陪同接待，直奔基层、直插现场。

10.“关港集疏港智慧平台”：是为发挥改革服务港口发展、企业需求的优势，天津海关深入贯彻落实习近平总书记 2019 年 1 月在天津港考察时作出的重要指示精神，以习近平主席在中国—中东欧国家领导人峰会上提出的“智慧海关、智能边境、智享联通”（简称“三智”）倡议为引领，根据海关总署和天津市委、市政府关于优化口岸营商环境、促进跨境贸易便利化专项行动方案，联合口岸相关单位，以问题为导向，以打通口岸物流通关流程中的痛点堵点、实现企业降费增效为目标，持续推进跨境贸易便利化而进行的改革新举措、新模式。

“中国海关史料丛书”编委会